本研究得到了中国人民大学科学研究基金重大项目
"费孝通思想研究：人类学视野的展开"（项目批准号：15XNL025）的部分资助
特此致谢

"十二五"国家重点图书出版规划项目

社会学文库 SOCIOLOGICAL LIBRARY　　主编 郑杭生

费孝通学术思想研究

赵旭东 / 著

A
Study of
Fei Xiaotong's
Academic Thoughts

中国人民大学出版社
·北京·

谨以此书献给业师费孝通先生一百一十周年诞辰

（1910—2020）

自　序

　　我清楚地记得，当年的北京大学社会学人类学研究所，位于畅春园旧址的一座现在早已经被拆除的二层小楼上。二层楼道墙壁上挂着一份费孝通亲笔写下的录自清代改革派先驱思想家龚自珍的名句"但开风气不为师"。我自己也很欣赏这一诗句，总是在心里不断地玩味，琢磨费先生给我们研究所同仁写下这句诗意义究竟在哪里。后来随着情境的变化，我也离开了那个研究所，离开了北大，但费先生写下的那句诗却总会浮现在我眼前，让我不能忘记。我想，费先生当初写这句诗的目的应该是鼓励后学之辈以自我创造为主，不轻易言师言派，因为作为真正意义上的先生、老师，所谓人生和思想的引领者，是在不经意间形成的，水到渠成，品格上是老师的，也自然会显现出一种老师的风采来，而骨子里不是老师的，再装出老师的样子，非逼着学生喊老师不可，那最终也只不过是一个平常的教书匠而已。这是我对龚自珍那句至今也不能让我忘记的诗句的最为真切的感受，也是一直激励我自己不断去有所追求和钻研的动力基础。

　　我是 1995 年 9 月来到北京大学社会学系跟随费孝通教授学习社会学，并攻读博士学位的。读硕士以前我学过心理学，那时尚不知道社会学是什么。后来，1993 年夏天的时候，我有幸参加了台湾大学杨国枢教授在山海关京山宾馆举办的"社会心理学高级研讨班"。在这个班上，竟然每一位授课的老师都会提到费孝通早年的著作《乡土中国》，一位研究组织行为学的教授甚至还以费先生"差序格局"这一概念为基础来建构一种本土的组织管理理论。这种学术氛围，再加上我那时已经渐渐从心理学转到了社会学，便使我特别注意到了当时作为著名社会学家的费孝通的著作，并突然萌生了要到费先生门下去学习的念头。更为巧合的是，在我第一次去北大社会学系询问有关博士生考试的情况时，恰好知道在当天的下午电教中心就有费先生的演讲。我在北大社会学系读书的朋友那时就跟我开玩笑说，你还真有福气，偶然来一次北大就赶上费先生演讲，我们在这里待了快三年了也才只赶上了这一次！

听费先生演讲真的是非常开心的事情，后来听先生演讲的次数多了，感觉还是一样，那就是演讲极为有趣且富有启发性。我印象最深的是他讲到"社区"这个概念，他曾经说过，现在随处可见的这个社会学概念，不过就是他早年就读燕京大学社会学系的几个同学一起翻译出来并使用的一个概念。他还会风趣地称自己是"小鬼"，因为他是农历的寒食节，有些地方俗称"鬼节"的那天出生的，那一天所有的鬼都会出来，自由自在的，可以在人世间到处游荡。在民间信仰之中，那一天出生的孩子，也多是不会安分守己的，多少会有些出奇之事做出来。费先生因此常常形容自己是一匹不太守规矩的"野马"，在社会学中是这样，在人类学中也是这样。我个人以为，这恰恰是费先生自谦或许也是自傲的话，要知道野马的性格同时也意味着一种创造，一种开风气之先，一种不苟同于人云亦云之说。这样的风格虽然可以轻而易举地表现在闲谈之中，但要真正地做到这一点却又十分的不易。许多社会学的分析概念，西方人的教科书里也没有专门引述过的，研究者用起来就没有那么大的自信心。但费先生却是从来不会顾及这一层的，往往就地取材，以极为本土的概念去概括他所观察到的各类现象。早期如他的"乡土中国""差序格局""文字下乡"等等，晚期的如"多元一体""文化自觉""美美与共""人文价值"等等。这些概念的提出都不是一种隔靴搔痒、不着边际的挪用，而是能够从对中国社会现实的观察出发而进行的一种抽象、升华以及思想上的引领。

这种持之以恒的现实主义态度，使得费先生总能够在别人没有观察到的地方提出问题，并把这一问题很快提升到社会学基本理论的层次上去思考。晚年他经常说到的一个词就是"灵"。因为那时有许多社会科学研究者的研究，仅仅停留在一种对平面化而缺少灵性的无意义事实的呈现上，但是这些事实之间是否有联系以及究竟有怎样的联系，那就不去管了，结果留给读者的往往是一大堆看似结实实则脆弱至极的材料，既没有什么问题意识，也没有体现自身思考之后所贡献出来的结论，结果只能是把那些琐碎的事实呈现本身变成了研究目的本身。而这恰恰是费先生从来都不大赞成的一种做法，因为这样的研究真正缺乏的是人所独有的灵性。显然，人如果缺少了灵，便立不起来，研究也是一样，需要这种灵的介入。因而在其晚年，他曾醉心于对古代玉器的研究，特别是对一种名字叫作

"琮"的玉器更为关注。玉器在古代人的意识里具有一种沟通天地的本领，而琮就是这样一种观念的物化，借此物，人就可以超越生死的局限而具有了一种灵，也就能够真正在这个世界之中立起来了。

费孝通是英国波兰裔人类学家马林诺夫斯基的弟子，因而在他的文字背后，时时都会流露出人类学对于实际社会生活的关注。这进而体现在费孝通对于"乡土"社会这一理想类型的概括上。在他看来，我们传统的中国社会对于土地是有着一种特殊情感的，人因此就像是被土地牢牢地捆绑住一样，相互之间不能分离。因而，对传统社会人的理解，如果少了"土地"这一基本要素，那么所有的理解都只会是片面的了。这种乡土中国的本色具体体现在人与人之间的关系上，体现在对待文字和法律的观念上，也就是每一个乡土之人都是出生于此、生长于此，最后又终老于此的个体，因而，相互之间是一种以关系的亲疏远近为基础的"差序格局"。这一格局就像费孝通自己所形象比喻的，像石头落水激起的波纹一样一圈一圈地向外扩展，越靠近自我这个中心，关系就会越亲近一些，越远离这个中心，关系也就越淡漠。而这样一种差序格局，也是有其生态基础的，那就是土地。耕种土地的经验，使得人们生活在一个天天都会谋面的熟人社会之中，在这个社会里，文字是没有什么实际功用的，因而文字实际上是下不了乡的，那些写在书本上的法律条文对于乡民而言自然也是极为陌生的，他们能够理解的往往是那些祖祖辈辈流传下来并在人们日常生活中被使用的习俗惯例。

乡土社会既然是一种理想类型，那么它就不能被固化为一种对于纯粹的现实的描述，而是对现实存在的一种类型抽象，是我们观察现实社会的一个分离点，是从变化的类型中看到不变的理想模式的存在。显然，如果没有看到国家对于乡土社会的改造，没有看到中国文明与西方文明的深度接触，没有看到现代化观念对于乡土社会的冲击，那么单纯谈论乡土中国之内涵肯定是过于天真而不切实际的。我记得很清楚，在我的博士论文答辩会上，费先生对于我论文中所使用的"乡土社会中的权威多元与纠纷解决"这个标题给出了他自己的评论。[①] 他那时就认为，现在不仅是一个"乡土中国"的问题，而且是一个"变化中的中国"的问题。像我那样去研究法律纠纷解决的问题，是要去考察纠纷在实际当中是怎样发

---

① 赵旭东. 乡土社会中的权威多元与纠纷解决：一个华北村落的法律人类学考察. 北京：北京大学，1998.

生的，人们又是怎样一步一步地解决纠纷的，所谓研究就是要真正把这一过程弄清楚。因而，他关注的主题会持续不断地回到"现在中国农村变化成什么样了"这一问题上来。当年费先生的那些评论至少对我自己而言是受益匪浅的，并激励着我不断返回我自己所调查过的河北李村去体验那里正在发生着的种种变化，并将这种变化跟"乡土社会"这一费孝通所提出的理想类型进行一种比较，从中看出它们之间的根本不同之处。

作为一个理想型的乡土社会，其最为根本性的社会结构是由三个要素组成的，那就是国家、士绅和农民：国家以皇权为代表，并由士大夫阶层来治理；士绅处在国家与农民之间，并联结国家与农民之间的关系；而农民几乎是不会直接与国家打交道的，必然要通过作为中介者的士绅。拥有乡村土地的士绅们住在乡下，掌握着传统文化的核心要素，并依靠出租土地来维持生活，而无须亲自去劳作。这些有似寄生于乡村的士绅，他们的角色却并不是可有可无的，他们更多担负着一种在上上下下之间进行沟通的作用。如果我们把眼界扩展开去就会发现，这样一种社会结构绝对不是中国所独有的，法国的神话学家杜梅齐尔对于古代印欧神话的结构分析同样看到了大祭司、战士和平民这样三种结构要素。但是这样的结构又跟中国社会不同，因为前者缺乏相互之间的流动性，三要素之间的相互转化几乎是不可能的。① 而后来标定印度社会的"种姓制度"以及标定现代欧洲社会的"国家与市民社会"之间的对立，都跟这一基本的结构联系在一起，并且各自沿着特定的轨道在发展，形成了各自不同的文化。

在北京大学求学的日子里以及后来的任教过程中，我总有机会和同学或者同事们去看望费先生。而每次去，费先生都会很耐心地听我们大家的学习心得汇报，然后发表他的极为精彩的评论，那或许是只有在某一个问题上求索了很久却不能够获得真正解答的人才会理解的一种评论，换言之，费先生是一位在不经意间会给真正的研究者以启发的思考者。他也往往一说起来就忘记了时间，近乎滔滔不绝了，经常会被秘书因为担心先生身体吃不消而打断了他的讲话，但是每次先生都像小孩子一样，天真地"求"秘书再给他二十分钟或者半个小时的时间，使他能够将他未讲完的话继续讲下去。因而，每次我们约好的会面时间都会被一再地延长，直到先生自己觉得乏累了才肯罢休。

---

① 赵旭东. 法国没有你的位置：杜梅齐尔的神话学说. 中国图书商报，2005-04-22（09）.

　　在费先生晚年的无数次谈话和演讲中，我感觉至深的是他对于"文化"这一概念的思考。他一直在思考我们的文化究竟该怎样发展下去的问题。我记得很清楚，在 1998 年夏天，由北大社会学人类学研究所举办的"二十一世纪：跨文化对话与文化自觉"研讨会上，费先生提出了"文化自觉"的概念，这个概念强调每一个文化自身的存在价值以及自身对于自己文化走向的清楚把握。在费孝通看来，这是他所谓的在新的世界性之中涌现出来的有似中国战国时代的生存法则，并可形象地在其即兴书写下来的四句话中得到最为清楚的体现，那就是"各美其美，美人之美，美美与共，天下大同"。可以肯定地说，我们今天的世界是真正地相互联系在一起了，借助互联网的虚拟世界，我们彼此互联互通。对于这种变化，也真正需要有人去了解和解释，从中看出一个文化发展的趋势和方向，否则，文明发达过后，剩下来的也许只能是起反作用的作为废墟而存在的文化了！

　　从 1995 年秋天懵懵懂懂地来到北大，师从费先生学习社会学与人类学起，一晃已经快过去二十五年了。在先生的文字以及当面的教诲中，我也找到了自己的研究方向，积累了自己的研究兴趣。这方向和兴趣显然是费先生首先开辟出来的，那就是能够真正从实际生活之中去求学问，坚持"行行重行行"，并能够真正从实求知，实现一种对于变化世界的灵性的精准把握。在我看来，这实际的学问，即从实求知，不是现成地就摆在社会里的，不是你随随便便就可以捡拾来的，而是要由研究者自己去体会、比较以及综合，否则很难有一种真正的知识可言，归根到底，也就是真正要把费先生晚年一直挂在嘴边的那个"灵"字加到这"从实求知"的罗盘上去，只有这样，人才不会迷失方向，找寻不到自我。费先生倾其一生所开辟出来的中国社会学和人类学的发展道路是需要有人能够继续地走下去的，不论这道路是直行的还是分叉的，只要能够走下去，就应该算是对先生在天之灵的告慰，因为还是那句老话，走的人多了，也便有了路！

二〇二〇年四月十八日初写于南书房
国庆节之夜重修订于京北亦乐斋

目　录

第一部分　方法与路径

第一章　百年费孝通

第二章　从异域迈向本土

第五部分　文化与自觉

第十三章　在文化对立与文化自觉之间

第十四章　文化自觉之后的觉醒

第十五章　从文化自觉到文化自信

第六部分　纪念与回忆

第十六章　费孝通先生十年祭

第十七章　何以仍旧要纪念费孝通先生

第十八章　重读便是补课

后　　记

引　言

　　毋庸置疑，作为一介书生，费孝通是以其作品而成就其一生的，因此要研究费孝通的学术思想，必然要以阅读他的作品为开端，并在一定意义上去寻求这种作品的阅读跟中国当下现实之间的一种最为紧密的关联，使曾经所发表文字成为对于当下的一种启示。从费孝通在差不多 15 岁时向当时商务印书馆的《少年》杂志投稿，发表了其处女作《秀才先生的恶作剧》一文开始，一直到他晚年后期，这种用一支笔去书写研究和思考心得的习惯就从来没有中断过。由此可以说，费孝通的一生也是作为一个作家或者作者的一生，然而他在社会学、人类学以及民族学专业研究和思想上的洞见，却又远远地超乎一般作家，这些洞见，作为中国人所讲求的"三不朽"的"立言"而永久地留存在了这个世界上，并给一代又一代的后继阅读者以一种无限丰富的启迪和想象力。

志在富民

　　作为一位早年留学英伦，在人类学最好的大学之一伦敦政治经济学院（LSE）人类学系师从世界著名人类学家马林诺夫斯基学习人类学的中国人，费孝通通过对家乡开弦弓村进行实地田野调查而完成了自己的博士论文《江村经济》。此后，作为一名学成归国的中国人类学家，费孝通踏访过除台湾、西藏之外的中国很多省、市，并游历过像印度、英美以及欧洲大陆这样的相对中国人而言的所谓异域文化之地，他用来行走的双脚从来都是牢固地站在中国这块土地之上，扎根在中国人类学的这片田野之中的。他借用自己中西合璧的知识和智慧，去呈现他自己所理解的现代世界与中国，这种理解对他而言无疑是独特的，也是富有文化比较内涵的。而他似乎在经历了一场未曾预料到的浩劫之后，突然有了一种文化理解上的顿悟，那就是有关社会科学的"人民性的立场"的选择，即将"迈向人民的人类学"的学术研究作为一种"态度"而生发出的一种自我认同意义上的选择。换言之，他这里所强调的是曾经作为西方殖民产物的现代人类学这门学科，其在面对后殖民思潮的强力影响之时，所终究要遭遇到的一种反思性立场选择的这个根基性问题。

在这一点上，费孝通最终选择了一种以学术而达致"富民"的立场，在此立场上，他将其毕生追求更进一步明确为一种文化自觉，这也就是所谓"富裕之后"的中国人民在文化上所可能出现的一种"大饥渴"，或者大自觉，乃至大发展，而这一点在他过世之后差不多十几年的时间里，已经变得越来越明显和突出了。很显然，基于西方世界观的人与自然之间对立的现代性观念，世界范围内因为过度开发利用自然而酿就的种种地方性文化逐渐丧失的惨剧愈演愈烈，甚至已经难以收拾了。由此而启动的一种文化上的寻根之旅，也在世界范围内不断地展开，人们寻求借助文化的力量来消除西方模式给世界发展所带来的那些极大的负面影响。

18、19 世纪，西方开始使用"坚船利炮"去打开所有非西方世界的经济贸易大门，此时西方以外呼唤"本土文化的丧失"之地就变成了一种无法真正去抗拒之地，这显然跟文化之间正常交流以及融通是存在一种根本差异的。试想，如果没有"五口通商"条约的订立在先，费孝通所研究并提出的乡土社会本身，又如何能够发生一种扭转性变形而成为一个自身土壤养分外流、生存环境遭到现代生活蛀蚀的地方呢？在这个意义上，每个思想者或者社会的研究者，都是无法真正能够离开他所生活的那个时代而有所作为的，因此，在理解费孝通的学术思想时，不仅要去理解其作品，还要理解这些作品被创作出来时那个不可跨越的大时代。而就那个时代而言，费孝通可谓不折不扣的"一介书生"，并自觉地肩负起一个民族的社会与文化的责任。那是一个传统中国文化衰退而现代西方文化在世界范围内大踏步长驱直入的时代，为此，大约早于费孝通一代人的陈寅恪专门选择了去追求一种自诩为"不今不古"的学问，而与费孝通差不多同时代或者说略早一些年的潘光旦，其所选择的研究路径则是一种安国强民的优生前提下的国民优育，并且其在学问之路上最终回归到了一种"中和位育"的所谓"致中和"的传统儒家文化的道路上。而费孝通自己在这当中则取其中。虽然他或许难以完全回到被他之前一代人中的文化激进主义者彻底打烂的、通过疑古而被否定掉的中国文化的传统之中去，但他的思维和血液已经被其浸润，难以真正地摆脱掉其影响。费孝通对蜂拥至中国学问大门内的西学，却是始终全力以赴地吸收并加以消化，并在从美国归来的社会学家吴文藻的引领之下一步步通过对真实中国社会的研究而去理解真实中国、认识真实中国，并最终达致一种回归真实中国，特别是回归到真实的中国文化之中去的曲折之路，由此而成就了他对于中西方学术的融会贯通。

在费孝通一生的学术历程之中，能够包容不同的立场可谓他思想历程的核心，而径直地指向现实的中国问题以及应有的文化选择则是他最为青睐的论题选择。在年复一年、日复一日的文字书写之中，他勉力把日积月累的思想一点点馈赠给了读者。这些文字，竟然在半个多世纪之后仍旧是读者如云，这就是有着思考和情感投入的文字所创造出来的一种灵性力量。显然，费孝通完完全全知道这种力量的存在，因此才会文思泉涌、笔耕不辍，他也从不放弃可能有的用文字去表达一些想法的机会，使手中的文字成为一种公器而有益于他作为其中一员的人民大众。他为此而贡献了自己的一生，至死不悔。

乡土中国与理解中国

作为费先生的弟子，在费孝通一百周年诞辰那一年，我曾主编过一本书，书的名字叫《费孝通与乡土社会研究》。这本书是我在中国农业大学社会学系任职期间，和我的学生们一起阅读了十六卷本的《费孝通文集》之后结集出版的一部读书笔记，现在看来这样的阅读也只能说是一个开端。如果说这样的阅读是把费孝通的作品切分开来去做分别的理解，那么后来我们所陆续在编即将出版的《费孝通年谱长编》则是用年月日的系谱记录方法，将费孝通的学术思想脉络清晰梳理的一种学科史研究的努力。

我一直以为，当一个人伟大时，自然会有非同寻常的生命轨迹存在，后人也必然能够追溯到这种生命轨迹。对于费孝通学术思想的研究，在路径上尽管有着不同的选择，在理解上也会有离开费孝通的文字本身的多重理解，但伴随着斗转星移的世事变化，我们仍旧相信，很多致力于理解中国的原始性问题的研究，似乎都可以从费孝通那里找寻到对某一问题继续研究的分离点。因此，对作为人类学家、社会学家以及民族学家的费孝通学术思想的研究，实际上也只能说是刚刚开始，未来还必定有很长的路要走。

毋庸置疑，费孝通先生在世的时候，就已经有非常多的人在研究他的学术思想了，在那本由美国历史学家欧达伟（或译大卫·阿古什，R. David Arkush）所撰写的《费孝通传》中，我们看到了费孝通作为一个社会学者的真实存在，但欧达伟借助细密的历史资料和文献，是否就真的理解了费孝通一生的学术和思想呢？如果你有机会恰巧翻阅到费孝通的那篇《我看人看我》的回应性文字，你就会清楚地知道，双方在沟通和理解上出现的误差真可谓差之毫厘，谬以千里了。[①] 因此，对于一位伟大思想者的研究，并没有什么所谓终结版的权威研究可言，所有的认识都会随着新的语境以及现实境遇的存在而有所改变，否则我们今天的人何必要不断地去重写孔子、司马迁以及康熙大帝这样的历史人物的故事呢？结论很显然，因为每一次重写都可能是一种新的理解产生的契机，这种新的理解必然是因应着我们当下的生活和现实而做的一种借题发挥的再拓展、再发挥以及再利用。

而且，似乎出人意料的是，在费孝通 2005 年 4 月 24 日过世之后，大家阅读费孝通作品的热情却似乎有增无减，乡土社会与乡土中国越来越突出的巨变，使得许多人试图通过阅读费孝通的那些作品而去重新理解当下的现实社会和现实中国。也许，作为费孝通弟子的我们最值得去做的一件事就是在材料上能够有一种传承性上的解读，使得一种有似血脉般思想的谱系，可以因此而得到一种根本性的保留和延续。实际上，师生关系也并非能够保证老师的作品必然会为其学生所阅读，尤其是在今天信息大爆炸的时代，但费孝通的文字确实是在如何想问题以及如何提出问题这一点上超越了他那个时代的很多人。作为一位老师，他吸引我们必须通过深度阅读以及思考他的文字而去深入理解他的思想精髓。因此，有幸跟随费先生读书，由此尽可能多地阅读了他的作品，这样的一份学问上的机缘，使我能作为一个研究者来向大家介绍费孝通先生，特别是他的那些印成铅字的文字作品以及背后的诸多故事和线索。

在阅读费孝通的著作的过程中，我印象最深的便是《行行重行行：乡镇发展论述》这本书及其续集[②]。看到这本书，我的脑中总能联想起中国古人的那句

---

① 费孝通. 我看人看我//费孝通. 费孝通散文. 杭州：浙江文艺出版社，1999：321-328.

② 费孝通. 行行重行行：乡镇发展论述. 银川：宁夏人民出版社，1992. 费孝通. 行行重行行（续集）. 北京：群言出版社，1997.

话——"读万卷书，行万里路"。我想费孝通首先是一位人类学家，而人类学家的特点便是往往都会用自己的双脚去踏访出一个不一样的世界，并用一支笔去描述和呈现那个世界，那个世界可能恰是书本上所没有记载过的，这让我们能够从书斋摇椅上空洞的思考转换到一种直面现实的理解。当时，这本封面有费孝通题写书名的朴素的书一下子便吸引了我，其中所收文章也多是一篇篇犹似游记的文字，读起来真的不怎么费力气。甚至有知情人士还专门向我解释了这本书为什么会取这样一个不太好念出口的名字，听他一解释，我茅塞顿开，这书名是说费孝通自己能够"从一行跨到另一行"，从来没有把自己局限在某一学科的研究领域之中。我觉得这一点对于那些有着多重兴趣、多重爱好的研究者来说，一定是很有启发性的。后来只要有时间，我便会拿出这本书来翻阅，也总是能够从再次阅读中寻找出一些新的感悟，甚至还会激发出新的课题研究灵感来。

记得最初面见费先生是在 1994 年的冬天，当时我正准备报考北京大学社会学系的博士研究生。去未名湖边上的研究生院报名的那一天，恰好费先生也来做讲座，我便跑去听。有一个师兄说，他们在北京大学已经读了两年书了都还没有见过费先生一面，而我一来就见到了费先生，想来这或许就是一种缘分吧。后来我有幸就读于北京大学社会学与人类学研究所，这是由费孝通在北京大学创办的一个研究所，我也是从那以后才开始逐渐进入社会学与人类学相互交叉的这样一个研究领域中来的。这次无意之间的听讲座，或许是一个人学术研究历程上的一个小插曲，实在是算不上什么特别的经历，但它对于我自身学术旨趣的培养，却又是意义极为重大的，甚至是不可多得的。后来，我自己的许多论述可能都或多或少受到了费孝通文字的启发，我由此一点点地发展出了自己的些许认识和观点，这一切无疑都建立在对费孝通作品和所提问题的阅读和思考之上。

可以这样说，费孝通最为重要的贡献就在于，他用他的那支妙笔为我们勾勒出了一个学科在中国开展研究和发展的可能性。显而易见，从费孝通的著作中我们可以看到一个用笔来做学问，用笔来书写中国社会，同时借助西方社会科学的一些理念，用笔来书写一种独特的中华民族精神的费孝通。你如果读过费先生信手写来的那些散文，就会发现他的许多作品同样有着很高的文学价值，但在这一点上他与著名的文学家钱锺书之间可能会有一些不一样的地方。作为一个纯粹的文学批评家，钱锺书一直是在一种闪烁其词的隐匿中，或者说从"人生边上"，再或者说从"人生边上的边上"书写着中国人的精神①，而费孝通则是在一种面对现实的直白中告诉人们中国人的精神究竟是在哪里，它的社会基础究竟又是怎样的，还有它在未来的可能趋势和走向。

费孝通出生于 1910 年，下一年便是改朝换代的 1911 年，由此，从帝制中国转换成为后来的民族国家的中华民国，这一变换以及之后历次社会制度上的大调整，无疑都影响了费孝通那一代人的成长。包括费孝通在内的那一代人，真正经历了一个生活巨变时代发展的全过程。可以概括地说，从费孝通出生到现在的接近 110 年，也同样是中国社会发生了种种巨变的 110 年。在他出生后第二年所发生的"辛亥革命"，寓意着一种社会与政治制度上的根本性变革，或者说从那个时候起，中国从上而下发生了一场巨变，这种巨变一直影响到了今天的现实社会和文化构成。今天的制度和观念，很多方面的转变都跟这场巨变有关系。费孝通本人也从不否认这一点。与此同时，费孝通在其作为学者的生命历程中一直都在关注着中国的命运，关注着这场天翻地覆的巨变给中国文化所带来的一种深刻影响，并思考未来中国，特别是逐渐富裕起来的中国，命运将何去何从。

在很多人还在思考乡村发展的问题时，费孝通已经预感到城镇化所带来的种种问题，呼吁小城镇在基层社会发挥一种人口蓄水池的作用，为此而撰写出的《小城镇 大问题》的调查报告，引起时任总书记胡耀邦的重视并由其做出重要批示，成为影响后来中国小城镇发展方向和决策的一份重要文件。实际上，这个问题即便是到了今天，仍旧没有能够真正得以解决，甚至有些地方在有些方面走上了一条过度城市化的歧路，一个过度城市化的城市在未来的可持续性发展问题也是费孝通所提的"小城镇，大问题"的核心思考所在。对于如何真正实现城乡协调发展问题，当年的费孝通是专门将其作为一个研究课题而提出来进行研究的，但今天的城市化似乎走上了一个单向度发展的快车道乃至超车道，而体现中国特色的乡村发展也陷入了一种难以有序发展的困境。当越来越多的人挤到大城市中来工作、生活以及寻找未来之时，北（京）、上（海）、广（州）、深（圳）这些大城市能否真正满足越来越城市化的生活的需要，将是对于未来中国总体发展和区域发展的一种考验。2010 年上海世博会的主题口号"城市，让生活更美好"，

---

① 钱锺书在给他的文集《写在人生边上》所写的序言的结尾处是这样写的："假使人生是一部大戏，那么，下面的几篇散文只能算是写在人生边上。这本书真大！一时不易看完，就是写过的边上也还留下好多空白。"引自：钱锺书. 写在人生边上·人生边上的边上·石语. 北京：三联书店，2002：7.

英文是"Better City，Better Life"，很多人不经意间也许就误读或者误解了这句话的本意，可能会认为，正是因为有了城市，生活才变得更加美好，但英文原文的意思并非如此，而是"好的城市，好的生活"。也许，人们确实更希望借助城市而使生活变得更为美好，但由此而带来的一个突出问题就是，中国广大的乡村现在面临着越来越多跟费孝通所曾经总结的"乡土中国"的特征相悖谬的现象，乡村的去留问题即便到今天都还属于一个难以真正解决的问题，否则便不会有今天"乡村振兴"战略的提出、落实和推进了。

从差序格局到文化自觉

如果乡村是这样一番处境，文化的未来又将会走向哪里，同样作为一个极为严肃的问题而吸引着晚年费孝通的学术注意力。或者说，从1948年前后开始撰写《乡土中国》和《乡土重建》这两本小册子的时候开始，费孝通就一直尝试去探究在这样一个世界性大变革的时代中，中国文化到底该何去何从，这种探究直到他晚年差不多90多岁时才真正变成一种自觉性的思考，他提出了一种"文化自觉"的概念去试图彻底解决这一问题，这可以看成是他学术生涯发展中的最后一个里程碑式的发现和倡导。

在今天，文化自觉这个概念无疑已经变得非常明确。不论是国家的文件，抑或是日常的言谈和表述，今天的世人对这一由费孝通最先提出来的概念已经并不觉得有任何的陌生或隔膜之处。但何为真正意义上的文化自觉，它的内涵与外延之间如何有一个完整的匹配，所有这些问题实际都将是未来学术研究所应该努力去探索的，费孝通并没有对此一一给出详细的解答，或者说这一概念的提出颇具一种开放性和包容性，需要我们在实践的历程中去加以完善和补充。这也可以看成是今天研究费孝通学术思想的一个重要的和具有紧迫性意义的根由所在。

很多从那个时代一直走过来的中国学者，他们的学术生涯从来都不是能够真正脱离时代的政治背景而孤立地存在的，在这一点上，费孝通自然也不例外。伴随着外部种种的政治动荡，费孝通自身内在的生命波动，也成为其学术发展的一个重要的旋律或变奏，谱写并融入他的生命之中。

费孝通曾经刻意将自己的生命划分为三个23年。第一个23年是他从小学入学到1938年获得英国伦敦政治经济学院哲学博士学位为止的那个时期。在此期间的一个标志性的成果便是，他完成了其人生中的第一部著作，即 1939 年发表的基于其博士论文的英文著作《江村经济》，这个 23 年可谓他学习和积累的 23 年。而最后一个 23 年，则是他最具有创造性的 23 年。在这一先一后的两个 23 年的中间，还有一个他认为是因外部环境而把时间丢掉的 23 年。但是从积极的意义而言，这 23 年对他而言也并没有真的白白浪费，他在这 23 年里，在思想和认识上实现了对社会理解的扎实积累以及自我升华的过程，否则也就不会有其后面 23 年里的在学术思想上的迸发。

在费孝通自己的一生中，不能不谈的就是他的师承以及在此基础上的发扬光大。中国的吴文藻、潘光旦，英国的马林诺夫斯基、弗思，美国的帕克，还有俄国的史禄国，都曾作为他的各方面的指导老师或学术前辈而在其学术成长期的不同时间段里引导着他走向一条学术追求之路。无疑，在他的学术品格的铸就中，这几个人对他而言都有着非常深远的影响。他们对于费孝通来说，既可谓良师，也可谓益友。他们不仅在学术上给了费孝通极大的帮助，在生活中，他们也与费孝通有着一种极为真挚的情谊，成为费先生一直都在感念和回忆的对象。这种同道学者间的师承关系在费先生那里得到了一种传递，受到这几位老师学术风范的影响，费孝通对他自己的学生也一样尽其所能地给予帮助。在抗战时期的云南，在那些艰苦的岁月里，他不惜费时费力为他学生们的作品刻写蜡版，以便这些作品能够及早地发表出来。一个在当时已经是有着世界影响的青年中国社会学家、人类学家，能够如此关怀自己的学生，做得这样无怨无悔，背后显然是有着一种中西融合的师生之道在做他精神上的支撑。

20 世纪 30 年代和 40 年代，可谓费孝通学术思想从初步形成到成熟的关键期，所有他生命里最为重要的标志性的著作，都是在这个差不多 23 年的时间里得以完成的。其中就包括《花篮瑶社会组织》《江村经济》《乡土中国》，以及《乡土重建》等。具体而言，作为带有纪念性的成果，《花篮瑶社会组织》这本书是费孝通和他的第一任妻子王同惠在瑶山做田野调查时共同合作的结晶，也体现出费孝通对亡妻的一种最为诚挚的纪念。在这次有关广西金秀花篮瑶社会组织的人类学田野调查中，王同惠不幸遇到意外，而把自己的生命交付给了美丽的大瑶山。然而，费孝通并没有完全深陷于逝妻的悲痛之中，而是将他对妻子王同惠的挚爱融入这篇带有人类学田野调查报告性质的著作的整理之中，并在他只身赴英之前交付出版。可以说，《花篮瑶社会组织》这本书承载着费孝通和妻子王同惠两个人的共同命运，王同惠作为一个象征，也一直陪伴着费孝通走过其漫长的学术生涯。费孝通后来在 20 世纪 80 年代有重访广西金秀大瑶山的机会，他又只身来到王同惠纪念碑前，写下了缅怀亡妻的充满感情的诗歌。这成为中国人类学田野研究中以生命换来真知识的一个典范性的案例①。

而面对中国当下社会与文化转型的大背景，《乡土中国》这本薄薄的小书是不能不被提及的。就乡村的发展而言，也许我们可以暂时越过对《江村经济》这本民族志的讨论，但却无法真正越过对《乡土中国》这部经典之作的重温。在有越来越多学科的研究者因迷茫于中国问题的困境而寄希望于对这本书的阅读时，我们人类学学者似乎更应该使这本到处被借用或挪用的书籍回到它本该有的位置上去。曾经，我们并无法真正安置这本书在学科发展史中的位置，但现在，面对中国在世界秩序格局中位置的新改变，如何重新去安放此书的位置成为能够吸引更多研究者注意的亮点所在。在此一过程中，我们会感到惊讶，发现它没有被历史"无情地"抛进故纸堆中去，而是似乎在费孝通离开这个世界之后的岁月里又重新焕发了一种学术思想的吸引力，借此而引导着人类学相关领域的学者对此书进行一种新的思考。

对于许多曾经阅读过此书的人来说并不陌生的是，在《乡土中国》这本书中，费孝通所贡献的一个极为重要的概念就是"差序格局"。或许是受到潘光旦反复讲述的中国社会伦理结构中的"五伦"观念的影响，费孝通由此而提出了中国社会"差序格局"的概念，而他提出此一概念的初衷便是试图在与一种西方"团体格局"相对比之下，对中国乡土社会或者说熟人社会给出一种更为贴近真实的理解，以克服西方社会学教科书般的研究成果中对于中国的远观和误解。实际上，提出差序格局这一概念的意义恰在于，它为我们的社会理解找寻到了一个可以依附的框架，与此同时，他也借此暗示了在这样一个社会之中，可以把分散开来的个人一个个地聚拢在一起的基础究竟是什么。而这个基础就在于一种有着强烈意识的自我的存在，但这种自我并不是能够孤立地存在的，它是要被当事人

---

① 1988 年费孝通第五次上大瑶山，于 12 月 16 日写下《谒同惠碑有感》诗，以悼念前妻王同惠，那一年他 78 岁。诗文如下：心殇难复命，人天隔几许。圣堂山下盟，多经暴风雨。坎坷羊肠道，虎豹何所沮。九州将历遍，肺腑赤心驱。彼岸自绰约，尘世惟义聚。石碑埋又立，荣辱任来去。白鹤展翼处，落日偎远墟。关于费孝通第五次上大瑶山的背景可参阅：费孝通. 六上瑶山. 北京：群言出版社，2015：254-263.

放置到与他人联系的位置上加以绑定起来而实现的，因此，这种自我在天然的意义上便是一种社会性的自我，是"我"的一种他者化，因此在我们乡土中国的文化里不太惧怕有他人的存在，只要"他"和"我"是有某种关系的，"他"就可以转化为"我的"，即我的关系之一，由此这种惧怕感也就自然消失了。这里的关键是看"他"和"我"的关系究竟是远还是近。每一个外在化的他人，都会被放置到一个可以无限扩展出去的关系网络之中，但自我依旧存在，这个自我的功用，核心就是依据与外在他者的关系的亲疏远近来决定自己该如何行动，并且自我与他者彼此间并没有一个清晰的界限可分，关系都是一种模糊性的关系，是说不清楚的。

而且，这种关系结构也绝非一种平常人所说的"拉关系"那样简单，它自身具备一种真正私人性与安全感的结合。这种自我的存在，加上以自我为中心，在一定意义上保证了中国人自我价值的发挥，同时在他需要周围各种帮助之时，便可随时启动一种差序格局的社会网络，由此而使得一种人情关系安排的社会格局得以有助于每个个人自我与社会成就的获得。这种作为基础的社会关系结构的差序格局，实际上也在深度影响着中国社会里的道德、法律、伦理以及相关的意识形态。换言之，所有这些都无法真正脱离开我们的社会关系中的以自我为中心而又不断延伸出去的社会关系网络，而这种关系网络的日常实践又真正塑造出了乡土中国的一些最为基本的特征，其中就包括对于私人的而非公共道德的强调。也就是说，在人们做出一种道德与否的判断之前，首先想到的就是彼此之间私人关系的远近，这无疑是对中国社会自身文化逻辑的最为深刻的一种理解。

尽管我们今天可能无法再去准确地猜测出费孝通在 1947—1948 年这段时间里撰写《乡土中国》中那些文章的最初动机，但很显然，在新中国即将诞生的前夜，这个国家的社会秩序未来该有怎样的一种基础，恐怕是费孝通写这些文章的最为深邃的目的所在，他试图向一个即将到来又处在曙光之中的新中国提供对文明中国社会基础的基线的理解，因为一切的现代国家的建构都不能够真正脱离开这个基线的社会基础而去做一种空中楼阁式的构建。遥想后来的中华人民共和国的建立，这"共和"二字的意思就是指一种现代法治国家意义上的人民的共识以及在权利上的彼此共同拥有。人民共同分享构建国家的权利是以前中华帝国时代所不曾有过的一种概念，但怎样才能真正将这样一种现代法权的概念提升为一种在这个新型国家里的每一个人的共识，恐怕是深谙英伦民主制度模式的费孝通所最为担忧和深虑的，如果没有每个人都作为公民去承担各种社会责任和拥有相应的权利的前提，共和国的理想也就只可能是一种理想而非真正可以实现的现实。为此，费孝通去做的学术上的对于乡土中国基本特征的一切剖析，恐怕都是为这种担忧和深虑而做的一种学理和思想上的准备。

新中国无论如何都不可能抛开一种现实的存在或者国情而去自行构建，而这个摆在新中国面前的现实基础恰恰是与现代西方已经建立很久的法权制度的契约精神不能够真正相融合的。换言之，这个现代国家的基础文化特征可谓建立在一种极为看重私人关系的差序格局的社会关系模式之上的，由此才会有难以处理的所谓"人治"的社会、在野乡绅的自治、无讼的理想以及某种特殊的礼法文化等困境的出现，这些困境的出现不是由于传统的文化有了问题，而是由于我们借由"向西看"的变法而引入一种新的制度，但这种制度实际上可能忽略了传统发挥作用的差序格局的文化观念，它是要慢节奏地运转才能发生根本转变的。言外之意便是，新制度和旧传统这二者之间并没有可能做到彼此同步发展，进而引发了诸多的社会与文化的困境。当然，这些困境也为后来新中国发展道路上特定时期急躁冒进的国家建设行为埋下了潜在的意识形态的沟壑。

费孝通对于国家新制度运行的担忧显然不是空穴来风，在经历了差不多半个多世纪的国家建设，走了一大圈的弯路之后，回头来看，似乎根本性的社会建设和国家治理的个别难题仍旧存在，没有得到根本性的解决。或许，经济的发展可以通过采取更加开放的姿态，引入一种自由竞争的机制来实现，但跟传统和地域文化极为紧密地联系在一起的社会关系体系和地方文化传统，其应对一种现代共和理念而得以构建的历程，仍旧跟费孝通半个世纪之前所担忧的那些问题的解决一样困难重重、步履维艰。当我们试图摆脱农业社会的诸多束缚而去寻求一种现代制度的建设之时，如何去理解作为一种文化观念的差序格局的存在可能是这其中的一个最为关键的问题。可以肯定地说，如果我们的文化建立在一种私人的情感之上，更多地讲求私人关系的优先地位，那么我们如何能真正建立起一个更为强调公共领域的权利和沟通机制的现代国家，可能会是未来治国理政的一个大问题。

行行重行行

很显然，费孝通自己从来没有放弃过对如上这一问题的持续追问，他试图从时间上和空间上通过一种"行行重行行"的做学问之路，来实现一种对于书斋式的或者摇椅上的认识局限的超越，由此而试图去洞悉中国文化根髓里的一些新改变。对于费孝通而言，如何可能在一个深厚的强调"私"的道德文化里去重新构建起一种公共意识性的东西，成为他所真切关心的一个社会问题。但很显然，费孝通那么早提出了这个问题，并试图在新中国建立之初将解决方案付诸现实中国社会之中，那显然是有些超前而变得不合时宜了。政治上的风云突变和不可预测，使得他对解决这个问题的探索没有能够完全进行下去，但这并不意味着这个问题就不存在了。时空转换到了当下，这个问题依旧存在着，且依旧难以根本解决，否则便不会有现在频频听到的城乡社会治理以及社会建设中的极为紧迫的国家召唤了。

可以说，晚年的费孝通猛然觉察到文化建设的重要性，一个社会的整合显然离不开文化观念的吸引，由此他将对社会研究的那种从一个水平面的"差序格局"的研究，转移到了一个垂直面的"多元一体格局"下的民族文化自觉的研究上来。现在的一些政治学家开始去研究文化安全感的问题，他们乐于称此为"非传统安全"，即研究那些除战争以外的所有可能引起国家秩序动荡的不安全因素。也许这在未来会逐渐发展成为一个特殊的学科，并需要有更多的人类学家参与其中。但我们如果仔细去阅读费孝通的那些有关中国社会结构的分析，就可以感受到，费孝通的观念定会为我们对于安全感问题的研究提供一种更为深刻和周全的认识，因为他从根本上去做了一种社会安全的思考，也就是：如果我们的社会关系更多地建立在一种私人关系之上，那么我们在哪里可以真正找到一种脱离了私人情感关系而建立起来的社会安全感呢？

与此同时，当面对一种现实处境的社会与文化的转型，我们的私人关系开始一层层地断裂分离开来，并逐渐变成相互陌生和冰冷的社会关系之时，我们的安全感究竟又保存在哪里呢？而且，当我们所谓的"自己人"也因为价值观念的转变而开始变得不那么可靠之时，我们就会发现，自己处于一种真正的社会不安全中。如果这样一层层地推演下去，那么中国人的交往圈子里可能再没有一个人会感觉到有社会安全感的存在了。虽然这样的判断多少有些夸张，或者仅是某几个特殊的个案而已，但细想一下也不无道理，特别是在今天新技术手段使得我们难以直接面对面地区分谁可以成为真正的"自己人"，而谁又是真正的外人之时，情形会变得越来越明显。但当下在平常的生活之中，我们仍旧更为倾向于去相信私人关系的力量，毕竟社会关系敏于受到私人关系影响的现象在我们当下的社会中还是普遍存在的。所以，相较于过去，我们今天研究私人关系格局下的社会安全感似乎变得更为重要一些。

比如，现在在校读书的大学生实际上是很难真正安下心来去读书、学习的，因为对他们大部分人而言，读书就是为了工作，而他们能清晰地感受到未来的出路究竟在哪里的问题一直在困扰着他们。在过去，大学生毕业之后是可以稳定地"吃上皇粮"的，也就是在计划体制的那个年代，大学生无须担心毕业后的分配问题，只要考上了大学，大家都是"计划"中的一员。同样，进入一所好的学校和一所一般的学校，在工作的选择上只会是工作性质的不同，并不存在真正激烈的竞争。而对于当下的社会而言，当大学生、研究生求职时，很多公司、单位要求他们所读的大学必须是"双一流大学"。对许多单位而言，这可谓一个工作求职的最为基本的门槛，这也仿佛一下子砌起一道高墙，把很多人拒于高墙之外，或许这中间会有许多真正的人才因为这一墙之隔，而再没有发挥其某方面才能的机会了。这同样是费孝通所研究的知识分子的问题，社会的安全感实际上跟知识分子在这个社会中的处境和位置是密切地联系在一起的。在过去，曾经获得了某种功名的士绅阶层，乃至一般意义上的读书人，留在了乡村，这一阶层在社会中充当着权威调解人的角色，使得乡村社会的秩序得到了一种安定，而当这些人都逐渐逃离农村之后，那里的秩序空缺便会无比巨大。因此，在当今社会中，去研究社会安全感问题是极有价值的，因为我们所研究、关注的问题不能脱离社会现实的真实存在状况，脱离了就一定会走弯路，之前中国的发展并非没有这方面的教训。而费孝通就是从中国的实际以及中国的乡土社会真实情况去理解农民的角色及农民生活的实际究竟是怎样的。

为什么费孝通的那些书能够产生如此重大的影响呢？因为他的研究工作与以往学者是不太一样的，他是通过人类学的田野调查，把老百姓的实际想法与真实感受用文字的形式呈现出来，引起更多人的关注。我想很多人的学术经历中会有一些故事的成分，这种故事并非虚假，有时会很真实。当然我们也不会排除有些故事在看似虚假的背后的一种真实存在，比如那些小说家所描绘的真实社会生活。但这样的真实在八股风格的研究论文里往往是见不到的，我想费孝通在《江村经济》《乡土中国》《乡土重建》中的那些真知灼见，一定有一些是得益于他姐姐费达生的，至少他能够进入位于江苏吴江县（今苏州市吴江区）的开弦弓村去进行人类学的田野研究是基于他姐姐费达生和姐夫郑辟疆先期在那里开展的工作的。费孝通情感上极为信赖和尊敬的姐姐费达生曾经在开弦弓村那里搞过养蚕技术推广，开过缫丝厂，她和当地各家各户的农民相当熟识，基于这样的前期条件，费孝通能够很容易跟当地人打成一片，很容易开展他的实地调查研究，由此而从当地人的口中和行为中了解到许多真实发生的乡村景况。这恐怕就是费先生接触到"乡土中国"这个议题的最初机缘，从那时起，他也真正走上了认识中国社会之路。

我自己的博士论文研究可以说是有意去接续费孝通有关乡土社会的研究的，或者至少是照着他的路子试图去探索中国乡村的秩序如何可能的问题，并借此集中研究了乡土社会中的纠纷解决的各种模式，跟现在的法律人类学或者法社会学的研究方向更为接近一些。作为博士论文的指导老师，当时费先生也出席了我的论文答辩会，在我做了此项研究的论文陈述之后，他曾经问了一个这样的问题："你认为现在的中国还是乡土社会吗？"我想这也是现在很多人会问的一个问题，同时也是费先生自己所一直思考的一个问题，因为在 1948 年出版的《乡土重建》一书中，他就曾经断言"乡土性的地方自足时代是过去了"[①]。

事实上，我们从不缺少农民研究，更不缺少对农民生活研究的各个层次的学者，但在看过许多有关农民以及村落生活的实地调查成果之后，我们都不禁想问，到底有多少人真正了解中国农民和由农民所构成的乡村社会呢？并且，在什么意义上这种了解才算是真实可靠的呢？或许，对于当下中国社会是否还属于费孝通所曾经定义过的乡土社会，我们确实还需要进行更为深入的思考，但就目前的理解而言，我个人认为现在的中国必然仍旧是一个乡土中国，即现在的中国在一些核心特征的意义上仍旧保留着乡土中国的本色。在这方面我们不难发现，原来在一个地方性熟人关系里所发展出来的思维方式，在今天的社会交往中依然在发挥着作用。虽然，伴随着城市化进程的加剧，很多农民搬到了城市之中居住和

---

① 费孝通. 乡土重建. 上海：观察社，1948：48—49.

生活，但他们所赖以维系的终究还是原来土生土长的亲属关系，或者说他们乐于在这个圈子里打转转，并且还转不出来。即便是在我们的身边——你可以仔细留意一下——自己现在所依赖的资源是不是还是身边的那些熟悉的同学、朋友、老乡，而缺少一个所谓公共的、陌生人的角色可以为我们所彻底信任。如果是这样，乡土社会的行动逻辑就无法真正被打破。

我曾经对费孝通1999年在北京大学一次讲座的录音稿进行过文字整理，讲座的题目是"我对中国农民生活的认识过程"，并得到了一份费孝通亲自手写的讲话提纲的复印件，后来还特别珍藏了费先生用铅笔在整理稿上进行了细密修改的修改稿。我觉得费孝通晚年的讲座总有一个特点，那就是他会先打一个腹稿，或写一个提纲性的摘要，然后开始自由发挥。讲话开始的时候他也会先做一通学术性的铺陈，一般都会从他早期的学习经历开始讲起，然后再渐入要讨论的核心主题，中间偶有风趣的玩笑之语，透露出一个大学者的聪慧灵动之气。但他的演讲最为精彩的部分一般都会在演讲的中后段出现，也会有非常多的妙语杂陈其间，不时还会有英文单词蹦出来，像"补课""各美其美""community""文化自觉"这样的属于费孝通自己晚年重要学术贡献的概念就是以这样的方式从某一次公开的演讲中"蹦"出来，后来才被逐渐加以细化和界定的。费孝通此类风格的文章，大都是基于某一次的演讲稿的修改而成的。

孤独的自我超越

我一直猜想费孝通的晚年可能是无比孤独的，这并不是指他脱离了社会意义上的孤独，而恰恰是说他思考问题的前瞻性之远使其在与众人的思想对话上处在了一种孤独之中。因为在他去想这些问题的那个时代，大约很少有人能与他有一种真正的心与心、灵与灵以及思想与思想的对话。许多知名学者在他面前，也不过像是小学生在请教老师问题一样，不能够真正平起平坐地与他讨论问题——不是不能，而是在知识和学问上没有自信可以去进行这种对谈[①]。我们可以想象一

①　在这一点上，费孝通与人类学家李亦园之间的对话可能是一个例外，关于这一点可参阅：赵旭东，李玉珍. 对话的人类学：以费孝通先生与李亦园先生交往为例. 中南民族大学学报（人文社会科学版），2018（5）.

下，当一个小学生去请教老师之时，老师除了按部就班地问答，难有什么真正思想上的激荡，那只不过是一种知识讲解，而非灵性思考以及心与心的传授。所以说，费孝通的学术思想光靠对话和问答大约很难完全表达得出来，最后我们还是要通过对他经过深思熟虑而亲手写下来的那些文字进行深度阅读、研究和理解，才可能有真正的收获。理解费孝通，实际首先要读懂费孝通。

细细想来，大约 20 世纪 50 年代到 70 年代末，可谓费孝通人生中的一段低谷。在 1952 年院系调整时期，中国所有的社会学家都面临着"下岗"或者"转岗"的困境，至少社会学是不能够再持续地研究下去了。但因为中国有少数民族的存在，他们似乎又很快找到了一个工作和研究的新领域，这也可以算是在那样一种处境之下的一种成功转型吧。那时的社会学家、人类学家因此都转而成为民族学家。包括吴文藻、潘光旦、费孝通以及林耀华等在内的清华大学和燕京大学的许多社会学、民族学和人类学学者，后来都辗转来到了新组建的中央民族学院从事新领域的民族问题研究工作。那时，几乎中国最好的民族学家、人类学家以及社会学家，当然也包括一些民族史学家以及民俗学家，差不多都汇集于此一新校之中。可以说，集全国高校精英而新组建成立的"中央民族学院"成为当时中国社会科学顶级的学术殿堂。我想在这期间，对于费孝通而言，也还是有一次施展才干的大好机会的，他那时被任命为民族调查访问团的副团长，这也使他的研究兴趣从原来集中在汉族乡村社会的乡土中国问题的探讨，逐步转向了对整个中国民族关系的更广泛的人类学、民族学的讨论，这无意之间又使得他把之前和王同惠一起开拓出来的花篮瑶社会组织的研究又进行了一种新的接续——不再单单集中在瑶族的研究而是扩展到诸多民族的研究上去。

1957 年可谓其中最为关键的一年。费先生被打为"右派"，但这期间，他仍旧笔耕不辍，写出了很多有价值的文章。在差不多两年之后，费孝通才和一批知识分子一同被摘掉了"右派分子"的帽子，但使他真正可以从事正常的学术研究的则是 1979 年中国恢复了社会学。而在此之后的文章《迈向人民的人类学》可谓费孝通晚年所非常在意的作品。或许在经历过了"文革"、反右等运动后，费孝通终于清楚了人类学的作用究竟应该为何，他认为人类学研究的根本是要去运用的，而不是西方所认可的那种纯粹知识意义上的个人追求和享受。而在他后来的另一篇有名的文章《小城镇 大问题》中，对于怎样把中国的乡村跟日益兴旺的小城镇的发展联系起来，同时怎样去发展坐落于乡村之中的乡村企业，以及如何做到农民"离土不离乡"等问题，他都做了极为重要的观察、研究和阐释，并提出了对怎样去看待乡镇企业发展以及小城镇发展的诸多问题的思考。到了 1988 年，他写作完成了《中华民族多元一体格局》这篇文章，作为著名的"泰纳讲座"（Tanner Lecture）的演讲稿。这篇即使到今天在民族问题研究上仍旧有其影响力的文章，在之后三十余年里处理现实的民族关系中仍旧发挥着重要的思想引领作用。在他所提出的一种"多元一体"的民族关系构建的框架之下，中国的民族关系有了一个相对稳定的发展期。这篇文章最后还借用了一个花园园圃的比喻，并以此来形容中国的民族关系就像"一个百花争艳的大园圃"。确实，我们并不像很多国家一样，是近乎由单一民族所构成的民族国家，所以我们的民族关系格局应该是犹似各种花草共生在一起的大花园一般的多元一体，当然，反过来的含义也是一样明确，即一体多元，由此每个民族在其中都会有一个真正属于自己的独特自治的位置，相互彼此和谐共生。①

到了 20 世纪 90 年代，对费孝通而言，这是从他所说的"志在富民"的观念而跃升到"文化自觉"观念的一个重大转变时期。当然，在这期间，他 1991 年所提出来的"志在富民"的观念也是他晚年很重要的一个思想②，但更为重要的，可以说具有一种标志性意义的，便是费孝通 1992 年发表在《读书》杂志上的一篇文章，题目叫《孔林片思》③。从费孝通后期思想演变的轨迹上来看，这是一篇很精彩且不宜被后来之人随便绕过去的文章，这多少有些像 1957 年他所撰写的《知识分子的早春天气》那篇文章，尽管关心的主题大为不同，时代背景也大有改变，当然文章带来的结果、命运也有所不同，但这无疑是一篇内藏费孝通深邃思想、朴素文辞以及充沛情感的文章。更为重要的是，这篇造访孔子墓园的观察和感受性文章，也真正激发了费孝通后来很多关于文化观念的反思。特别是《孔林片思》这篇文章所反映出来的内容，可以说与当今中国当下所面临的文化问题之间有一种彼此息息相通之处。我们只有真正阅读过这些文化反思性的文

① 赵旭东. 一体多元的族群关系论要：基于费孝通"中华民族多元一体格局"构想的再思考. 社会科学. 2012（4）.

② 《志在富民》这篇文章写于 1991 年 7 月 18 日。费孝通. 费孝通文集：第十二卷. 北京：群言出版社，2001：185-193.

③ 《孔林片思》这篇文章写于 1992 年 6 月 21 日，最初发表在当年《读书》杂志第九期上，后载于：费孝通. 费孝通文集：第十二卷. 北京：群言出版社，2001：294-299.

字，也才能真正体会当今中国乃至世界的文化发展究竟走到了一个什么样的阶段，它未来究竟会向哪里转向以及有更为超越式的发展。另外在《费孝通文集》中的一篇名为《参与超越 神游冥想》的文章，底稿实际上是我曾经整理过的并经费孝通亲自修改过的谈话记录，这是 1999 年的春节之前的 2 月 8 日在费孝通北太平庄八号院的家中他面对北京大学社会学与人类学研究所诸位同仁所讲的内容，在我依照录音稿初步整理之后，由费先生重新校改数遍之后收入了他的这个文集第十五卷中①。在这篇谈话中，他的思路极为清晰，颇具一种尖锐的反思性，他认为中国的社会学、人类学的研究不能再像以前那样只在调查的基础上就事论事，而是应该能够有一种"神游冥想"，超越一般事实的层面，而提供更多对中国社会和文化新看法的研究。

在从 20 世纪末步入 21 世纪初的数年之中，对于费孝通而言，可谓实现了真正在思想上从一种"文化自觉"的思考而迈入"美美与共"的理想追求上去的一个过程。在这很有限的几年之中，我认为费孝通最重要的著作除了《师承·补课·治学》② 之外，就要数《中国古代玉器和传统文化》③ 这篇文章了。我曾经为此写过一篇札记性的文章④，当时就很惊讶于费孝通耄耋之年的思考力和关注问题的独特视角。现在人们离开由玉器构建社会性的时代已经很遥远了，而在古代乃至不久的过去，玉器对人的社会性存在而言是极为重要的，它甚至成为人们自身认同的一部分，古人所谓的"以玉比德"，道理也恰是在这里。

在这里值得指出的倒是，一个跟"丝绸之路"相关的"玉石之路"的概念。"丝绸之路"显然是西方人命名的，以此来指代中国古人沿着河西走廊所开拓出来的一条基于丝绸的贸易之路，但与之有着共同性的"玉石之路"则是中国人尝试去自我命名的一条道路，这跟中国文明自身所固有的对玉石的看重以及由此而开展的对于这种物质的贸易与文化属性构建是紧密地关联在一起的。可以这样说，在由西亚、中亚以及欧亚草原所构成的一条宽阔而相互连通的贸易与文化之路的一端是所谓的"青金石之路"，另外一端便是位于中国西

---

① 费孝通. 费孝通文集：第十五卷. 北京：群言出版社，2001：1–7.
② 费孝通. 师承·补课·治学. 北京：三联书店，2001.
③ 费孝通. 中国古代玉器和传统文化. 北京：北京大学出版社，2001：1–9.
④ 赵旭东. 有关上古巫文化的一个注解：读费孝通教授《中国古代玉器和传统文化》有感//费宗惠，张荣华. 让社会更美好. 北京：群言出版社，2002：155–172.

北部的"丝绸之路",而在古代,作为一个整体的欧亚世界便是因此相互联系在一起的。① 对于中国盛产的丝绸而言,它是西方而不是我们所缺少并专门需要的,我们所真正缺少并在文化观念中极为需要的却是玉石这种珍贵石材,或者说由于中国在文化意义上对玉石有一种需要,因此在向外运输丝绸的这条道路上,同时转运回来的则是包含玉石在内的种种以崇尚玉器闻名的中原帝国所不产或产量稀少之物。

古人俗语中曾经有"化干戈为玉帛"的格言,背后的含义就是使争端能够平和地解决。在中国人的观念中,温润之"玉"和柔性之"帛"都是象征和平或者代表文化的东西,因此而内隐着一种象征性的以柔性力量转化暴力的暗喻。② 在西方现代文化之中,人们习惯用"管理"(manage)这个词来说明对社会中的人、财、物等方面的控制、安排和使用,即用一种最为合理的资源调配的方法去解决实际生活和工作之中所出现的种种冲突、矛盾和危机,因此,管理就成了一门专业,而从事管理之人也就成了职业管理人。我们的传统文化会强调理想状态上的一劳永逸,不太希望彼此之间出现任何矛盾、冲突和危机,也就是在纠纷和冲突出现之前,预先地在文化中嵌入一种"化干戈为玉帛"的理想观念,由此,一种自然的暴力解决的冲动便得到了先期观念上的平复,不致酿成因冲突和暴力战争而造成的种种恶果。在此观念前提下才有所谓管理者的治理,否则在处理此类纠纷和冲突时可能既费时、费力,又费钱,得不偿失,事倍功半。因此,如果稍微笼统地来说就是,当遇到冲突时,首先想到的是用另外更具超越物质性的观念来使之有一种自我的超越,像这里用体现和解境界的"玉帛"去引致一种柔性的文化意义的生成,进而不致使彼此之间的关系处在一种难以化解的直接兵戎相见的"干戈"境遇之中,避免最后无回旋化解的余地,而最终两败俱伤的悲惨局面。

而费孝通晚年对于文化问题的此种探讨,从更多意义上可以被看成他之前"志在富民"理想基础在文化维度上的再一次升华。或者说,在他看到农民口袋里有了钱之后,农民的生活开始富裕起来之后,接下来他就在思考农民口袋里的钱究竟应该怎么花的问题。而这恐怕是只有文化参与其中才能去真正解决的一个

① 沈爱凤. 从青金石之路到丝绸之路:西亚、中亚与亚欧草原古代艺术溯源:上册. 济南:山东美术出版社,2009:6—24.
② 赵旭东. 化干戈为玉帛:玉石之路新疆行有感. 中国民族报・理论周刊,2013—06—14 (05—06).

问题，而不是经济的力量所能完全解决的问题。实际上，费孝通晚年和我们一样都清楚，在今天的社会之中，钱多并不意味着必然幸福，因为所谓的幸福并不是完全建立在金钱的拥有这一基础之上的。

我认为，费孝通的诸多作品对我这一辈人而言是有着一种真正思想上的引导作用的，在有很多人和西方接触更多、依赖二手文献阅读的处境之下，费孝通的著作则为我们开启了一种在中国做实地研究的、深度和广度可以不断拓展开去的研究思路，很多时候会让我们茅塞顿开，大彻大悟。他的一个"现在是否仍旧是乡土社会"的追问，迫使我用二十多年的时光思考着这一问题，同时也为我自己的新研究领域破了题，引了路。①

人的相互看

最后，对于怎样看待费孝通的一生的问题，我觉得可以回到一个中国人很传统的观念里去对其加以理解，那就是所谓的阴阳五行相互转化的观念。这只是一种常识性的解释，并非因果，更非必然。

费孝通晚年曾写过一篇文章，题目就叫《我看人看我》②。这篇文章是针对一本西方人写的有关他的传记——《费孝通传》而做的回应。那本传记厚达数百页，但费孝通的回应文章却简明扼要，笔法上可谓四两拨千斤，叙述中有批评，自然也有表扬，其中用了中国文人儒雅的曲笔，由此而让真正明白其中道理的人暗自称赞作者笔下的妙趣和不露声色的批评。我个人以为，费孝通这篇文章所要真正表达的乃是一种自己不太满意的心情，但这种批评人的文章读起来却让人感觉又并非那么剑拔弩张，自然也不会让人读后有不舒服、难以忍受以及伤了彼此和气的感受。这也是费孝通自己向来所遵循的一种做人之道，同时也可谓真正中国文人的批评之道和文人风范，即他早年所说自己为"软心肠"之人的那份更看

---

① 在费孝通先生于 2005 年 4 月 24 日不幸离世之后，我在"乡土社会"这个主题上召集了一些会议，在中国农业大学社会学系（2005—2011 年）开设过数十场以"乡土社会研究"为题的系列讲座，而在 2010 年费先生百年诞辰之时，我还带着学生将其全部的文集都读了一遍，分头撰写读书笔记，编订出版了《费孝通与乡土社会研究》一书。2011 年以后，我又在中国人民大学人类学研究所带着自己的前后数届的研究生们开展了关于《费孝通年谱长编》的编辑整理的工作，这项工作仍在持续地进行之中。参阅：赵旭东. 费孝通与乡土社会研究. 北京：社会科学文献出版社，2010.

② 费孝通. 费孝通文集：第八卷. 北京：群言出版社，1999：514—519.

重人和社会的积极一面而非消极一面的风范①。

　　针对这本下了足够功夫的博士论文《费孝通传》，费孝通认为"我看别人"和"别人看我"必然有差异性，即所谓的"我看人"是一种看法，而反过来的"人看我"则又是另外一种看法。这里的意思，如果通晓中文背后的意味，就实在是再清楚不过了，那就是有着文化差异的两个人，彼此之间如果真的能够看清楚、看明白对方的存在，那又是何等之难的一件事情。这恐怕不是纯粹人类学、社会学以及历史学的知识本身所能够真正解决的问题，而是一个人在丰富人生阅历之中逐渐去领悟真谛而生发出来的一种独特境界。

　　因此，我们就不能把对于我们来说的他者、陌生文化里的人，甚至是我们很熟悉的人，都看成是只能用一种看法去评价的存在。显然不是只有一种看法。而传记作家往往会陷入一种偏见之中，真实的语境则是，人们往往会因为时代不同、角度不同以及各自经历的不同，而可能出现认识和理解的不同。对传记主人公来说，传记从来都是"人看我"，即作者去看传记主人公，而非"我看人"，即非传记主人公的视角，但后者恰恰应该是研究传记主人公的人的研究视角。如果是这样，我们究竟应选取怎样一种角度去看也就不是正确和错误的问题，而只是在看法上的视角不同而已。在这个意义上而言，没有一个传记作家不是片面地去看人的，因为一个很简单的道理就是，文字不可能呈现文字所不能书写到的那些方面。基于这样的一种认识，中国传统文化所盛行的阴阳五行的所谓命运流转的观念，又如何不能被用来去观察和理解一个人的一生呢？如果人生只是一种解释，那么五行之说的解释至少是一种便于我们去理解主人公生命史的视角。对于费孝通而言，这种新角度的理解或许就是文化自觉的开始。从根本上而言，这种理解可能会是错误的，或者至少是不完备的，但从多维度的人的生命存在角度而言，这绝对是一种值得去尝试的理解。由此，我们便可以看到，一个中国学者在其身处其中的中国文化里，经由其一生所构成的一个自我成长的带有悲剧色彩却乐天圆满的解释性循环。

　　或许，如果用一种回溯性的人生叙事方法，基于中国文化里的五行观念，我

---

　　①　费孝通在 1947 年去了英国而写作了数篇有关英伦三岛的报道之后，在结集出版的《重访英伦》一书结尾之处，他写道："历史是曲折的，在短距离里是难于预测的，但是一个软心肠的人，不愿意世界遭受战争的惨痛，甚至可能毁灭的人，眼睛总是向着光明看，即使这光明只有一线。"引自：费孝通. 重访英伦. 上海：大公报馆，1947：91.

们便可以这样去说：从《江村经济》（1939）到《乡土中国》（1948），这中间差不多有十年的时间；而到论及城乡发展的《小城镇 大问题》的1983年，这前后又经历了30多年的时间；到后来"中华民族多元一体格局"概念的真正提出（1988），前后一共经历了四十几年的时间；最后到其晚年晚期的"文化自觉"观念的提出，这中间又有十几年的时间（1992—2005）。在此意义上，对于费孝通而言，他的学术生命可谓一个圆满的循环：从《江村经济》到《乡土中国》，从"志在富民"到"文化自觉"，这个历程中间必然包括成长与阻隔、幸运与背运的相生相克辩证发展。显然，没有一定的人生阅历，不经历一定的坎坷，一个人自然也就不会有另外的一种觉悟、境界和成就的实现，这背后根本上存在着一个思考者对于自我存在的不断超越。换言之，这是从对一个小村落的认识而不断地跃升到对于中国文化乃至世界文明发展的宏大认识上去。我想，只要是生命足够长的学者，都会有意无意地去完成这样的一种自我循环的生命历程。所以在一定意义上而言，尽管经历了那么多因为纯粹学术追求而附带出现的政治人生的磨难，但归根结底，费孝通的学术人生相对而言还是得到了圆满的实现，他也借此表达了他所真正想要表达的内心世界和思想的真谛。

人类学需要有一种彼此间的相互理解，也就是既要去理解他者，也要能够理解自身。费孝通在这方面无疑是一个典范，他扎根于自己的文化土壤之中，在理解自我的同时，也在尝试着转换各种角度去"观看"他者的存在，经过他一生的写作和思考，到其晚年才有一种超越人类学自身的他者关怀局限的"文化自觉"观念的提出。因此，可以这样说，研究费孝通的学术思想，便是研究中国近百年来的转型与发展。在寻求一种"从实求知"的认识中国的途径之余，费孝通思考得更多的还是如何可以真正超越自我的局限，特别是在文化意义上的自我超越，这成为费孝通晚年思想的精华之处。理解费孝通学术思想的途径或许有多种，但从文化自觉的角度去理解可能算是一捷径。

最后，还是援引费孝通的一首五言诗来结束对他一生的概括：

> 李白六十二，杜甫五十九。
>
> 我年已古稀，虚度岂可究？
>
> 梦回苦日短，碌碌未敢休。
>
> 文章千古事，万顷一沙鸥。

我们或许可以从这首诗中去理解费孝通那时的心境以及一生追求的根本，这恐怕是一种纯粹意义上的将"学术作为志业"的心境表达，同时也是一种人生求得圆满的中国式文人的自我情怀之所在。

第一部分

方法与路径

第一章　百年费孝通

2010 年是我国著名的社会学家费孝通教授一百周年诞辰，各地都举办了一些专门的纪念活动，来缅怀这位对中国乃至世界社会科学做出巨大贡献的社会学家。这种纪念激发起我们对于自己所处时代以及上溯一百年的既往时代的比较和反思，展望中国社会与文化在未来的一百年将会走向哪里，又将是我们借此比较和反思所期望达致的一种理想和目标。而这一切应该从纪念和回顾费孝通一百年的历程开始才可谓一种务实的态度。

转型中国与认识中国

在一定意义上，费孝通的一百年也是中国学术的一百年，更是中国社会变迁的一百年。在经历了这一百年的历程之后，中国的变化已经无法简单地再用社会学意义上的"变迁"这两个字来概括了，而或许应该用"巨变"这两个字，因为这一百年中的中国社会真正体现出一种巨变，这种巨变把一个有着十几亿人口的泱泱大国带入全球性的世界发展的洪流中。从最初的羡慕与自卑，到中间的痛苦与艰辛，再到最近的辉煌与耀眼，这个国家经历了一种前所未有的时代大转型。

而在这种转型的过程中，乡村的转变最为剧烈，并且，这种转变在费孝通还年轻的那个时代就已经开始了。可以这样说，在 20 世纪之初，或者在费孝通撰写《乡土中国》《乡土重建》这样的带有散论性质的著作之前的数十年，中国的乡村已经在经历着一种无可抵挡的以现代化为名的彻底转变，那是在由一个帝制国家转向新兴现代民族国家的大背景下所发生的一种巨变。在此转变之后，我们确实感受到了费孝通半个多世纪之前所发出的感慨，即乡村社会的传统社会生活因为现代都市社会的膨胀和扩张而逐渐被蛀蚀乃至瓦解。"城市，让生活更美好"

的真实含义也许应该改写为"城市，让城市的生活变得更美好"。而如果城市成了今天大多数人的一种渴望的话，那么它却也在逼迫着乡村的生活不知所归。巨大经济利益的强大吸引力使得城市变成了一块巨大的磁铁，它把乡村里的哪怕是一粒微小的铁渣都吸附到了自己庞大的身体之上，乡村成了一处或许只能让忧愁者表达忧愁的荒原。

但是，换个角度我们也会注意到，费孝通曾经着力去描述过的乡土中国在今天的巨变，绝不意味着乡土社会真正的消失与瓦解，只要人类还必须从土壤的垦殖中获得赖以为生的食材，以补充对生命成长的滋养，那乡土社会的消失就只可能是一个现代人为了自己的生活而编造出来的他者的神话。一种依赖于土地的生计方式，造就了一套紧密地围绕着土地而展开的生活方式。这套生活方式创造出了一种文化的氛围，在此文化氛围之中，人们相互面对面地交往，强调亲属和地缘的纽带，时间与空间紧密地咬合在一起，历史与现实并接且相互依赖着成就彼此。当然，我们也无法否认在一种巨变长久阴影之下的那些根本性转变的发生，那些转变必然是复杂的，显然不能够简单地挪用传统与现代的发展模式去界定，但那些转变有赖于乡土社会自身的转化能力。这种能力的差异造就了各个地方乡土社会在形态转变上的丰富多彩，显然我们已经无法做到只用一个概念去涵盖哪怕是一个区域内部的差异了。

在这个意义上，我们呼唤对各种类型的乡土社会进行差异性与地方性的深入研究，在逐渐积累起新的可资信赖的民族志资料之后，我们才可能对那些在不同地方所表现出来的乡土社会变化的不同形态进行更为深入的社会学、人类学比较研究。如果远离了这种比较，我们就最多只能是一只只井底之蛙，而真正的世界远比我们能看到的这一小片天空更为辽阔和精彩，那必然是一个广袤无垠的世界，一个无法依靠我们自身的经验所真正能够完全把握的世界。我们应该学会积累，积累才可能出现一种"沉重"，那不仅是经过物的积累之后的沉重，更是经过思想积累之后的沉重，而这需要有一种真正意义上的对于前人研究的尊重与阅读。

我于1995年秋天开始追随费孝通先生在北京大学学习社会学，有幸成为费先生的学生实在算是我的福分。虽然我见先生的次数并不多，但是从先生的演讲中、谈话里以及文字里，我完全被费先生的思想吸引。而在这种吸引力之中，我认为费先生最具魅力的乃是他对中国乡村的那种超越性的理解。在这个意义上，特别是在他于 1948 年发表了《乡土中国》一书中的系列文章之后，他对中国乡村社会的认识已基本成型。也许，所有试图从《乡土中国》一书中汲取营养的后继研究者，实际上都可能忽略了这样一个非常重要的事实，那就是费孝通所写下的那些文字的时代超越性。不论是"差序格局"，还是"文字不下乡"，甚至于"绅权"这些概念，都并非在乡村社会中所能直接观察到的社会事实，而是超越一般社会事实的对于乡土社会理想类型的概括和提升。

这种超越性的概括是基于费孝通对于中国社会敏锐的观察和思考之上的，离开了这种观察和思考，真正有启发性的概括是不可能达成的。费孝通在其晚年一直在提醒社会学家、人类学家们要跨越事实的层面，到更加超越性的层面上做一种"神游冥想"。经由这种反思式的冥想，费孝通参悟到了"和而不同"的文化自觉的理念，这种理念帮助今天的中国社会学家、人类学家找回一种学科的认同与自信。而由对他者文化的欣赏到对自我文化的赞美，人的存在的差异性在一个"和"字之下得到了整体性的弥合，而这样一种由分而合的文化观念是近代西方社会发展以来所一直没有能力发展出来的。自笛卡儿的"我思，故我在"的二元论哲学出现并成为西方思想发展的基调以来，西方的社会哲学遵循的都是一种两分路径，这成为其文化的一个不可化约的组成部分，从分析数学到分析哲学，实际上都可能延续了笛卡儿的这种两分的求知路径。

尽管费孝通一再谦虚地否认自己具有中国传统文化的深厚功底，但是在耳濡目染之间，在与有着浓郁中国文化根底的师友的交往之中，费孝通也在不自觉地运用着中国文化里丰富的有助于思考的观念和范畴。他在这中间受到深谙国学的潘光旦的影响是毋庸置疑的，潘先生对于孔庙大成殿上的匾额文字"中和位育"四字的不断引述，就实实在在影响了费孝通的思考方式。可以说，"致中和"的儒家理想，作为一种深度的心理表征，已经嵌入了费孝通自己的思考框架之中。这种思考在一定意义上补充并完善了费孝通自青年时代起便孜孜以求的西学的分析传统，这一点也许是在理解费孝通一生的思想时最为值得去指出的贡献所在。

在费孝通晚年，曾有一次专门以其一生有关中国乡村的研究为主题做了题为"我对中国农民的认识过程"的演讲①。在那次演讲中，费孝通所关注的是他一

---

① 1999 年 4 月 17 日费孝通在北京大学"中国农村社会的变迁"系列讲座上进行了题为"我对中国农民的认识过程"的演讲。

生研究中国农民的学术历程。在这个学术历程中，农民不是一般意义上的农民问题的承载者。更为重要的是，费孝通密切地注意到了在一种紧密地与土地联系在一起的乡土社会的文化中，农民的生活究竟是如何开展的。农民在这种牢牢地扎根于土地的生活中，一方面是"生于斯，长于斯"的，而另一方面，他们也在通过开展各种副业的形式而从土地以外寻求生活上的富足。可以简单地说，在乡土社会的时代，守在土地上的生活与离开土地的生活之间存在着一种动态平衡的关系。并且，生活的核心聚焦在土地之上，土地尽管无法完全维持人们的经济生活，却有着除经济生活之外的吸引力，从而使人们尽管离开了土地去讨生活，也愿意或必须在一定的时期返回到土地上来，继续依赖土地而维持一种安逸闲适的生活。

这种依附于土地的农民生活，显然在 1911 年以来的国家政体转变中逐渐地趋向于失衡，也就是传统所沿袭下来的守土与离土之间的平衡被渐渐地打破。现代性的启蒙不仅仅促成了人们思想上的解放，更为重要的是，它还促成了社会的解放。伴随这种解放的是原有被称为"传统"的社会秩序的解体，而这种解体的关键就是，土地不再是以生长五谷而具有其独特的吸引力，而是转而成为人们要去开发并使其使用方式发生转变的对象。这种人与土地关系的转变不是乡土社会的时代所能够完全应付得了的。首先，教育的普及以及学历社会的拉动，使得大批的农村人口离开了土地；其次，种地和耕种都被看成是社会中的不光彩的事情而受到了某种污名化，人们由此谈"农"色变，甚至还有学者专门造出"三农"问题这个专有名词来指代农村存在的各类社会与经济发展的问题，但却不问这问题背后的"原罪"究竟在哪里。尽管随着各类惠农政策的出台，"三农"问题似乎有逐渐缓解的可能，但"农业"、"农民"和"农村"这三者终究变成了官员们以及学者们要去不断加以改造的对象，这种改造来自一种自上而下的现代性理念，认为农村的一切都需要被改造以及不断重建，农村因此成了他们眼中的需要去改造和拯救的对象。① 我们不再有过去封建帝制时代的那种在意识形态上有意将农民放在除"士"之外的所有职业之上的尊重，不再保持一种对于乡村社会自身发展的信任乃至放任，不再采取一种官不下县的无为统治（农村的治理依赖于地方政治中的那些非制度性的权威或民间精英，比如长老与士绅）。

---

① 赵旭东. 乡村成为问题与成为问题的中国乡村研究. 中国社会科学，2008（3）.

伴随着现代国家建设在全球的蔓延，中国的现代化建设也通过具体开展的项目而逐渐地渗入了乡村社会。与此同时，教育全民化的拓展，也在使得传统的乡村士绅和精英阶层快速地离开乡村，并沿着新的社会流动阶梯向上提升而不可能再返回到乡村了。知识阶层因此不再是乡村社会生活中的一分子以及一定意义上的天然的民间精英，转而成为远离乡村社会却又可能对乡村社会怀抱一种改造理想的远距离的看客。他们自身摆脱农村和农民身份的束缚的历程，使得他们虽身体离开了乡村，却深信自己是彻底改变乡村模样的有责任的鼓动者。在这个意义上，他们无法真正设身处地地站在农民的立场上去看待各种变化，很多时候只是持一己之见地把外部的东西，其中包括法律、科技以及一般意义上的文化送到乡下去，这些外部的东西逐渐因为无法适应地方性的需求而自我弹出乡村社会的场域，最终只能酿成劳民伤财、无功而返的恶果。

在经过差不多一个多世纪与西方世界的亲密接触后，我们的乡村社会及其文化也在发生着各种各样的改变，与此同时，乡村自身的形貌也处在逐渐转变之中。乡村各类留守人口的持续增加，乡村工业化的快速发展，由原来一家一户分散的家庭联产承包责任制，到最近重又涌现的集体合作社式的乡村生产方式，还有由越来越多的人彻底搬离乡村所带来的"空心村"现象以及一些地方所开展的由分散的村落居住而向集中的城镇社区居住的新农村建设的最新尝试，等等，这些都在迫使我们去重新思考在当今条件下，"乡土社会"这个概念的含义是否还有其适用性以及未来这样的社会又会发生怎样的根本性转变。

尽管费孝通在其晚年曾经不止一次地谈论到他所提出的"乡土中国"概念在面对日新月异的乡村社会变迁时的适用性问题，但是，从一种最初提出此概念的理想型意义上去看，这个概念的涵盖性是可以超越一定时代的局限性的。"乡土社会"实际上体现了一种社会类型，这种社会类型跟以土地为生的农村社会紧密地联系在一起。至少到目前为止，人类尚未发明出一种生存的方式，可以使人的生活的最终环节不依赖于土地，因为人的机体赖以生存的营养最终是要从土地中去获得的。在这个意义上，任何的社会都可能是属于"乡土社会"这一社会类型的，只是不同的社会对于土地的直接依赖的强度存在高低上下的差别而已，由此也进而会体现出不同社会乡土特征的浓郁与恬淡上的差异。

基于这份思考，我曾经把我的许多工作跟费孝通所提出来的"乡土社会"这个概念联系在一起做学术研究上的拓展。换言之，我试图用这个概念去凝聚我的全部思考和学术实践。在中国农业大学任职之时，我曾经为其社会学系开设过一个系列讲座，名字就叫"乡土社会研究讲座"，先后举办过六十几次，其中主讲人讲的题目虽各有差异，但大多不离乡土观念的讨论。我想这些都应该属于更为宽泛意义上的对于"乡土社会"研究的界定，其中有些会跟"乡土社会"这个概念有一种极为紧密的联系，有些则在该联系上更为松散一些。除此之外，我在中国农业大学社会学系编辑的一份并非正式出版的研究通讯，也跟乡土社会这个概念有关，其名称是《乡土社会研究通报》。一些不成熟的有关中国乡村社会与文化的文章可以在这个研究通讯上发表出来，借此平台，大家可以进行切磋和交流。另外我在直接参与主编的《中国农业大学学报（社会科学版）》自2007 年改版以来专门设立了"乡土与社会"这一栏目，这里汇聚了很多非常有影响力的研究者对于中国乃至世界其他各地方不同乡土社会类型的研究。而在后来，也就是费孝通一百周年诞辰之前，我又专门把我们研究小组最初陆续发表在小组内部交流读物《公正小组通讯》上的大家一起阅读共计十六卷的《费孝通文集》后所写下的读书笔记和读书会上大家的发言讨论记录整理下来，另外配上我自己以及一些小组成员研究费孝通学术思想的论文，汇编成为《费孝通与乡土社会研究》一书。这不仅表达了我们对费孝通先生的纪念，同时也反映了我们对于费孝通晚年所倡导的"社会学要补课"的召唤的积极响应。费先生通过"补课"的方式来鞭策自己去重新阅读他的老师们的作品，而我们也试图借此"补课"的感召而去重新阅读一下我们的老师费孝通的文字，希望这样一个学术传统能够在我们后来人的阅读、思考以及讨论之中承继下去，并发扬光大。

从这个意义上而言，这里所试图去开辟的学术空间不是一个封闭的苑囿，而是一个真正开放的旷野，它的理想应该是把自己塑造成一个鼓励新人表演的舞台。这里不应分性别与出身，更不应以年龄和资历论英雄，而是应开放给那些真正在费孝通先期所开展的乡土社会研究的道路上薪火相传的那些人。从一种学术理想主义的视角上来谈，这应该变成中国学者的一份学术责任。同时，在肩负这份责任之外，还需要付出坚韧不拔的努力，才能够将这份事业不断地持续下去。如果这世上已经没有了这份责任和努力，那么，所谓学者的存在价值也就真的值得怀疑了。

燕京大学、社区研究与"懂社会"

　　社会学进入中国，燕京大学是一个不能被遗忘的场所。20 世纪 30 年代，费孝通曾经在这里亲身参与了一场"社会学中国化"的运动，并小有成果。在费孝通看来，燕京大学在社会学中国化上做了两方面工作："一方面是参加北平教会和乡村建设的工作，并且在北平郊区建立清河调查实验区；另一方面是在理论和方法上为以后的'社区研究'做准备工作。"① 而在这两方面的工作中，费孝通更多参与的是第二方面的工作。他在燕京大学学习的最后一年，也就是 1932 年，美国著名的社会学家——芝加哥大学社会学系的帕克教授（Robert Park）来燕京大学讲学、访问。帕克特别注重实地调查中理论联系实际的做法，"就是研究者必须亲自深入社会生活，进行详细观察，亲自体会和了解被研究者的行为和心态，然后通过分析、比较、总结事实，提高到理论水平"。同时，帕克并不避讳，明确指出这套方法乃是直接从社会人类学中移植而来的，只是分工有所不同，"社会人类学用之于土著民族，社会学则用之于城市居民"。因此，芝加哥大学用这套方法来研究芝加哥城市的居民区，并为之安插了一个后来在社会学界无人不知的响亮名字，即"community study"，并被费孝通他们这一批燕京大学的学生最先翻译成现在的这个汉语名称——"社区研究"。② 对于帕克的敬佩，费孝通从来都是不惜笔墨的。费孝通不仅在晚年还要专门重读帕克的著作来"补课"，而且只要回忆到那一段经历，他总要写上几句对于帕克的赞美之词，下面一段的内容，费先生就不止一次地提到，足见帕克在他心目中的地位：

　　　　帕克不仅在班上讲解人类集体行为的性质和社区的结构，而且特别引起我们这些学生兴趣的是他亲自带领我们参观北平各种类别的居民区。他把我们带出了风光明媚的未名湖的世外桃源，让我们看到了天桥的贫民窟，甚至八大胡同的红灯区，这真正打开了我们这些在象牙塔中生活的小青年的眼界。世界上原来有和自己生活区别如此之甚的各种各样的生活模式和思想类型，真是个见所未见、闻所未闻的广阔天地。我们这辈学生真感激他，把我

---

① 费孝通. 费孝通文集：第十三卷. 北京：群言出版社，1999：8.
② 同①.

们带出了书本，进入了活生生的现实世界。①

这种感激显然是发自费孝通他们这代学生的肺腑的，因为正像费孝通所指出的，于这群对社会学有一种独特憧憬的年轻学子而言，帕克为他们理想中的"社会学中国化"提供了一个范例性的指引、一种具体的指导。这种指导更为重要的意义就在于，燕京大学很快形成了一种在社会学的研究中融入社会人类学方法的风气，而在此风气之下，一批世界级的中国社会学家，如费孝通、林耀华、杨庆堃、李安宅等成长起来。他们不遗余力地坚持着社区研究的这条"社会学中国化"的道路，费孝通后来直接转入清华大学，跟随人类学家史禄国学习人类学。而在"社会学中国化"的道路上，另外一位外国人也是不能不提的，那就是步帕克的后尘而来到燕京大学的英国人类学家拉德克利夫–布朗（Alfred B. Radcliffe-Brown）。那一年是 1935 年，恰在那一年，费孝通偕同新婚妻子王同惠去了瑶山，没有和拉德克利夫–布朗直接接触。

但拉德克利夫–布朗所自称的"比较社会学"的方法对于中国社会学早期传统形成的影响是毋庸置疑的。燕京大学曾经专门为这两位大师级人物的演讲编写了一本文集，作为燕京大学《社会学界》的专刊发布出来，足见这一位纯粹的美国社会学家和这一位纯粹的英国人类学家对于社会学在中国早期发展的双重影响。这种影响最为核心的恰恰是集中在一个我们今天已经耳熟能详的词汇"社区"上面。帕克有一句话曾经让包括费孝通在内的这批聆听过帕克讲课的学生们不理解，那就是所谓的"community is not society"这句话，因为在那之前，"community"和"society"之间是可以互译的，而在帕克那里，"community"和"society"是需要区分开来的。帕克理论中强调两个层次的人际关系：其一是位于基层的"共存关系"，它是通过适应、竞争而获得的，是一种维持生存所需的利害关系；其二是位于基层关系之上的"道义关系"。因为共存关系而形成的群体就被称为"community"（社区），而因为道义关系而形成的群体就是"society"（社会）了。因此现在"社区"这个用得已经非常普遍的名字，它实际最初是通过翻译帕克的术语而被引入中国的语境中来并得到广泛应用的。费孝通后来对此有过这样一段解释，可以被看成是对在中国社会学早期阶段所开展的社区研究的一个独特界定：

———————————

① 费孝通. 费孝通文集：第十三卷. 北京：群言出版社，1999：8.

社会一词留给 society，community 不能不另找新词。通过我们这辈学生的议论，最后创立了"社区"这个新词。好在 community 必须以地区为基础，如邻里、村寨、乡镇、城郊甚至大到民族国家都可以用社区来表示，是一个以地域为基础的人群。用"社区研究"这个名字还可以包括我们当时进行的农村和民族调查，所以就这样用开了。①

而 1938 年夏季，费孝通从英国学成归来继续从事的依然是由帕克所指引的社区研究，只是研究的地点转移到了云南昆明。在呈贡的魁阁那里，费孝通带领着一个研究小组开始了范围更广的社区研究，其内容涵盖农村、工厂和少数民族社区。在这方面最为突出的成果就是他和张之毅合编的《云南三村》，包括《禄村农田》《易村手工业》《玉村农业和商业》三篇。

或许，我们没有必要过多介绍这些社区研究的典范，对于今天而言，最为重要的还是区分社区层面的共存关系与社会层面的道义关系。对于人们生活于其中的社区而言，共存关系是第一位的，但是有了共存关系还不能构成一个社会，还需要更高层次的道义关系的协助。中国社会学早期对社区的注重和对社会的忽视，成为费孝通晚年不断去反省自身学术的问题意识的出发点，同样的问题还可以转换成对社区层面的生态的关注与对社会层面心态的关注之间的区分。费孝通认为，对于基层生态的过度关注以及对于上层心态的完全忽视是其自身研究不可原谅的一个错误所在：

> 我拾了基层，丢了上层，这是不可原谅的。……关键是全人类已有了利害上的联系但却还缺乏道义上的认同。……一个全球性的社会不能只有利害的层次而没有道义的层次。没有比当前的世界更需要一个道义的新秩序的了。……实际我们中国历代思想家思考的中心一直没有离开过人群中的道义关系。如果目前的世界新秩序正好缺乏这个要件，我们中国世代累积的经验宝库里是否正保留着一些对症的药方呢？②

在费先生晚年的这些言谈话语之间，我们可以感受到一个学术上的长者对于自己过去学术贡献的极为自谦的批评，这种批评也确实在唤醒我们的一种反思意识。在今天有必要对过去中国社会学的研究方式进行批判性的反思，以图能够真

---

① 费孝通. 费孝通文集：第十三卷. 北京：群言出版社，1999：10.
② 同①18.

正对世界上层的心态的构建提出一些良策。这一点显然如费孝通所期望的那样，需要由后来的年轻人去完成。

在《费孝通文集》第五卷收录的文章中，有一篇费孝通写于 1948 年 4 月的书评，这篇文章是费孝通对他的老师马林诺夫斯基的遗著《文化论》或者照字面可直译为《文化的一个科学理论及其他论文》（A Scientific Theory of Culture and Other Essays）的评述。这本遗著则是在马林诺夫斯基 1942 年 5 月 16 日突然仙逝于美国耶鲁大学办公室之后由他人整理出版的一部著作，其中有许多是未曾发表的文章，核心则是在谈论文化的功能理论。

读到这篇书评时，我猛然想起来，在自己的淘旧书生涯中曾经买到过几本当年清华社会学系的学刊《社会科学》，好像其中就包含了费先生写的这一篇文章，随即就把这些旧杂志翻拣出来，看到其中就有一期是专门庆祝清华大学时任校长梅贻琦六十大寿的纪念专号，也就是 1948 年 10 月出版的《社会科学》杂志第五卷第一期，费先生的书评恰好刊载在这一期。

看得出来，费先生专门写了这样一篇很长的书评，目的除了纪念他客死异乡的老师之外，另外还有一层意思，他也许是想借老师的文字来说清楚人类学的功能论一派究竟是怎样理解文化的。因为在一般人的眼中，功能论除了会依据田野的资料去就事论事谈论问题之外，很少有自己的理论。而坚信功能论的学者，特别是追随马林诺夫斯基这一派的人类学家，都会对这位现代人类学的开山鼻祖有些期望，期望他能够对功能论视角的文化理论说些什么。但是，马林诺夫斯基的突然离世，使得他生前很是看重的理论表述只能处在半成品的草稿状态。费孝通对此有这样一段记述，颇为值得引述一二：

> 人类学界对于马教授的期待是很深的：这功能学派的开山始祖第一期出版的著作还是限于他实地研究的报告，这些报告中虽则已充分表证他方法和理论的根据，但是大家总盼望他会写下一套有系统的理论作为后学者遵循的规范。熟悉他的人都知道他确在这方面努力，而且在他案头已有若干这类理论著作的稿本。这些稿本在他及弟子中也是常有机会读到。[①]

费孝通在伦敦政治经济学院读书时曾有机会为马林诺夫斯基读其《文化论》

---

① 费孝通. 书评：B. Malinowski, *A Scientific Theory of Culture and other Essays*. The University of North Carolina Press. 1944. 社会科学, 1948, 5 (1).

的文稿，1936 年年底，马林诺夫斯基还专门拿出一份上面有着各色铅笔修改过的痕迹的稿本赠予费孝通，请费孝通将其翻译成中文。当然这中间的原因可能是费孝通在燕京大学的老师吴文藻那一年过访伦敦政治经济学院，拜会了马林诺夫斯基，当谈论到社会学研究方法时两人的不谋而合，使得马林诺夫斯基很是激动，随之才专门抽出一份修改中的有关文化理论的稿本赠予吴文藻，吴文藻随之叮嘱费孝通将其翻译成汉语，以使马林诺夫斯基的思想能够在汉语世界的文明中有所传播。在 1940 年，费孝通为马林诺夫斯基的《文化论》的汉语版写的译序中，还精彩地为之记上了一笔，如其所述：

> 民国二十五年岁暮，吾师文藻将离伦敦，设宴辞行。马凌诺夫斯基教授以多月相聚，分握在即，无以为念，即席出《文化论》初稿相赠，举杯作不忘约，译者忝座席末，成翻译之责。灯红酒绿，忽忽已四年前事矣。[①]

从这段优美而畅快的文字中，我们仍可感受到那时的费孝通拿到这份人类学大师的文稿时的激动心情。这或许是一种传播知识的动力在激荡着费孝通的学术热情，他试图在中国比较完整而全面地介绍一种并非空谈的功能论研究方法，虽然这种方法也许不为德国历史学派所看重，认为其"失之纤细微末"，但是功能论自身则一反这种旁征博引，精于考据的文化传播论，而是径直去关注"文化对于人类生活之效用及功能"。这就把功能论的旨趣和盘托出，从人的需求出发去理解文化，由此文化就是满足人类生活需要的一种手段而已。这种立场尽管鲜明，也可以在现实层面观察到无数的实例，但仍旧为自己设置了一个陷阱，如果一旦有许多的无用之功能还在发挥其作用力和影响力，那可能单单依赖需求满足的这种功能论解释就显得不完备了。后来的对于全部文化理论的反思，实际上也都是针对功能论而来的，或者把功能论当作一个靶子来打，功能论可以被看成是所有人类学理论争论的一个源头。

尽管有后来的诸多批评，但是即便是在今天，功能论也没有失去其对于文化的核心解释力量，特别是对于微型社区的调查和解释而言，情况更是如此。这一点也正是马林诺夫斯基的参与观察与吴文藻所倡导的社区研究之间相一致的地方。这是在社区文化比较基础上的文化理论。吴文藻在英国期间，马林诺夫斯基

---

① 费孝通．译序//马林诺夫斯基．文化论．北京：中国民间文艺出版社，1987：1.

曾经邀请吴文藻参与他的"席明纳",吴文藻在"席明纳"上主讲的中国文化的研究方法,引起了马林诺夫斯基的极大兴趣,因此才有后来临别赠书的一幕上演。

费孝通在翻译这份由马林诺夫斯基亲手转交给他的《文化论》的文稿的过程中,曾经记述了翻译中的奇闻逸事,这些记载让我们看到了马林诺夫斯基功能论人类学在西方社会中的地位。这地位可以说是多重的,也许被功能论者看作大师的马林诺夫斯基,在坚守欧洲大陆哲学传统的哲学家看来是不值一提的。尽管在下面的一段文字中,费孝通没有直接去批评承袭黑格尔衣钵的欧陆哲学家们对马林诺夫斯基功能论人类学的浅薄认识,但是他确实不论是在《文化论》的翻译中,还是在他后来的社区比较研究中,都在不遗余力地贯彻着英国功能论的方法。他后来谈差序格局、谈多元一体格局,乃至谈文化自觉,实际上也都在延续着由马林诺夫斯基所开创出来的功能论人类学传统。因此,下面这一段对于《文化论》译事的记述,就可以看成是费孝通使自己远离文化解释上的玄学倾向的一份宣言:

> 吴师既以译事相嘱,遂于是年冬,乘假期旅德之暇,从事于此,是时寄寓柏林博物馆隔岸之铜坟街,与黑格尔之旧宅相邻。德友来叙,见译是稿,每斥为异说;谓此庸人之梦呓,不宜传入吾华文物之邦。译者辍笔静聆其说,夜寂灯寒,炯然自惕,益觉文化论探讨之急需。该文化之看法,不但决定学术发展之线路,亦且直接影响国民性格之倾向。马氏文化论乃英国功能主义之余波,与德国玄学派之文化论恰恰相反。德国之学者自黑格尔以至西方文化沉沦论之斯班格拉,都以文化为神秘之实体;文化巍然独立,自生自灭,芸芸众生,不过为文化之扮演者。此种看法与马氏所谓"文化为工具,生活乃主体"之说,自格格不相入。今英德兵戎相见,根本思想之不相容,其亦人间浩劫之一因乎?果然,则于此迻译马氏文化论,其意义当不止于纯粹学术之兴趣而已。①

从西方传来的社会人类学的社区研究方法影响了费孝通那一代学者的学术取向,也使得他们开始走进真实存在的社会以及微观的社区展开调查,从那里去了解真实的社会。在晚年,费孝通极为强调我们要去理解社会,也就是主张要真正

---

① 费孝通. 译序//马林诺夫斯基. 文化论. 北京:中国民间文艺出版社,1987:3-4.

"懂社会"，这样的认识依旧是建立在其早期对于社区研究方法的认同之上的，同时背后又有一种深刻的英国功能论学说的灵魂在支撑着。

1983 年 6 月 25 日在江苏公安专科学校的一次讲话上[①]，费先生一开始便指出了现在流行在学术界和社会上的调查方法的局限性。也就在讲话的前一天，费先生访问了两家人，一家人家里的桌子上还有小孩子的脚印，这是没有事先安排的一家人，也就是他们并不知道费孝通要来访问；第二家人就不一样了，是有事前的布置的，女主人也不愿意谈自己曾经再嫁的情况，因为她认为这并不是一件很体面的事情，即所谓深层次观念里的"好女不嫁二夫"阻碍了她的回答，有些能说，有些不能说，虽然她心里知道实际是怎么回事。在这里，费先生已经触及了后来认知人类学家所注意到的未能说出来的隐性社会事实的问题。也就是，有些东西我们知道，但是说不出来；或者根本也不知道，意识里不出现，只是会做，不能清楚地表达。这些都属于人的认知中的一些现象，为认知心理学家所发现，并被认知人类学家在自然情境下进行了细致的验证，得到了差不多同样的结果。对于费孝通这里所说的，无法用语言表达出来的东西，需要经过更为深入的田野观察乃至洞察，从多个方面加以综合研究之后才能够得出一些对于当地文化的整体性的结论。这是单单靠收回来的问卷所无法获得的信息。[②]

问卷主要是借用文字来提问的，回答也要用文字，写不下来的就用嘴巴说，但是上面的提醒明确地告诉我们，有些东西是写也写不出来，说也说不出来的。这个时候问卷的方法就失灵了，就需要依靠更为直接的观察。也就是一个人在看到东西后，还要有所综合地分析，使看到的本来分散的信息能够汇集在一起，呈现出可以彼此解释得通的意义。费孝通在一次调查时，见到一些年轻男性留长发，有些长度甚至超过了女性，搞得男女不分，他问为什么不剪短，旁边的人就说，那是不得了的事情，因为如果他们剪短了，他们彼此认同的一伙人就要散伙了，所以剪短是不可能的。因为在那个年龄，结伙形成伙伴群体是一种很自然的事情，所以个人的头发就跟社会的群体联系在了一起。而这一点意义不是单单靠问能够得出来的，需要你去直接地观察和思考。费孝通对一位老人的观察可以说

---

① 费先生之所以来这里讲话，一方面是因为这类学校需要有社会学方法的介入，另一方面是因为在费先生看来，这个学校是最早支持社会学恢复的。参阅：费孝通. 要从根本上懂得社会//费孝通. 费孝通文集：第九卷. 北京：群言出版社，1999：79.

② 费孝通. 要从根本上懂得社会//费孝通. 费孝通文集：第九卷. 北京：群言出版社，1999：75.

有这方面的代表性，在这里我们不仅要有一种"是什么"的观察，还要有一种"为什么"的分析，现在我们把费孝通的这段话详尽地引述如下：

> 以昨天我们访问的第一家来说，那个躺在床上的老人是上一代的赘婿，在传统社会中他在家中的地位是不高的，现在老了有病不能起床活动。我们问起这家的生活情况，那位女主人说每月可以打打牙祭，从房里出来的那个姑娘，用嘴指着躺在隔壁房里的那个老人，她妈妈解释说，每月老人要买点肉给大家吃。我一追问就明白，这老人每月有 30 元的退休金，但是并不交给他的女儿，而是自己掌握着，几块钱几块钱拿出来买肉给大家打牙祭。这是什么意思？我把这件事和他在家里的身份一联系，也就明白了。这笔退休金是他在这家里维持别人照顾他的保险金！如果全都交出了，别人不去照顾他时，他也就无能为力了。①

在这里，田野观察就不仅仅是看了，还要有对相互之间关系的联想或者判断，如果没有了这一点，我们就只能就事论事，不能突显出社会背后的结构关系。英国派的人类学有结构功能论的传统，其结构的意味就是指相互之间的关系。上述这位老先生的女儿，她肯定是孝顺自己的父亲的，但是这位老先生并不会因此就把退休金全部交给女儿来掌管，因为那样的话，一种父母与子女之间的结构性关系就失去了，如果中间再有一些不确定因素加入，老先生的养老就会受到冲击，因为他剩下的可以用来操控别人的权威性资源已经不多了，仅剩的这30 元的退休金，如果再拱手让人，他就不再会与他的女儿以及女儿的家人之间形成一种支配性的结构关系，当然，随之存在的彼此互惠交换和依赖的基础也就更无从谈起了。

"孝"虽然是中华民族的一个传统美德，特别表现在汉族社会之中，被塑造成为一种绝对关系，但是要想使其长久维系下去，基本的结构关系还是需要去铸就的，否则"孝"这个概念被人心践踏的危险性就很高，宛如飘摇的浮萍，随时有被"人心不古"的倾向颠覆的可能。在很多乡村里，子女不养老的现象时有发生，如果细细去做调查，你就会发现，这种现象的出现很多是由于在多次的分家之后，老人已经没有直接可支配的权威资源了。或者年轻人远离了传统社区，比

---

① 费孝通. 要从根本上懂得社会//费孝通. 费孝通文集：第九卷. 北京：群言出版社，1999：78.

如到城市里打工，获取资源的途径不再依赖于老人及传统社区本身，那结果就是原有的家庭结构关系被摧毁了，取而代之的则是一整套的城市对于资源、效率以及支配关系的理解。结果，因为这种脱离，外加上没有基本的养老保障，很多老年人会把自己弄得晚景凄凉，再加上年老体衰、疾病缠身，最后他们甚至连去控诉的力量都没有，只能等待着死亡的来临了。

再回到社会调查这个问题上来，费孝通强调要在调查之前对那个社会的整体情况有个了解，否则你做出来的调查就会变得有些不着边际。比如要了解美国的离婚，你就先要了解美国的结婚，如果不了解结婚是怎么发生的，那么去理解离婚也就变得很困难。另外，只要看看一家人睡觉、吃饭的地方，你就能够大概了解这家人日复一日在家里的活动，一家人挤在一起吃饭和睡觉与一家人各自分离开吃饭和睡觉，那背后所透露出来的隐私观念就不一样，私生活的方式也就不一样。后来美国加利福尼亚大学洛杉矶分校的人类学家阎云翔专门就这个问题展开了实地的田野调查，专门去研究了东北夏家村的生活空间从一家人住在一起的土炕到各自分离开的单元房，这中间反映出的私人生活的转变和私观念的成长，其据此田野调查资料写作的《私人生活的变革：一个中国村庄里的爱情、家庭与亲密关系：1949—1999》一书也成了中国人类学研究中的一个典范之作。[①]

对于这种细致入微的分析，小说家可能是最为见长的。小说家不仅观察到了故事的细节，而且把握住了人的心理，由此可以把问题引向一种很深入的层面。对这方面，费孝通从来是不吝惜笔墨去加以介绍的，他提到了巴尔扎克这位法国著名的小说家，比如在《两个新嫁娘》一书中，巴尔扎克对人的细致描写一定是超越于一般的社会学家的。为此，费孝通发出了如下的感慨：

> 我们研究社会的人，也要懂得人，要对各种各样的人的各阶段的生活进行探索。比一比巴尔扎克，就可以明白我们的水平太低了。[②]

在我的印象里，费孝通经常会发出这样的感慨，特别是在其晚年的一些谈话和交流的场景中，他的提醒经常让在座者感到汗颜。所以他在晚年曾经不断地要求专业的社会学家们去"补课"，要求这些人都要有一点"神游冥想"的精神，

---

① 阎云翔. 私人生活的变革：一个中国村庄里的爱情、家庭与亲密关系：1949—1999. 龚小夏，译. 上海：上海书店出版社，2006.

② 费孝通. 要从根本上懂得社会//费孝通. 费孝通文集：第九卷. 北京：群言出版社，1999：79.

这显然透露出费孝通对于社会学恢复之后的一代社会学家的期望，这种期望就是这些社会学家的研究真正"摸进"深层次的社会中去，避免一些表面现象的堆积，结果影响对人、事、物的深刻理解。

确实，如果问问我们自己，有几位社会学家的书桌上会摆着巴尔扎克的小说呢？即便是在书架上有这类的小说，还有几个人有时间静下心来去阅读呢？现在，在很多时候阅读成了学生的事情，这似乎不是很正常，师生共同阅读才可能是知识增长的根基。费孝通不断地强调，知识是会消耗的，如果时间久了不去接触一门知识，这门知识就会自然离你远去，你就会成为外行。外行人说话，那就一个学科的发展而言，简直是对学科知识发展的颠覆性破坏，因此学者需要时时"补课"才能跟上节奏。

在这个意义上，真正懂社会调查的人都知道，社会调查可能要比填几份问卷更为重要和丰富，最肤浅的调查可能就是填完这几份问卷就没有了下文，让一些简单得不能再简单的数字漂浮在那里，沉不下去。当然，问卷也有其存在的价值，它可以在很短的时间内了解社会的某一项内容的分布情况，但是其确实无法真正深入调查，而深入不了也就无法真正地去理解、懂得以及解释人的行为。因此，社会学、人类学绝对不能仅对社会表面现象进行描述，而是要深入人的行为背后去了解什么东西推动了他采取这样的行为，因此心理学在这方面就变得很重要。但很可惜，在整个社会学的传统里都有一种关于心理学对于社会学益处的误读，因为这里存在一些学科之间的结构性"宿怨"：老的社会学一部分是从心理学中分离出来的，特别是法国社会学，它们特别强调独立于个体心理之外的社会事实，结果产生一种在社会的解释之中极端排斥心理学的倾向。实际上，心理学并没有那么远离社会，只要有人存在的地方，人的思维就会产生影响；即便思维不发生作用，无意识也还要对行动产生影响，这些都是可以被用来解释很多社会现象的。最近有一篇文章发表在著名的《科学》杂志上，它的研究设计很简单，不过是用心理学的行为实验方法证明了马林诺夫斯基在西太平洋的特罗布里恩群岛上所观察到的一种巫术风俗，即那里的渔民如果在近海潟湖打鱼，是不需要举行什么巫术仪式的，因为近海捕鱼的风险实际上很小，但是他们一旦要去远海打鱼，在出海之前就要举行很多的巫术仪式。那是基于风险意识的判断：远海捕鱼是风险重重的，因此他们用举行巫术仪式的办法来寻求神的庇佑。马林诺夫斯基对此有如下的解释：

在特罗布里恩群岛的捕鱼及其巫术提供了一个有趣而关键性的检验。在村子里的内陆潟湖上捕鱼，用的是下毒的办法，这是一种容易的、绝对可靠的做法，以此办法所获甚丰，不会有任何的危险和不确定性，在远洋岸边捕鱼则有各种的危险，即便有稳定的收获，那也需要仰赖此前鱼群的出现与否。这里最为重要的一点就是，在潟湖捕鱼，一个人完全可以依赖于他的知识和技能，巫术便不会存在，而在远洋捕鱼，遍布危险和不确定，便会出现广泛的巫术仪式来确保安全和良好的收益。①

这样的真知灼见，只有经由直接到现实生活场景中去观察并对观察有所体会，再把这些体会与以前的各种事例和理论进行比较才能够得出。如果没有实地的田野调查，对于巫术这样的近乎神秘的事物，我们就只能道听途说，并随着不断地过度发挥联想能力，而使之越来越偏离实际，而真实存在的东西可能并没有那么神秘。马林诺夫斯基在特罗布里恩群岛上待了两年多的时间，每天都在做着他所说的实地的观察和记录，由此而得出的看法就更为接近实际本真一些，对人的理解也就有了一种"懂"的感觉。当然这种"懂"绝对不是凭空就能够实现的，学科的长期训练以及自身素养的培育，对于这种能够"懂社会"的学养的养成是不可或缺的，而费孝通在英国和美国，与人类学、社会学以及心理学这些学科的顶尖学者的接触和交流的经历，使他真正可以站在他所向往的"懂社会"的社会学家的行列之中。

对于费孝通的学习经历我一直深怀兴趣，因为我相信，他所学习的，决定了他所成就的。事实似乎也恰恰说明了这一点，至少从他的英国老师马林诺夫斯基那里，他学到了英国社会人类学的一种独特传统，并将之发扬光大，赋予其更为清晰的基于中国文化传统的创新性解释。

---

① MALINOWSKI B. Magic，science，and religion and other essays. London：Souvenir Press Ltd，1974：30-31.

第二章 从异域迈向本土

在学术传承上，费孝通可谓真正全面接受西方社会科学传统教育的一代学者。就研究方法和理论取向来说，这一代人是有共性的，他们的知识更多由海外，特别是英美诸国输入进来，但他们最终都是立足于自己本土、服务于自己国家的一代社会学、人类学和民族学的学者。然而，即便如此，对于如何看待作为舶来品的社会科学的理论和方法，这一代学者之间的态度选择虽然不尽相同，但各自都给予了不同方向的发挥。

表述异域

众所周知，中国的社会学经验研究肇始于 20 世纪二三十年代，其中以燕京大学吴文藻先生及其弟子所从事的有关中国基层社区的研究最为著名。[1]

那时，以吴文藻、费孝通、林耀华等学者为主导的一批老燕京大学社会学系的学人曾经倡导社会学、人类学理论和方法的中国化。这种研究取向与另外一些学者所强调的科学理性超越国界的取向大相径庭。后者常常会迷恋于西方的理论和研究方法而未能有所超越。对此，早期著名的社会学家杨开道在为瞿同祖《中国封建社会》一书的序言里就已明确指出过：

> 美国社会学的毛病，是只用本国的材料，而不用外国的材料；中国社会科学的毛病，是只用外国的材料，而不用本国的材料。尤其是社会学一门，因为目下研究的朋友，大半归自美国，熟于美洲社会情形，美洲实地研究，

---

[1] 参阅：杨雅彬于 1987 年出版的《中国社会学史》（济南：山东人民出版社）一书第 2 章和第 5 章的内容。

所以美国色彩甚重，几乎成为一个只用美国材料，而不用中国材料，不用欧洲材料的趋势。[1]

作为社会学、人类学中国化的学术实践者，费孝通先生并非属闭门造车一辈。面对西方的学术传统，他采取的是和则用之，不和则舍之的研究策略。我们知道，费孝通的社会学、人类学研究与英国的社会人类学有着一脉相承的历史联系[2]，因而，想深入理解费孝通在学术研究上所采取的实际做法，若不能对英国的社会人类学，特别是伦敦政治经济学院以马林诺夫斯基（Bronislaw Malinowski）为首的一批所谓"功能论"取向的学者有所深入了解，那么对费孝通先生学术思想的理解是会有偏颇的。若把视野再缩小点，我们就会看到，对费孝通的学术影响既大且深的人莫过于他的老师马林诺夫斯基了。由此可以推论，马林诺夫斯基是了解费孝通先生研究中国本土社会运作思路的关键，而要理解马林诺夫斯基的思想，则需理解他浸润其中的学术思潮及其治学经历。因而，我将以下面的逻辑展开研究：先看马林诺夫斯基所处时代的学术氛围，再观其思想形成的心路历程，并以此为基础来反观费孝通的中国本土社会研究的实际理路。

到英属殖民地去做田野调查几乎成了英国早期社会人类学家共同信奉的学术规范，而把在异域搜集的田野材料用英文撰写成民族志（ethnography）便成了社会人类学家必做的功课。结果，到异域、用一套特殊的田野调查方法收集民族志资料的程序，在被英国的社会人类学界正当化之后，随即成为英国社会人类学的基本研究范式（paradigm），成为库恩（T. S. Kuhn）所说的"正规科学"（normal science）。[3] 后来的社会人类学，凡追随英国传统的大体也不会离这种范式太远。

欧达伟在评价马林诺夫斯基时有这样的概括："西方人类学的传统总是关心外国和异域，并趋于保存该地的文化，而不改变它。"[4] 而李安宅也看到这一英国人类学的特质，明确地写道："人类学在历史发展上，一面与考古有关，一面与殖民经验有关。英法美各国所以发展了人类学，便是因为各有各底殖民

① 瞿同祖. 中国封建社会. 长沙：商务印书馆，1937：1.

② ARKUSH R D. Fei Xiaotong and sociology in revolutionary China. Cambridge：Harvard University Press，1981：46−56.

③ KUHN T S. The structure of scientific revolutions. 2nd ed. Chicago：University of Chicago Press，1970.

④ 同②55.

问题。"① 以上一中一外的引文初步印证了我在上文中的猜测，即英国社会人类学是一种异域取向的，换言之，向着海外去寻求一种社会与文化的研究旨趣。为达成解决在英属殖民地社会出现的各种问题这一实用目的，加之学者们对英国本土之外的异文化的浓厚兴趣，共同塑造了英国人类学及其追随者异域关怀的特质。

英国是殖民大国，而殖民地社会的问题自然成了国家事务的核心问题。殖民政府当然也希望通过学者们，特别是人类学家的深入研究而能够对殖民地社会形成更为深入的了解和认识，进而实现对殖民地社会的有效统治。这种希望是政府通过发放招标课题的方式来实现的。大批学者（其中当然也包括马林诺夫斯基在内）围绕着政府课题，深入到了非洲部落中做田野调查，并试图利用他们的调查结果为政府出谋划策。通过一段 20 世纪 30 年代英国对非洲的"五年研究计划"（A five year plan of research）中的文字，我们可以看出政府为人类学家的研究提供资助的原始动机：

> 西方文明的理念与经济势力渗透到非洲人的生活中后，其所产生的根本问题是所谓非洲社会的凝聚力问题。非洲社会正经受着严峻的考验。至少有这样的危险的考验，即这些强大的势力进入到非洲大陆后可能会导致其完全的崩溃，这对非洲人来说，后果一定是灾难性的，同时也使一种有序的社区演化变得不大可能。所以，本机构所提供的研究项目资助应该是直接能对原始的非洲社会中影响社会凝聚力的因素、新的影响的作用方式、新群体出现的趋势以及新的社会联系的形成，还有非洲社会与西方文明之间的合作方式有更深入的理解的项目。②

从这段引文中，我们看到，政府是要解决一个社会，或说殖民地部落中凝聚力何以形成的问题，即社会整合（social integration）如何可能的问题。这一问题吸引了有着浓厚功能论、进化论传统的欧陆社会人类学家，特别是英国的社会人类学家。而从某种意义上也可以说，这些社会人类学家充当了殖民地政府对当地人进行压迫的工具。对此，高东（John Galtung）不无讽刺地描绘了这样一幅

---

① 李安宅. 译序//马林诺夫斯基. 巫术、科学、宗教与神话. 李安宅，译. 北京：中国民间文艺出版社，1986：3.

② KUPER A. Anthropology and anthropologist：the modern British school. London：Routledge & Kegan Paul，1983：106.

画面：

> 前总统卡瓦姆·恩格鲁玛的接待室里曾挂有一幅画。画中的主要人物是他自己，他正在与殖民主义的最后的枷锁搏斗。枷锁渐渐破碎，天空中雷电交加，大地在震颤。三个面无血色的小人物正在逃跑，他们全是白人。其中一个夹着公事包的是资本家，另一个是神父或传教士，他手持圣经，第三个人更小，手里拿着一本书，书名是《非洲政治制度》，他就是人类学家……①

为了从殖民地社会获得财富的资本家、为了教化殖民地的人民信仰上帝的神职人员以及为了满足学术上的好奇心的人类学家一起构成了英国殖民时代的总体画面。时代塑造了属于那个时代的社会人类学家。这些社会人类学家有一条共同的道路就是走向异域的殖民地社会，他们从事田野调查的地点、经费来源、调查地的殖民地归属情况等信息足以证明这一点。

作为英国功能论人类学鼻祖的马林诺夫斯基接受伦敦大学的"芒德学生旅行奖学金"（Robert Mond Traveling Studentship）和伦敦政治经济学院的"康斯坦斯-胡沁森学者奖学金"（Constance-Hutchinson Scholarship）于 1914 年 9 月至 1915 年 3 月和 1915 年 5 月至 1918 年 7 月分别到英属殖民地新几内亚东南迈卢（Mailu）和特罗布里恩群岛（Triobiand Islands）进行田野调查，并写成了《迈卢岛屿的原住民》（博士论文的一部分）、《西太平洋上的航海者》（*Argonauts of the Western Pacific*，1922）和《野蛮人的性生活》（*The Sexual Life of Savages*，1929）。在马林诺夫斯基进行田野调查之前，被称为结构功能论大师的拉德克利夫-布朗受韦尔金（Anthony Wilkin）民族奖学金资助于 1906 年至 1908 年和 1910 年至 1913 年分别到孟加拉湾的安达曼岛和大洋洲西部进行了田野调查，用调查资料写出了《安达曼岛人》（1922）和《大洋洲部落的社会组织》（1930—1931）。富有人文气质的英国社会人类学第二代传人埃文斯-普里查德（E. E. Evans-Pritchard）则在苏丹殖民政府的资助下曾先后两次到苏丹进行田野调查，第一次是 1926—1930 年（间或有 20 个月），第二次是 1930—1936 年（间或有 12 个月），与人类学的先辈一样，他最重要的著作是田野民族志，其中两本最具影响力，即《阿赞德人的巫术、神谕和魔法》（1937）和《努尔人：对一个尼

---

① KUPER A. Anthropology and anthropologist: the modern British school. London: Routledge & Kegan Paul, 1983: 99.

罗特人群生活方式和政治制度的描述》(1940)(参见表 2 - 1)。①

表 2 - 1　　　　　　　　　　三位英国人类学代表人物的田野工作

田野人物	田野资助	田野时间	田野地点	田野作品
马林诺夫斯基(Bronislaw Malinowski, 1884—1942)	伦敦大学"芒德学生旅行奖学金"和伦敦政治经济学院"康斯坦斯-胡沁森学者奖学金"	1914 年 9 月至 1915 年 3 月；1915 年 5 月至 1918 年 7 月	英属殖民地新几内亚东南迈卢和特罗布里恩群岛	《迈卢岛屿的原住民》(博士论文的一部分)；《西太平洋上的航海者》(1922)；《野蛮人的性生活》(1929)
拉德克利夫-布朗(Radcliffe-Brown, 1881—1955)	韦尔金民族奖学金	1906 年至 1908 年；1910 年至 1913 年	孟加拉湾的安达曼岛和大洋洲西部	《安达曼岛人》(1922)；《大洋洲部落的社会组织》(1930—1931)
埃文斯-普里查德(E. E. Evans-Pritchard, 1902—1973)	苏丹殖民政府资助	1926—1930 年 (间或有 20 个月)；1930—1936 年 (间或有 12 个月)	苏丹	《阿赞德人的巫术、神谕和魔法》(1937)；《努尔人：对一个尼罗特人群生活方式和政治制度的描述》(1940)

从表 2 - 1 中我们可以看到，马林诺夫斯基、拉德克利夫-布朗和埃文斯-普里查德三人的研究兴趣都是一致向外的，即到异域的英属殖民地做田野研究。特别是与我们这轮讨论主题直接相关的马林诺夫斯基，更是从英国的大学里拿到研究经费，到异域的殖民地社会做调查，这背后颇具一种对异文化的探险和猎奇精神。

英国社会人类学界对于异域的兴趣一直不减于马林诺夫斯基那个时代。从一份统计资料中我们大略可以看到这种学术传统变迁的缓慢。卡珀斯（Roeloff Kappers）曾对 1980 年英国社会人类学家协会会员名单进行过统计。② 其中，"年龄分组与区域兴趣之间的关系"这份表格（参见表 2 - 2）最能说明英国社会人类

---

① 台湾人类学家李亦园教授在给"人类学系列丛书"写的序言中谈到，对英国社会人类学家只选了三个人，即本文中的三个人。足见这三个人在社会人类学界的经典地位。参阅：宋光宇. 蛮荒的访客马林诺夫斯基（李亦园序）. 台北：允辰文化实业公司，1982.

② KUPER A. Anthropology and anthropologist：the modern British school. London：Routledge & Kegan Paul，1983.

学家田野调查所关注的区域的分布情况。[①]

表 2 - 2　　　　　　　　　年龄分组与区域兴趣之间的关系（%）

	1925	1925—1935	1935—1945	1945—
撒哈拉以南的非洲	38	44	26	20
印度和尼泊尔	13	3	17	15
中东、北非	3.5	6	10	3
东南亚	7	0	12	8
美拉尼西亚、波利尼西亚	11	1.5	7	3
欧洲大陆	7	13	10	11
英国本土	15	22	11	10
中南美洲	2	6	4	10
加勒比海	3.5	1.5	2	5
北极、北大西洋	0	3	1	15
	100	100	100	100

资料来源：KUPER A. Anthropology and anthropologist: the modern British school. London：Routledge & Kegan Paul，1983.

如表 2 - 2 所示，卡珀斯将英国社会人类学会所有成员分成四个年龄段，即 1925 年以前出生的（56 岁以上），1925 年至 1935 年间出生的（46 岁至 56 岁之间），1935 年至 1945 年之间出生的（36 岁至 46 岁之间），以及 1945 年以后出生的（36 岁以下）。然后经初步统计呈现出各个年龄段的社会人类学家在田野调查中的区域兴趣。从这张表中我们至少可以得到以下几点认识：

首先，以往英国殖民地最多的非洲，现在仍是英国乃至世界社会人类学家最感兴趣的区域。在四个年龄段中，选择撒哈拉以南的非洲地区作为田野调查地的比例都是最高的。其次，社会人类学家对英国本土的研究兴趣不高。除了在 1981 年在 46 岁至 56 岁这个年龄段的人对英国本土的研究兴趣较高（22%）以外，其他年龄段中仅有 10% 左右的人对英国本土感兴趣。最后，我们也可以看到，随着年龄段的变小，对非洲的兴趣呈逐渐减弱的趋势，但兴趣并未转移到对英国本土的研究上，而是在开辟新的田野调查地。特别对北极、北大西洋、中南美洲以及东南亚的兴趣都呈渐增的趋势。

基于以上数据和文献，我们可以完全有把握地说，英国的社会人类学的性格

---

① KUPER A. Anthropology and anthropologist: the morden British school. London：Routledge & Kegan Paul，1983：206.

特质是异域取向的。而且从目前的材料来看，这种特质并未出现根本的改观。也许是受国情所迫，或是因为中国知识分子强烈的民族认同感，费孝通走了一条与自己的老师原本就不大一样的道路。他告别异域，径直到自己生于斯、长于斯的本土社会进行人类学田野调查。虽然说费孝通放弃了一种英国异域取向的人类学传统，但他绝没有丢下老师马林诺夫斯基所倡导的功能论的方法论，可以这样说，费孝通灵活地应用此一方法论于中国本土社会，成功地实现了一种西方方法论的中国化。因而在谈论费孝通的研究历程之前有必要对以马林诺夫斯基为代表的英国功能论有所交代。

功能论的时代精神

谈到英国社会人类学的功能论传统，就不能不论及 20 世纪初叶的英国伦敦政治经济学院，在这里，活跃着一批以功能论立场看待异域文化的人类学家。而马林诺夫斯基是这一派人物中最有威望的学者之一，我们可以将其学说概括地称为"功能论"或"功能主义"（functionalism）。此一学说的要义是，社会现象的存在都有其特定的功能，各种现象之间是一个相互联系的有机体，而一个社会的文化是因人的需要而产生的。①

对欧洲近代学术史略有所知的人都会知道，"功能"的概念并非马林诺夫斯基独创，功能论的要旨也并不是前无古人的。可以说在 19 世纪后半叶到 20 世纪上半叶这段时间，欧洲主流的学术取向是进化论和功能论的。先有达尔文创立生物进化论，后来斯宾塞（Spencer）又将生物进化论的概念引入到社会学和人类学之中，持进化论观点的学者坚信，人类自身以及人类社会是遵循着一定的阶梯而由低向高演化的。当时英国有那么多的学者到大洋洲的土著部落去探险，这其中所怀有的一个主要目的恐怕是想从这些土著部落的"原始性"的生活中看到自己祖先生活的遗迹，至少是先验地认为，英国的工业社会相比土著的部落社会更为先进和文明。②

如果说进化论试图从纵贯的方面，即时间的维度来理解异域的部落文化，那

---

① 关于社会学中功能论概念的讨论可参阅：叶启政. "功能"的概念：社会的事实抑或诠释的幽灵. 中国社会学刊，1986（10）.

② 有关这方面的详尽论述可参阅：LEWIS I M. Social anthropology in perspective：the relevance of social anthropology. Middlesex Penguin Books，1976.

么功能论的提出则是走向了另一个极端，想从横剖的方面，即空间的维度来审视异域的部落文化。后来马林诺夫斯基反进化论、反历史主义的倾向正是这样一种对立的反映。

而提到社会学中的功能论，就不能不提到它的创立者涂尔干（Emile Durkheim）。与马克思（Karl Marx）和韦伯（Max Weber）并称古典社会学三大家的涂尔干集欧洲功能论思想之大成。他首先把社会看作是一个类似人体的有机体。这个社会有机体的结构就如同人体的各个器官一样都有其特定的功能，而且这些功能是相互连接的。就如人体产生各种需要一样，社会的结构也会有它特殊的需要。在涂尔干看来，宗教信仰以及意识形态并非抽象怪异的哲学观念，它与其他显而易见的社会事实（social facts）一样能够从功能论的角度来加以分析。

有趣的是，这种把社会当作一个有机体来看待的学术思考被看成是既定的社会事实之后，正如曼海姆（Karl Mannheim）所说的，假定的社会事实就会成为一种意识形态（ideology）而影响我们的思维方式。[①] 这种影响反映到社会学、人类学上就是，学者们把社会看成是有自我调整（self-regulatory）能力的有机体，也即把社会仅仅看作是一个"半封闭的自足生机体系"。[②] 在这一生机体系中，其组成元素与体系自身的发展有着极强的制约关系，而这种制约关系即是一种功能的关系。

总之，从时间历史维度的进化论转变为空间现实维度的功能论，这恐怕是理解英国社会人类学历史发展的主线索。斯宾塞以降，强调的是达尔文生物进化论意义上的社会进化论，而到了马林诺夫斯基的功能论那里，时间历史维度上的进化意涵逐渐淡漠，取而代之的是对现实社会制度和结构的功能分析。下面我们将针对马林诺夫斯基功能论的发展线索做深入的探究，并试图从马林诺夫斯基在做田野调查时，面对陌生的异域文化内心所产生的痛苦经验来反观后来费孝通选择本土社会研究道路的时代意义。

马赫化的马林诺夫斯基

马林诺夫斯基的学术成就突出地表现在以下三个方面：其一是方法上的，即

---

① MANNHEIM K. Ideology and utopia. New York: A Harvest/HBJ Book, 1936.

② 叶启政. "功能"的概念：社会的事实抑或诠释的幽灵. 中国社会学刊, 1986 (10).

由他所创立的独特的社会人类学田野调查方法；其二是内容方面的，即他在西太平洋诸岛屿，特别是特罗布里恩群岛，利用他所独创的田野工作方法所获得的民族志资料；其三是理论上的，即建立功能论社会人类学理论。这三个方面交织在一起构成了马林诺夫斯基思想的核心。

现代人读马林诺夫斯基的著作，有两点印象应当是最为深刻的，那就是他所强调的科学精神和他所反对的进化论历史观。而这一正一反的两点恰好反映了马林诺夫斯基学术体系的基本特征。就他信奉并予以贯彻的科学精神而言，与其早年所接受的训练是有密切关联的。

青年时代的马林诺夫斯基是在波兰生活和求学的，那个年代恰是实证哲学在欧陆极为盛行的年代。特别是马赫的科学分析哲学曾让马林诺夫斯基着迷了很久。1902 年，马林诺夫斯基进入雅盖隆大学攻读哲学专业。但在那个年代，自然科学的各大学科已成为显学，因而作为哲学系学生的马林诺夫斯基也修习了数学、物理学、植物学和微生物学等课程，并在此拿到了他的第一个博士学位。他的学位论文的题目是：《思想的经济原理》（*On the Principle of the Economy of Thought*）。① 在此篇博士论文中，对马赫哲学的分析成为其核心内容。马赫哲学的突出特点是强调科学的实证论（positivism），而反对任何哲学上的相对主义（relativism）。马赫认为，知识是因人的需要而产生的，如此就可以精细地计算出人们在思考问题时身体器官所花费的能量大小。而这些内容就成了马林诺夫斯基博士论文所要探讨的主题。这样一种"需要本位"的哲学，无疑深深地影响了马林诺夫斯基学术思想的形成以及他后来的社会人类学科学理性的发展。我们完全有理由推论说，马林诺夫斯基在钻研马赫哲学的过程中被"马赫化"了。甚至可以说，马赫哲学的基本精神成了马林诺夫斯基思想中的一个结晶体，由此而固化了他的思考模式。虽然，后来其兴趣渐渐从哲学转向了人类学②，但其哲学方法论的基本精神并没有太大的改变，即坚持在社会人类学的研究中贯彻一种科学的客观性原则，这种客观性

---

① 黄应贵. 见证与诠释：当代人类学家. 台北：正中书局，1992：149.

② 马林诺夫斯基的高徒弗思（Firth）等一批人以为，马林诺夫斯基是从哲学和科学领域突然转向了人类学的，并认为其中的契机是马林诺夫斯基在 1908 年休学养病期间读了弗雷泽（Frazer）的《金枝》。但据晚近的考证，马林诺夫斯基早就有心向人类学领域发展，是逐渐摸索到人类学领域的。参阅：黄应贵. 见证与诠释：当代人类学家. 台北：正中书局，1992：146—153.

的原则在其成名之作《西太平洋上的航海者》一书中表现得最为充分，这在后文中将有所交代。①

马林诺夫斯基对进化论的历史观是深恶痛绝的。他明确地反对那种以进化论为依据来虚构人类生活历史发展的等级性和优越性的历史主义。或许在 20 世纪 30 年代以前，马林诺夫斯基对进化论的基本原则还是信奉的，但在此之后，田野调查的事实让他永远地抛弃了支配那个时代思维方式的进化论。1931 年，马林诺夫斯基在其民族志报告《野蛮人的性生活》第三版的长序中这样写道：

> ……我已不再是一个进化论方法的基本崇拜者，并且我宁可不赞同任何关于婚姻或其他事物起源的推测，也不愿即使间接地促进它们……事实的陈述明显区别于推测的论点。我对事实描述的改变也是由于我已越来越不关心起源问题的事实，起源，那是我在以往的言论中以幼稚方式所表述的。②

从上面这段类似宣言一样的文字中，我们可以领略到马林诺夫斯基追求真知的气魄和自我反省的精神。这种气魄和精神常常投射在他所写的文字中。如果说马林诺夫斯基奉行的科学主义及其反对进化论的历史观是有说服力的，那么这种说服力并不是靠他思辨上的缜密以及文献上的旁征博引，而是来自他在田野研究中的发现，这些胜于雄辩的事实让那个时代的社会人类学家惊叹不已。马林诺夫斯基最初是在他的老师塞利格曼（Seligman）的帮助下，获得一笔去大洋洲的研究奖助金。1914 年 9 月 1 日，他利用这笔奖助金踏上了大洋洲的土地，并开始了真正的实地田野调查。在一本让马林诺夫斯基身后的社会人类学家的灵魂受到震颤的田野日记——《在严苛日子里的日记》（*A Diary in the Strict Sense of the Term*，以下简称《日记》）中，马林诺夫斯基写道："9 月 1 日开始了我生活中的一个新纪元，我将独自一人到热带去探索。"③

马林诺夫斯基最初是在新几内亚东南方的迈卢岛上进行调查。后来又转到新

---

① 此书已由台湾学者于嘉云译成中文出版，书名为《南海舡人》，1991 年由台北远流出版公司出版。本文以下所引此书文字均出于此中译本。

② 马林诺夫斯基. 野蛮人的性生活. 刘文远，等译. 北京：团结出版社，1989：14.

③ MALINOWSKI B K. A diary in the strict sense of the term. NY：Harcourt，Brace & World，Inc.，1967：3. 这里所提到的《日记》是马林诺夫斯基生前未曾想发表的对在大洋洲田野调查的真实感受的记录。说得更确切一点，这是马林诺夫斯基自我反省式的心理分析。这里包含有马林诺夫斯基对土著人的真实情感，科学理性与人文关怀的碰撞，方法论的反思历程，对田野工作的焦虑、疲惫以及不稳定的情绪等。本文后面有详细的论述。

几内亚东北约一百英里处的特罗布里恩群岛上做进一步的田野调查（参见表2-1）。在特罗布里恩群岛上，马林诺夫斯基对一种所谓"库拉圈"（kula ring）的象征性礼物交换活动进行了深入细致的分析。他发现，这些岛屿上的土著人是通过"库拉圈"不同方向的传递来进行货物的交易，通过"库拉圈"，岛上分散的土著人得以相互联络。因而"库拉圈"这种看似古怪的东西，却有它存在的意义和功能，而无须像进化论历史观那样去评说"库拉圈"在进化的阶梯中所占的位置。

马林诺夫斯基1922年首次出版的《西太平洋上的航海者》，其核心的部分就是描述"库拉圈"在土著人生活中所起的作用。不可否认，此书的发表带来了社会人类学领域内的一次真正的革命，一次库恩意义上的范式转换（paradigm shift）。① 过去的社会人类学家喜欢在书斋里或在图书馆里，坐在舒适的摇椅上，带着极强的欧洲优势的文化偏见分析一些以见闻为主的游记性的材料，并把分析的结果填入到预先构想的文明进化阶梯中去。弗雷泽爵士（Sir James George Frazer）著名的《金枝》（The Golden Bough）一书就是遵循上述旧范式写作的。也许弗雷泽的整本书只讲了一个问题，那就是部落的巫术是较低级的宗教。但马林诺夫斯基没有走与弗雷泽一样的路，而是向相反的方向走去。他抛弃了虚构文化发展历程的进化论历史观，径直地走向活生生的异域社会，以翔实的民族志调查进行强有力的理论推论，从而在社会人类学中实现了以"实地田野调查"取代"摇椅上的思辨"的范式转换。马林诺夫斯基也因此而一跃成为英国乃至世界社会人类学的顶尖人物。

不过，历史并非经过一次书写之后就固定不变了。事实恰恰是，历史会被不止一次地去改写，曾经拥有的荣誉会被后来的人一次又一次地质疑和批判，曾经取得的成就也会被放到时代的天平上重新评价，而马林诺夫斯基身后的历史证明了历史的反复性。特别是在马林诺夫斯基那本私密的田野日记被公开出版之后，时代逼迫着人类学家们去重新审视马林诺夫斯基，反思他作为一位人类学家曾经获得的荣誉与成就，同时更为重要的是，深度反省人类学学科存在的意义和价值，一种学科的自觉意识由此被慢慢诱发出来。

---

① KUHN T S. The structure of scientific revolutions. 2nd ed. Chicago：University of Chicago Press，1970.

科学理性与非理性自我

实际上，西方的文化一直在科学理性与人文意识这两个维度上纠缠不清，而此消彼长、非此即彼的科玄之争也不外乎是这两条学术脉络争执的延伸。显然，科学理性所要求的是纯而又纯的客观，而人文意识所呼唤的则是人的情感和良知的发现。或许对一位自然科学家来说，科学理性所要求的客观是不难达到的，但对一位以有思想、有情感的人为研究对象的社会科学家而言，这种外在所要求的科学理性与内在自发的情感状态之间的紧张和冲突时不时就会突显出来，导致一种方法论和理论思考上的两难选择。一句话，西方的人文学者在科学主义的支配下，常常会步入到这样一种困境中：为了保证一种科学研究的客观性而失去了真实的自我；而为保全可贵的自我真实，又会以牺牲科学研究的客观性为代价。而马林诺夫斯基正是真实地遭遇了这种双重困境的实践者。

1967 年，随着马林诺夫斯基在大洋洲田野调查中所写的《日记》正式出版，一场关于社会人类学方法论的再反省，几乎要把人们对人类学田野调查的科学客观的信念摧毁。许多著名的人类学家，包括马林诺夫斯基一门的弟子，如弗思（Firth）、利奇（Leach）以及鲍德梅克尔（Powdermaker），另外还有美国的人类学家格尔茨（Geertz）都对此有所评说。[1] 虽然，结果众说纷纭，但由此引发的对人类学田野调查法的责难却无疑是发人深省的。针对这本马林诺夫斯基在生前并未想发表的《日记》，人们开始自问：以科学客观作为社会人类学田野调查的首选标准是正当的吗？在马林诺夫斯基的《日记》里，一个活生生的研究者通过他的类似"自由联想"（free association）式的话语而呈现在了我们面前。此形象与他在《西太平洋上的航海者》这部成名作中所表现出来的欲成为人类学中的科学巨人的那种姿态可谓判若两人。人类学者潘英海曾以《一个田野工作者的自我》为题，对马林诺夫斯基的内心世界进行了透彻的分析。[2] 一个是受科学理性

---

① 弗思（1967）为马林诺夫斯基的《日记》写了一篇序言；其他人针对《日记》所写的评论有：LEACH. On reading a diary in the strict of the term: or the self mutilation of Professor Hsu. Rain, 1980 (36): 2－3. POWDERMAKER. Further reflections on Lesu and Malinowski's diary. Oceania, 1970 (40): 344－347. GEERTZ C. Local Knowledge. New York: Basic Books, 1983.

② 潘英海. 田野工作的"自我"：从马林诺夫斯基的《日记》谈起. 台湾史田野研究通讯，1990 (17).

支配的自我，这个自我把科学和客观作为田野工作的研究规范；而另一个是所谓"真实"的自我，这一个自我遇到的是真实的生活事件，如何应付？如何理解？又如何调适？

先来看马林诺夫斯基的科学理性所显露的自我。此一自我在马林诺夫斯基的《西太平洋上的航海者》这部著名的田野调查报告的"绪论"中表现得最为明显和完整。上文已经提到作为受过自然科学和马赫哲学浸染的马林诺夫斯基信奉，科学客观为田野工作的不二法门。这一点在此书"绪论"的第二节中有清楚的表白：

> 任何一种科学性的研究成果，都必须以绝对坦率而又光明磊落的方式来陈述。譬如物理和化学实验，如果没有详记实验的一切细节，没有精确的描述使用器材，观察方式，数据，消耗的时间，每个量度的表度等等，就别想会有所成。至于比较不精的科学，如生物学和地质学，虽无法同样严谨，但每个学者也都会尽量告诉读者他进行实验或观察的一切条件。就民族志而言，对这类资料的坦诚记录恐怕更有必要，但不幸过去的结果并不理想，而且，许多作者未能完全发挥方法上的真诚，他们虽周旋于事实之间，但呈现给我们的却完全暧昧。①

在这段文字中，马林诺夫斯基告诉人类学的后学之辈，什么才是人类学应当效仿的榜样，那就是一种可以精确观察的科学实验。但是作为一个有思想也有情感的人，如何能抑制住自己的主观不确定性的体验而去成就一种科学的客观观察呢？把学者想要了解的土著人，当成与科学仪器一样的东西去摆布，抛开人道与否的问题姑且不论，这样的类比可以是同质性的吗？在这段文字里，马林诺夫斯基还告诫后学之辈要保持一种"方法上的真诚"，但在与人打交道的学问里，这种"方法上的真诚"何以能真正实现呢？马林诺夫斯基曾描述他与土著人的关系是"明朗易于了解的"②，但在他的《日记》中却时常所流露出对土著人的愤恨与不满，这中间的"不真诚"又如何与他本人所倡导的"方法上的真诚"相互协调呢？或许这将永远是一个解不开的谜。

马林诺夫斯基在"绪论"第三节中，提出了成功完成田野调查的三个基本条

---

① 马林诺夫斯基. 南海舡人. 于嘉云，译. 台北：远流出版公司，1991：23.

② 同①44.

件。第一点是要求学者有一种真正的科学目标，而且对现代民族志的写作价值和标准了如指掌；其次是良好的工作条件，这条件在马林诺夫斯基看来就是田野调查者需要跟土著人一起生活，就像科学家与实验仪器的关系一样，他认为，唯有如此，才能客观地反映土著人的生活真貌；最后是用一些特殊的方法去搜集调查者想要的资料。就如科学家精密地设定实验条件一样，马林诺夫斯基也为田野调查者设定了如上三个条件，凭借此三个条件，下面的设想方才能够实现：

> 民族志田野工作的首要基本理想，就是刻画出社会组成明晰的轮廓，将一切文化现象的规则、法则与不切题的现象区别开来。首先得确立部落生活的坚实骨架。这个理想所赋予的第一个基本任务，就是提出文化现象的完整概观，而不是单单挑出煽情的，非凡的部分，或更等而下之的可笑的，古怪的现象。我们能忍受用歪曲的、幼稚的讽刺画来刻画土人的时代已经过去了。这种图像是错误的，它就跟许多其他错误一样，已经被科学封杀了。田野民族志工作者必须严肃冷静的涵盖该现象的全部范围，并顾及所研究部落文化的各个层面，无论单调寻常的也好，惊人不凡的也好，都得一视同仁。同时，研究时必须巨细靡遗地详究部落文化的每一面。每个面可见的一贯性或法则和秩序也促使诸面相合成一个融合的整体。①

此时，马林诺夫斯基是将一种科学理性的自我呈献到了读者面前。他在小心地论证他的科学人类学的目标，并用一种科学家的权威和冷峻思考告诉后学应当怎样去完成一种科学的田野调查。这里不谈研究者的主观感受，更不谈及土著人可能有的情绪反应。用马林诺夫斯基的语汇来说就是，在这里，科学理性"封杀了"一种人的可贵的非理性。这种被"封杀了"的非理性在马林诺夫斯基身上藏匿得竟然如此之深，以至于他在生前一直未曾公开谈论过，而仅仅把这种情绪流露到了一本私藏的日记之中，成为他科学理性之外的情绪和情感的表征。

无疑，科学理性在左右着马林诺夫斯基的思考定势，他无法跳开这种以科学作类比母体的思考套路。科学家常以一种直接的观察为立论之本，而马林诺夫斯基在这一点上似乎走得更远，他提出了所谓参与到土著人的生活中去搜集田野资料的参与观察法，这样的方法即便在今天仍旧为世界的人类学家所广泛地接受。

---

① 马林诺夫斯基. 南海舡人. 于嘉云，译. 台北：远流出版公司，1991：32—33.

因为，马林诺夫斯基从来就不相信，对于一些重要现象，光凭第二手的信息报告人的报告就能获得。他还用了一个颇似物理学称谓的词语来指涉这一现象，即"现实生活的不可测现象"（imponderabilia of actual life）。[①] 而要把握这类重要现象，只有在这些重要的现象发生时才可以做到。那么，马林诺夫斯基要捕捉的社会现象究竟是指什么呢？他在"绪论"第八节里有一段话说得极为明确，那就是指土著人的精神生活：

> 最后我来谈谈科学的田野工作的第三项也就是最后一项目标；来谈谈若要完整适切地描绘土著文化则不能不记录的最后一类现象。除了骨架（明晰的部落组成轮廓和具体的文化项目）和血肉（日常生活和普通行为的资料）以外，精神——即土人的看法、意见、说词等——也得记录。因为部落生活中的每项活动都有以下三面：第一，传统风俗所规定的常规；其次，实践的方式；最后，土人心里对活动的评价。[②]

马林诺夫斯基获得的另外一个称号就是功能论的开山鼻祖。而上面这段文字也颇能显露他的功能论人类学的思考架构。一种是以科学作类比，另一种是以有机体作类比，如此，社会人类学作为一门科学的根基得以建立起来。下面的任务无非在此根基之上，循着一定的路径，加以充实和发展而已。这样的路径，马林诺夫斯基列出了三条：

1. 部落组织和文化构造必须用明确的大纲记录，实据统计文献法就是记录的方法。

2. 必须把现实生活的不可测现象和行为典型填入这个骨架里。这种资料得靠巨细靡遗的观察，并用民族志日记的形式来采集，这只有靠密切接触土著生活才办得到。

3. 必须汇集民族陈述，特殊故事，典型发言，民俗品目，巫术咒式等等，来作为口碑语料，作为土著心态的文献。[③]

或许，在马林诺夫斯基的《日记》公之于众以前，上述这样一个科学理性的自我是为人们所认同并接受的，因为这样一个自我是科学取向的、逻辑的、真诚

---

① 马林诺夫斯基. 南海舡人. 于嘉云，译. 台北：远流出版公司，1991：41.
② 同①45.
③ 同①47.

的，是与那个时代的时代精神合拍的。但随着《日记》的出版，人们实在无法在其中所显露的非理性自我与马林诺夫斯基在其他公开出版的著作中所表露出的科学理性自我之间找到一个平衡点。那么这个非理性自我究竟是一个什么样子呢？

潘英海对此有一个大略描述，他认为，总的来说，这样一个非理性自我表现在马林诺夫斯基的《日记》里是生理性的、情绪性的自我。而这样一个自我，又是以标榜自己为人类学中的科学家的马林诺夫斯基所不愿但又不得不面对的形象，故也只好把其压挤到那本不宜示人的《日记》空间之中去。[①] 退一步去想，如果此《日记》永远都未曾公开出版，我们会怎样去看待马林诺夫斯基呢？我们或许只能接受他为我们设计好的田野调查的乌托邦，相信他有着科学家那般纯粹客观的观察，相信他与土著人的关系是融洽的，如此而已。但面对这本突如其来的《日记》，我们又不得不重新思考马林诺夫斯基为我们指定的道路的真正价值之所在。

在这本自白式的《日记》中，我们看到了一个摘去了科学理性面具的真实自我。这样一个自我常常为自己的身体而担忧，发烧、头痛、拉肚子等病症，困扰着马林诺夫斯基，从而使他的情绪时好时坏。想念远方的恋人，憎恨当地土著人的不合作，拼命地想离开艰苦的田野调查地等复杂的情绪，一股脑地都投射到了这本《日记》之中。请看 1918 年 4 月 24 日的那则日记：

> 昨天晚上和今天早晨一直想找一个为我驶船的人，但没有找到。我大为恼火，真恨死那古铜色的皮肤，再加上抑郁的心情，真想坐在地上大哭一场，我极其渴望着逃离此处。我想了想还是控制一下，照常今天的工作，就当是什么事也没有发生。早晨，写完日记和一封信，我就到村里去访问警察，然后去奥基那家，遇见了金格和考。［他们］提出要带我去辛那基塔。余怒未消，午饭之后去考拉卡拍照。然后去海滨，这是一个明朗的午后，大块的白色卷积云，重重地倒影在海上，灌木丛与露儿树枝头的摇曳相伴而生。我再也不想那帮黑鬼和工作了，曾经发生的一切还在压抑着我。我不再想明天的信了，我想，这信正在辛那基塔等我呢。早早地歇息。[②]

---

① 潘英海. 田野工作的"自我"：从马林诺夫斯基的《日记》谈起. 台湾史田野研究通讯. 1990 (17).

② MALINOWSKI B K. A diary in the strict sense of the term. New York：Harcourt, Brace & World, Inc. , 1967：261.

在这方面，在科学理性和私人情感之间，在土著人和自我之间，马林诺夫斯基所遭遇到的痛苦是极为巨大的。这显而易见是一般摇椅上的人类学家所不会轻易遭遇到的一种痛苦或苦恼。这些人类学家并没有到殖民地社会中参与实地调查的经验，而仅仅凭据着对二手描述资料的猜测和推理来虚构理论。但马林诺夫斯基则不然，他心目中认同的英雄是自然科学，他以西方学者特有的欲穷尽事物根本的精神，细致入微地观察异文化之中的日常生活的一切内容。但在他与土著人接触之后，或许是由于文化差异，或许是由于某种偏见，他的情绪急躁不安。但为了成就自己的科学理想，他在尽力克服因情绪的波动所导致的一种身体上的疲倦。如果我们把视角放得更开阔一些，那么，马林诺夫斯基身上所表现出来的理智与情感上的张力难道不也正是西方知识分子身上所普遍存在的一种张力吗？

科学自然代表的是一种理性，爱和恨代表的则是情感，而这二者在西方的哲学思维中，特别是在笛卡儿以降的西方哲学传统中，是难以调和的。以科学自居的西方人文学者，应对此一困境的策略只有一条，那就是排斥非理性的情感的存在，请看韦伯的一段话：

> 每一项职业都有它自己"内在的准则"，并且应当据此准则来完成。在履行其工作职责时，一个人应当专心致志，要排除任何不是严格适合其职责的内容特别是他自己的爱和恨。[①]

撇开西方文化的大环境来理解马林诺夫斯基在其《日记》中所宣泄出来的爱和恨，这恐怕是很难的事情，至少是不完整的。正如我们在前文所叙述过的，马林诺夫斯基生长在一个追求理性的时代，这是西方文化中崇尚理性追求的传统在现时代的继续。西方文化自古希腊圣哲柏拉图以降，特别是经由笛卡儿极力鼓吹之后，便把对理性的追求视为人性中最伟大的一面，由此才产生西方的科学理性、认识论以及相应的各类知识。但在这个追求理性以及知识的过程中，学者从事研究的主体性被一次又一次地抽离，最终只剩下一个空泛的概念。西方式的现代理性的追求逼迫着人文学者陷入上文所说的一种理性与情感的两难境地之中：为着科学的客观，你便要有韦伯所说的"责任伦理"来排斥主体自我意识的干扰；反之，若要彰显一种自我的主体意识，那么，你将面临失去科学理性所要求

---

① 韦伯. 社会科学方法论. 朱红文，等译. 北京：中国人民大学出版社，1992：5.

的客观性和可验证性的风险。西方的理性文化是为人文学者做了一个越拉越紧的脖套，让他们做学问的空间变得越来越窄小，几乎要使人窒息。这种"科学理性"与"主体意识"之间的抗争，也并非仅仅表现在马林诺夫斯基一人身上，它深嵌于西方的文化传统中，大凡接受这样一套求知理念的人都可能会遭遇无法调和理性与情感矛盾的痛苦。

单就理性与情感的冲突这一点来说，中国文化中有比西方文化更高明的解决办法。中国人的"天人和一"的宇宙观落实到理性与情感的层面上，就是试图使二者互为一体，而不是使二者相互对立。费孝通虽师从于马林诺夫斯基，但他却没有马林诺夫斯基那样强烈的因科学理性与非理性情感之间的冲突所产生的痛苦。同样是面对理性与情感（非理性）这样一对冲突，韦伯利用"排除法"来化解，马林诺夫斯基身陷于其中而不能摆脱，而费孝通则以一个"用"字化解了这对在西方认识论上的矛盾。"学以致用""洋为中用""服务于人民"这样的取向或许较马林诺夫斯基的痛苦要少一些。① 费孝通先生深知"用"字于中国人的特殊意义，这便是一切玄奥的理论若不能付诸"用"，理论便不能在民间产生效力。

西方人与中国人或许各有各的求知之路，西方人可以置情感于不顾，而单方面去成就理性，中国人追求的是在愉悦的情趣中显露机智。这反映到马林诺夫斯基与费孝通的治学心境上也大不相同：前者惶恐不安，生怕污了科学家的盛名；后者安然自如，游刃有余，图的是服务于人民。心境上的差异导致学术关怀上的分殊，马林诺夫斯基关怀的是异域文化，而费孝通则走向了自己生活过的乡土社会。

回归本土的费孝通

费孝通是生长在江苏小镇上的读书人，这种生活经历使他对农民的日常生活以及村民之间的交往方式极为熟悉。这些背景或许是使他的乡村调查快捷而又顺利完成的主要原因，他愿意在乡土的气息之中体味一种知性的灵感。正如前文所

---

① 关于"用"的观点，可参阅：费孝通于 1982 年发表的《建立我国社会学的一些意见》和于 1985 年发表的《重建社会学的又一阶段》这两篇文章，分别载于 1992 年北京师范学院出版社出版的《费孝通学术著作自选集》一书第 12～23 页和第 24～33 页。

述，在与当地人的关系上，费孝通并未有过马林诺夫斯基所遭遇的那种痛苦。要记得，当年的马林诺夫斯基是以英国学者的身份进入到一个蛮荒的英属殖民地社会去做田野调查的。虽然马林诺夫斯基费尽了心机，凭着"科学与客观"的治学精神，试图以当地人的眼光去理解当地人的文化和生活世界，但这样一个天真的想法或许是经不起推敲的，一个西方社会中的文化精英，又如何能够真正不带偏见地去理解异域的生活和文化呢？这种理解或许可能只是马林诺夫斯基依西方人的思维方式而对当地人和文化的误读（misreading），这又何尝不可能呢？在一个西方优势文化背景下成长起来的学者，到一个异域的边陲文化中，想以当地人的思维方式去思考，这样的做法是可能的吗？这恰如格尔茨所讽刺的："这是一种一个人如何可能同时过着复数的日子的问题，这恰如同一只船如何能够同时航行在数个海上呢？"① 而马林诺夫斯基《日记》中所表现出来的他的内心世界与当地人生活方式的不调和，不正说明格尔茨的批评是极为切中肯綮的吗？费孝通并没有按照马林诺夫斯基的方式去异域的蛮荒之地从事田野调查，而是回到了他生活过的非常熟悉的家乡。这样的选择是与费孝通求学的那个时代紧密相关的，而非灵机闪现。

费孝通 20 世纪 30 年代曾在燕京大学就读社会学专业。在燕大至少有两个人对费孝通选择本土社会调查研究这一学术方向具有决定性的影响。第一个人就是在燕大社会学系执教并倡导社会学中国化的吴文藻。吴文藻坚持认为，中国的社会学者必须到中国的社会实际生活中做实地的调查，否则无以建立中国的社会学。吴文藻所受的社会学训练虽是在美国，但他却极力主张以欧洲的社会人类学，特别是英国以拉德克利夫-布朗和马林诺夫斯基为代表的结构功能论一派的社会人类学方法作为从事中国社会学研究的工具。他曾明确地宣布："近两年来自己常常感到国内社会科学材料内容的空虚，颇想利用此派的观点和方法，来尝试现代社区的实地研究。"② 经吴文藻的大力倡导，结构功能分析的方法影响了燕京大学进而影响了费孝通。另一位对费孝通产生深刻影响的人就是美国的社会学家帕克，帕克曾于 20 世纪 30 年代初（即 1932 年 9 月到 12 月）到燕京大学举

---

① GEERTZ C. Works and lives: the anthropologist as author. California: Stanford University Press, 1988: 77.

② 吴文藻. 吴文藻人类学社会学研究文集. 北京: 民族出版社, 1990: 123.

办学术讲座。① 或许，在帕克来中国之前，费孝通只能算是一位书斋式的社会学学者，那时他还喜欢从中国典籍中考证与社会学有关的概念，但在听了帕克的讲座之后，他学到了如何从实际的社会生活入手开始进行社会学分析的方法。② 经这两位先生的启发和影响，费孝通立志从事于社会调查的信念已基本形成。接下来，他进入了一个实质性并贯穿其一生的乡村社会调查与研究的阶段。

费孝通第一个中国乡村生活的田野调查是在他的家乡完成的。1936 年，他因在老家养伤，故有许多时间与村里的人接触，他以姐姐开办的缫丝厂为主线，调查村里人的家庭生活、经济状况、土地情况等项目。是年夏天，他带着这些实地调查的资料去英国留学，"入伦敦政治经济学院，在马林诺夫斯基教授指导下学习社会人类学，并根据农村调查资料写了一篇文章"③。这篇文章即是他的博士学位论文，后以 *Peasant Life in China*（《中国农民的生活》）为名在英国出版（中文书名为《江村经济》）。此书的出版引起了英语世界的巨大反响。正如马林诺夫斯基为此书英文版写的序言所言："我敢于预言费孝通博士的《中国农民的生活》一书将被认为是人类学实地调查和理论工作发展中的一个里程碑。"④ 费孝通的江村（开弦弓村）调查开启了人类学的一个新方向，即从传统的对异域社会的田野调查，转为深入到本土社会中去做这项工作，这是社会人类学研究对象的一种转换，这种转换也得到了马林诺夫斯基的认可，他这样写道：

> 作者（指费孝通）并不是一个外来人，在异国的土地上为猎奇而写作的；本书的内容包含一个公民对自己的人民进行观察的结果。……如果说人贵有自知之明的话，那么，一个民族研究自己民族的人类学当然是最艰巨的，同样，这也是一个实地调查工作者的最珍贵的成就。⑤

马林诺夫斯基当年写下的这段话是颇值得后人深思的。他难道不是在无意之中宣泄一种自我的情绪吗？这是一种对以"自己的人民"为观察对象的方法予以羡慕的情绪，这也是为英国殖民机构服务的马林诺夫斯基曾经想过却未能真正实

---

① 帕克先生的演讲以及师生的回忆文章后来 1933 年汇集出版，名为《帕克社会学论文集》。
② 此部分内容可参阅：ARKUSH R D. Fei Xiaotong and sociology in revolutionary China. Cambridge：Harvard University Press，1981：31—46.
③ 费孝通. 费孝通学术著作自选集. 北京：北京师范学院出版社，1992：689.
④ 费孝通. 江村经济：中国农民的生活. 南京：江苏人民出版社，1986：1.
⑤ 同④.

现的理想。

这一理想在费孝通那里自然地得到了一种实现。他以一种当地人的身份，加上人类学的训练，去体味当地人的生活习惯、思维方式、家庭生活以及经济发展。这可以算作是一种学术关怀上的转向，一种时空上和心理上的转向。如果说马林诺夫斯基的学术关怀代表的是一种时空上的长久性、异域性和心理上的拒斥性，那么，费孝通先生的学术关怀则转向到时空上的短时性、本土性和心理上的契合性。

何以如此理解呢？我们先从空间上来看是最为明晰的。马林诺夫斯基为了帮助殖民政府解决殖民地社会的问题，在异域的文化氛围中从事学术研究；而费孝通却抱着"富国强民"的理想走向了本土社会，试图从对人民的观察中找到中国社会问题的症结。由于要接触和研究异域文化，并试图达成从当地人的观点来看问题的深度，马林诺夫斯基田野调查的时间比较长；而费孝通先生选择的是生于斯、长于斯的社会来做研究，一切都是熟悉的，在短时间内就可以获得用当地人的观点看问题的深度。也许是因为异文化冲突的原因，马林诺夫斯基是受当地人猜忌和拒斥的，至少在心理层面上是这样的，《日记》就足以证明这一点；而费孝通因是走入家乡的人群当中，相互都是熟悉的面孔、熟悉的语言，乃至熟悉的文化，相互之间也不会因异文化的生活习惯不同而产生心理上的隔阂，即相互之间在心理上是契合的。

这样的学术关怀的转向绝非刻意的追求，而是自然而然形成的，是费孝通生活的那个时代、求学问的历程及其体认辐辏在一起而对他的行为和选择产生持久性的影响，即是博兰宜（Michael Polanyi）所谓的一种持久弥散的"支援意识"（subsidiary consciousness）在支撑着费孝通的学术研究。①

需要指出的是，"回归本土"并非仅仅止于回到自己熟悉的地域从事社会调查，而是要真正领悟到本土社会生活世界独具特色的社会运行机制。许多中国的社会学学者也是在自己的故土上进行实地的社会调查，但其中有些人却是把中国社会当成西方社会来看待，将西方的概念、理论及研究方法一起套在中国社会上，以为这便实现了"回归本土"的社会学研究。费孝通并没有走这种先从西方的理论、概念入手的"上层路线"，而是走了一条一切都取材于实际生活观察的

---

① POLANYI M. Personal knowledge. New York: Harper & Row, 1964.

"下层路线"。由这种"下层路线"所总结的经验乃至理论是鲜活的，是与实际生活贴切的，而不同于"上层路线"所做的硬把西方的一套概念、理论和方法安插在中国社会之上，从而造成社会学的研究结果与中国的实际相脱节的局面。

在当时中国主流的社会学、人类学还在积极奉行"上层路线"的时候，费孝通却依循着"下层路线"深入地体察中国社会，并明确指出了中国社会本质上是"乡土性的"[①]。

土地是农民生活中的客观存在，在日复一日的劳作中，农民从土地中获得了大自然的恩赐，土地成了农民生存的前提条件之一。因而农民常常把土地当作神灵来祭拜，希望通过祭拜，来年能够风调雨顺，五谷丰登。费孝通正是以中国农民对土地的这种依赖甚至于崇拜的情感为切入点来透析中国社会的，他先给"土"字以功能性的描述：

> 土字的基本意义是指泥土。乡下人离不了泥土，因为在乡下住，种地是最普通的谋生办法……城里人可以用土气来藐视乡下人，但是在乡下，"土"是他们的命根。在数量上占着最高地位的神，无疑的是"土地"。"土地"这位最近于人性的神，老夫老妻白首偕老的一对，管着乡间一切的闲事。他们象征着可贵的泥土。[②]

或许是凭借着功能派立论的思路，或许是凭借着直觉，更或许是凭借着"回归本土"的"下层路线"，费孝通为我们开启了一扇洞悉中国农村生活的窗户，这是一扇让人增添想象力的窗户。透过这扇窗户，我们可以俯瞰到中国社会的全貌。或许有人会指责费孝通的洞察是保守的而非进步的，但我想要指出的是，当你沿用西方工业化社会的概念来理解中国的乡土社会时，你实际上已预先假定了中国农民的生活是保守和落后的，但事实上这仅可能适用于当时的物质和技术方面，而在社会、组织与人心方面未必适用。在概括社会现象时，一些以西方的社会理论概念为首选标准的人看待费孝通对中国社会"乡土性的"概括，不免会指摘其保守，但是费孝通的概括是深植于他生活过的土地上的，是有生命力的。现时代的人之所以在品读他的《乡土中国》等著作时，仍觉得贴切，受启发，道理或许就在这里。

[①] 费孝通. 乡土中国. 北京：三联书店，1985：1.
[②] 同①1-2.

迈向人民的二度转向

中国社会学、人类学的发展在中华人民共和国成立以后曾经有过近三十年的停滞。到了 1979 年，随着拨乱反正的展开，原来被取消的社会学也得到了恢复，费孝通成了恢复中国社会学的牵头人。这是费孝通因那个时代的悲剧而停止社会学、人类学研究长达二十年之后的又一个春天。这一年，费孝通已年近七旬。①

在费孝通看来，1979 年以后的中国社会学可分为两个阶段：第一个阶段是 1979 年到 1985 年，这是所谓"搭台"的时期；1985 年以后转入第二个阶段，"戏台已给搭好，班子已初步组成，现在是要演员们把戏唱好了"②。

总括费孝通 1979 年以后的学术道路和思考方式，有两点是比较突出的：一是不变；二是改变。前一点是指他所坚持的实地调查的思路没有改变，这是在 20 世纪 30 年代就已形成了的。③ 后一点则是指他的治学目的的改变，即从最初的用学到的知识来了解中国社会，并记录下来供后人阅读转向了要建立"为人民服务的社会学"④。1980 年 3 月，他在美国丹佛接受应用人类学学会马林诺夫斯基奖的颁奖大会上以"迈向人民的人类学"（Toward a People's Anthropology）为题发表演讲，这可被视为转向的标志。

这一转向以"人民"这一字眼最为醒人耳目。当然，在中国的传统文化中，知识分子的责任是以"修身、齐家"始，而又以"治国、平天下"为终。因而，任何学问最终都是以回馈社会为目的的，这至少在中国的文化背景下是自然而然的事情。但费孝通以"迈向人民"这样的话语来标示他的新思路，这或多或少与他在新中国成立以后的学术历程有着密切的关系。这个词虽未引起西方社会的认

---

① 费孝通. 同社会学界朋友们的谈话//费孝通. 费孝通学术著作自选集. 北京：北京师范学院出版社，1992：37. 他说："70 岁那年，我开始恢复学术生活……"

② 费孝通. 重建社会学的又一阶段//费孝通. 费孝通学术著作自选集. 北京：北京师范学院出版社，1992：24.

③ 费孝通先生在写给天津人民出版社编的《费孝通选集》的"自序"中写道："我的行文格调 20 年代末已经形成，为学方法 30 年代后期到 40 年代前期大体建立。"参阅：费孝通. 费孝通选集. 天津：天津人民出版社，1988：4.

④ 费孝通. 迈向人民的人类学//费孝通. 费孝通学术著作自选集. 北京：北京师范学院出版社，1992：412.

同，但这也只能归因到东西方学术关怀的差异上，因为费孝通在此文中所提出的问题可能并不是西方人所关心的问题。①

1949 年以后，费孝通曾经历了一场又一场的"学术革命"。那种把政治与学术联系起来给予思考和批判的时代，给费孝通的学术心灵以深刻影响。经过思想转变的历程，费孝通从原先的"用"的社会学转而开始考虑为谁"用"的问题了，并且在"服务于人民"这一点上找到了答案。他这样说：

> 我早年所追求的不就是用社会科学知识来改造人类社会这个目的吗？科学必须为人类服务，人类为了生存和繁荣才需要科学。毋须隐瞒或掩盖我们这个实用的立场，问题只是在为谁实用？用来做什么？我们认为：为了人民的利益，为了人类中绝大多数人乃至全人类的共同安全和繁荣，为了满足他们不断增长的物质和精神生活需要，科学才会在人类的历史上发挥它应有的作用。②

接着，在对老师马林诺夫斯基的研究甚或对西方社会人类学的反省和批评中，费孝通为自己"迈向人民的人类学"这一主张找到了辩护的依据。他向西方的社会人类学家提出了这样的质疑：

> 我常常喜欢置身于前辈的处境来设想他们所苦恼的隐情。试问：尽管当时有些人类学者已经摆脱了那种高人一等的民族优越的偏见，满怀着对土著民族的同情和善意，他们所做的这些民族调查对这些被调查的民族究竟有什么意义呢？究竟这些调查对当地居民会带来什么后果呢？那些把被调查者当作实验室里被观察的对象的人固然可以把这些问题作为自寻烦恼而有意识地抛在脑后，但对一个重视人的尊严的学者来说，应当清楚这些问题所引起的烦恼并非出于自寻而是来自客观存在的当时当地的社会制度……许多人类学者所关心的似乎只是我们这位老师（指马林诺夫斯基）所写下的关于这些人的文章，而不是这些人的本身。这些活生生的人似乎早已被人类学家所遗忘了，记着的，甚至滔滔不绝地谈论着的，是不是可以说，只是他们留在我这

---

① 据费孝通先生 1995 年 10 月 30 日在"北京大学社会学人类学研究所成立 10 周年"大会上的讲话录音。他说："在美国纪念马林诺夫斯基大会上，我宣读了'迈向人民的人类学'，反映不大好。（美国人认为）不是不好，很好！但这不是我们的问题。"

② 费孝通. 迈向人民的人类学//费孝通. 费孝通学术著作自选集. 北京：北京师范学院出版社，1992：412.

位老师笔下的影子罢了？我有时也不免有一点为我的前辈抱屈。他们辛辛苦苦从当地居民得来的知识却总是难于还到当地居民中去为改善他们的生活服务。①

在这一大段引文中，我们看到费孝通向西方同行抛出了三个极为严肃的问题。第一个问题是，像马林诺夫斯基那般的社会人类学家跑到异域的社会，含辛茹苦地从事田野调查，这样的调查对当地的人意义何在？把人当成实验对象来看待，人还会有尊严吗？这是费孝通所提出的第二个问题。第三个问题是，一种纯粹学术上的文字游戏，对于实际的社会生活有何益处呢？这样的问题是值得社会人类学家予以深思的。英国社会学家吉登斯（Anthony Giddens）曾把现在的时代统称为"自我反思性"（self-reflexivity）的时代。② 这样的论点对社会人类学领域来说是有意义的，可以说，随着社会科学中实证论（positivism）原则的瓦解，新一代学者们的"自我反思性"意识日渐增强。现在的学者开始质问：像马林诺夫斯基那样的田野调查程序和民族志写作方式是一定要遵守的规范吗？是谁给了人类学家们对当地文化评头论足的权力呢？

对诸如此类的问题，西方学者似乎并没有从"为谁服务"这样的角度给予解答。他们仍旧是在主客二元论的圈套中转来转去。他们在"滔滔不绝地谈论着的"是从哲学以及文学批评中"偷渡"过来的最时髦的语汇。他们试图给田野调查注入新鲜的血液却未思其用。像格尔茨所提出的对"文化的解释"以及他后来（1983）所进一步强调的"当地的知识"③，还有马库斯和费什尔（George E. Marcus & Michael M. J. Fisher）所提出的"人类学作为一种文化批判"的观点④，这些"先锋派"的思潮实际上都未触及社会人类学是否应该为调查对象谋福利的问题。总的来说，他们还是"把调查对象视作自然资源一样任意挖掘出来为自己谋利"⑤。区别无非马林诺夫斯基欲成为科学的社会人类学的代言人，而

---

① 费孝通. 迈向人民的人类学//费孝通. 费孝通学术著作自选集. 北京：北京师范学院出版社，1992：417-418.

② GIDDENS A. Modernity and self-identity. Cambridge：Polity，1991.

③ GEERTZ C. Interpretation of cultures. NY：Basic Books，1973. GEERTZ C. Local knowledge. NY：Basic Books，1983.

④ MARCUS G E，FISHER M M J. Anthropology as culture critique：an experimental moment in the human sciences. Chicago：The University of Chicago Press，1986.

⑤ 同①418.

"先锋派"们想的是如何借助另外一种力量来摧毁社会人类学中的权威与霸权。这种学术上的游戏与弗雷泽爵士在《金枝》[①]中所描述的"森林之王"的替代仪式极为相似:"先锋派"们欲成为现代人类学的"森林之王",他们必须先要"杀死"前任社会人类学的"森林之王"马林诺夫斯基。

费孝通并没有依循着西方主客对立的求知之路而走。或者说从一开始他就未曾理会主客观的空泛的争论。他在求学之时,所怀的是那个时代的基本精神。既要救国救民,则不去体察国情民情是实现不了这种理想的,尤其是想以社会学为志业的学者更应当如此。费孝通就是从这样一个朴素的愿望出发来从事社会学研究的。既然目的是极为明确的,即救国救民,那么手段也就明确了,费孝通选择了实用的道路。当然,他在20世纪30年代所强调的"学以致用"和后来在80年代所倡导的"洋为中用",虽都重在一个"用"字上,但由于时代的变迁,这一"用"的内涵也随之改变了。30年代的"用"无非想要证明他的救国救民理想的可实现性;而到了80年代的"用"则是要跨越到"用"之对象的问题上了。这一跨越涉及社会学的阶级性问题。社会学作为意识形态层次上的存在,需要回应为谁服务的问题。而费孝通先生在不谈空泛的阶级理论之时,恰恰直逼社会学理论的最根本的要害。这是马林诺夫斯基引发的。以马林诺夫斯基为代表的前辈社会人类学学者,不管他们的初衷多么友善,实际上却是学者们为着各自的学术目的而去殖民地社会收集资料。他们就如同去动物园的游客一般,观察土著人的生活,然后如实地写下自己的体验或发现,编成精美的著作出版,供同行们把玩,或是成为西方上流社会有收集奇闻轶事癖的人饭后的谈资。然而,这于当地土著人的生活,于他们的思想又有什么益处呢?[②]

费孝通在对马林诺夫斯基一派的做法展开反思之后,更坚定地走"实用"的路线,并把"用"字具体地指向了人民大众。这样的选择并不是口号意义上的,而是历经沧桑后的郑重选择。

在"迈向人民的人类学"这一论断之下,费孝通第二次完成了他的学术关怀

---

① 可参阅1987年出版的费雷泽的著作 *The Golden Bough* 的中译本《金枝》(徐育新等译,北京,中国民间文艺出版社出版)第一章"森林之王"的内容。

② 库伯(Adam Kuper)在他的书中曾谈及这一方面的问题,他认为以马林诺夫斯基为主的一批英国社会人类学家除了学术上的成就之外,于当地土著的实际生活并无太大的帮助。参阅库伯于1983年发表的 *Anthropology and Anthropologist:The Modern British School* 的第4章论及"人类学与殖民主义"那一部分。

的转向。这一次的转向不同于第一次的"回归本土"的转向。如果说"回归本土"的那一次转向，对费孝通来说是"内隐的"（implicit），是不能为意识层次所能清晰捕捉到的；那么这一次"迈向人民"的转向就是"外显的"（explicit），是费孝通在意识层面能够清楚把握住的。这种转向是费孝通先生在体认到了马林诺夫斯基异域田野研究的心理困境后实现的。费孝通明确地提醒人们："不应当忘记那时的殖民制度给这门学科的烙印。"① 或许费孝通在写下这句话时，并未读到马林诺夫斯基孤身一人在西太平洋岛屿上从事田野调查时所写下的充满复杂情感的日记，而是从马林诺夫斯基的旧著以及写给《江村经济》一书的序言里，揣度出了马林诺夫斯基困惑的心理世界：

> 当时的人类学者总是把自己的研究领域限制在殖民地上的被统治民族……殖民地制度中统治者与被统治者的关系，白种人和当地居民的关系，给了当时人类学实地调查者难于克服的科学观察上的局限性。调查者与被调查者，或者观察者与被观察者之间既不可能有推心置腹的相互信任，那就限制了调查到的或观察到的社会事实的真实性和深入性……就是我们这位以善于处理和当地土著居民关系著名的老师（指马林诺夫斯基）来说，在他的著作的字里行间还是不难找到当地居民对他的调查活动的反感。我固然没有向这位老师触及过调查者在调查过程中内心活动的问题，但是当我听到这位老师一再对我说，要珍惜以中国人来研究中国社会这种优越条件，他甚至采用了"引人嫉妒"这个字眼来表达他的心情时，我有一种直觉的感受，也许是我的过敏，他在科学工作中所遭受到的，在他所处的时代和他所处的地位所难于克服的，存在于调查者与被调查者之间的那一条鸿沟，一直是他内心的苦恼的来源。②

事实证明，这并不是费孝通的"过敏"，他凭借"直觉"从马林诺夫斯基留下来的文字中猜想出了后者在田野工作中的心理冲突。在清楚地意识到马林诺夫斯基田野研究的苦痛之后，费孝通的选择就更加明确了：只有服务于给予自己以原创力的人民，研究者与被研究者之间的关系才可能是和谐融洽的；调查的内容以及由此得出的结论才是真切而有存在意义的。

---

① 费孝通. 迈向人民的人类学//费孝通. 费孝通学术著作自选集. 北京：北京师范学院出版社，1992：416.

② 同①416-417.

在《迈向人民的人类学》这篇文章中，我们见到了在费孝通的文字中不多见的自我反省。这种自我反省可能是他从对马林诺夫斯基的批评中反观自身得到的。如果说费孝通1957年的那篇《向人民服罪》的文章是迫不得已而对自己的政治思想所做的反思，那么这次的自我反思①则是针对自己的学术方法而做的。他这样写道：

> 以我最早的江村调查来说，我是这个县里长大的人，说着当地口音，我姐姐又多年在村子里教农民育蚕制丝，我和当地居民的关系应当说是不该有什么隔阂的了。但是实际上却并不是这样简单。当时中国社会里存在着利益矛盾的阶级，而那一段时期也正是阶级矛盾日益尖锐的时刻。我自己是这个社会结构里的一个成员，在我自己的观点上以及在和当地居民的社会关系上，也就产生事实上的局限性。这种局限性表现在我对于所要观察的事实和我所要接触的人物的优先选择上。尽管事先曾注意要避免主观的偏执，事后检查这种局限性还是存在的。从我亲身体验中使我不能不猜测到，在殖民地上进行调查工作的白种人所遇到的局限性可能比我在家乡农民中所遇到的还要严重得多。②

费孝通向人类学者提出了一个十分严肃的问题，即作为具有主体性的研究者如何面对同样具有主体性的被研究者的问题。费孝通先生对于其生于斯、长于斯的家乡故土的调查都可能存在着难以避免的"主观的偏执"，而我们大多数的调查者去的都是陌生的地方，加上语言上、生活习惯上的差异，就更难避免这种"主观的偏执"了。

诸如此类方法论上的问题一股脑都进入了现代社会人类学家反省的领域。我们如何体会当事人的思维和情感？我们如何能不把自己的价值观强加给我们的当事人？我们又将以什么样的方式和语气来撰写田野工作报告？这些都是现时代社会人类学家需要予以解答的问题，也是一项从现时代的立场上出发对田野工作伦理重新加以反省的责任。

费孝通以他的体认摸索出了"迈向人民"这样一条研究途径，并以服务于人

---

① 费孝通. 向人民服罪. 文汇报，1957-07-14（6）.
② 费孝通. 迈向人民的人类学//费孝通. 费孝通学术著作自选集. 北京：北京师范学院出版社，1992：418-419.

民为终极目标。这个目标的实现是以对三个问题的解答为前提的："一是我们怎样决定我们调查研究的问题？二是我们这些调查者与被调查者的关系是怎样的？三是调查者对自己调查的后果采取什么态度？"[①] 在费孝通看来，在中华人民共和国成立初期，社会调查的这三个问题都得到了圆满的解决。[②] 原因是，1949年以后，一个刚刚从半殖民地半封建的社会解放出来的国家，需要建设，需要改善人民生活，从而主要是依据人民的需要来设立调查项目。而且调查者与被调查者都怀着一个共同目标，即为了国家的建设，因而相互之间并没有什么隔阂和猜度。即使是在中华人民共和国成立以前被认为是"蛮荒"的少数民族地区从事调查也能有相当好的合作。[③] 但这里需要指出的是，改革开放以后，随着市场经济的发展，有两种学术研究取向可能会使这种"服务于人民"的社会学打了折扣。一种是成果取向，另一种是交换取向。有些从事社会学研究的人不是从人民大众的需求出发来考虑所要研究的问题，而是先看国际上（主要是欧美）时髦的研究课题，自己也效仿着去做，文章一篇接一篇地发表，所谓的"学术成果"是有了，但对中国本土社会的认识并未增加什么真知灼见，这是属前一种取向的人。后一种取向的研究者喜欢拿着各种各样的调查问卷让受访者作答，这中间的媒介就是金钱，做一份问卷给受访者一定的费用，如此交易，双方都觉得合算，一方得到钱，另一方则拿到能够产出成果的资料。先抛开这种问卷调查法本身的弊病不谈，单就这种纯粹以金钱关系为基础所获得的调查资料而言，有多少是可信的呢？而且这样的学术行为在助长着一种什么样的风气呢？这都是今天值得深思的问题。

知识是因有用而产生的。离开了"用"字，知识也便无处安身。当然因用的层次很多，故知识的层次也很多。这种所谓知识的层次，你既可以从具体与抽象的维度，也可以从个人与社会的维度来划分。单就社会学的知识生产来说，它是由社会的用而来的。回到费孝通的论点上，即是因人民的需要而有了社会学的知识，这种知识反过来又服务于人民。你可以说费孝通是实用主义取向的，他本人

---

① 费孝通. 迈向人民的人类学//费孝通. 费孝通学术著作自选集. 北京：北京师范学院出版社，1992：419.

② 费孝通先生是在《迈向人民的人类学》一文中谈及此一问题的。此文写于1980年，故对1980年以后的社会调查情况未能述及。从费孝通先生20世纪80年代以后的调查（包括小城镇调查、边区开发调查、乡镇企业调查等）来看，是紧密围绕"服务于人民"这一主题的。

③ 费孝通说："解放后，我在少数民族里做调查工作时就特别感觉到温暖和亲切，像是在亲人中向他们学习一样……"（费孝通. 迈向人民的人类学//费孝通. 费孝通学术著作自选集. 北京：北京师范学院出版社，1992：422.）

也并不掩饰这一点。① 中国台湾的社会学家叶启政还曾以费孝通为范例将中国的社会学归结为"实用性格"②。叶启政认为，中国大陆"肯定社会学的知识乃有益于社会问题的解决，无疑的是保证社会学者之社会价值的唯一途径"③。他还援引费孝通在《为社会学说几句话》这篇文章中所写下的一段文字来佐证中国社会学"实用性格"的论断。所引费孝通的原话如下：

> 在这里我不想罗列一大堆问题来，只想指出这类问题是会跟着社会发展不断出现的，并不会太平无事的。对于这些问题用科学方法调查研究比闭了眼睛说没有问题对我们有利。④

叶先生的认识并无历史上的偏差，但问题恰恰是，费孝通并非寻着外国社会学的脉络前行，而是面对中国经济的贫困、科技的落后，并受到吴文藻所倡导的社会学中国化思潮的影响，才确定了要从中国实际生活中去了解中国社会的人生目标。英国的功能论思想或许只是影响了费孝通观察问题的视角。这样一条社会学的道路实非叶先生所说的一定是在先承认了西方的科技理性、实证哲学以后的实用选择。⑤

况且正如叶先生所言，性格并无好坏之分，中国社会学所谓的"实用性格"在费孝通的思考理路中已具有了崭新的内涵，即为着人民的生活改善而谋出路。"迈向人民的人类学"这样的主张是既富理想性又具实践性的构想。而费孝通正是以他的具体实践成就着他的学术构想。他晚近所从事的小城镇研究，边区开发，以及中华民族凝聚力研究等，都是他怀着增进人民利益的宏大理想，实践着中国传统文化对知识分子"知行合一"的期望。

---

① 费孝通. 迈向人民的人类学//费孝通. 费孝通学术著作自选集. 北京：北京师范学院出版社，1992：412.

② 叶启政. 从中国社会学既有性格论社会学研究"中国化"的方向与问题. "中央研究院"民族学研究所集刊（台北），1982（4）：123.

③ 同②125.

④ 费孝通. 为社会学说几句话//费孝通. 费孝通选集. 天津：天津人民出版社，1988：11. 叶先生文中所引的这段话与费孝通的原话略有出入，叶先生的引文是："我无意列举在社会中的众多问题，而只是想指出，那些问题将在社会发展中持续不断地发生。对我们而言，最好的办法是以科学的办法来调查研究，这胜于眼不见为净地假装问题的不存在。"［叶启政. 从中国社会学既有性格论社会学研究"中国化"的方向与问题. "中央研究院"民族学研究所集刊（台北），1982（4）：125.］叶先生此文写于1982年，当时两岸文献沟通不畅，疑是叶先生自英文转译而来，故有此差异，但无碍叶先生的立论。

⑤ 同②125.

其实，对于性格，不必强求划一，社会是丰富多彩的，治学的方式也是一样各具特色。费孝通的学养、经历和思考习惯形塑了他的研究风格，后来者若能依其精髓而图时代的超越，这或许更是费孝通所期盼的。画家齐白石有"拟我者死"的警训，在学术研究上道理也一样。一个时代需要一个时代的学者，前后连贯而又卓然不群，这恐怕是求学问人的大道。

道路的展开而非完结

德国哲学家海德格尔（Martin Heidegger）常把哲学家的思考比作是人在途中。[①] 人生如走路，每迈一步都有脚印留下来。脚印的曲直与否已非迈步者所能更改。当后继的人看到这些脚印之时，可能会置之一笑，笑其所走的路幼稚之极；也可能会为之一惊，惊其所走的路艰险难测；还可能会沉默不语……总之，前行的人要迈步，后来的人也要迈步，脚印也许会重合，但已今非昔比。纵观费孝通先生所留下的足迹，可以看出它是曲折的但却是无限延伸的。费孝通一直行走在路上，一直在尝试着提出新的问题并探索着满意的答案。

在这路途中，费孝通为后学之一辈树立了无数个路标，它引领我们上路，但并没有强迫我们究竟选择一条安排就绪的道路。

中国有句俗语叫"文如其人"。读费孝通的著作、文章，揣摩他的人格，我觉得费孝通不仅是一位学者，而且更是一位具有社会责任感的知识分子。我在这里有意地要把学者与知识分子区分开来。在我看来学者是偏重于对学科知识本身的关怀，凭着自身特有的智慧和创造力而使知识得以创造和条理化；而知识分子是有社会关怀的，凭借其特有的批判意识而关怀着社会的进步和发展。殷海光先生把知识分子称为"时代的眼睛"[②]，其本意是指知识分子身上这种与时代同步的批判意识。我个人觉得把上述对知识分子的界定用到费孝通先生身上可能是比较合适的。从最早的对中国农村的调查到后来对乡镇企业调查以及晚近关于文化自觉的反省，费孝通终其一生都在围绕着中国社会如何发展的主题进行着思考。面对现实的社会问题，他敢于讲真话、讲实话。费孝通在《江村经济：中国农民的生活》这

---

① 孙周兴. 说不可说之神秘. 上海：三联书店，1994.
② 殷海光. 中国文化的展望. 台北：桂冠图书公司，1988：715.

本博士论文中对当时中国农村土地问题的批评就是一个明证。在这一博士论文中，他以不同于一般社会人类学民族志的写作方法，专辟一章"中国的土地问题"，以抨击当时不合理的土地政策，他以一个知识分子特有的社会责任感这样写道：

> 中国的土地问题面临的另一个困境是，国民党政府在纸上写下了种种谎言和政策，但事实上，他把绝大部分收入都耗费于反共运动，所以它不可能采取任何实际行动和措施来进行改革，而共产党运动的实质，正如我所指出的，是由于农民对土地制度不满而引起的一种反抗，尽管各方提出各种理由，但有一件事是清楚的，农民的情况是越来越糟糕了。自从政府重占红色区域以来到目前为止，中国没有任何一个地区完成了永久性的土地改革。①

这样的批评是需要勇气的，有时还要付出巨大的代价。但既然骨子里有知识分子的气质，就不能熟视无睹，就不能不批评，不反抗。

"但开风气不为师"是费孝通为北京大学社会学人类学研究所成立十周年所作的题词，他本人恰恰是这样一位开启学风的人，这种学风概括起来就是"学以致用"。他以知识分子特有的气质为后学之人树立起了路标。道路还在扩展和延伸，并没有完结，后学之辈或许当尽早上路，开始新的学问之思。

在异域的殖民地从事田野调查，以功能论为解释框架，以科学为偶像，这便是以马林诺夫斯基为代表的英国社会人类学的大传统。这种大传统深深地影响了费孝通乃至整个中国的社会学研究取向。但是，马林诺夫斯基的悲剧即在于，他困守理性自我（科学客观）与非理性自我（情感体验）之间的矛盾对立而不能自拔。虽然说马林诺夫斯基秉持那个时代特有的科学主义精神，想通过与异域的民族打成一片的途径来获得对此异域文化的客观认识，但却未能完全做到，这从他身后出版的充满各种心理困惑的《日记》中便可了解到这一点。

马林诺夫斯基已受到后学之辈越来越多的挑战。他的权威人格，他以牺牲自我为代价换回来的所谓科学的民族志资料以及与这些资料平行存在的那本《日记》，一起被现代的人类学家当成了批判的靶子。

费孝通以前后两次在学术传统上的转向实现了自己社会人类学思考的成熟。一次是他从马林诺夫斯基异域的田野调查传统回归到自己的本土社会，即到自己

---

① 费孝通. 江村经济：中国农民的生活. 南京：江苏人民出版社，1986：201-202.

极为熟悉的家乡去做调查。由此摆脱了马林诺夫斯基心灵深处因民族偏见而激荡出的矛盾。我以为费孝通的这一次转向并不是在意识层面发生的，而是一种潜意识的"内隐"发生的过程。而他的第二次学术转向才真正是在意识层面发生的，即是一种"外显"的过程。这次学术转向的核心是费孝通提出了"迈向人民的人类学"这一主张。这是费孝通反省他的老师马林诺夫斯基和自己的田野调查之后所做的抉择，也是他几十年来从事社会学、人类学以及民族学研究的经验认识的升华。

费孝通是以具有社会关怀和批判精神的知识分子的形象出现在中国知识界的，他并不是那种只埋首于象牙之塔的单纯的学者，而是怀抱着服务社会、改造社会并使之进步的远大抱负而跨入学术界的。一句话，时间和空间让费孝通选择了他自己的学术道路；新的时间和空间也要求后学之辈能拓展新的道路，树立起新的路标。

第三章　相互性的理解

我们每一个人都试图去理解自己，但理解自己并非一件轻而易举的事情。在西方人类学的传统中，对文化的理解被界定为一种对于他者的理解，但实际上，人对于自己的理解何尝不是一种重要的理解途径？与此同时，相互性的理解，即一种"我看人看我"的理解，也许是文化之间在真正意义上达成理解和交流的基础。

马林诺夫斯基预言

马林诺夫斯基在费孝通 1939 年英文版的《江村经济：中国农民的生活》一书中，写下了一篇很有预见性的序言。在这篇序言中，马林诺夫斯基一下笔就写道：

> 我敢预言费孝通博士的《中国农民的生活》一书将被认为是人类学实地调查和理论工作发展中的一个里程碑。此书有一些杰出的优点，每一点都标志着一个新的发展。本书让我们注意的并不是一个小小的微不足道的部落，而是世界上一个最伟大的国家。作者并不是一个外来人，在异国的土地上为猎奇而写作的；本书的内容包含一个公民对自己的人民进行观察的结果。这是一个土生土长的人在本乡人民中间进行工作的成果。如果说人贵有自知之明的话，那么，一个民族研究自己民族的人类学当然是最艰巨的，同样，这也是一个实地调查工作者的最珍贵的成就。[1]

---

[1]　费孝通. 江村经济：中国农民的生活. 南京：江苏人民出版社，1986：1.

在这段文字当中，马林诺夫斯基对后来在汉学人类学界一直争论不休的几个理论问题做了一点交代，这种交代也是一种预期。因为在过了二十几年后，在马林诺夫斯基创业的英国伦敦政治经济学院，又有人开始谈论与他在上述文字中所阐述的几乎一样的问题，这个人就是以研究中国宗族制度而闻名于汉学人类学界的马林诺夫斯基的接班人弗里德曼（Maurice Freedman）①，1962 年 10 月 30 日在纪念马林诺夫斯基的会议上，他以《社会人类学的中国时代》（A Chinese Phase in Social Anthropology）为题阐述了这一问题。②

这篇讲演对马林诺夫斯基过于强调当下社会生活的整体意涵，而不大关心社会生活的历史演变过程和整体社会结构的研究取向，给予了一种尖锐的批评。当时，这样一篇在国际社会人类学界颇有影响的论文，没有也不可能传达到费孝通的手中，而是辗转了 30 多年之后才被费孝通发现并撰文与之进行一种跨越时空的对话③。当时的弗里德曼早已撒手人寰，再也听不到 34 年之后，在《重读〈江村经济·序言〉》这篇长文当中，费孝通对他乃至整个社会人类学界的回应了。这种回应是以弗里德曼 1962 年的那篇文章为出发点，主要是针对马林诺夫斯基的另一位高足，费孝通的英国同学利奇（Edmund Leach）所提出的像中国这样一个地域广大的国家，个别社区的微型研究能否概括中国国情以及中国人研究自己的社会是否可能这样的"责难"而来的。④

费孝通试图用"文野之别"来诠释弗里德曼所说的"社会人类学的中国时代"⑤。这种"文野之别"实际上就是人类学最初创立时的一个出发点。马林诺夫斯基以前的人类学家，都可以说是在一种社会进化论思想的支配下来看待部落社会的生活的，并且把这种部落社会的生活看成是西方文明社会的原始残存，因而许多人类学家把西方传教士和旅行家在异域部落社会的见闻搜集起来，以进化论为理论框架来把这些见闻组织起来写成人类学的著作，这在英国人类学的创始

① FREEDMAN M. Chinese lineage and society：Fukien and Kwangtung. London：London School of Economics and Political Science，Monographs on Social Anthropology，1966：33. 关于这一点可参阅：费孝通. 重读《江村经济·序言》. 北京大学学报，1996（4）.

② FREEDMAN M. A Chinese phase in social anthropology. British journal of sociology，1963，14（1）. 以下引文参阅：FREEDMAN M. The study of Chinese society. California：Stanford University，1979.

③ FREEDMAN M. Chinese lineage and society：Fukien and Kwangtung. London：London School of Economics and Political Science，Monographs on Social Anthropology，1966.

④ LEACH E. Social anthropology. Fontana，1983.

⑤ 费孝通. 江村经济：中国农民的生活. 南京：江苏人民出版社，1986.

人弗雷泽爵士所写的煌煌 12 卷的《金枝》中便有极为明显的体现。马林诺夫斯基自己也没有脱离开对所谓野蛮社会的考察，只是在方法论上采取了现场参与观察式的方法，而在文化理论上则采取一种文化整体的功能论理解的策略而已。①

马林诺夫斯基不同于弗雷泽一辈人类学家的是，他以一套"参与观察"的研究方法，收集了大量第一手的有关特罗布里恩群岛岛民实际生活的田野调查资料，并以功能论的视角描绘出了部落社会生活方式所具有的整体的功能意涵。如上一章所述，马林诺夫斯基是在第一次世界大战期间在大洋洲从事田野研究的，但因其国籍问题（波兰当时的所属国奥地利是澳大利亚所属国英国的敌对国）而被澳大利亚政府要求不准擅自离开特罗布里恩群岛。这种偶然的近乎灾难性的境遇，却使得他很幸运地收集到了其他做短期考察的人类学家所无法收集到的有关部落生活的真实资料，这种从异域部落中收集上来的资料，成为他后来写作全部人类学民族志作品的基础。但他终究是在异域的所谓"野蛮人"的土地上从事田野研究的，从中获得的资料又有多少可以用来说明所谓"文明社会"的生活呢？这种知识论上的怀疑，使得马林诺夫斯基不得不承认在异域的社会当中，人类学家的田野研究以及民族志（ethnography）的写作是在一种对知识的好奇心的驱使下才得以完成的。

但费孝通对于这样一种西方人的好奇心似乎并不太感兴趣，他所追求的是回归到自己本土社会当中去解决社会的现实问题，这实际上是费孝通追随的 20 世纪 30 年代由吴文藻所开创的社区研究的思路和实践，马林诺夫斯基在《江村经济》这本书的序言里留下了这样一段话：

> 因此，约两年前，当我接待了燕京大学杰出的中国社会学家吴文藻教授的来访，感到极大的欣慰，从他那里得知，中国社会学界已独立而自发地组织起一场对文化和应用人类学的现实问题进行社会学的攻坚。这是一种体现了我的梦想和渴求的攻坚。②

马林诺夫斯基似乎从费孝通对家乡吴江县开弦弓村的田野调查当中，看到了人类学未来真正的希望，这希望就在于能够用观察蛮荒的部落社会的方法来理解

---

① 关于英国功能主义及其新发展可参阅：王铭铭. 功能主义与英国现代社会人类学//周星，王铭铭. 社会文化人类学讲演集. 天津：天津人民出版社，1997：108-136.

② FEI H-T. Peasant life in China：a field study of country life in the Yangtze Valley. London：Routledge & Kegan Paul，1939：XXⅡ.

像中国这样有着自己历史和人民的国家最终能够实现对野蛮人和文明人的同等"关注"，并因而可以开拓人类学研究的一个新方向。这种方向就是从所谓野蛮的部落社会走出来，迈进自己生活于其中的文明社会。正如马林诺夫斯基所预期的那样：

> 未来的人类学将是……对印度人犹如对塔斯马尼亚人、对中国农民犹如对大洋洲土著居民、对西印度群岛黑人犹如对美拉尼西亚的特罗布里恩群岛人，对非洲部落的哈勒姆非洲人犹如对霹雳的俾格米人都一样的有兴趣。①

马林诺夫斯基或许只是看到了一种人类学发展的方向，但却并未预期如何朝这个方向走。因为有一个问题他并没有做正面的回答，这个问题就是能否仍然用研究部落社会的整体功能分析的方法，来研究像中国这样一个有着悠久历史传统的国家呢？

人类学的新时代

这个问题不是马林诺夫斯基提出来的，而是由后来的汉学人类学家弗里德曼在 1963 年首先提出来的。弗里德曼对此问题的回答基本上是否定的，他认为像中国这样一个地域广大、历史悠久的国家，如果对它的社会总体的结构特性没有一个把握，而只是以研究简单部落社会的分割"分立群体"的方法来孤立地看待一个个的中国村落，这样的研究并不足以增加对中国社会自身独特性的认识，因而，人类学要有一个向历史学和社会学汲取营养的"新时代"②，通过历史回溯以及宏观社会结构分析的方法，把社区研究放到整个社会历史发展的脉络当中来

---

① FEI H-T. Peasant life in China: a field study of country life in the Yangtze Valley. London: Routledge & Kegan Paul，1939：XXⅡ.

② 参阅：费孝通. 重读《江村经济·序言》. 北京大学学报，1996（4）. 费孝通认为，英文 phase 有"新时代"的意味在里面，这种"新"是有历史上的可解释性的，如其所言："60 年代 Freedman 用的 phase 一字就注入了'新时期'甚至'新时代'的意味了。这 30 年里怎样会发生这么大的变化？我不能不想起就在这 30 年里发生过震动全人类的第二次世界大战。这次大战使大英帝国瓦解了，世界各地被殖民主义压迫下的民族在不同程度上得到了解放。人类学者还想用过去那种气势凌人地到原来殖民地上的人民中间去进行所谓调查研究的田野作业，免不了要吃闭门羹了。这是大势所趋，人类学这门学科要能继续生存下去，就得另辟路径，开拓新的研究园地。这时自会有人想起马老师的预言。当时在伦敦人类学系后来接班当主任的 Freedman 反应得比较迅速，跟着马老师指导的方向，看到了中国，想一举抹掉'文野'之别。现在又过了 30 多年回头看，他未免急躁一点，在当时要树立起'社会人类学中国时代'或'汉学人类学'，条件似乎不够成熟，以至壮心未酬，赍志而殁。文野这条人为的鸿沟仍未填平。"（第 5～6 页）

考察。这样的思路使得弗里德曼返回到吴文藻所开创的社区研究的中国学派之前的汉学研究当中去寻找一种宏观分析的历史可能性。[①]

在费孝通出版《江村经济》之前，至少有三位汉学家从社区分析和历史分析的角度来理解中国的汉族社会与文化。第一位就是荷兰的高延（Jan Jakob Maria de Groot，1854—1921），第二位是法国的葛兰言（Marcel Granet，1884—1940），还有一位美国的人类学者葛学浦（Daniel Harrision Kulp）。前两个人重在对中国宗教体系的研究[②]，后者则侧重社区研究，有代表性的就是用美国农村社会学的方法对广东省凤凰村所做的家族调查，这位不是正统社会人类学出身的人类学家，可以算作是最早从事汉族社区分析的"业余人类学家"了。[③]

弗里德曼对于前两位着墨颇多，而对于葛学浦所言甚少，除了提到他的那本《中国南方的乡村生活》[④] 一书之外，再就是说他曾在上海教书多年，并与费孝通的老师史禄国（S. M. Shirokogoroff）有过接触，在研究上也受到过史禄国的影响。[⑤] 这样的说法基本上是合乎史实的，这可以从史禄国 1932 年 7 月 30 日写给葛学浦的一封长信（共有 48 页）当中得到印证，在这封长信当中，史禄国用极为严厉的语词质问葛学浦对他的体质人类学测量结果的误解，他在信的开头这样写道：

> 在 1922 年底或是 1923 年初你在上海找到我。你提出要对我的《中国北方的人类学》一文的英文和初稿进行修改，你是这样做了。之后你就提出想做一些测量。因为你并不知道测量和分析的方法，也没有人体测量的工具，便要求我来帮忙。我便送你一套仪器并时常到你的"社会研究中心"（在上海的阳浦路，离我住的地方有七八里的路程）去演示仪器使用上的初步规则。[⑥]

---

① FREEDMAN M. On the sociological study of Chinese religion // FREEDMAN M. The study of Chinese society：essays by Maurice Freedman. California：Stanford University Press，1979.

② EBERHARD W. Studies in Chinese religion：1920—1932 // EBERHARD W. Moral and social values of the Chinese：collected essays. Chinese materials and research aids service center，occasional series，1971（6）.

③ 王铭铭. 小地方与大社会：中国社会学的社区方法论. 社会学研究，1997（1）.

④ KULP D H. Country life in south China. The sociology of familism. The bureau publications，teachers'collage，Columbia University，1925.

⑤ FREEDMAN M. Sociology in China：a brief survey. China quarterly，1962（10）.

⑥ SHIROKOGOROFF S M. A letter：to professor Dr. D. H. Kulp. Peiping（China），1932（30）.

同是研究中国的宗教制度，但高延和葛兰言所采取的研究路径是非常不同的。前者是一位荷兰的官员，只身来到中国的目的是亲身体验中国人真实的社会生活，因而他更像社会人类学的田野工作者，试图拿他的所见所闻到中国的古典文献中寻找印证；而后者则具有深厚的中国古典文学的功底，在他的研究当中，时时可以看到由对古典文献的精致分析而显露出来的灵光。因而二者的研究风格也大不一样：高延是先从田野研究开始，采取的是从大众文化到精英文化的研究路径；而葛兰言则是先从中国的经典文献入手，采取的是从精英文化到大众文化的路径。①

高延的传世之作是他未能写完而只出版了六卷的《中国的宗教体系》② 一书。作为一个西方人，他为什么会耗费一生的精力来研究中国的宗教及相关问题呢？这个谜只有从他的生平当中才能找到答案。他先是在荷兰的莱顿（Leiden）跟随汉学家施莱格（Gustave Schlegel）学习汉语，后来他于 1877 年到中国小住一年，主要是在福建从事调查和收集资料，现在坊间能够见到的是他的法文版的有关福建的调查报告。③ 1878 年始他任职于西印度群岛（Indies），专管中国事务，这期间他完成了对西婆罗洲（West Borneo）"康司"（kongsis）社会的重要研究。④ 1886 年，高延因病离开荷兰，并要求再到中国从事研究，因而在 1886 年 6 月至 1890 年 4 月期间他又一次来到福建调查。这两次十分类似的社会人类学的田野调查，使他成为研究中国宗教体系的先驱，并为后来的汉学人类学家弗里德曼所推崇，后者认为他是一位虽没有正规的社会科学背景，却独立地发展出一套田野工作的方法的人。1890 年，高延回到荷兰以后便从事教书的工作，先是在阿姆斯特丹，1912 年去了德国的柏林，直至 1921 年去世。

对于中国人的宗教，高延是怀有敬佩之意的。在他看来，中国的文明是另类

---

① FREEDMAN M. A Chinese phase in social anthropology. British journal of sociology，1963，14(1). FREEDMAN M. The study of Chinese society. California：Stanford University，1979.

② GROOT J J M D. The system of China：its ancient forms，evolution，history and present aspect. Manners，customs and social institutions connected therewith. 1892—1910.

③ GROOT J J M D. Jaarlijksche Feesten en Gebruiken van de Emoy-Chineezen. Batavia，1886. 法文 1886 年版为：Les Fetes annuellement celebrees a Emoy-Chineezen, la religion populaire des Chinois. , Annales du Musee Guimet，1886.

④ GROOT J J M D. Het kongsiwezen van Borneo. Eene Verhandeling over dengrondslag en den Chineesche politieke vereeenigingen in de kolonien；met een egeschiedenis van de kongsi Lanfong. The Hague，1885.

的文明，这种文明与西方的文明有着共同的基础，因而可以相互比较，并且在某些方面中国的文明还高于西方的文明，单就宗教的宽容性来说，西方的宗教便远远不如中国的宗教。因而在《中国的宗教体系》一书的总序中，高延便提出，对于中国整体的宗教以及活生生的宗教从未有人认真地研究过，"汉学家们从来就没有下苦功夫来对这个民族日常生活当中的宗教给予透彻的考察。"他的研究目标就是能够准确地描记下"中国这个民族的人民在实际的生活当中所展现出来的宗教"。他所讨论的这样一种与中国的社会紧密相连的宗教，应当是"根基于过去的……而要想正确地理解它们，那么古代的知识是不可或缺的"[①]。高延这样的语汇对于特别看重历史的弗里德曼来说具有特别的吸引力，并把他看作是从社会学汉学（sociological-sinological）角度来研究汉族社区的两个有重大贡献的人之一。

另一位与高延同样重要的自然是葛兰言了。葛兰言的研究所承袭的是法国涂尔干的社会学传统。涂尔干是他的两位老师之一，另一位老师是沙畹（Chavannes）。另外，对后来的结构人类学极有影响的法国人类学家莫斯（Mauss）则是葛兰言的挚友。他在巴黎接受了社会学和汉学的训练。1911年到1913年，他在北京生活，并目睹了大革命时代的一些事件。1919年，葛兰言在从西伯利亚返回法国途中，又曾在中国停留了数月，但他并没有从事实际的田野调查，因而很像是涂尔干的研究路径，根本看不出莫斯那种借助直接观察资料来做研究的理路，他实际上可以算作一位对中国历史和文献极感兴趣也很有研究的学者。直到1940年去世，葛兰言都在巴黎教授中国古代历史方面的课程。最使他着迷的是思考有关中华帝国何以产生，中国的"高雅文化"（high Chinese culture）是怎样在农民当中传播开来的，以及中国社会的组织是怎样构成的等诸如此类的问题。

从某种意义上说，他的社会学方法是反历史的，他的解释所依凭的也仅仅是一些原始咒语（origin anathema）。在他的第一本巨著《中国古代的庆典与歌曲》[②]

---

① GROOT J J M D. The system of China：its ancient forms，evolution，history and present aspect. Manners，customs and social institutions connected therewith//FREEDMAN M. The study of Chinese society：essays by Maurice Freedman. California：Stanford University Press，1979：358.

② GRANET M. Fetes et Chansons Anciennes de la Chine. Paris，1919. 本书1919年出版初版，1929年再版，1932年出版英文版，书名为 Festivals and Songs of Ancient China。

中，他先是从《诗经》里抽取有关"中国宗教史中最古老的事实"①，然后通过一种很能吸引读者的"学者式的魔术"，便推论出一种农民在上古时代的生活方式，通过这样的办法，他推导出了许多有关中国社会秩序的模型。②

除了 1919 年的这本著作外，葛兰言还有两本（1922，1926）关于中国宗教的著作，其中以 1922 年法文版的《中国人的宗教》（*La religion des Chinois*）最受弗里德曼青睐，后者将其翻译成英文（1975）。③ 这是一本从整体上来理解中国社会宗教的专著。在这本书中，葛兰言先从农民的宗教谈起，然后转到"封建的"（feudal）宗教，最后谈到官方的宗教（official religion）。在他看来，农民的宗教和封建的宗教一起产生了帝国的宗教，相较于其他两种宗教，农民的宗教是最为根本的。另外，虽然葛兰言认为农民和贵族，乡村生活与城市生活之间存在着一种地方互补的匹配关系，但实际上，他更看重农民的生活，并认为这是所有中国文化的基础。这是封建宗教与帝国宗教萌发的源泉，各种宗教派别运动也都是由此而发的。

农民有他们自己独特的生活方式，在一块开阔的土地上生活，男人们在一年中的某个特定的时间一起打猎，男人和女人劳动的季节性节律有所不同，天热的时候，男人们出来干活；天冷的时候，女人们出来干活。每个村落都由同宗同姓的人所组成，靠着年龄和辈分来把村子里的人组织起来。而外婚制则把那些纵横交错的社区连接在一起。这中间便出现了大家共同向往的仪式中心（ritual centers）以及农民的各种庆典（festivals）。这些庆典的目的在于划分一年的季节和社会变化，最重要的男女婚姻关系，也会在这样的场合下得到缔结。由此历法的观念便出现了，在这种观念中最为重要的是"阴"和"阳"的概念，这对概念在中国的宗教当中仍起着非常重要的作用。这种以土地为根基的社会，导致了对"土地的仪式化"（the ritualization of the Earth）和第一种形式的祖先的出现。④

以上都可谓葛兰言对上古中国农民生活的想象，是一种"优美的社会学的想

---

① GRANET M. Festivals and songs of ancient China. London，1932：207.

② FREEDMAN M. A Chinese phase in social anthropology. British journal of sociology，1963，14 (1).

③ GRANET M. The religion of the Chinese people. New York and Oxford，1975.

④ 同②.

象"。在这本书的"封建宗教"一章中，其所描述的是城镇生活的各种关系、贵族的宅院等①，并详述了父系的同一祖先的亲属制度以及对祖先的崇拜制度的精致化，而朝廷对天的官方崇拜又被附加到农耕的（agrarian）祖先崇拜中去。对土地的崇拜被扩展到对泥土的耕种崇拜中去。在"官方宗教"一节中，葛兰言的论述极为精彩，在他看来，不论是农民的宗教还是贵族的宗教，最后都变成了一种旨在满足帝国和官员（文人）需要的信仰和崇拜。中国因而就变成了"一体化的国家"（a unified country），而国家起支配作用的观念体系（特别以儒家思想为代表），便由上而下地扩展到社会的所有层面。儒教的思想逐渐成为融合其他宗教的核心思想，这种把崇拜可实际感受到的祖先神灵作为前提而建构出来的一体化的宗教体系，使得中国的宗教不至于陷入"神秘性的探求"（mystical adventures）中去。②

高延和葛兰言以各自不同的研究路径提出了同一个问题，即在中国被伪装成为各种各样面目的宗教，实际上是受单一宗教所支配的。其中，高延认为，中国古代传统可以解释中国的所有事情；葛兰言则认为，通过对华丽的文字的解密，我们终究会找到中国所有宗教都由此而发展出来的那个源泉。这种思路恰是强调历史学与社会学都对社会人类学有着重要意义的弗里德曼所乐于接受的，并且在他对新加坡的华人宗族的研究当中予以了很成功的应用。③ 因而才有人类学者将他的研究范式称为"家族范式"（the lineage paradigm），以别于拉德克利夫-布朗和马林诺夫斯基所开创的结构功能论的研究范式。④

作为研究范式的结构功能论

若从库恩的"范式"概念入手来划分中国社会人类学者的阵营⑤，那么 20 世纪 30 年代由燕京大学吴文藻教授所开创的社区研究的方法应当归于一种结构功

---

① FREEDMAN M. A Chinese phase in social anthropology. British journal of sociology，1963，14 (1).

② 同①.

③ FREEDMAN M. Lineage organization in Southeast China. London：Athlone Press，1958.

④ 王铭铭. 宗族、社会与国家：弗里德曼理论的再思考. 中国社会科学季刊（香港），1996：71—88.

⑤ KUHN T S. The structure of scientific revolutions. 2nd ed. Chicago：University of Chicago Press，1972.

能论的研究范式，这是确定无疑的，而费孝通也应当算作此学术共同体中的一员。至少，我们可以说费孝通在《江村经济》中所采取的研究范式与弗里德曼的家族范式相去甚远。那么能否说后者的范式已超越了前者的范式而实现了一种"革命"呢？

结论不宜过早做出，因为还没有明确的迹象表明，以中国村落为核心的田野工作是材料过多了，而实际恰恰是少之又少。在费孝通的《江村经济》之后，虽然有林耀华、许烺光、田汝康等人的中国社会的田野研究，但在此之后，由于众所周知的原因，汉族社区的田野调查几乎完全停止。除了福雷德（Morton H. Fried）和克鲁克夫妇（Isabel Crook & David Crook）、韩丁（William Hinton）分别在安徽和河北等地做过田野调查之外，中国学术界对于国外的汉学人类学家的中国田野研究采取的是一种拒斥的态度。而恰是在这个时期，弗里德曼开始对中国汉族社会发生兴趣，这迫使他不得不在中国以外的东南亚华侨社区中从事研究。他的研究有一个整体的认识论出发点，这个出发点就是他所一贯主张的要理解复杂的中国社会，单单依靠有限的即时性的人类学家的田野资料是不够的，人类学的田野是验证社会理论的基础，但人类学家的思考应当着眼于历史学的资料和社会学的宏观架构的结合。这正如他自己所说：

> 我并不确信我自己知道一个复杂社会是什么，或者更确切地说，在一个从最简单到最不简单的连续体上，一个复杂的社会并非说能在上面找到落脚点；但是我想当在文明的呈现中我知道这一点。在一种文明中，一个田野工作者不能够从事过去的田野工作者到处都在做的事情；整体的社会是超离于个体的理解之上的。而且如果他宣称他的发现结果是有根有据的话，他就必须还要获得对整体社会产生影响的材料，并且要能够把他自己的研究与这种材料联系起来。正是在这种有限的意义上，研究中国的人类学家的目标必须是整体的社会。当然，他们自己在历史学和社会学的训练越是充分，他们所能涵盖的范围就越大，虽然并不必要去假定在广阔的事业上作为旧的类型的直接的田野工作的活动是没有什么用处的。[①]

对于《江村经济》，弗里德曼并没有做过多的批评，在他看来，这样一个人

---

① FREEDMAN M. A Chinese phase in social anthropology. British journal of sociology, 1963, 14 (1).

类学的微观研究对于中国社会的理解是不可或缺的，但他以为这一研究的问题在于其未能从历史的高度来宏观地理解中国社会。我想这种批评的直接对话对象应当是弗思（Raymond Firth）所提出来的在技术上达到的社会学的微观（micro-sociological），而在理论建构上达到的社会学的宏观（macro-sociological），即要求人类学家使用"小地方去说明大世界，用特殊去说明一般"。^① 在弗思之前，马林诺夫斯基曾在《江村经济·序言》里有过类似的观点："对一个小的村落生活的日益熟悉，我们就仿佛是在一架显微镜下详尽地研究中国的缩影"^②。在这里，整套的类比原型是自然科学式的。在物理学界或在生物学界，习惯用微观的物质世界来解释宏观的宇宙现象，或在一架高倍显微镜下观察一个细胞的生命运动，用来解释整个生物的生命活动，这中间的问题可能并不太大，但在触碰到社会生活世界的问题时，同样用自然科学的逻辑，就不一定能够得到解决。具体而言就是：如何能够从一个具体的村落调查一跃而提升为对整个中国社会的认识呢？弗里德曼接下去对费孝通的江村调查的批评极为尖锐：

> 只要有机会人类学家就应该在小单位上做第一手的调查，并且这种调查会做得很好，对这一观点并不存在什么争论。但无疑正确的是，作为他们对于小地方的适应的一个结果，人类学家们对于一定种类的制度分析特别娴熟，这首先是表现在亲属制度领域上。所要怀疑的是这样一种观点，认为人类学家们应该用他们的才干做有限的事情，而对做大一点的事情忧心忡忡。费孝通的微观社会学做得确实是非常好，而且如果他的著作从历史上被抹去的话，那么我们对于中国社会的知识就会极为贫乏。但是他认为自己对调查村落的理解以及对其所处社会的洞见，能使他对中国社会的神秘之处予以理解。在我看来，他的判断是错误的，因为他缺乏足够的中国的历史知识以及对这个国家更大的制度结构的完整的理解。并且我认为费的错误说明了一种固有地存在于人类学对小地方的偏爱所带来的危险，即用对地方社区的生活极为熟悉这样的信心来泛泛地谈论一个社会的那种危险。^③

---

① FIRTH R. Elements of social organization. London，1951.

② FEI H-T. Peasant life in China：a field study of country life in the Yangtze Valley. London：Routledge & Kegan Paul，1939：XXIII.

③ FREEDMAN M. A Chinese phase in social anthropology. British journal of sociology，1963，14 (1) //FREEDMAN M. The study of Chinese society. California：Stanford University，1979：389-390.

这样的批评是有其限度的，专对《江村经济》一书的方法论来说，这样的批评是可以成立的，但是如果弗里德曼能够看到费孝通1939年以后的一些著作，这类批评的焦点就可能会转移到其他的方面。正如费孝通自己所说："令人遗憾的是 Freedman 在世时，至少在他发表这篇演讲前，并没有看到我1945年在美国芝加哥大学出版社出版的介绍我们抗战时期在云南内地农村调查的 *Earthbound China* 一书"①。

Earthbound China 一书的中文版就是费孝通与张子毅合编的《云南三村》，在这本书中，费孝通企图用"类型法"来达到逐渐认识中国社会的目的。这种方法与马林诺夫斯基和弗思的以小见大的"微型法"有所不同，其试图以此来克服"微型法"本身的局限。在费孝通看来，理解中国社会的基础并非完全在于单单研究像江村这样的村落社区的整体功能，而且要研究像"禄村""易村""玉村"这类不同于江村的村落社区类型，如此才能"逐步接近认识中国全部国情"②。在费孝通的另一篇文章中，对此"逐步接近"的方法有特别的强调：

> 如果承认中国存在着江村这种的农村类型，接着可问，还有其它哪些类型？如果我们用比较方法把中国农村的各种类型一个一个地描述出来，那就不需要把千千万万个农村一一地加以观察而接近于了解中国所有农村了。请注意上面我多次用了"逐步"和"接近"两个词。通过类型比较法是有可能从个别逐步接近整体的。③

当然，这里特别要注意的是，费孝通上述的说明并不是针对弗里德曼的批评而来的，而是要回应于他的英国同学利奇（Edmund Leach）对他的微型社区研究能否有助于理解整个中国国情的质疑。④

对利奇的质疑，费孝通用"类型法"来化解是有一定说服力的，但这仍不能回答弗里德曼所指出的社区研究缺乏历史维度和宏观视角的不足。费孝通说弗里德曼没有注意到他的《云南三村》，但我觉得针对弗里德曼的批评，更应当说他

---

① 费孝通. 重读《江村经济·序言》. 北京大学学报，1996（4）.
② 同①.
③ 费孝通. 人的研究在中国//费孝通. 学术自述与反思：费孝通学术文集. 北京：三联书店，1996：133.
④ 同③128.

没有注意到费孝通的一本在英语世界里不常提到的小书，这就是 1947 年出版的《乡土中国》。这是被费孝通称为他的社会学研究的"第二期"的作品①，而第一期的研究指的是他实地的社区调查，这两个时期又可以算作是"社区分析"的两个步骤。对于这两个步骤，费孝通有如下解释：

> 社区研究的初步工作是在一定的时空坐落中去描画出一地方人民所赖以生活的社会结构。在这一层上可以说是和历史学的工作相通的。社区分析在目前虽则常以当前的社区作研究对象，但这只是为了方便的原因，如果历史材料充分的话，任何时代的社区都同样的可作分析对象。②

从这段话中可以看到，费孝通并非要把历史学抛在一边，而是认为在历史材料尚不充分的条件下，最基础的工作应当是在实地的社区调查上。有了这样的基础，第二步的工作才能展开。而这第二步的工作应当是宏观的社会比较："社区分析的第二步是比较研究，在比较不同社区的社会结构时，常发现每个社会结构有它配合的原则，原则不同，表现出来的结构的形式也不一样。"③

从这样的词语中，我们不难看出费孝通社区研究的策略：他并非不谈历史，也并非局限于微观的村落社区，而是把《江村经济》作为一个研究中国社会的起点，在田野资料的基础上，加上历史材料的充实，一种有关中国社会的宏观比较研究才有可能。因而上面弗里德曼对费孝通社区研究的方法论指责就显得无的放矢了。当然我们也不必太多地责怪弗里德曼本人，因为在他写下上述文字的时候，学术交流上的闭塞已非今天的人所能理解，在他对费孝通的研究做上述判断的时候，他只看到了费孝通用英文发表的《中国士绅》一书。因而，假设弗里德曼能够看到费孝通"第二期"的更为社会学化和历史学化的比较性的研究，他的批评便可能不会来的这样草率；再假设费孝通的"第二期"研究工作能够按照他自己的设想顺利发展的话，中国社区研究的解释体系就真正可能与弗里德曼所构想的把社会学和历史学结合起来，理解整体的中国社会的观念达成有益的对话。

---

① 费孝通. 乡土中国. 北京：三联书店，1985：89.
② 同①94.
③ 同①94.

范式之争

如果把视角放得更为宽广一点的话，费孝通对利奇和弗里德曼的批评的回应实际上就是对中国研究的范式上的争辩。我上面的分析曾指出，费孝通与弗里德曼之间有达成共同的分析视角的可能，但在基本的解释层面上，二者之间还是存在根本分歧的。从某种意义上说，他们代表了两种研究范式。一种强调的是村落社区是一个自足的功能解释体系；而另一种解释体系则认为，村落并不能够算作一个独立的解释单位，宗族与国家之间的权力关系才是理解村落生活的根本。费孝通应该算作是第一种解释体系的代表，而弗里德曼可以算作是第二种解释体系的代表。

中国的宗族研究之所以为弗里德曼所看重是有其原因的，这种宗族组织是在一种有国家的社会当中存在的，与埃文斯-普里查德所描述的无国家社会中"努尔人"的宗族裂变制是不大一样的。[①] 中国的宗族是与国家的权力联系在一起的，并且宗族内部也并非像努尔人的宗族制度那样是平权的，这种非平权的宗族组织造就了宗族内部的精英分子，而弗里德曼认为，恰恰是这种精英分子的存在，才会产生国家与宗族的并存：

> 处于社会分化状态中的宗族，其领袖具有有效性。他们既不被官府所任命，又不听命于衙门的命令。由于他们本身是士人，他们与衙门的地位是同一的，他们可以抵制国家的意愿而不因此受行政处分。除非官员早已准备用武，否则他只能与不顺从的宗族加以理论，而不强求其听命。中国的政治制度力图通过避免任用本地官员处理本地事务，防止裙带关系和腐败。但是，由于它允许宗族头人具备官员的特色同时对之不加行政监察，因此国家实际上已经对宗族失去控制。虽然国家努力给予自己以正确的意识形态，但这种状况很难改变。因为士绅这种缓冲器存在，所以宗族可以一方面与国家形成对立，另一方面使自己的立场富有官方色彩。[②]

---

① 有关这两种宗族组织之间的比较，可参阅：A Chinese phase in social anthropology. British journal of sociology，1963，14（1）. 或者参阅：FREEDMAN M. The study of Chinese society. California：Stanford University，1979：73—76.

② FREEDMAN M. A Chinese phase in social anthropology. British journal of sociology，1963，14（1）. FREEDMAN M. The study of Chinese society. California：Stanford University，1979：76.

比弗里德曼稍后的一位美国汉学家施坚雅（G. William Skinner）也试图超越村落的解释体系，而提出了集镇社区的解释框架。这样的解释框架与弗里德曼的理论之间有共同之处。施坚雅认为，中国的村落大多是依附于一个集镇而存在的，集镇上的集日以及各种功能性的部门构成了一个标准集市（a standard market）。他由此而推论说，中国农民赖以生存的基本社会生活单位并非在村落而是在集镇。交际圈、婚姻圈乃至祭祀圈都在此集镇社区范围内，集镇社区的权力结构虽不及正式的政治单位有着明显的边界，但也是有很大的独立性的。[①]

对上述两者的宏观解释框架，亦有反对者，特别是以黄宗智的研究最具有代表性。他在对日本有关华北乡村调查资料的细密分析的基础上提出，村落社区在华北是有其独立存在的意义的，对大部分农民来说，村落还是一个闭塞的单位。[②] 在最近的对社会经济史研究方法论的反思中，黄宗智再一次对村落的微观研究予以了肯定，他认为在中国研究上存在规范认识上的危机，这种危机的根源就是认为，明清时期的中国农业是属于商品化的资本主义萌芽阶段还是属于封建的自然经济这样的视角，都不足以解释微观的实际调查的资料。[③] 这种宏观的认识规范的危机，导致了黄宗智对宏观的分析框架的怀疑和对依据微观调查的材料所做推论的认同。如其所言：

> 从方法的角度来说，微观的社会研究特别有助于摆脱既有理论和信念。然而，紧密的微观层面的信息，尤其是从人类学方法得来的第一手的资料和感性认识，使我们有可能得出不同于既有规范认识的想法，使我们有可能把平日的认识方法——从既有概念到实证——颠倒过来，认识到悖论的事实。[④]

这种看法对当代人类学家的警示就是，有关"宏观与微观""大传统与小传统""国家与社会"等的争辩，都可能只是一种"认识规范"，而这种"认识规范"若没有足够的第一手的田野资料做分析的基础，许多关系就可能为研究者所忽略，因为他们所关心的已不再是社会生活本身，而仅仅是为了验证宏观层面的

---

① SKINNER G W. Marketing and social structure in rural China. Journal of Asian studies，1964，24（1）.

② HUANG P. The peasant economy and social change in north China. California：Stanford University Press，1970：220-224. 有关这一问题的讨论可参阅：章英华. 清末民初华北农村的村落组织和村际关系."中央"研究院民族学研究所集刊（台北），1991（72）.

③ 黄宗智. 中国研究的规范认识危机. 香港：牛津大学出版社，1994.

④ 同③18-19.

社会理论，并且历史的资料也会被用来弥补现实验证资料的不足。许多研究者费了很多的时间和精力，可能所要验证的只是一个或许除了对意识形态的维护有意义之外别无意义或虚假的理想模型。这里我并非有意抬高田野资料的重要性，而只是说从理论到田野或从田野到理论的认识论路径都有一个共同的误区，即它们都有可能忽略了某一方面的主体性，而这种主体性一旦缺乏，就会使模型或理论脱离于人的社会之外而无处落脚。

第二部分
自我与超越

第四章　不治而议与知识分子

费孝通是在追问之中发现历史的，这个历史对他而言就是一种活着的历史。在人类学家所具备的四处游走的行行重行行中，费孝通发现了这份历史，并表达出了自己对于历史的理解，这种理解不同于历史学家的基于文字史料的历史学的理解，这种理解把人类学家的自我和整个世界的存在联系在一起，形成了作为一个人类学学者以及中国文化意义而言的知识分子的自我认同。

活着的历史

《费孝通文集》第十三卷开篇的一篇文字《略谈中国社会学》是费先生1993年在香港新亚书院座谈会上的发言，属于漫谈的形式，这些关于中国社会学发展历程的回忆，也只有以这样一种漫谈的形式，才更加突显出那种回忆者身在其中的亲近感。

费孝通一开始谈论的是历史，但是这历史乃是一个向历史发问者本身无法脱身之外的历史，这里是一种对历史遗存的近距离的造访。他去了山东，在孔子、墨子、荀子的家乡驻足，在齐国的首都淄博考察历史遗迹，这种方法是将现当下存在的个体自觉地编织进历史性的纵横交错的场景中去，这样，我们就不再单单是历史的表述者，而且还成了历史自身构成的一部分，在这种时空交织的场景之中，历史成为一种活的历史，我们还是先看看费先生是如何呈现这一活着的历史的：

> 我特别花了一段时间到淄博，淄博当时是齐国的首都，2 500年前的城墙现在还能看到。这里还发现一个齐某公的古墓，有殉葬的600匹马整齐地围在墓地的四周。淄博这个齐国首都的西门就叫稷下，稷下有个学官，是专

门招待学人的，现在我们所说的"博士"，就是从这时候开始的。稷下召集的学人，人们称之作稷下先生，地位较高的称作博士，我看到了稷下这个地方的遗址感慨很深。①

这是一段引子，读过书的人大都理解，也都期待着能够继续读下去。如果我们愿意，完全可以称之为一种叙事上的铺垫，如果非要安插个称号，不妨叫"费孝通式铺垫"，因为不论是写文章还是临场发言，费先生都很喜欢做这类的铺垫，这种铺垫可以让我们不用费力地就能够体会到一种现场感。那么，借助这个历史上的"稷下学宫"，费孝通的铺垫最后究竟是要用来说明什么呢？

原来，费先生借古人的叙述来彰显一种今天不大容易看到的上古之时的一种读书人的风气，这种风气也就是所谓的"不治而议"，对此费先生是心向往之的。古时所谓的"不治而议"是针对读书人而言的，意指读书人不要去当官执政，但是却要对政治发表一些议论。这些读书人都属于是国家供养的士人，如果这些士人觉得国家供养得不好，就可以各自发表议论，甚至可以拂袖而去。据说孟子就是因为不愿意与齐国的统治者合作，执意要离开的一位士人。齐国的统治者也表现得很大度，主人专门来送行，并有车队护送，以示对有学问人的尊敬。费孝通认为，这是战国时期的一种风气，是因应着从奴隶社会向封建社会的转变而出现的一种风气。尽管我们还无法确定战国时期是否真的就是一种从奴隶制向封建制的转变，但是有一点很明确，那就是一种新的社会风气的形成，总是伴随着时代或者社会的变迁而发生的。

费孝通在这里特别关注到的并不是今天人们去看的战国时代齐鲁文化的转变，而是相较那个时代而言的全球文化所处的一种转变。而依据他的理论，一种新的风气也该在这个全球一体化的节骨眼上出现。1993年，也就是在他写下这样的论断之时，他从战国时代齐国的文化转变的状况联想到了当下世界的生存状况，而将当时的世界称为一个新的"战国"时代，为此他说了这样一段后来也经常被人提及的话语：

> 现在我们又遇到了一个相似的时期，不过范围不是山东这一块齐鲁文化，而是全世界的文化。这也是一个"战国"时代。昨天我们还在电视上看

---

① 费孝通. 费孝通文集：第十三卷. 北京：群言出版社，1999：1.

到在原捷克首都的武装战斗,这样一个时代也许要有几百年,也许几十年,这样一个避免不了的动乱过程。大家要考虑这样一个问题:人们怎样活得下去?这个问题曾经引起像中国战国时代百家争鸣的那种局面。我有个感觉,当前一个大问题是:人类在地球上面怎样活下去。现在正需要世界范围的大众对话,提出各种看法来议论,来讲,找出一个办法来,使人类在地球上面能够活下去。以前中国的问题是,在中国这块土地上怎样活下去,现在是全人类,大家都要考虑,人类怎样在地球上能继续活下去?这个问题是当前社会学应该思考的大课题。①

这显然不是危言耸听的预言,而是在过去和现在都摆在我们面前的一个不可跨越的难题。原来我们思考的范围局限在中国这块土地上的人口如何能够更好地活下去,我们瞄准了西方世界,希望实现跟西方世界一样的发达水平,但是实际的情况却是我们一直处在追赶西方的过程中,而在此过程中,西方也在面临着发展中的诸多困境,如金融危机、气候变暖、恐怖主义以及移民问题,等等。所有这些,都在一步步地打消我们对于西方发展模式的崇拜,我们今天也不再仅仅考虑自己如何发展的问题,而是在这样的重大的历史转变之中,我们如何应对这种世界性危机的发生。

从中国到世界

费孝通晚年的思考范围发生了一种实质性的转变,他从一开始试图用社会学去关注"一个中国农民如何解决吃饱肚子的问题",转变到后来关注于"这个地球怎样能继续把人类养活下去"的问题,而后一个问题甚至要比养活十几亿中国人的吃穿问题要困难得多。在这里,在费孝通看来隐含着一种转变,这种转变就是,世界的联系使相互之间的既有隔离成为一种不可能。人们不再可能去过一种彼此隔离,老死不相往来的桃花源一般的生活,而真实的世界往往是一个人们相互依赖的世界。如果世界某个角落发生了一种政治动荡,那么很可能香港的股市就会随之发生一种巨大的波动;还有,今天在新加坡的饭店里吃晚餐,可以吃到

---

① 费孝通. 费孝通文集:第十三卷. 北京:群言出版社,1999:2.

当天早晨从江苏空运过来的豌豆苗，这些大都是无可争辩的事实，由此而无法去否认，今天的世界经济已经使大家真正地相互捆绑在了一起。但是一种新的世界经济的秩序尚未出现，人们不是在人为地使这个秩序向一种所谓平稳发展的道路上去发展，而仍旧是依赖于一种市场化的看不见的手来加以操弄。

费先生已经在此暗示，在全球范围内去实现经济以及政治上的观点一致所存在的诸多困境，而这种失败的基础是在于缺乏"一个道义上的秩序"，这种所谓道义上的秩序（moral order），在费先生看来恰是引起诸多世界纷争的基础，因为我们的国际社会还停留在关于对与错没有一个共同意识的层次上。在这一点上，费孝通认为有三个层次的秩序的存在，即第一层次的"经济的秩序"（economic order），第二层次是在政治上的"共同契约"（common contract），由此而有共同遵守的法律，第三层次是"大众认同的意识"。

至少到目前为止，我们还没有能够在经济的秩序以及共同的契约上找到可以使全人类都认同的一些规则，反过来却是世界经济的壁垒到处存在，经济发达的国家在控制着世界贸易流通的方向，而过度强调人权至上的西方国家，仍旧无法应对来自非西方国家的对于人权的不同主张和理解。而在费孝通看来，社会学家应该是在第三个"大众认同的意识"上多做贡献，目标就是实现一种"人同人相处，能彼此安心、安全、遂生、乐业，大家对自己的一生感到满意，对于别人也能乐于相处"①，这是一种中国人所说的真正的"天下"的世界，而未来的社会学的任务在费先生看来就是，能否以此为轴心而构造出一个新的天下出来。这个天下言外之意是一种心态，是这个时代各种意见汇集而成的一种整体性的心态，即"一套想法、一套观念、一套意识"②。今天的经济随着20世纪90年代以后的世界东西对峙的结束，经济的利害关系已经因为相互的连接与依赖而不能分出你我了，但是维持这种经济关系良性运转的秩序基础尚未真正出现。

在这方面不能不提及费孝通在清华大学读研究生时的导师史禄国，他曾经专门提出过一个概念叫 psychomental complex（心理精神情结），甚至有一本专著的名字就叫《通古斯的心理精神情结》（*Psychomental Complex of the Tungus*），但是这个概念非常难于翻译准确，它内在的含义更多的是指人的心理和精神层面

---

① 费孝通. 费孝通文集：第十三卷. 北京：群言出版社，1999：3.
② 同①4.

相互交织在一起的状态，费先生笼统地称其为"心态"，这基本上是可以讲通的，但是还可以有更准确的翻译，在这个意义上翻译和研究史禄国的种种著作变得极为迫切和急需。费先生在转述史禄国的这个概念的内涵时强调"讲人的行为背后，决定行为的心理和意识状态，比普通所说的心理学的内容还要扩大一点，包括理性的价值判断和艺术欣赏"，这是一种费先生所理解的史禄国所谓的心态，即一种心理精神情结，也就是一种可以容纳各种不同看法的总体性的多元一体状态，或者说是一种"认同的秩序"（consensus order），彼此之间形成了共识的秩序。①

并且，费先生更为强调，他这样一种认识是在突然之间领悟出来的，是他在游历山东曲阜孔庙的孔林时颇有感悟才想到这一概念的。他的现场的历史感使他悟出来孔子所追求的恰恰就是这样一种融多元于一体的心态秩序的建构。② 他甚至认为，孔子借助这一点而成功地构造出了一种边际可以无限延伸出去的中华民族的概念。在这个意义上，我们才能够反过来去理解中国为什么没有出现苏联东欧的那种分裂局面，这其中的原因，费先生将其归结为"中国人的心态"，十几亿的人口可以延绵数千年而不分裂，这背后就是有一种认同的存在，而费先生借此更为关注的是，在今天的世界上也能够去构建起这样一种认同。这种认同在费孝通看来就是一种大同世界的营造，至少他自己对此是怀有极大热情的，这同时也为社会学和人类学终极目标的实现提供了一个切实可行的方向。

知识分子的位置

《费孝通文集》第九卷一共收录了费孝通的六十几篇文章，共四十几万字。今天重新去阅读这些文字，你就会发现，费先生的书写有着怎样的一种魅力，它

---

① 费孝通. 费孝通文集：第十三卷. 北京：群言出版社，1999：4.

② 费孝通在孔林的游历所悟出来的不仅仅是孔子所谓的道义的问题，更为重要的是费先生开始进入到了一个学术发展的新阶段，这个阶段是以他对自己过去的研究更注重衣食不足的生态的方式而开始的，如其在《略谈中国社会学》这篇文章结尾部分所指出的那样："古人说'衣食足而知荣辱'，我过去'志在富民'只看到他们'衣食不足'而为此动脑筋。现在衣食足了，是否应当看到他们的'荣辱'了呢？这方面我过去确是关心不够。这种自我批评引起了我今年去曲阜访问孔林时，醒悟到自己过去的缺点是过于满足研究社会的生态而忽略了社会的心态。我不能不想到我的启蒙老师帕克教授早就指出的人同人集体生活中的两个层次：利害关系和道义关系。我拾了基层，丢了上层，这是不可原谅的。"引自：费孝通. 费孝通文集：第十三卷. 北京：群言出版社，1999：18.

让我们可以从这些字里行间体味到当时社会存在的缩影。人才与智力资源的问题、人口与人口流动的问题、老年人的赡养问题、乡村社会发展问题以及最为重要的小城镇发展问题，都是费先生那时最乐于关注的社会问题。

而在费孝通的整体思路之中，知识分子的问题一直占据着一个核心的地位，从早期的对于绅权和士大夫的讨论，到后来的知识分子研究，他关注的是这样一批人，他们拥有知识，能讲出一套道理，并在社会中承担着国家与民间社会之间勾连性的角色。据费孝通讲，在 1949 年的时候，中国的知识分子约有 500 多万，到了1983 年，差不多到了 2 500 多万，其中的科技人员有 600 万左右。[①]

知识分子的这个称谓并不是一直就有的，大约是 20 世纪 20 年代才在社会上普遍使用起来。中国传统社会称知识分子为"士"，民间称其为"读书人"，专指靠读书文字吃饭的人。在费孝通看来，文字是一种区分的工具，它把原来混在一起的体力劳动和脑力劳动区分开来，也就是费孝通所说的"自从出现了文字，社会上出现了靠使用文字技术吃饭的人，脑力劳动也就开始脱离了体力劳动"。[②]最为有意思的一点是，费孝通提醒我们，最初搞文字的并不是统治阶级，而是奴隶，我猜他可能是从隶书的问题上受到启发的，总之后来从奴隶制时代进入到封建制时代，封建之内的地主阶级也有人参与到文字工作中来，通过念书而成为现代意义上的知识分子。这些喜欢玩弄文字的知识分子在其有用性问题上一直受到人们的怀疑，特别是受到农民群体的怀疑，所以在这个意义上文字下不了乡，对此费孝通有一段总结，颇为值得玩味：

> 由于历史上知识分子的知识并不直接为农民服务，因此农民感觉不到知识分子的重要性，甚至本能地害怕科学知识会冲击他们"宁静安稳"的生活秩序。这样二者之间就产生了距离，以致农民在阶级情感上就把知识分子看做是"外人"，是"异己"力量。所以知识分子问题的产生也是广大群众中以农民为主的小农经济的狭隘观点引出来的必然结果。[③]

这很显然是在阶级的概念上来谈知识分子的，并且中国革命主要依靠了农民，但是对于知识分子的地位由于有上述的隔阂，一直无法得到一种理论上的解

---

① 费孝通. 中国的现代化和知识分子问题//费孝通. 费孝通文集：第九卷. 北京：群言出版社，1999：68.
② 同①69. 着重号为引者所后加.
③ 同①69.

决。实际中存在着两个极端的做法：要么是彻底躲进象牙塔中去，"两耳不闻窗外事，一心只读圣贤书"，结果也成了社会中的另类；要么是干脆挽起裤脚，把自己装扮成农民，与他们进行同吃、同住、同劳动的生活体验，目的是为农民说话，但是很多人到头来还是为自己说话，靠着这种装扮，自己的名声越来越大，返回到这些人身上的利益也越来越多，他们成了农民的代言人，作为主体的农民自己倒是失了声，这些人回头来还要大喊理论无用，要去实践之类。而真正读过费孝通的这段话，你就会明白，知识分子这个阶层掌握着文字，他们与农民社会有着一种异己的关系，知识分子的知识也不是直接可以为农民所用的，需要经过一种修饰的方式来使得农民去接受，接受了之后如果产生了一些不良的后果，还是要由农民自己来收拾残局，因为最终离不开乡村的还是住在那里的农民。结果，农民对于知识分子的不信任也就不可避免了，而那些打着实践的幌子去农民那里帮助他们做事情的知识分子，显然是不能不明了这其中的陷阱的。

今天的知识分子是一种人才，人才背后是其所具有的智力资源，但是表面上看属于某一个人的智力资源，实际上却又是属于全社会的，是社会的共同资源。每个人在享用这一共同资源时，也会贡献于这个共同的资源，使其丰富起来。英国社会学家吉登斯清楚地认识到这一点，进而强调个人与社会之间的一种相互性影响的存在，这一点甚至成为其有关社会构成理论的核心。[①] 当然可以相信，吉登斯自己不会有机会来读这一方面的中文文献，是他经过自己独立的思考和分析而得出的一种认识，需要指出的是，在中文的文献中，这方面的材料或许是最为丰富的，因为一直在影响着中国人思维取向的《易经》，整部书都在谈一种变易发生的条件和可能性，这其中当然也包括对后来的新社会理论产生极为重要影响的人与社会之间互构的各类观念，其突出地表现在吉登斯的结构二重性的社会理论构造上。[②]

费孝通专门注意到了智力资源和一般所谓物质资源之间的差别，后者是消耗性的，用完了也就没有了，需要有新的来补充，但是智力资源绝对不是这样，它

① GIDDENS A. Central problems in social theory：action，structure and contradiction in social analysis. Berkeley and Los Angeles：University of California Press，1979：5.

② 有关这一问题的讨论，亦可参阅：赵旭东. 结构与再生产：吉登斯的社会理论. 北京：中国人民大学出版社，2017.

不是一种简单的占有，而是要有一个获得的过程，是需要个人的积聚，并且还有一代又一代人的不断积聚。这就是一种智力资源的传递，这一传递可以发生的基础在于相互之间的交流，这也是一种智力的交流，这种交流不仅不会使交流双方各自失去什么，而且还会各自在原来的智力基础之上得到进一步的提升和丰富。交流中最为重要的就是靠言语，靠说话的能力，说话可以使自身的思想得到发展，因此很多人把说话或者讲课当成是一种复述书本上的知识，那就是把嘴巴当成一种机器来使用了，而没有注意到嘴巴还可以用来创造思想和智力。

智力资源是跟知识分子联系在一起的，只是后来对于知识分子的研究并没有借此得到延续。到了 20 世纪 80 年代，费孝通之前所希望的都得到了一定程度的落实，知识分子在社会中的地位及其待遇都有了很大的改观，但是知识分子的问题并没有因此而得到真正的解决。

第五章　玉器、巫觋与天地沟通

在晚年，费孝通对文化的思考是全方位的，不仅关注现实中国社会生活中的种种变化，即所谓文化转型的问题，也重视上古文化中关于人的生死观念的考察。他试图通过对玉器的研究，将其有关士绅或者知识分子阶层在中国社会结构中的作用的思考，引向一种对宇宙观的深度考察的层面上去。为此，他着迷于玉器这种器物借助巫觋所担负的在天地之间进行沟通的作用，这不能不让我们再次想起他早年有关乡绅在基层中国社会中发挥上下沟通作用的双轨制，在这一点上，他的那些思考和见地仍旧没有过时。

玉器与沟通

费孝通在晚年的时候，曾以人类学家的身份向中国考古学进言，希望这门以科学自居，在挖掘材料之外不肯多说一句话的老式的考古学能够关注一下"文化的意义"①。文化的意义是需要超乎于材料之上而给出解释的，它必须把挖掘的器物放置在更大范围的社会与文化的脉络中才能够实现，"不是孤立的文物研究……［而是］把单体的文物纳入到一个群体之中去研究……不能只调查一个人，而是要调查人与人的关系"②。

费孝通在这篇文章里特别提到了中国上古时代的玉器，它本身是物品，是石料的一种，但却受到当时社会的青睐。靠着占有据说能够沟通天地的玉器，社会中分化出了一批靠沟通天地来为普通百姓甚至君王禳除灾难和疾病的巫觋。这批

---

① 费孝通. 中国古代玉器和传统文化//燕京学报：新十一期. 北京：北京大学出版社，2001：3.
② 同①5.

人有着支配他人日常行为的绝对权威，上至君王，下至平民。那个时候，国之上下最为重要的事情之一就是由这些女巫和男觋所掌管的祭祀，当然还有另外一件事情就是战争，但即使是刀兵相见的战事，开始仍离不开巫觋的占卜及与亡故祖先的沟通，以求战争的胜利和人民的平安。因而《左传》将上古时代国家的功能概括为："国之大事，在祀与戎"。

或许这里关心的问题最为重要的就是，巫觋这批人的社会功能并没有在后来的社会中消失，而是有了一种转化，随着王权正统的确立，巫觋支配权的合法性被削弱，但他们的影子尚存，那就是费孝通所指出的，"从事文化事业，靠文字、靠智慧吃饭的士大夫阶层"①，进而演变为更大范围的士绅阶层。

回到玉器的问题上来，这里有一个我们现代人最喜欢发问的问题，上古时代能够通天地的巫觋为什么可以凭借占有玉器就能够获得统治他人的力量呢？在旧的分析框架里，或者说在西方社会科学有关东方社会的表述中很难发现对这一问题的关注，因为中国只能是西方社会科学的一个例子，凡是例外就被排斥在他们思考的范围之外，这是东方学的根本问题所在。② 就巫觋而言，在西方文明的传统里很难找到对应的角色，因为巫觋的作用在其社会历史中未曾起过主导的作用，这种作用只能够在上古的中国以及与中国文化有着密切联系的玛雅文化中被清楚地观察到。③

据考古学家张光直的总结，古代巫觋的功能与现在能够看到的萨满（shaman）的功能是相一致的。上古巫的存在至少可以追溯到公元前 4000 年前后的仰韶文化，那个时候巫觋的核心功能是沟通天地，细致分来可有如下七种：

（1）巫师的任务是通天地，即通人神。已有的证据都说巫师是男子，但由于他们的职务，有时有兼具阴阳两性的身份。（2）仰韶时代的巫觋的背后有一种特殊的宇宙观，而这种宇宙观与中国古代文献中所显示的一般宇宙观是相同的。（3）巫师在升天入地时可能进入迷幻境界。进入这个境界的方法除有大麻可以服用以外，还可能使用与后世气功的入定动作相似的心理工夫。（4）巫师升天入地的作业有动物为助手。已知的动物为龙虎和鹿。仰韶

---

① 费孝通. 中国古代玉器和传统文化//燕京学报：新十一期. 北京：北京大学出版社，2001：2.
② 赵旭东. 反思本土文化建构. 北京：北京大学出版社，2003.
③ 张光直. 中国古代王的兴起与城邦形成//燕京学报：新三期. 北京：北京大学出版社，1997：1-13，6.

文化的艺术形象中有人（巫师）乘龙陟天的形象。（5）仰韶文化的艺术中表现了巫师骨骼化的现象；骨架可能是再生的基础。（6）仰韶文化的葬礼有再生观念的成分。（7）巫师的作业包括舞蹈。巫师的装备包括刺黥、发辫（或头戴蛇形动物），与阳具配物。[①]

巫师的这种沟通天地人神的本领实际上是人们赖以生活的基础。也可以说，有这般本领的巫觋是散布在民间社会中的，人们有了疾病或者有了生活上的难题总要向这些专业人士寻求帮助，方法就是借助巫觋的沟通天地的本领来祈求上天诸神的庇佑。在上古人的信仰体系中，作为巫觋的个人其本身的能力是天赋的，是学不来的，宣称能学得来的都是虚假而没有人相信的。

当然这就给巫觋一种至高无上的权威，不用施加什么统治术，人们就会顺从。但是时间久了，总有些滥竽充数者谎称有巫觋之才能，鱼龙混杂，有沟通天地能力的人和无此能力的人都跻身巫觋的行业中，这样天下的秩序就乱了，巫觋本身的权威也受到了挑战。许多研究上古史的学者大多喜欢引述《国语·楚语下》中的一段极为精彩的文字，来对上述巫觋在社会中权威身份的衰落做出解释：

> 昭王问于观射父曰："周书所谓重、黎实使天地不通者何也？若无然，民将能登天呼？"对曰："非此之谓也。古者民神不杂。民之精爽不携贰者，而又能齐肃衷正，其智能上下比义，其圣能光远宣朗，其明能光照之，其聪能听彻之，如是则明神降之，在男曰觋，在女曰巫。是使制神之处位次主，而为之牲器时服，而后使先圣之后之有光烈，而能知山川之号、高祖之主、宗庙之事、昭穆之世、齐敬之勤、礼节之宜、威仪之则、容貌之崇、忠信之质、禋絜之服，而敬恭明神者，以为之祝。使名姓之后，能知四时之生、牺牲之物、玉帛之类、采服之宜、彝器之量、次主之度、屏摄之位、坛场之所、上下之神祇、氏姓之所出，而心率旧典者为之宗。于是乎有天地神民类物之官，是谓五官，各司其序，不相乱也。民是以能有忠信，神是以能有明德，民神异业，敬而不渎。故神降之嘉生，民以物享，祸灾不至，求用不匮。及少暤之衰也，九黎乱德，民神杂糅，不可方物。夫人作享，家为巫

---

① 张光直. 中国古代王的兴起与城邦形成//燕京学报：新三期. 北京：北京大学出版社，1997：1—13，6.

史，无有要质。民匮于祀，而不知其福。烝享无度，民神同位。民渎齐盟，
无有威严。神狎民则，不蠲其为。嘉生不降，无物以享。祸灾荐臻，莫尽其
气。颛顼受之，乃命南正重司天以属神，命火正黎司地以属民，使复旧常，
无相侵渎，是谓绝地天通。……"①

这段文字基本上是以神话的叙事传达着上古时代巫觋在社会中的作用。在上
古社会的观念中，神圣与世俗或者说天地之间并不像基督教神学占主导地位的西
方社会那样决然两分，在《新教伦理与资本主义精神》一书中，韦伯向我们阐释
了作为天的上帝与地上的臣民之间是无法沟通的，牧师也没有这个资格，天地之
间是隔绝不通的。老百姓如果想死后升入天堂，那也不是通过询问谁就能够知晓
的，很多时候是一种天启，而自己无法知道。②

但是在我们上古社会中，这种近似现在的萨满角色的巫觋借助一定的器物和
动植物就可以获得与天地沟通的能力。不像西方社会的思想观念，神是在遥远的
天上，与俗世隔绝，人可以不断地接近上帝却不能够真正与其对话和沟通，作为
人唯一能做的是服从于依托上帝所制定的法律和社会规范，并通过辛勤劳动，以
财富的不断积累来彰显上帝对自己死后能够升入天堂的启示。

上面所引述的公元前 500 年左右的一段记述，虽然是神话传说，但是不可否
认，其背后隐含着对重大的社会转型的隐喻式的表达。在上古的中国，最初"人
和神都是相互往来而且是杂乱不分的"，后来传说上是蚩尤造反，惹恼了黄帝，
就派天上的应龙来攻打蚩尤，打败他之后，又不放心，就派一个叫"重"的管理
天上的诸神，而对于地上俗世中的芸芸众生，则派"黎"去管理，由此人神之
间、天地之间、圣域与俗世之间不再有沟通往来，断了联系，历史上就称之为
"绝地天通"。③

巫觋及其角色的转变

对于这一段既有历史事实又有神话传说的故事我们应该如何解读呢？真的如

① 左丘明，徐元诰. 国语集解. 北京：中华书局，2002：512.
② 王养冲. 西方近代社会学思想的演进. 上海：华东师范大学出版社，1996：211-212.
③ 顾颉刚. 中国一般古人想像中的天和神//顾颉刚. 顾颉刚古史论文集：第二册. 北京：中华书
局，1988：446-455，447.

一些学者所总结的，将这一故事看成是后来正统儒家和道家所宣讲的"天人合一"的原始形态，还是如另外一些学者所主张的，这仅仅反映出巫觋的社会角色的转变，即从散布于民间社会为人民服务转变为由王权统治者独自霸占即只为帝王服务呢？①

在我看来，上述这两种观点之间很难说有什么对立之处，是两种研究取向。一种是由文献而排列演化的序列，相信从原始到现在存在着连续性。而后者实际上更关注历史结构的转型，从这种转型中透视国家权力的增长及其统治形式。显然，从社会学的角度来说，这两者可以统一起来，也就是在一个文化演进的脉络中来审视历史结构的变迁。张光直教授生前在《中国文明在世界文明史上的地位》这篇带有总结性的文字中，亦突出地强调了这种历史结构的连续性，针对上古巫觋角色的转变，他有这样的概括：

> 经过巫术进行天地人神的沟通是中国古代文明的重要特征；沟通手段的独占是中国古代阶级社会的一个主要现象；促成阶级社会中沟通手段独占的是政治因素，即人与人关系的变化；中国古代由野蛮时代进入文明时代过程中主要的变化是人与人之间的变化，而人与自然的关系的变化，即技术上的变化，则是次要的；从史前到文明的过程中，中国社会的主要成分有多方面的、重要的连续性。②

这一段话对于我们理解中国上古文明的遗存是极有助益的。如果是这样，考察从"天人交通"到"天人合一"的演化关系，就变成了考察"天人合一"如何成为一种正统而替代了其他可能的对天地关系的信仰，不过对此问题在这里不宜展开讨论，留待以后再做探讨。我在这里最为关心的问题是，在上古的中国文化区域中，王权是如何借助独自占有沟通手段和有沟通能力的人而逐渐膨胀发展成为一种独特的文明的。

许多考古资料都向我们显示，在国家权力成长壮大起来并通过"绝地天通"来把巫觋们都牢牢地控制在自己身边的时代之前，一定也存在着一个巫觋的影响

---

① 主张"天人交通"是"天人合一"的原始形态的见解，可参阅：张亨. "天人合一"观的原始及其转化//汉学研究中心. 中国人的价值观国际研讨会论文集：下册. 台北：汉学研究中心，1992：823-845. 关于巫觋的角色从存在于民间到由统治者所独占的观点集中体现在张光直的论文集：张光直. 中国青铜时代. 北京：三联书店，1999.

② 张光直. 中国文明在世界文明史上的地位. 燕京学报，1999（6）.

力远远大于其他人的社会。在这个社会中，因天赋具有通天本领的巫觋受到人民的拥戴，他们通过各种通天手段来影响着普通民众的日常生活。比如在东北牛河梁红山文化的挖掘中，玉器显然是配给社会中的巫觋或者萨满的。在这一片古墓中可以清楚地区分出两组墓地，一组葬之高处，有很多玉器；另一组葬之低处，没有什么玉器陪葬。先秦史专家许倬云教授很有见地地认为，有玉器陪葬的亡者不仅代表着其社会地位高，而且更重要的是，他们是当时有能力跟天上的神进行沟通的萨满。而之所以有这种沟通的能力，恰恰是因为他们掌握着"玉"这种沟通天地的法器，并因而获得社会的高位。①

在"绝地天通"的神话中我们隐隐约约地感受到一种"文明化"的开始，这种文明化是随着国家王权的日益增长而实现的。对中国上古时代文献的新的解读为我们理解这个文明化的过程提供了一些重要的证据。法国的汉学家葛兰言在差不多八十几年前就通过对《诗经》的细致分析而明确地指出，在有文明的"道德教化"之前存在一个"朴野"的时代，在这个时代中存在着大量的后来受到儒家道德正统所一概排斥的风俗。比如葛兰言曾经细致分析了《诗经·国风》中所展示的四个不同的地方性的节庆，其中据说在当时的郑国、陈国和鲁国都有一种大体近似的由男女双方共同参与的在河边求雨驱邪的性爱仪式，但这种以性爱来表达求雨和驱邪意愿的仪式后来在鲁国首先被官方化，剔除被认为是淫秽的性爱内容而直接变成单独由男性主持的祈祷上天的求雨仪式。②

显然，在文明化开始之前的朴野阶段，王权尚未兴起，巫觋大行其道。他们之所以有这样的威力，除了有与生俱来的与神直接沟通的能力之外，他们还占有一些被赋予神圣性的物品，其中最为重要的当然是玉器了，由此而占有了对宇宙万物的解释权。考古学以及古文字学家都承认，"巫"最初的写法是两把像量尺一样的东西的十字交叉，《说文》强调"巫"与"工"字互解，工即是"规矩"，这样大体可以断定，上古的巫被描述成是有能力知晓天地的智圣者，以规矩作比，以他们有能力量度天圆地方来类比他们通天地的智慧。③ 这种经由描画天圆

---

① 费孝通. 中国古代玉器和传统文化//燕京学报：新十一期. 北京：北京大学出版社，2001：6-7.

② 参阅：赵丙祥. 给神的礼物和给人的礼物："礼物"作为历史研究之一般概念的可能性//中国需要什么样的新史学：纪念梁启超《新史学》发表100周年学术讨论会论文集：上册. 打印稿，2002：228-238，232.

③ 张光直. 中国青铜时代. 北京：三联书店，1999：254-257.

地方来获得对宇宙观的解释权的巫觋，其创造出来的器物、文字符号以及动植物的图案便具有了一种神圣不可侵犯的意义。

　　因而，玉石这种自然生成的物品，其受到社会的重视并非缘于其自然属性，而恰恰是因为经过巫觋的解释而具有了非同一般石头的神圣价值。这特别表现在上古时代的一种名之为"琮"的礼器上面。这是一种由巫师占有的据称能够沟通天地、人神以及生死的媒介物，因而在当时，谁占有了它，谁便具有了支配他人的权力①，这也是中国古代政治制度中"巫术与政治的结合"的一种表现②，这种政治形态的基础是受"天圆地方"的宇宙观支配的，如果这套宇宙观丧失了，巫觋与政治结合的合法性也就不存在了。巫觋造就出来"琮"这种神圣器物的象征意义就在于，当民众认同了巫觋对"琮"的解释之后，他们也就是认同了由巫觋创造出来的天圆地方的宇宙观。

　　我们再来看由巫觋所掌管的符号，这些符号大多是为了展示人神沟通而发明出来的。在出土的商周青铜礼器上很容易看到有一种叫饕餮的纹饰，最初的学者都喜欢将其看成是一种艺术品，或者将其看成是一种警戒臣民不要贪得无厌的象征物。但后来的学者完全否认了这种说法，并在这种作为象征符号的艺术品与权力之间找到了联系。在此意义上，饕餮仅仅是一种巫觋借此通天的象征性器物。③ 从出土的文物上可以看到，这样的动物文饰还有许多，考古学家有过罗列，不外这些内容：饕餮纹、蕉叶饕餮纹、夔纹、两头夔纹、三角夔纹、两尾龙纹、蟠龙纹、龙纹、虬纹、犀纹、鸮纹、兔纹、蝉纹、蚕纹、龟纹、鱼纹、鸟纹、凤纹、象纹、鹿纹、蟠夔纹、仰叶夔纹、蛙藻纹、牛纹、水牛纹、羊纹、虎纹、熊纹、马纹和猪纹等等。④

　　借助于这些动物，巫觋通天的本领才能够得到彰显。因而饕餮纹中蹲坐于虎口之下的人形应该是指通天的巫觋。而对商周的统治者来说，一旦占有了这些刻有动物纹样的青铜礼器便是占有了通天的巫觋，进而在象征意义上就是占有了对祈求升天的人的统治权。后来的统治者攻城略地，追求的就是占有这些象征通天的礼器。《左传》上曾记载过宣公三年（公元前606年）发生的一件事。楚庄王跟陆浑

----

① 张光直. 中国青铜时代. 北京：三联书店，1999：299.
② 同①302.
③ 张光直. 美术、神话与祭祀. 郭净，译. 沈阳：辽宁教育出版社，2002：44.
④ 同③38.

打仗，仗打到了周天子的都城洛阳附近停下来。周定公就派了大臣公孙满去犒劳楚庄王，庄王自恃兵强马壮，想觊觎周的天下，就偷偷地向公孙满询问周朝鼎的分量，结果被公孙满痛斥了一顿，最后告诉楚庄王说："周德虽衰，天命未改，鼎之轻重，未可问也。"这句话从反面也暗示了争夺国家的霸业，无非争夺一个对"鼎"这类的有通天地本领的圣物的占有权。结果，看似纯艺术品的象征性物品，在这里变成了一种古代人用来进行统治的工具，张光直对此有极为清晰的概括：

> 神属于天，民属于地，而这之间的交通，要靠"物"与"器"的祭祀，而在祭祀上"物"与"器"都是重要的工具："民以物亨"，于是"神降之嘉生"。商周的青铜彝器以及其他质料的彝器如木漆玉石骨牙等器，都可以做巫觋的法器，它们上面的动物纹样便是巫觋的助手、使者。这些在前文都已详述，但巫觋的祭祀通天，其手段还是比较复杂的，我们对于祭器及其动物在这些仪式上的具体作用，还不能彻底了解。但是我们相信巫觋在祭祀做法时，具体地说，是使用占卜术而能知道神与祖先的意旨的；是使用歌舞和饮食而迎神的，是使用酒精和其他兴奋药剂，达到昏迷状况而与神界交往的。在这些具体的通神方式上，商周的艺术品，很显然的都要发挥相当重大的作用的。①

最后，文字的存在也是因应着国家统治的需要而逐渐发达起来的。目前对于文字出现的原因并无一种很清晰的理论说明，但对于文字在社会中的功能却是古今一致的，那便是在于沟通，只是沟通的对象有所不同罢了。而上古时代的文字，或者说符号，很重要的一个功能就是在神人之间进行沟通，特别是在生人与祖灵之间进行沟通。那个时候的人显然相信，知识是存在于祖先那里的，并通过文字这一媒介而传达给后人。② 对于这一点，现在民间宗教中扶乩的鸾书以及"灵魂附体"的人画的符咒，反映的就是这种神灵通过文字符号显示其智慧的人神沟通的观念。

占有文字与支配权力

由于有了这种沟通的能力，对文字的占有便成为掌握支配权力的一个象征。对于这一点虽无强有力的考古学的证据，但是人类学家对无文字社会中人们对待

---

① 张光直. 中国青铜时代. 北京：三联书店，1999：458—459.
② 张光直. 美术、神话与祭祀. 郭净，译. 沈阳：辽宁教育出版社，2002：66.

外来文字符号的反应模式足以可以作为上述论点的旁证。在这里我必须完整地引述法国人类学家列维-斯特劳斯（Claude Lévi-Strauss）在巴西印第安部落中旅行时所记述下来的一件趣闻，这件趣闻可以作为上述"占有了文字便是掌握了一种支配权力"论点的有力证据：

> 南比克瓦拉人没有文字这是没有必要指出的，但他们还不晓得怎么画东西，只能在葫芦上画几条虚线或画成个锯齿图案。不过，我还是像与卡都卫欧人在一起的时候那样，分给他们纸张和铅笔。起先他们拿着铅笔什么也不做，然后有一天我发现他们都忙着在画平面的波浪形线条。我在奇怪他们究竟想做什么，然后我突然恍然大悟，他们是在写字，或者应该更正确地说，他们是试图要像我写字时那样的运用他们手中的铅笔。这是他们所知道的铅笔的唯一用途，因为我还没有把我的素描拿出来给他们看，使他们高兴。绝大多数人就只画些波浪形线条，但酋长自己野心比较大。毫无疑问，他是土著里面唯一了解书写的目的的人。因此他向我要一本书写簿，我们手上都各有一本以后，便开始在一起写东西。我问他有关某件事情的问题时，他不回我的话，而只在纸上画些波浪形线条，然后把那些线条拿给我看，好像我可以读得懂他的回答似的。他几乎有点相信他自己的假装若有其事是真的；每次他画完一行的时候，便相当紧张地看着那条波浪形的线条，好像希望其意义会跃出纸上的样子，但每次都接着在脸上出现失望的表情。然而他从来不承认他自己看不懂，而我和他之间有个不成文的协议，认定他那无法辨识的写字是有意义的，而且其意义如何我得假装看得懂；还好，他把他写的东西拿给我看以后，都会马上再加上口头说明，因此我也就不必再要求他解释他到底在写什么。

> 他一把整群的印第安人集合起来以后，便马上从篮子里面取出一片画满波浪形曲线的纸，开始表演怎么读纸上写的内容，假装犹豫了一阵，查对我要拿出来和他们交换礼物的东西清单：某某人的弓箭将换取一把砍刀；某某人的项链将换得一些珠子……这场真做的假戏一演演了两个钟头。或许他是想欺骗他自己吧？更可能的是他想令他的同伴大感惊讶，要使他们深信他是在扮演着交换物品的中间人的角色，要他们相信他和白人有联盟关系，分享白人所拥有的秘密。①

---

① 列维-斯特劳斯. 忧郁的热带. 王志明，译. 北京：中国人民大学出版社，2009：361-362.

列维-斯特劳斯笔下的这段描述为我们生动地刻画了在一个从来没有文字的社会中，当地人对于文字的理解。文字不是为了积累知识或者发展知识而演化出来的，它是因为有社会的功能才被赋予了一种神圣的价值。那位印第安部落的酋长学着文明人的样子描画着一些符号，画在本子上的符号以及对着本子宣讲成为其获得统治权威的途径。这位酋长知道画有符号的本子对于当地人的重要性，当地人也不会对酋长在本子上画些什么有任何的疑问，一方是假装对着本子大声宣讲，另一方是全神贯注地听着所讲出来的内容，双方完全处在一种默契之中。文字在这里以经过修饰的形式在实施着一种统治，因而，列维-斯特劳斯最后才会发出感慨，相信文字的发明只是一种基于权力的剥削和奴役，并以美学的快感让人在不知不觉的默契承认中就受到了这种剥削和奴役。[①]

从这个角度去分析，考古学家张光直对于中国文字的起源及其与政治权力之间密切联系的分析，便极具开创性意义。在他看来，中国文字的出现很可能是源自象征政治权力的族徽[②]，而另一个起源是经过沟通天地的巫觋的卜问而记录下天上祖先的智慧，这些文字只掌握在少数"知识阶级"的手中，并成为这个阶级的独占品。[③]

中国上古社会的民间信仰，后来并没有独自发展出一套宗教体系来，诚如杨庆堃先生所言是一种"弥散的宗教"（diffused religion），以区别于自成一体独立发展的"制度化的宗教"（institutional religion）。[④] 这种弥散的宗教，其最为核心的特征就是宗教活动与其他社会活动无法清晰地区分开来，世俗的观念融入其中。我个人以为这样的一种宗教形式至少从中国上古时代就已经表现出来，并保持其连续性。就目前对考古材料的分析来看，这种弥散的宗教至少曾经紧密地和政治权力联系在一起，比如表示古代最高统治者的"王"这个字，其最初含义就非常有可能是指掌管日常通天仪式活动的有名望的巫觋。

据考古学家胡厚宣先生的考证，中国上古夏、商、周三代的最高统治者都被称为"王"。[⑤] 虽然一些考古学家坚持"王"这个字的最初意义是跟"武力征服"

① 列维-斯特劳斯. 忧郁的热带. 王志明，译. 北京：中国人民大学出版社，2009：366.

② 郭沫若. 奴隶制时代. 北京：人民出版社，1973：246.

③ 张光直. 美术、神话与祭祀. 郭净，译. 沈阳：辽宁教育出版社，2002：66—69.

④ YANG C K. Religion in Chinese society：a study of contemporary social functions of religion and some of their historical factors. Berkeley and Los Angeles：University of California Press，1967：20—21.

⑤ 胡厚宣. 中国奴隶社会最高统治者的称号问题 // 尹达，等. 纪念顾颉刚学术论文集：上册. 成都：巴蜀书社，1990：123—160.

有直接的关系，谁能够带兵打仗，征服并战胜其他的部落就被称为王[①]，不过这样的结论并不排斥"王"这个字的另外一层意思，那就是与当时人的宇宙观密切相连的沟通天地的意涵，即被称为王的人，是能够有"通天、地、人之道"的人，后来进而跟"德"这个字联系在一起，泛指有贯通天地本领的有德者即可被称为王。[②] 而能够沟通天地的人，在上古时代也被称为巫或者觋，这样看来，众巫觋中有绝顶通天本领的大巫就很可能统领其他的小巫而从宗教领袖转变为政治领袖"王"。

商朝的考古资料最能够说明这一点了。各个自称为王的人，每天最乐于做的事情就是问卜和祭祀。这样看来，在那个时候从事这些活动的人在社会上是受到崇敬并能获得最高权威的。如果没有巫觋的身份，他们便不会有沟通天地的本领，老百姓当然也就不会服从他们了。当时有一位名叫盘庚的最高统治者就在公开场合教训他的属民道："你们不听我话，天上的先王要发怒，说，你们为什么不顺从我的小孙子！你们的祖先，都请求先王，大大降刑给你们，把你们杀绝，不留种子。"[③] 这样的一段话，没有巫觋身份的人是说不出来的，即使能够说出来也没有人能够真的信服，换言之，只有众巫觋的首领，能够知晓天地诸鬼神的旨意的大巫才可以说出这样的话，才有人会真的相信他们。儒家经典《大戴礼记·五帝德篇》有文记载在上古史中做过"绝地天通"这件大事的颛顼的事迹，说他是"洪渊以有谋；疏通而知事。养财以任地；履时以象天。依鬼神以制义，治气以教民；洁诚以祭祀。乘龙而至四海"。徐旭生对"依鬼神以制义"这一句有独到的解释，认为这恰说明，颛顼当时不仅在政治上是最高的统治者，而且在宗教上也是最高的领袖，是"大巫"，是"宗教主"。[④]

能力高超的大巫的出现隐喻地表达了原来弥漫在普通民众生活中的巫觋角色的转换，原来由众多巫觋承担的沟通天地的任务逐渐集中在极少数的大巫手中，这些大巫同时也是像颛顼帝这样的能够"依鬼神以制义"的政治领袖。当然到了他那里，天地都不能够像以前一样由巫觋来随意沟通了，而是分别由重管天，黎

[①]　胡厚宣. 中国奴隶社会最高统治者的称号问题 // 尹达，等. 纪念顾颉刚学术论文集：上册. 成都：巴蜀书社，1990：123-160.

[②]　同[①].

[③]　中国历史研究会. 中国通史简编. 上海：华东人民出版社，1951：34.

[④]　徐旭生. 中国古史的传说时代. 北京：文物出版社，1985：76.

管地，跟神鬼沟通的事情只能由他们三个人来完成了。对此徐旭生有清晰的阐述：

> 炎黄以前，氏族的范围大约还很小，社会自身还没有变化的倾向，社会秩序的问题还显不出很重要。及至炎黄与蚩尤大动干戈以后，散漫的氏族扩大成部落，再扩大为部落联盟；社会的新元素已经在旧社会里面包含和发芽，新旧的矛盾开始显露，新旧的交替不久就要开始，社会的秩序问题因此就渐渐地重要起来。从前天人接近还感觉不到什么样的不便，可是在这个时候就成了社会自身的一种严重的威胁。帝颛顼出来，快刀斩乱麻，使少昊氏的大巫重为南正"司天以属神"，韦昭解"司"为主司，解"属"为"会"，当是。"司天以属神"是说只有他，或者说只有他同帝颛顼才管得天上的事情，把群神的命令会集起来，传达下来，此外无论何巫全不得升天，妄传群神的命令。又使"火正黎司地以属民"，就是说使他管理地上的群巫，使他们好好地给万民治病和祈福。①

也许中国上古颛顼帝时期确确实实发生过一次大的社会转型，这就是巫觋信仰的宗教从老百姓的日常生活中脱离出来，但不是独立的发展，作为宗教领袖的大巫，比如像颛顼这样的人，凭借自己独有的跟天地沟通的本领而获得无上的权威来统治信仰他的民众，由大巫或者大神转变成为王或者帝，也就是由宗教的领袖转变成为政治的领袖。

社会控制的象征体系

在中国夏商周以前的上古史研究中，很容易犯的错误就是仅仅对出土的器物和孤立的文字做封闭式的研究，看似很科学，实际上不过是面对古代遗物的片面猜想。如果没有整体的社会结构的分析，这些片段式的上古史资料终究不会有任何富有启发性的意义而得到彰显，最后研究者也只可能是身怀收藏家的本领而孤芳自赏了。

而费孝通提醒考古学家们所要注意的是去研究人与人之间关系的改变，这种

---

① 徐旭生. 中国古史的传说时代. 北京：文物出版社，1985：83.

关系也可以说成是人与人之间社会结构的转变。研究上古巫觋角色的转变使我们清楚地看到，即使在夏商周的时代，国家力量也在急速地增长，这种增长不仅仅是经济因素造成的，而非常重要的是对宇宙观念的牢固控制，通过占有可以沟通天地的玉器、青铜礼器、象征符号，而实现对社会存在的宇宙观解释权的独占。显然，这种统治模式不仅在古代起作用，甚至影响到后来的国家统治以及宗教信仰的走向。而整个中国乡土社会就是在这样一种社会控制的象征体系发展的过程中逐渐成长起来的。也只有理解了费孝通对于那些超乎日常生活之上的社会事项加以分析的意义，我们才能真正弄明白他所谓的乡土社会的变迁以及变迁的内容是什么。

第六章　费孝通的自我与超越

社会学在中国已经经历了百余年的发展，形成了自己独有的一些性格。显而易见，这些性格在新的世界格局下还将继续保持下去，但是这并不意味着其不可改变，因为任何学科的发展都是以顺应时代的变化而使其自身发生改变的，如此，一个学科才会运命长久。在今天，这种改变更加需要一种有自觉意识的对于自我原有界限的超越，而费孝通晚年所倡导的中国社会学学科"补课"的倡议及其身体力行的补课实践也着实为这种自我超越提供了一个样板，同时也为社会学共同体在中国的发展提供了一种新的共同体意识。尽管受身体和精力的限制，费孝通晚年并没有在这一问题上做系统的阐述，但是却为我们后来人的再研究以及深度阐释提供了一个可以凭依的问题出发点。

社会学在中国的发展道路

不言而喻，社会学是伴随着西方社会科学理念的成长而在 19 世纪末和 20 世纪初传入中国的[1]，这种传入的一个直接结果就是，影响这门学科成长的最为重要的或者核心的分析概念几乎都是由西方翻译引进的，比如实证、功能、结构、冲突、比较以及分层等等。中间经历过一个 20 世纪 30 年代以燕京大学社会学系吴文藻为代表的"社会学中国化"的发展道路[2]，有被称为"吴门四犬"的费孝通、林耀华、瞿同祖、黄迪等人在不同研究方向上对于西方社会学概念在中国场景下的融会与贯通，甚至还包括像李安宅、杨庆堃、冯家昇、李有义、陈永龄等

---

① 姚纯安. 社会学在中国近代的进程. 北京：三联书店，2006：29-55.
② 李怡婷，赵旭东. 一个时代的中国乡村社会研究：1922—1955 年燕京大学社会学系毕业论文的再分析//乡村中国评论：第 3 辑. 济南：山东人民出版社，2008：261-306.

在内的一批在早期社会学中国化取向上做出辉煌成就的吴门弟子的不懈努力。①
这些努力都在一定意义上成就了吴文藻以及之前包括孙本文在内的一些中国本土
社会学家所试图发展的社会学的中国道路。

　　但是，这种西学东渐式的融通和努力并没有从根本上实现西方社会学概念与
中国现实社会及其解释上的契合，究其根本，依旧是取西方社会学理论与概念套
用于中国社会变化的现实之上，中国社会学在追随西方社会学发展的进程中，型
构出来的仍旧是一种移植型的基本品格，这种品格明显体现为发源于本土的理论
极为匮乏。尽管一些人试图尽力去攀附古代中国思想家有关"群"的论述，甚至
最初严复就将社会学这个概念翻译为"群学"②，但是这样的努力终究势单力薄，
并没有延续这条思想的道路去发展建基于中国文明基础之上的社会学传统，甚至
连这个"群学"的译名也被来源于日语的"社会"两字所取代，这使中国的社会
学一直是在一种共同体的意义上探讨问题，而没有在其空间讨论的范围上有实质
性的延展，由此也限制了中国社会学家所能够关注到的分析单位，宏大的以及抽
象的概念也因此从一开始便离这门学科极为遥远。与此同时，中国传统思想中一
直存在的宏大与抽象的整体性社会范畴仅仅成了一种历史的知识而在课堂上讲
授，其并没有顺理成章地演化成为一种自觉意识，并以此本土思想资源去建构一
种或多种的社会理论。结果，造成了一个主导性的局面就是，大量的社会理论以
及社会学的理论和概念都是由外部移入进来，社会学理论也变成不过是西方社会
学理论的汉语版，甚至可以说，支撑这门学科的参考资料以及阅读文献中的绝大
多数或者核心的内容都不是汉语原创的，许多是直接或间接地通过译介西方的思
想进入到汉语的语境之中，这种萨义德（Edward Said）意义上的"旅行理论"
或者"理论的旅行"在近代中国不仅是弥漫在本土学术氛围中的一种主导话语，
而且还渗入了我们对于生活的认识，这便是现代性的话语在我们日常生活中的不
断蔓延和具体实践。③　在社会学的中国发展道路上，这种现代性的话语通过国家
现代化的诉求而获得其发展的合法性，并与一种后面所论及的实用性格相互依

---

① 关于这一点的叙述可参阅：潘守永. 林耀华评传. 北京：民族出版社，2009：21—35.

② 严复有关"群学"的翻译可参阅：姚纯安. 社会学在中国近代的进程. 北京：三联书店，2006：38—39.

③ 杨美惠曾借用萨义德的旅行理论去分析中国乡村社会中传统复兴的一些问题，这在一定意义上构成了对于由现代性话语所激发出来的遍及整个社会的对现代性改造运动的抵制。对此详细的表述可参阅：杨美惠. 传统、旅行的人类学与中国的现代性话语. 中国农业大学学报（社会科学版），2007（2）.

存，形成了一种中国社会学自身的发展道路。

使西方社会学及其相关理论经由一种旅行而进入中国社会学界，这种努力在中国社会学发展的早期以及 20 世纪 70 年代末以来社会学恢复重建时期都曾经占据过主导地位，每一位有影响的中国社会学家最初都以能够翻译或者读懂西方的原始文献为其学术的核心追求之一，但是在这种不断翻译与借鉴之中，结合中国现实发展而提出可延伸探讨的并带有反思性和批判性的理论问题极为少见，而一门学科所期待的由原创性的理论而扩展出原创性的经验研究更是凤毛麟角。在这门学科中，存在更多的可能是顺应国际潮流的应声附和或者转而成为西方原创理论的试验场，抑或是走向另外一个极端，专注于问题解决式的对现实层出不穷的社会变化的即时应对，以及以居高临下姿态做出的不痛不痒的政策建议。可以说，很多这方面的社会学对话都是以一种补充与完善或者追随与发展的心态去应对现实的发展，因此从根本的意义上来说，这些做法完全是在复制一种西方的学术路径，而这种复制西方理论的思路在社会学早期有自觉意识的反思者叶启政看来，"它往往不可避免地把社会带上重蹈西方社会之旧辙的路途上去，严重的甚至是加深了问题的困扰"①。

换言之，这样一条社会学的中国发展之路，一旦在西方社会学界出现某种中断和传统的断裂以后，在中国的延伸性发展也就成了一种不可能，由此而造成的一个趋势就是，我们不断地返回到社会学问题意识的原点上去重提社会学的问题，而与此同时，所有的积累都可能因此瞬间变成可以随手弃之的"垃圾"，丢入"历史的垃圾箱"中②，即那些从实地调查积累起来的社会学的数据和资料，仅仅具有了一种历史学家眼中的近代史的史料价值，而没有了一种通过延续性积累而构建出环环相扣的社会学理论的传统。因此，在中国社会学发展中，本来是学术共同体公共性的学科理论构建似乎一下子转变成了每个人的私人欲求。③

---

① 叶启政. 从中国社会学既有性格论社会学研究"中国化"的方向与问题. "中央研究院"民族学研究所集刊（台北），1982（4）.

② 王铭铭最先用此"历史的垃圾箱"来指涉人类学与历史学之间可能的互惠关系，我这里所用此比喻，更多是指社会学的调查资料如何没有进一步消化而逐渐流入到历史学的历史文献当中，许多早期社会学家有关中国村落的调查已经不再受到当下社会学家的关注，更多地成为历史学家的宝贵的文献资料，其解释已经是建立在社会学家收集资料的基础上的再解释了。关于"历史的垃圾箱"的讨论可参阅：王铭铭. 漂泊的洞察. 上海：上海三联书店，2003：108—132.

③ 这方面的努力可参阅：郑杭生，陆益龙. 增强理论自觉，促进学科发展：谈中国社会学与人类学、民俗学的关系. 中国社会科学报，2010—07—20（107）：11.

而且，造成不少社会学家在社会学的各个发展时期都试图去发展某种自己独创的理论，但是，最终却又因无法真正延续其理论的余脉，而不能构建出一种深植于中国文化中的社会学理论。借用诸多翻译性的概念所构建的理论，由于其自身缺乏语义逻辑的启示性、社会与文化的关联性以及真正意义的现实关怀，使得这些理论天生便具有移植西方社会学理论的缺陷。并且，任何新的社会学家都试图要去凭空创新理论，最终似乎又无法逃脱西西弗斯的神话，即不断回到理论构建的原点上，由此而承受着这种回归原点的悲剧式命运的捉弄，进而使得社会学家们都无法在社会学理论的解释力和涵盖力上有真正深度的以及有洞察力的自我提升。另一方面，由于隔靴搔痒式的理论移植，也使得很多本土学者以这些外来的社会学理论和概念无法贴近中国社会为由，而从内心深处去排斥各种理论以及任何的理论建构的企图心，由此而进一步去强化中国文化"经世致用"的既有品格中的那种从经验到经验的实用性。这恰恰构成了社会学在中国发展道路上的另外一种缺憾，同时也成了费孝通晚年反思的一个最为直接的对象。

实用性与中国社会学的既有性格

可以说，作为一种舶来品的社会学，其在中国的发展历程中，始终未能真正地摆脱西方社会学的影响，这种影响如阴影般地追随在这门学科的左右。[①] 甚至很多时候，我们对于西方社会学家著作的熟悉会让许多西方本土的学者大为惊讶，对于已经过去的那些经典的论述以及经典社会学家的思想，在一般性的意义上，他们甚至不一定比我们更为熟悉。这种西学在中国社会中的普及及其以刻板化的形式占据思想主导的状况，甚至还体现在整个人文与社会科学的领域之中，否则就不会有 20 世纪 80 年代最先在中国台湾所涌现出来的那些包括心理学、社会学以及人类学在内的所谓社会科学本土化的潮流，并最终波及中国大陆有关社会科学本土化的激烈讨论[②]，甚至到最近的中国哲学界，依旧试图对这个老问题

① 叶启政. 从中国社会学既有性格论社会学研究"中国化"的方向与问题. "中央研究院"民族学研究所集刊（台北），1982（4）.

② 关于这一点可参阅：赵旭东. 反思本土文化建构. 北京：北京大学出版社，2003.

给出一些新的解释。①

无独有偶的是,在东方学的研究领域,人们仍旧在延续"颠倒的东方学"的分析套路,有些过度强调东西方文化之间的差异,并无意识地在使这些差异逐步实现实质化或者客体化。② 所有这些做法,都可以说在一定程度上显露出中国1919 年五四运动的后遗症,这种后遗症的核心也正像杨念群的研究所指出的那样,是中国文化在借助西方的理性观念来使自身的文化事实不断归约为可被分析对象的那样一种自身整体性的断裂。③

单就社会学这门学科的发展而言,上述这种状况随着 1979 年社会学在中国的恢复并没有发生多少改观,社会学在中国的发展不仅在理论上体现出一种上述所谓原创理论的匮乏,而且另一方面也没能摆脱其既有的"实用性"的追求,并在逐渐的发展过程中使这门学科突显出一种实用的性格。④ 这正像一些批评者所指出的,在 1979 年以后恢复社会学的一段时间里,过度强调应用的"庸俗化"的社会学开始占了上风,社会学在缺失理论的前提下却在不断地延伸自己的发展道路,由此而造成的一个直接后果就是真正的理论反思几乎处于一片空白之中。苏国勋在对社会学恢复十年(1979—1989)的回顾性文章中就明确地指出了这一点,他称社会学的理论研究不仅没有起到指导实践的作用,反而甘愿充当"应用研究和实践的附庸、尾巴",这也正像他所指出的那样,20 世纪 80 年代的社会学刚刚恢复时,学界的主流是在强调"社会学是研究社会问题的一门学问","社

---

① 香港中文大学哲学系的刘笑敢曾经专门撰文批评在中国哲学的阐释中借用西方概念,也就是以自己并不熟悉的西方哲学概念来去解释自己熟悉的中国哲学的概念所造成的反向格义,这再一次把西方的概念是否适合于解释中国的观念和文化的问题重新提了出来,构成了一种讨论的新空间。关于这一点可参阅:刘笑敢. 反向格义与中国哲学方法论反思. 哲学研究. 2006(4).

② 季羡林在为《东方文化集成》撰写的"总序"中不断地在强化这样一种隐喻,那就是西方原来观察世界的一只睁大的眼睛现在闭上了,而中国人曾经闭上的两只观察世界的眼睛现在渐渐睁开,其意在强调东方文化相对于西方文化的衰落的新崛起,在这个意义上,无非在把西方人曾经高调提出的一切都是以西方文明为中心的东方学的论调反过来又过度地去强调东方文化的中心地位。但实际东西方文化之间很难清楚地区分出你我,两者之间的融合不是没有的,只是某种特质在某种文化中占据突出地位并被固化为主导的核心文化价值而已。参阅:季羡林. 《东方文化集成》总序//王宏纬. 尼泊尔:人民与文化. 北京:昆仑出版社,2007:4-14.

③ 杨念群."五四"九十周年祭:一个"问题史"的回溯与反思. 北京:世界图书出版公司,2009:53-54.

④ 这种学术场域中实用性性格的养成,与近代以来中国学术新传统的建立之间有着极为密切的关系,最早康有为对于乾嘉考据学者的批判,体现了一种新的、强调学术经世致用的观点开始成为主流,而章太炎所承袭的以"求是"为学术纯粹追求的看法那时显然是日渐式微了。关于这一点可参阅:陈平原. 中国现代学术之建立:以章太炎、胡适之为中心. 北京:北京大学出版社,1998:34-35.

会学是社会调查研究的学科化"，并把这看成是这门学科的理论化取向，后来伴随着改革的深入以及对于社会经济协调发展的主张的强烈需求，使得社会学的研究对象一下子转变成为"研究现代社会良性运行和协调发展的条件和机制"。①这种做法在一定程度上强化了"中国社会学所具之'实用'、'实证'、'移植'、与'加工'性格"②，这种不断调整其研究对象的中国社会学，尽管是结合了中国的实际，但是其理论深度并未真正得到挖掘，而借用的解释性资源依旧是西方既有社会学教科书层次上的那些与中国的实际相去甚远的理论和方法。换言之，中国社会学的理论支撑依旧是通过某种翻译以及在此基础之上的对西方社会理论的介绍来实现的。

　　针对上述问题，与中国社会学的前期和后期发展都有极为密切的关联的费孝通做出了回应。我们这里不仅要指出中国社会学既有性格中的这种"实用性"倾向的存在，更要去思考在何种意义上实现对这种社会学实用性性格的自我超越，这是指一种费孝通晚年所提倡的"自觉"意识的自我超越，没有这种超越，中国社会学的发展可能永远只会是一种自我否认以及相互否认的原地踏步，对于新的参与者而言，似乎一切都命定地要从头开始。显然，这种状况不应该成为中国社会学必须去承受的一种无可避免的命运折磨。

　　虽然费孝通本人对于中国社会学恢复的艰难以及恢复过程中出现的不足曾有多处的说明，但是，他确实属于苏国勋所批评的那些过度强调社会学的应用性而具有了实用性性格的社会学家之一，费孝通多处有关"理论要联系实际"以及"从实求知"的口号都无可避免地使其被一般人看成一位彻底主张经世致用而无超验性思考的社会学家的代表，但是实际的费孝通显然不是这样一位社会学家，真正与其有过面对面交往的学者都不会否认其才思敏捷以及开题破路的启发性的睿智。当然，那时费孝通的际遇，也许并不是一两篇文章所能够解释清楚的③，作为受过完整西方社会科学训练的中国社会学家，费孝通在特定的时期承担起了

　　①　苏国勋. 中国社会学的健康发展之路：坚持应用研究与理论研究相结合//苏国勋. 社会理论与当代现实. 北京：北京大学出版社，2005：162.

　　②　叶启政. 从中国社会学既有性格论社会学研究"中国化"的方向与问题. "中央研究院"民族学研究所集刊（台北），1982（4）.

　　③　关于这一点，费孝通在其1999年出版的十四卷本《费孝通文集》的"文集前记"中有多处表白，他不仅认识到一个作者的文字无法脱离开其社会和时代的陶冶，同时还意识到了有些东西是无法用语言去做真正彻底的申论的。参阅：费孝通. 费孝通文集：第一卷. 北京：群言出版社，1999：4.

恢复社会学的重任，这种恢复也只能是在一种西方既有的理论和方法的学科框架中展开，只能是在翻译和介绍西方社会学的作品的同时，从现实入手，脚踏实地地去发现真正的社会学问题，与此同时，费孝通经历了中国改革开放以来的社会大转型，他也因此而不能不去面对急速变迁的中国社会现实，在他看来，理论上的远水不解近渴，实践中的层出不穷的问题意识，使得中国社会学在 1979 年恢复以来走出了一条很难用一个概念、一个理论、一条线路去加以涵盖的独特之路。

无可否认，这条道路确实可以用"实用性格"这样的概念来加以概括，但是其内涵的复杂性却不是这四个字所能够完全涵盖的，否则便不会有费孝通晚年对于社会学方法论的那种极为强烈的自我反思意识，这种反思是通过"补课"的方式而去追溯一种在中国社会学中曾经中断了的传统，这一传统就是对燕京大学社会学在 20 世纪 30 年代所积极倡导的美国芝加哥学派的学术传统的接续与在方法论上的超越。这种"补课"行动的一个无意后果就是，其为中国社会学在新的时代的自我超越提供了一个良好的契机。

由 "补课" 而引起的反思

作为 20 世纪 80 年代中国社会学恢复进程的引路人，费孝通借助"补课"的方式使得社会学在中国社会科学领域中有了一席之地，这是毋庸置疑的事实。[1]邓小平在 1979 年 3 月《坚持四项基本原则》的讲话中提及社会学时，强调"现在也需要赶快补课"，这一点既成为社会学随后得到恢复的一个契机，同时也成为社会学在未来发展取向上的一个基调，可以说，"补课"的观念一直伴随着社会学自 1979 年以来的发展进程。[2] 由于有这一特殊的国家主导的时代背景，社会

---

[1] 曾经作为费孝通晚年学术助手的潘乃谷教授，曾经有专门的文字来记述费孝通晚年在不同的场景下对于社会学要补课的提法。至少 1998 年 1 月 29 日费孝通与北京大学社会学人类学研究所的领导的谈话中开始提到"补课"的问题，这是在对中国考古学家苏秉琦的著作《中国文明起源新探》的评论中提到这一点的，他认为中国的考古学在这一点上走到了前面，把文化的"硬件的格局"搞出来了，社会学则没有做到这一点，拿不出来真正的东西出来，在这个意义上，考古学延续地发展出一条道路出来，而社会学则是有路却没有通下去。关于这一点的细致论述可参阅：潘乃谷. 费孝通教授谈补课//费宗惠，张荣华. 让社会更美好. 北京：群言出版社，2002：46.

[2] 费孝通. 师承·补课·治学. 北京：三联书店，2001：338.

学恢复的取向必然紧密地跟苏国勋所概括的"实用性格"联系在一起，这当然同样也是一个毋庸置疑的历史事实。在今天，似乎没有必要为此而去做一种无用的自我辩驳。但是，这里问题的关键可能是，无论是社会科学界，还是中国社会学界似乎都没有真正注意到，作为一位曾经亲身经历过早期社会学中国化的历程，并为之做出不懈努力的社会学家费孝通，在其晚年对于社会学在中国发展的缺憾所做的深度反思，是从他向整个社会学界提出"补课"的倡议之后开始的，这应该不是一种随口说出来的学术口号，而是身体力行的实践，费孝通是在重新阅读一些早期曾经给予他重要影响的社会学家的作品中开始了他的反思之旅。这种反思同时夹带着一种对于这个学科的警醒，即以一位耄耋老人的一生经历在向这个学科的所有同仁发出一种召唤，希望这些学者们应该"脑筋要灵活，要能跟上这个时代的变化……思想要搭得起来，不能够平面地走"①。

　　这些话语看来有些琐碎，实际上是对这个学科整体走向所提出的一种真诚的批评和担忧，而对此批评和担忧，即便是在今天也值得再去回味与消化的。这样一种批评性的召唤体现了那一代人对于学术的本真追求，这种追求的核心就是要不断地去超越自己的过去，费孝通一生的学术发展历程多少已经说明了这一点，从早期的村落研究，到后来的类型比较、小城镇的研究，以及晚年的文化自觉的思考，他一直持续着这种自我超越的努力。

　　如果我们将费孝通一生的著作用中国绘画的三个词来加以形容，那么，早期的《江村经济》《禄村农田》也许代表的是用笔考究、一丝不苟的工笔画法，到了中期的《乡土中国》《乡土重建》，已经有写意的趣味了，而在其晚年以《学术自述与反思：费孝通学术文集》（1996）、《师承·补课·治学》（2001）、《论人类学与文化自觉》（2004）等著作为代表的一系列在"补课"观念引导下的反思性作品，已经体现出其浓郁的文化与反思性的关怀，这可以说是一种大写意的泼墨手法的娴熟应用，而这种大写意手法的巅峰状态，最为明显地体现在他2003年所写的那篇发表在《北京大学学报》上的题为"试探扩展社会学的传统界限"的长文。② 在这篇长文中，我们可以深切地体会到作者不受任何既有框框束缚而做

---

　　① 1998年2月7日费孝通在家里与北京大学社会学人类学研究所研究人员的对谈。参阅：赵旭东. 费孝通对于中国农民生活的认识与文化自觉. 社会科学，2008（4）.

　　② 此文随后被收录在：费孝通. 费孝通文集：第十六卷. 北京：群言出版社，2004：147–174.

自由思考的那种随意与智慧。①

　　这篇最初写于 2003 年 10 月的论文，应该不是一篇孤立存在的文章，如费孝通自己所指出的，他擅长围绕一个自己所关注的主题去写一系列的文章，《乡土中国》以及《乡土重建》便是以这样的方式补缀成书的，因此，2003 年的这篇文章应该被看成是，费孝通晚年诸多建立在"文化自觉"以及文化反思概念之上的对于中国社会学这门学科在方法论上进行总体性反思而写下的连续性文章中的一篇，当然，这也是比较有代表性的一篇。尽管我们可以从费孝通的一些早期作品中注意到这种不断反思社会与文化本质的一些言语，但是真正能够体现这种反思意识的是他对一些老师辈的学者，诸如吴文藻、潘光旦、史禄国、帕克以及马林诺夫斯基等的回忆性文章。

　　特别是对于帕克，费孝通专门在 1998 年 6 月之后开始了对这位美国社会学奠基人的重温之旅，在重新阅读和回忆之中，费孝通明确了社会学在中国重建中的困境以及实现目标的难度。② 但是，即便如此，费孝通也并没有为自己晚年反思的做法感觉不妥。在经历了一年多的"补课"之旅之后，费孝通重新认识了这位早年曾经引领他进入社会学之门的美国老师。这种思考也直接激发了他对于文化之间究竟该如何"美美与共"地相处的思考，这种思考几乎伴随着费孝通的最后岁月，如果查阅费孝通生前所创建的北京大学社会学人类学研究所出版的系列工作论文，我们就会发现，费孝通在离他逝世不到一年的 2004 年 8 月写下了《"美美与共"和人类文明》一文，这也足以证明费孝通晚年对这一问题的不懈追求。

　　可以说，费孝通晚年用了十几年的时间对社会学学科本身的发展进行了反思，这为我们后来的人以及直接跟随费孝通学习社会学的人提供了一笔真正的精神遗产，这笔遗产也许不是以系统的结构呈现出来的，而是在情境性的叩问与应答之中所做出的一种不断向前推进的回应与思考，基于这些回应与思考而留存下来的文字，成为费孝通所说的"文化的不朽"的基础，斯人已逝，文字永存。通过重新去阅读和梳理这些文字，我们也许可以在费孝通对于中国社会学重建的遗憾之处，再做一点身体力行的工作，使得我们在费孝通晚年言语未尽之处，能够延伸出一种可以进一步启示中国未来社会学道路拓展的意义。

　　面对费孝通晚年的思考，苏国勋之前对费孝通及其所引导的中国社会学在

---

① 费孝通. 试探扩展社会学的传统界限. 北京大学学报（哲学社会科学版），2003（3）.
② 费孝通. 费孝通文集：第十五卷. 北京：群言出版社，2001：229-230.

20世纪后20年的恢复时期的那些批评，显然已经为费孝通晚年的自我否定式的超越意图涵盖了。在最近苏国勋的一篇有关社会学学科史的回忆性文章中，他已经特别注意到了这一点，一方面他继续不遗余力地批评那些过度强调社会学理论自身的概念性游戏的做法，另外一方面也肯定了费孝通晚年的那些颇有价值的思考，特别是那种超越于一般社会学概念讨论的从"生态"到"心态"的更为宏大意义上的社会理论的思考。①

　　这种思考，也许才真正触及了社会学的根本问题，那就是人与社会之间关系的格局究竟是怎样的问题。在此方面，我们之前对西方有关这一问题的思考确实知道的很多，但却没有我们自己的贡献。我们可能极为熟悉古典三大家在这一问题上的极为细致入微的讨论，但是我们却无法从自己已有的社会思想传统中梳理出来一种可以同这些西方的论述形成一种真正意义上的对话的理论和认识。而费孝通晚年的反思恰恰是要在这条道路上去不断地延展，也只有这样，之前的社会学的实用性格才能够真正得到自我的超越，否则只能出现前面所提及的不同社会学传统之间相互否认和排斥，最终出现分裂与隔绝的状态，这本身不仅不利于中国社会学的长期发展，也不利于这门学科产生独立的理论。

个人、社会与文化的融通

　　若对费孝通晚年的思考做一总结，那么这个总结一定是围绕着"人"这个概念而展开的。由这一概念所延伸出来的有关"文化自觉"的概念更是费孝通晚年思考中的一个代表性的概念。这里的"人"是不离开其社会与文化而存在的，通过人的实践活动的勾连能力，社会与文化相互联系在一起，同时得以延续下去。在此，费孝通是要从根本上去反思，在中国文化里，当我们盲目地落入既有实证主义社会学的陷阱中不能自拔之时，究竟还有哪些资源可借以自救？

　　费孝通早期在燕京大学所受到的训练恰恰是属于这一实证主义社会学传统的。作为费孝通的老师，吴文藻尽管在燕京大学力主社会学的中国化，但是他把这种中国化的途径牢牢地建构在当时流行于西方社会科学界，并主导中国社会科

---

　　①　苏国勋. 见证中国社会学重建30年：苏国勋研究员访谈录. 中国农业大学学报（社会科学版），2010，27（2）：5—19，10.

学学术话语的实证主义的基础之上，他在其主编的《社会学丛刊》的总序中声称自己的立场就是"以试用假设始，以实地证验终"，接下来又强调"理论符合事实，事实启发理论，必须理论和事实糅合一起，获得一种综合，而后现实的社会学才能植根于中国土壤之上，又必须有了本此眼光训练出来的独立的科学人才，来进行独立的科学研究，社会学才算彻底的中国化"①。

上述一段话预示了早期中国社会学的实证主义与经验论的发展取向，而社会学中国化的目标也是建立在这种取向之上的，并引导着费孝通等一批研究者投身到这种对于经验现实的调查和归类上去，但是，大家那时似乎并没有一种欲望要去超越经验事实的层面做更为宏大和深度的社会学分析。至少，费孝通晚年所强调的"神游冥想"的社会学超越性的反思已经离这种实证主义的社会学很遥远了②，这也再一次体现了他的自我评价：脱缰野马般的学术性格。换言之，他从来也不愿意在既有的框架里去寻求简单的资料的积累，这可能也是他晚期全部反思的最为基础的思想动力所在。

在这个过程中，以前被实证主义社会学忽视的个人被晚年的费孝通重新看重，他尝试着把人放到其存在的社会与文化场景中去思考，这种做法，应该说更多的是来自中国自身的文化传统，特别是费孝通在晚年所不断提及的"天人合一"的概念，这对于阅读汉语文献的中国人而言，虽然是一个再熟悉不过的概念，但是，经过费孝通对此概念的重新诠释，这一概念便具有了一种新的社会学理论建构的意义，而这也许是费孝通晚年思想中最值得去挖掘的精神遗产。

关于"人"的概念，费孝通早在《人的研究在中国》以及《个人、群体、社会》这两篇文章中就已经做过讨论。费孝通眼中所理解的人，从来都是生活在特定社会与文化场景中的人，而非抽象的人。费孝通有关人存在于其中的社会的讨论，在其早期的《乡土中国》一书中有最为完整的呈现，这种讨论延续到后来就是有关社会何以能够不断延续下去的那一系列的讨论，因此成为讨论"中华民族

---

① 转引自：王建民. 中国民族学史：上卷. 昆明：云南教育出版社，1997：283-284.

② 上文注释中所提及的 1998 年 2 月 7 日费孝通与北京大学社会学人类学研究所研究人员的对谈，此次对谈的录音整理经费孝通亲自改正后，以《参与超越 神游冥想》为题收录其文集中，有关社会学家要有一种"神游冥想"的品格最初就是在这次谈话中提出来的. 他这次对谈的核心是批评一些只重调查而缺少高屋建瓴的理论思考的社会学家. 而其"参与超越"的含义也是在强调人因为有灵而逐渐突显出来的非动物性，因此而需要有一种思想上的超越，而不是简单的就事实而作描记，没有超越性的提升. 具体参阅：费孝通. 费孝通文集：第十五卷. 北京：群言出版社，2001：1-7.

多元一体格局"的理论基础，而这一理论的核心就是费孝通在《乡土中国》一书中所发展出来的有关中国社会关系中"差序格局"概念的讨论，这种差序格局，显然既不同于日本的纵式社会关系的结构，也不同于西方社会人与自然、人与社会两分的社会结构，有其自身存在的独特性。①

对于人所赖以维系其自身发展的文化而言，费孝通晚年所提出的"文化自觉"的概念则映射出这一观念中"人"在其中所具有的独特地位，显然，费孝通在这里所暗示的是，在一个文化中的人有此自觉，而不是文化本身有此自觉，也就是在此过程中，不是文化选择人，而是人选择了文化，在这里，人是第一位的。② 真正激发费孝通去思考这一概念的动因，最初就是人本身作为一个族群如何能够生存下去的这一现实问题，这个问题进一步涉及人及其所承载的文化如何能够相互和谐地共同存在下去的问题。1998 年 7 月，费孝通参加了在北京大学举办的人类学高级研讨班，会上一位鄂伦春族的女学者对于鄂伦春族人的生活现状的描述引发了他对文化边界与文化自觉概念的思考，他立刻在这位学者的报告之后插话，强调文化自觉这个概念的重要性。③ 这种强调跟他在这个会上发表的主旨发言是可以相互印证的，在这份主旨发言中，费孝通回顾了他的老师马林诺夫斯基有关文化动态论的论述，这是建立在他早年对于这本书的翻译和阅读的基础之上的。这种重新的阅读同那位鄂伦春族学者的报告一起，启发了他有关文化自觉概念的思考以及之后的不断完善，同时也成为费孝通晚年社会学补课热情的一个直接推动力。

尽管存在上述的学术铺垫，但是对个人、社会与文化这三者关系的讨论，最为突出也最为集中地体现在上文所提及的《试探扩展社会学的传统界限》这篇文章之中。可以说，今天再去重新解读费孝通这篇文章的真实意涵，对于中国社会学乃至整个社会科学的整体走向而言都是十分必要的，因为在这篇文章里，费孝通作为一位已经走过了 93 年人生历程的老人，在向学界发出一种新的信息，这种信息肯定不是民族主义的，但并不意味着没有一种世界主义和文化主义的内

---

① 日本人类学家中根千枝曾经称谓日本社会结构强调的是纵式社会关系，阶级和阶层的区分不明显，代际关系很密切。而欧美国家的社会结构强调更多是横向关系，甚至印度社会也有类似的结构。关于这一点具体可参阅：中根千枝. 适应的条件. 朱京伟，张吉伟，译. 石家庄：河北人民出版社，1989：42-44.

② 费孝通. 论人类学与文化自觉. 北京：华夏出版社，2004：183.

③ 关于费孝通"文化自觉"概念的提出可参阅：赵旭东. 文化的表达：人类学的视野. 北京：中国人民大学出版社，2009：56-57.

涵，借助这种回归，他希望我们在尝试了对多种个人、社会和文化之间关系类型的分析之后，必须返回到古代中国文化中去寻找一种新的智慧来弥补社会学理解上的不足，这种智慧绝对不会因为谁占有了武力就会屈服于谁，也不会因为自身的无力而被人占有，也就是说，弱者并不一定缺乏智慧，反而是他们的那些经常被人们忽视的或者遗忘的智慧，需要我们以一种谦虚的姿态来重新捡拾起来，也只有在这个意义上，西方社会科学近来所论及的"默会之知"（tacit knowledge）才能够与我们在实践中"知道如何去做"的智慧之间产生一种对话和交流。① 当西方社会科学开始幡然醒悟于这些"知道如何去做"的默会之知的时候，智慧便超越于知识本身而对人所存在的社会和文化的理解有了深一层的把握，这些曾经被我们轻而易举忽视和遗忘的被称为"智慧"的东西可能才是让"我们真正理解中国社会的关键"，而没有达到这个理解层次的社会学，还谈不上是一门成熟的"学"或者说 science（科学），后面这个英文单词是费孝通专门挑出来放在"学"后面的，以此来说明这门学科的基础是在哪里。②

在谈论人的问题时，费孝通显然不是孤立地去谈生物性存在的人，而是强调了整体性存在的个人，这样的个人处在天人之间的宇宙性联系之中，并且人与其所在的社会和文化是相互联系并融通在一起的。在这种联系与融通之中，个人就摆脱了西方论人时的独立而孤独的"个体"（individual），而是一个与其社会和文化相互融通在一起的作为整体存在的"个人"（person），这个人自身是以其所承担的社会角色来加以界定的，因此，人除了有生物性的存在之外，最为重要的还有社会性的存在，也就是每一个人都可能是某种角色的承担者。这些角色不仅在横向上相互联系在一起，如在中国社会里，这种横向的联系构成了一种差序格局的理想形态，而且，在垂直的"纵"向上，又都跟"天"这个概念密切地联系在一起，如此，作为自然的"天"就不是独立于人的生活实际而存在的，而是与人的生活紧密地联系在一起的。③ "天"成为人们生活世界的一部分，并通过儒

---

① 对西方有关默会之知的概括性讨论可参阅：邓正来. 哈耶克社会理论. 上海：复旦大学出版社，2009：88-97.

② 费孝通. 试探扩展社会学的传统界限. 北京大学学报（哲学社会科学版），2003（3）.

③ 如果做一细致的考证，便可了解，费孝通注意到天人关系的问题应该是受其晚年所阅读的钱穆传记的影响。钱穆自己在晚年似乎突然对"天人合一"的观念有了一种新的理解。这一点激发费孝通意识到了，"人的脑筋一直是在动的，不会停，学问没有穷尽"，因此而高调提出"世变方激，赶紧补课"。关于这一点引述自：费孝通. 费孝通文集：第十六卷. 北京：群言出版社，2004：328-333.

家所宣扬的崇天、敬天以及畏天这样的信念本体，而渐渐渗入于人们的生活世界中，形成垂直关系上的人与天之间的圆融一体，这种观念早在汉代大儒董仲舒那里就已经基本形成了。① 而经由两千多年的儒家教化，天人之间的特殊关系在中国人的观念里可以说是根深蒂固，并体现在人们的日常生活实践之中。②

在中国古代的文化里，天气的变化不被看成仅仅是一种自然的变化，而是认为其变化可以在人的生活和社会事务上得到一些体现，《后汉书》里有很多有关灾异的记载，都是在这样一种观念的驱使下留存下来的史料，在那里，甚至皇帝寿命的长短也密切地与这种自然的天气变化联系在一起，皇帝及其统治便牢固地与这种天命的观念联系在了一起。③ 这类叙述结构几乎占据了秦汉以来史书记录的核心。汉代的诏书中屡见不鲜的便是对这些天气变化异常的恐惧，这种为当时的知识分子所宣扬的并为执政者所深信不疑的宇宙观念，深度地影响到了当时的实际政治的运行。④ 这样一种天人关系的视野，在极度强调实证主义社会学方法论的前提下显然是很难在解释上有其合法性的，因为实证主义方法论的核心是社会事实的对象化，因此西方实证主义传统中的人不是作为活生生的人而是作为一个被观察的对象，这一点构成了西方社会学早期的强调"亲证"的物理解释的传统，后来的人试图超越这一点的动机从来也没有打消过，西方是这样，中国也曾经是如此。章太炎在其最初将社会学引入中国时就确切地指出了这种弊端，在1902 年为其所翻译的两卷本的日本社会学家岸本能武太的《社会学》撰写的"自序"中，章太炎认为，"社会学始萌芽，皆以物理证明，而排拒超自然说"，而岸本能武太的《社会学》依循了西方社会学的理念，吸纳了英国社会学家斯宾塞以及美国社会学家吉丁斯的见解，"不凝滞于物质，穷极往逝，而将有所见于方来，诚学理交胜者哉"⑤！这种对于人与社会关系的解释方式不仅在日本学者的早期洞见中可以发现，回到我们自己的解释传统中，这种发现也是不难获得的，特别是对于天人之间关系问题的理解，可以被看成中国文化里最具特色的一

---

① 余治平. 唯天为大：建基于信念本体的董仲舒哲学研究. 北京：商务印书馆，2003：85-119.
② 费孝通. 试探扩展社会学的传统界限. 北京大学学报（哲学社会科学版），2003（3）.
③ 据史学家的研究，能够集中体现这种天人感应观念的灾异说集中记载在已经失传的刘翔撰述的《洪范五行传论》中，后来严可均所辑录的《全汉文》中《条灾异封事》也收录了反映刘向灾异思想的条目。对这一点的详细论述可参阅：李庆. 中国文化中人的观念. 上海：学林出版社，1996：99-101.
④ 胡秋原. 古代中国文化与中国知识分子：上册. 北京：中华书局，2010：299.
⑤ 汤志钧. 章太炎政论选集：上册. 北京：中华书局，1977：170-171.

种观念，以此构成一种与西方比较的差异。①

在这里，值得进一步强调的是，由人所构成的社会也同样要求与自然"合一"，也就是人类社会依照自然的原则去建构自身，而在此意义上，社会的基础就不再是一种强制性的人为，而是一种自然原则的体现。相比前面所提到的天人之间的相应变化的原则，在中国文化里，人类社会的原则所体现出来的实际上是一种自然的原则。在费孝通看来，这样一种认识对于中国的社会学而言就变得极为重要，只有明确了这一点，才能够从根本上去"摆正人和人之外的世界的关系"②。而没有对这种关系的整体性的理解，想进一步得出可以持之有据的人与社会和文化之间关系的解释，就会变得极为困难。因此，在这一点上，中西文化之间差异的分离点得到了突显，相对于中国文化传统中的整体性的天人合一的观念，西方文化孕育出来的是在局部用力的民族，如钱穆所敏锐地注意到的，希腊人并没有统一的整体观念，即雅典是雅典，斯巴达是斯巴达，各自为政，形成一种分的态势，而终究也形不成作为一个整体的希腊国家，而我们自先秦时代甚至也许更早到黄帝的时代就已经是一个强调大一统的国家了，并且总是以"一体"为核心而展开社会与文化的构建。③

"天人合一"这一影响中国人两千多年的哲学概念，最早的相关记载是在董仲舒的《春秋繁露》之中，如其中《阴阳义篇》中提到"以类合之，天人一也"，在《深察名号篇》中说"天人之际，合而为一"。④ 尽管后来的宋明理学对此有更为精细的阐发，但是其核心还是在强调人和自然之间的一种相互融洽的关系，核心是天和人之间的相互映射，即上面所提到的天人感应，结果造就一种认识，那就是人理即是天理，而天理一定承载着人道。这一点甚至被后来的儒家学者方东美视为区分中西文化的差异以及中国传统哲学内部观念差异的根本，凡是持守"天人合一"观念的都被归类为传统中国哲学的主流思想，而其他的则被看成旁枝末端，不值一提；与此同时，西方文化中，天人两分的观念就成为与中国文化分野的基础性的观念。⑤ 对于这种中国哲学观念中"天人合一"内涵的理解，也

---

① 张君劢甚至断言："在吾国人之思想中，天人之间，初无大鸿沟之横亘，与西方思想中将上帝与人类划为两界者，大不相同。此中西两方最大差异之点也。"引自：张君劢. 明日之中国文化. 北京：中国人民大学出版社，2006：81. 着重号为引者所后加。

② 费孝通. 试探扩展社会学的传统界限. 北京大学学报（哲学社会科学版），2003（3）.

③ 钱穆. 晚学盲言：上. 北京：三联书店，2010：5，9.

④ 参阅：张岱年. "天人合一"思想的剖析//苑淑娅. 中国观念史. 郑州：中州古籍出版社，2005：24.

⑤ 李安泽. 生命理境与形而上学：方东美哲学的阐释与批评. 北京：中国社会科学出版社，2007：129.

许再没有比金岳霖的解释更加直白的了，在他看来，"天人合一"不仅是"伦理与政治合一"，同时还是"个人与社会合一"。① 这个判断已经突显出中西文化中关于个人与社会的观念上的差异，而对这种差异的理解必须回到这种人与社会和文化之间关系的讨论上来。可以说，在天人合一观念主导下的文化从来都没有生长出那种强烈的人与社会两分的，并经由人们各自让渡出来的权利来构建一种相互可以保持安全的霍布斯意义上的社会秩序出来，而是每个人都通过忘我的与天合一的修养来实现人与社会的融洽。这显然不是通过社会规则强制性的约束来构建一种社会秩序，这种约束在性质上是一种柔性的约束，是由人的修养的完善而达成的一种对于自我的制约，它不求诸外在的力量，而是求诸自身修养基础上的领悟能力。

与此同时，不论是传统的儒家还是新儒家，都会去强调这种天人合一关系的根本是对于一种整体性的追求，这一点在既有的社会学思考中显然是被忽视了。在社会学的领域中，到处都充斥着一种分裂。这种分裂可以说是直接承袭了西方文化中人与自然两分的宇宙观念，进而将人与社会之间也看成是分裂的两个领域，而没有切实注意到人与社会之间、社会和自然之间的那种"你中有我，我中有你"的包容性的关系。② 在这种关系中，人是处在一种中心的位置上，社会以人为中心一圈圈地向外推出去。在这种推的过程中，如何看待人和人以外的世界，就构成了不同文明下的世界观念的差别。

显然，人和自然之间被看成是对立的，这是一种认知；而人和自然之间被看成是相互协调的，这又是另外一种认知。在中国社会中，由于在天人之际寻求的是相互的合二为一，因此占据主导的世界观显然属于后一种。但是，我们自近代以来开始完全接受西方的天人两分的世界观以后，分析的视角逐渐替代了整体性的思考，论述语言中的理论与经验、个体与社会、理性与情感、传统与现代、断裂与和谐、分裂与统一、多元与一体、生存与发展、心和身、官和民、国家与社会等等两分的概念和表述充斥于我们的社会学教科书和论著的分析架构中，引导着更多的社会学者只求分析和推理，而不知整体性的观察和理解，更不知在何种途径上去超越这种两分法的解释。甚至对于费孝通晚年提出的"中华民族多元一体格局"这一富有传统中国文化整体性和包容性的智慧性概念，也给予了过度的

① 金岳霖. 道、自然与人：金岳霖英文论著全译. 北京：三联书店，2005：57.
② 费孝通. 试探扩展社会学的传统界限. 北京大学学报（哲学社会科学版），2003（3）.

分析性的肢解，要么单方面地去强调多元而排斥一体，要么是单单注意到一体而否认多元的社会现实，这些显然都是对费孝通所提出的这一概念缺乏整体性视角的一种误读，在更深的层次上，似乎也没有把握费孝通有关民族问题的社会学思考的真正核心所在。①

应该进一步指出的是，这种强调整体性的天人合一观念的社会基础是以人为中心的，但是人自身时空存在上的局限性使人的中心地位的确认无法得到彻底的贯彻，而人所独具的精神世界或者意识能力，却在帮助人自身克服这种存在的局限性。在费孝通看来，一旦我们"忽视了精神世界这个重要因素，我们就无法真正理解人、人的生活、人的思想、人的感受，也就无法理解社会的存在和运行"②。在他这样说的时候，我们注意到了"人"作为一个主体的存在，已经被费孝通纳入中国社会学的既有框架中去，这一点，过去显然由于对法国涂尔干一派社会学的过度强调，而人为地将其忽略掉了，费孝通重提这一点，不仅是当下的世界变化迫使他要去思考有关精神问题的社会学，而且，这也曾是英国功能论社会学中不曾丢弃掉的东西，早期影响过费孝通的英国社会人类学家马林诺夫斯基以及拉德克利夫-布朗，他们都曾经有过一些心理学的训练背景，或者有意去借用心理学的知识来强化自身功能论在解释上的完备性。

在 1979 年恢复社会学时，费孝通也没有忘记在这个学科中专门添加上"社会心理学"这一分支学科，并形象地称其为恢复社会学的"五脏六腑"，而社会学心理学则属于这"五脏六腑"的"六腑"之一，致使在当今中国的社会学界里还依然保留有社会心理学的这一学科方向，并由此也确实吸引了一批研究兴趣介乎社会学与心理学之间的优秀的学者，或者也可以说为有社会学旨趣的心理学家找到了一处自我表达的空间。③ 只是后来社会心理学这个方向上的研究者过度谦

---

① 包括徐杰舜在内的一些民族学研究者最近对于费孝通"中华民族多元一体"观念的民族史的解读都试图在扭转那种既有传统中单向度看待民族关系中的多元或一体之间的那些极端看法，这些都属于极为有益的理论探索。对此一点的讨论可参阅：徐杰舜. 从多元走向一体. 桂林：广西师范大学出版社，2008：2-4.

② 费孝通. 试探扩展社会学的传统界limit. 北京大学学报（哲学社会科学版），2003（3）.

③ 费孝通在四川社会学研究会筹备组座谈会上指出，在社会学开始恢复之时，他以"五脏六腑"这一形象化的比喻来说明社会学要向哪里去恢复，"五脏"主要是指这门学科的机构构成，分学会、研究所、学系、图书资料中心、书刊出版部，而"六腑"则是指社会学的六门基本的专业课，包括社会学概论、社会调查方法、社会心理学、城乡社会学、比较社会学（社会人类学）、西方社会学理论。关于这一点可参阅：费孝通. 关于社会学的几个问题//费孝通. 费孝通文集：第八卷. 北京：群言出版社，1999：287.

虚地把自己的研究仅仅看成是社会学研究的一个补充，而没有试图使自身突出成为费孝通所期待的那种对于精神世界或者"心态"研究的先锋，或者成为社会学的研究取向的引导者。尽管费孝通没有专门去提及社会心理学的这个任务，但如果中国的社会心理学不去关注费孝通所提出的这个作为人的特殊性的精神世界的问题，那么这个分支的学科如何会有自己真正意义上的研究对象呢？这种状况也正像方文所指出的那样，欧洲的社会心理学的传统注意到了作为"知识行动者"的个人，而我们的许多研究似乎还仅停留在并非起决定性作用的关系结构的分析之中而不能脱身出来。①

人"心"与"我"及对传统社会学界限的超越

实际上，费孝通在晚年不断地在追问由其硕士生导师史禄国最先透露给他的psychomental complex 这个概念的意义究竟为何。史禄国在论及这个概念时，一方面强调的是在心理和精神层面的群体的传承，这些传承是知识、实践以及行为，它们可以在代与代之间传递，还可以从周围的人群中借得，甚至可以由某个群体的成员自发地创造出来，但根本是指一个动态适应的过程，并通过心理层次的复合而传递下去，史禄国因此将之称为 psychomental complex，另一方面，为了强调这一动态适应过程，又将之称为 ethnos。② 当然，费孝通没有专门区分前后这两个英文词，大略都同样翻译成"心态"这个汉语词汇，而且还一再强调这仅仅是一个模糊的近似翻译，对这个词语的来源，费孝通有这样一段解释：

① 西方心理学早期有内省的传统，通过强调极为客观地记录内部心理的实际感受来获得心理学的知识，这一点后来被华生的行为主义心理学所颠覆，强调完全外部的刺激和反应之间的联结，到了最近30年认知心理学的兴起，内省的方法又在另外一个意义上得到了恢复。但是中国心理学并没有走过这样的道路，基本上是在亦步亦趋地跟随美国主流心理学的发展趋势，并没有注意到作为个体自身可以有内省或者从其认识能力上来把握，不是从社会中去寻找心理的解释，便是把心理的现象挂到文化的大树上去，而无法真正形成有其自身学科特征的解释力量。而欧洲的心理学，特别是偏重社会的社会心理学似乎在继承着早期欧洲心理学的内省的传统，从新的角度，"以知识行动者为中心"去理解社会中的人，而不是反过来去理解社会和文化之后，再给予人以一个标签。关于"知识行动者"的讨论可参阅：方文. 学科制度和社会认同. 北京：中国人民大学出版社，2008：28-36. 亦可参阅：赵旭东. 重温欧洲社会心理学的学科制度. 中国图书商报，2008-09-23 (05).

② SHIROKOGOROFF S M. Psychomental complex of the tungus. London：Kegan Paul，Trench，Trubner & Co.，Ltd.，1935：1.

由于史氏对用字十分严格，不肯苟从英语的习惯用法。这也是普通读者不容易读懂史氏著作的一个原因。他用词力求确切性，于是许多被各家用滥的名词总是想法违避，结果提了不少别人不易了解的新词。他抛开通用之词，采用拉丁文原字，使其不染附义，ethnos 是一个例子。更使人不易理解的是用一般的英文词汇加以改造而注入新义，如他最后亲自编刊的巨著的书提名为 *Psychomental Complex of the Tungus*。psycho 原是拉丁文 psukhe 演化出来的，本意是呼吸、生命和灵魂的意思，但英语里用此为字根，造出一系列的词如 psychic，psychology 等意义也扩大到了整个人的心理活动。晚近称 psychology 的心理学又日益偏重体质成分，成为研究神经系统活动的学科。史氏总觉得它范围太狭，包括不了思想，意识，于是联上 mind 这个词，创造出 psychomental 一词，用来指群体所表现的生理、心理、意识和精神境界的现象，又认为这个现象是一种复杂而融合的整体，所以加上他喜欢用的 complex 一字，构成了人类学研究最上层的对象。这个词要简单地加以翻译实在太困难了。我近来把这一层次的社会文化现象简称作心态，也是个模糊的概括。①

我们先抛开 ethnos 这个词的讨论，而针对 psychomental complex 这个词，社会心理学家本来是应该在这方面做出一些贡献的，但是由于过度地将心理与精神的内容还原成为生理和大脑层次的解释，这种对于身体、意识和精神的整体性的关注就被排斥在正统社会心理学的研究领域之外了，而社会学又因为过度追随制度和结构层面的分析，却无暇顾及个体心理层次的精神世界，这中间的空白地带应该就是费孝通所关注的人的精神世界的真正范围所在。

有了这个精神世界的存在，人与人之间以及人与外部世界之间的沟通才成为可能。而在费孝通那里，则是专门拿中国文化里"心"这个概念来做说明的，以期明了在一个特殊的文化里，个体与个体之间的沟通方式，这种沟通方式明显带有中国文化语境下的特殊意涵。

"心"这个字在汉语中本来是一个指代身体五脏之一的概念，属于有形的身体的一部分，这一部分被古代的中国人看作所有思考的聚集之处。在这个意义

---

① 费孝通. 人不知而不愠：缅怀史禄国老师 // 费孝通. 费孝通文集：第十三卷. 北京：群言出版社，1999：85. 着重号为引者所后加。

上，作为物的"心"又即刻转化为一种精神的存在，也就是代表着一个人的主体性的存在。进而言之，心是人们构造自己与外部世界关系的最内一层，由这一层不断地向外延展出去而构成了一个可以通过"将心比心"的对于"我"与他人的比照，从而达成一种跟外部世界的沟通。这跟孔德的实证主义以及韦伯的价值中立的西方社会科学方法论的概念有一种根本的分别，这种分别也造就了在整体的认识论取向上的差异。尽管实证主义有多种的转化形式，但其核心的原则却是强调如何去停止我们自己内心世界的活动来对"我"之外的世界进行客观精准的描述，以此来实现对这个我以外的外部世界的确定性的把握，即通过对于真实而非虚幻、有用而非无用、肯定而非犹豫、精确而非模糊，以及肯定而非否定的这五种实证逻辑的追求来实现这一目标①，而这种认识论取向，已经不同于东方世界里比较崇尚的那种由"心心相印"来获得理解和领会的做法及其背后的逻辑了。支配现代西方兴起的理性，在这里遇到了另外的一种以"我"为中心而展开的不断向外类推的思维方式，这使得人类理性的单一性问题受到了根本性的挑战。②

在西方的认识论传统中，心不是用来感受的，而是用来做判断的。因此，从笛卡儿开始，心的另外一个代名词就是理性，它在笛卡儿的沉思之中被突出到了"神"的位置上，它有别于物质性和广延性的肉体而不能够被分割，同时它还是不能受到怀疑的绝对真理的来源，并与充满着七情六欲的身体分离开来，一切的罪恶、不确定性、变化以及感受性，都被推到了这个有形的身体之上，而心则是洁身自好，卓然不群的。③ 在这个意义上，才进一步有英国分析哲学家赖尔（Gilbert Ryle）在《心的概念》（*The Concept of Mind*）一书开篇所说的，在西方文化里，身体和心灵各自所发展出来的两部历史，"一部历史由他的躯体内部发生的事件和他的躯体遇到的事件所组成，另一部历史由他的心灵内部发生的事件和他的心灵遇到的事件所组成"。④ 到目前为止，这可能是西方认识论中有关

---

① 关于孔德思想的介绍，可参阅：周晓虹. 西方社会学历史与体系：第一卷. 上海：上海人民出版社，2002：40—41.

② 杰克·古迪（Jack Goody）曾经细致比较了以亚里士多德的三段论为基础的西方的理性观念与其他，包括印度、中国和日本在内的非三段论占据主导的文化中，不同形式的理性表达之间在逻辑上的根本差异。关于这些讨论，可参阅：GOODY J. The east in the west. Cambridge：Cambridge University Press，1996：11—48.

③ 笛卡儿. 第一哲学沉思集. 庞景仁，译. 北京：商务印书馆，1986：90.

④ 赖尔. 心的概念. 徐大建，译. 北京：商务印书馆，1992：4—5.

身心两分的最为精彩的论述，它体现在了西方的社会与文化乃至历史的表述之中。

但是，在中国文化里强调的"将心比心"的做法，却反映了另外一种认识论传统，即一切的社会构成的核心都在这"心"上，缺少了这个"心"字，个人便失去了灵魂，而物和心之间有一种整体性的连带关系，不能够相互分离。费孝通是从论及潘光旦身上所体现出来的那种"推己及人"的儒家风范而开始谈论这个问题的，当时他还没有提及"将心比心"，而是谈论"己"这个词，这是指英文里的 self（社会中的自我），而不是一般意义上的 me 或 I（私我），通过对于"己"的认识和理解，推广到对他人的认识和理解，这就是"推己及人"的真正意涵。① 后来费孝通开始以心来指代这个"己"，而社会就是借助这种心物融通的整体性而表现出来一种秩序，结果一切都由这"心"来得到统摄。而存在于社会内部的人，之所以能够相互往来，所依靠的就是人心与心之间的沟通。在这种沟通之中，心也被提升到了近乎神秘的位置上去，不仅要求人们要"心心相通"，而且还要求有一种"由里及外""由己及人"一层层地向外推出去，逐渐构成一个相互联系在一起的社会道德化体系，这个体系是由内而外不断放大的真诚、共存、协调、和睦、温和、宽厚、利他、建设性等构成的，是一个"己所不欲，勿施于人"的克己的体系，既是对人的活动的一种鞭策，也是对人的行为的一种制约。这是一种自我的制约而非社会的制约，相比于霍布斯所构想的人人自危的"利维坦"而言，我们所强调的"将心比心"的文化可能更加具有一种相互包容性和融通性，社会秩序很多是靠一种发自内心的社会比较和理解而构建出来的。

费孝通试图将这种以"心"为基础的理解和沟通的方法，进一步提升为一种有别于一般实证主义取向的社会学研究方法，这种方法的核心也许可以简单地概括为是一种理解的方法，这种理解的方法在西方社会科学中惯常是以解释学的面目出现的，即在言说者与听讲者之间搭建起一种可以沟通的桥梁。而在中国文化的语境之中，我们是用"会意"这两字来加以表达的。在费孝通看来，能够构成一个文化里"会意"的那部分内容，往往都是这个文化里平常到无法为人所觉察的境遇，但恰恰是这种不易为人所觉知的部分才构成了这个地方文化中的"最基

---

① 费孝通. 费孝通文集：第十五卷. 北京：群言出版社，2001：83—87.

本、最一致、最深刻、最核心的部分，它已经如此完备、如此深入地融合在生活的每一个细节中，以至于人们根本无须再互相说明和解释"①。尽管在这里，费孝通并没有提及维特根斯坦后期哲学中的"默会之知"以及玛丽·道格拉斯（Mary Douglas）有关"内隐的意义"的讨论，但是这三位大师之间却有着一种共同的理解，这种理解注意到了语言和言语之外的社会与文化的存在方式，也就是我们所知道的比我们所能够用语言表达出来的要多得多。②

这种"意会"甚至在对于我们自身的理解上都会发生一种作用，即费孝通所谓的"说不清楚的我"。在有关这个问题的讨论中，费孝通一开始便指出了既有方法在分析此一问题上的不足，这种方法即是社会科学里比较通行的从旁观者的角度来加以直接观察的方法，它对于社会学家而言本来是再熟悉不过了，而费孝通自己也曾经是践行此种方法的一个典范性的人物，但是，垂暮之年的费孝通却执意要抛弃这种方法，强调"要从'主体'（subjective）的、第一人称的角度理解'人'，也就是研究'我'这个概念"③。实际上，从"我"的角度去理解我们自己，这在社会学方法论的传统里是一个曾经被极度忽视的维度，我们习惯于从我的角度去观察别人，而不大肯反求诸己地去理解自己。把理解"我"自己当成是一种方法，这恰是费孝通试图超越传统社会学界限的一种有益尝试。

他坚持认为，我们的"我"是多种的，诸如生物性的、社会性的、文化性的等等，这些不同的"我"对一个具体的个人而言可以分为两个部分，一部分是可以讲清楚的"我"，这种"我"往往体现在一个人对于"我"的反思之中，是属于反思之中的"我"，"反思的'我'，是自己能说清楚，能看得见，只是故意隐藏在心里，不公开说出来，不想让别人知道"④。对于这个"我"的理解比较容易，人们如果愿意，用语言把这个"我"表达出来即可。但是，另一部分最难

---

① 费孝通. 试探扩展社会学的传统界限. 北京大学学报（哲学社会科学版），2003（3）.

② 玛丽·道格拉斯在其文集《内隐的意义》（*Implicit Meanings*）中专门论及维特根斯坦有关知识的社会建构的含义。（参见：DOUGLAS M. Implicit meanings：selected essays in anthropology. 2nd ed. London and New York：Routledge，1999.）另外从社会理论来探讨这一问题的还有一条从赖尔和博拉尼到哈耶克的有关"默会之知"的发展线路，赖尔1945年宣读的《知道如何与知道那个》（Knowing How and Knowing That）论文对于知识和规则之间关系的理解以及博拉尼在《个人知识》（*Personal Knowledge*）一书中所提及的"默会之知"启示了哈耶克对于这一问题的更为深入的探讨。关于这一点可参阅：邓正来. 哈耶克社会理论. 上海：复旦大学出版社，2009：92.

③ 同①11.

④ 费孝通. 试探扩展社会学的传统界限. 北京大学学报（哲学社会科学版），2003（3）.

以理解的是我们无法去界定、描述和解释的那个"我"。费孝通的问题是，即便可以通过意会的方式表达这个不能表达出来的"我"，表达的主体究竟是谁呢？也就是连"我"如果都说不清楚的话，那么究竟是谁在表达呢？

对于实证主义所提倡的由实际观察来寻找证据的方法，费孝通认为至少在理解不能够说清楚的"我"的这一部分是没有什么功效的。而针对这一部分的内容，费孝通重新引导我们回到一些可能并无法为经验事实所印证的直觉的方法。也许对于哲学谈论直觉可能并不是问题，在这方面，柏格森（Henri Bergson）的理论堪称典范，后来梁漱溟的哲学中也对柏格森的直觉理论进行了很多的阐述和发挥。① 而在心理学中有关"顿悟"的一系列研究也证明此类非逻辑的直觉的存在。② 但是，唯独在社会学中，任何一本有关方法和方法论的教材中都不会列出一种被称为是"直觉"的方法，费孝通试图超越的恰恰就是这个社会学的界限，因为在他晚年的思考里，他一直都在强调社会学在方法上必须超出实证主义引导下的那套只问事实而不求理解的研究方法。在费孝通看来，这个可以通过直觉来感知的"我"往往是指一种"会意"的我，这种会意的"我"，实际上是通过超越语言的限度而表达出来的"我"，这种"我"特别体现在各类艺术表达的形式之中，今天的艺术人类学和美术史的大量研究都在试图对这样的一些表达给出一种全新理解，这在一定意义上也许和费孝通所说的通过直觉的把握来理解有着不谋而合之处。

在这个意义上，从"我"的视角来感受"我"、理解"我"，这不仅应该是一种方法，还可能是一个新的社会学的研究领域，这个领域可以有意地去结合有关自我的心理学研究和认知人类学的研究，因为对"我"的存在形态的丰富性，以前多是心理学、人类学乃至文化研究各自独立地发展着相关理论与研究方法的，而社会学在这方面的研究几乎是处在一种失语的状态，即便是有心理学的有关自我的研究③，以及人类学有关自我的文化研究④，对于"我"的认识仍旧不能穷尽。费孝通在这里提出了一个非常有价值的概念，那就是一个很少有研究去关注

---

① 高瑞泉. 直觉与工具理性批判：梁漱溟对儒家经典的文化诠释//李明辉. 儒家经典诠释方法. 上海：华东师范大学出版社，2008：203-219.
② 罗劲. 顿悟的大脑机制. 心理学报，2004（36）.
③ 杨国枢，陆洛. 中国人的自我：心理学的分析. 重庆：重庆大学出版社，2009.
④ 马塞勒. 文化与自我：东西方人的透视. 任鹰，等译. 杭州：浙江人民出版社，1988.

的"被忽略掉的我"和"被否定掉的我"的概念。这些都不会进入到以强调真实、有用、精确、肯定等以实证性要素自居的社会学家的视野之中去，而这才是超越社会学传统界限的基础所在，还可能是未来进行更为深入的文献与田野研究，以及交叉学科的研究最值得去开拓的崭新研究领域。

在这里，晚年的费孝通似乎参悟到了一种"我"的存在的否定性倾向，由这种倾向的社会表达所构成的一种社会道德意识的出现和提升，则是单单依靠一种实证主义的视角所无法捕捉到的社会事实。这同时也是费孝通所亲身经历过的那个特殊的时代留给他的一个无法抹去的深刻印象，在那个时代里，社会把这种"忘我"和"去私"强调到了极致，不是通过发自内心的修养的通达，而是通过由外而内的洗脑过程来实现这种"忘我"和"去私"的目标。霍布斯这位17世纪的哲学家在《利维坦》一书里面津津乐道的可能就是这样一种去掉人的私欲的现代政体的建立，因为在霍布斯看来，生活在一种自我以及个人欲望极度满足的自然状态是会引起"所有人和所有人的战争"的，而为了去掉这一人的私欲的部分，相互订立一个每个人都让渡出一部分自我存在的权利的社会是霍布斯以及后来的国家至上论者不断追求的核心目标。①

但是，费孝通所问的问题也同样有着一种挑战性，这是在另外一个维度上替卢梭回应霍布斯。费孝通追问的是，如果这种对"我"的否定性倾向占据了上风，在对于"我"是什么并不能够说清楚的前提下，"我"和"私"究竟指代什么可能就成为一种很武断的界定了。它甚至可能是指代一个人的生命、欲望、自我意识、物质财富，等等，如果这些都被否定了，人还剩下什么呢？在人的这个"我"被不断否定的逻辑里，社会行动者的主体究竟是什么也就无法弄清楚了。

费孝通显然触摸到了中国文化里深嵌于其中的否定性逻辑的那根神经，在这一逻辑里，费孝通更加强调在中国的人文价值之中所隐含的一种深层次的张力，这种张力既可以在一定的时代塑造出一种在道德意义上真正达到忘我的仁人志士，当然也可能因为将这样的一种道德约束转化成为外部的塑造，并将之推到极致，从而带来社会的崩溃以及秩序的混乱。同时，这种张力却又可能使得中国文化自身的包容性和柔韧性得到了极致的表达，在这一点上，其优胜于以排他性和僵化性为突出特征的西方基督教文化，文明的冲突也许更多的是出现在有着强烈

① 霍布斯. 利维坦. 黎思复，黎廷弼，译. 北京：商务印书馆，1985：92—127.

排他性与僵化性的文明的内部或之间，而不是出现在自身有着强烈包容性和柔韧性的文明与其他所有缺少此类特质的文明之间，这是由一种富含包容性与柔韧性的文化自身的涵盖力所决定的。而对于上述问题的提出及其相关性的思考，似乎并没有真正进入到主流的社会学的思考中去，这可能也正是费孝通晚年专门要求人们对于这种否定的我、讲不清的我以及不讲出来的我等"社会我"的表现形式加以进一步深入研究，以此来超越社会学的传统界限的初衷所在。

作为一位扎根于中国社会现实的社会学家，费孝通晚年对这个学科在中国的发展道路的反思不仅为其自身也为这个学科在未来的延伸开拓出一片新的天地。在经由长期的对于中国社会与文化的观察与思考之后，费孝通所做出的判断是要试图去超越他自己以及整个中国社会学在特殊的社会与文化背景下所形成的既有性格，即要在实证主义之外对映射到我们生活实践以及文化的表达中的中国传统哲学观念的社会学理路进行一种文化观念史的追溯。

这里既有对他自身曾经参与其中的中国社会学实用性格养成的反思与批判，同时也有回到中国传统观念中去寻求一种解释性资源和方法论提升的努力。这显然不是要去寻求一种西方发展之路的例外，而是切合中国社会实际去发展出一种可以对中国场域中的个人、社会与文化这三者进行合理解释的理论构架。这是以超越一般社会事实之上的整体性来看待中国这个文明的一种努力，这种努力是把中国社会学道路的延伸引到超越实证主义的平面维度上去，即尽力在垂直的上下关系上做更为深度的探求，以此来实现一种对这个学科既有传统的自我超越。

这种自我超越性的思考，构成了费孝通晚年思考中最为精彩的篇章，显然，如果缺少了这一篇章，也许对于费孝通的评价可能会是另外一种样态，至少我们在理论的认识上可能还会在原地踏步，根本不会这样深度地影响到我们今天对于社会学在中国的发展之路的反思。显然，面对费孝通的这些遗赠之言，我们不能不去思考社会学在中国如何有一种全新的自我超越的可能，这显然是之前的社会学家所不愿意花时间去思考的问题，当然也不是一个依赖于单一的实证主义视角所能够处理的问题，这需要有一种新的方法论的综合和学术的宽容之心。

概括而言，费孝通晚年思考中的一个核心就是用其一生的经验去理解作为整体性的个人而存在的"人"，以及作为可以与外界进行沟通的"我"，如何借助某种社会与文化的机制而发生一种相互的勾连。这种勾连可以使人生活在一种既有过去又有未来，既有天上，也有地上，既有社会，又有文化的连续体中，这一定不同于西方近代以来的认识论或者早期西方的智慧所衍生出来的那种人与外部世界截然对立的关系，以及由此而造成的各种文化要素之间的相互对立与冲突。费孝通晚年一直在思考的有关文化界限以及文化自觉的问题，在一定意义上，为近代以民族国家为基础的西方社会在其发展到极致之后所出现的一些困境提供了一种可以避开的途径，而离开了这一点再去理解费孝通晚年的思考，就显得有些隔靴搔痒，不着边际了，特别是那种继续将其有关发展的讨论，纳入一种缺少反思性的现代化论者的言语范畴中去，或者仅仅是注意到了他对"实用"这个词的随意使用，却没有注意到他在使用这一词汇时更为深刻的社会与文化语境，那就与费孝通真正想表达的相去甚远了。

在一定意义上说，如果社会学不以现代民族国家的边界来框定自身，那么社会学根本是对于一种文明的研究，这是超越近代民族国家边界基础的社会学的一种新的尝试。应该清楚的是，社会学绝对不是一种"只见树木不见森林"的学问，它一定是在清楚树木生长的具体规律的前提下，对于森林的整体生长态势有自己的判断。正像罗素在《西方的智慧》一书中所一再强调的那条以哲学和科学为基础的西方理性发展的主线，这条主线的不断延伸与变得粗壮，使得这一文明突出而成为现代世界的主导，这确实也是其他文明所无法比拟的。[1] 而在今天，我们在面对由这种文明所带来的不尽人意的非预料性的后果时，我们自己几千年文明中所积累起来的智慧又如何能够对此有真正意义上的贡献呢？这种贡献的可能性也许是表现在我们既有的对于"人"的看法上以及由此而延伸出来的对于天人之间整体性关系的思考上。在这种曾经被误解成是"落后"的文明之中，传统的对于个人、社会与文化这三个要素之间的关系的构想，恰恰在今天具有了一种新的价值，它在西方现代性所造就的满目疮痍的荒原上，重新播下培育绿洲的种子。同时，这种个人、社会与文化三者之间在观念上所强调的融合或融通关系的不断转换，也在更深层次上赋予了这个文明以可能发生一种自我创造性转化的发展动力，我们在新的时期里，有必要形成一种全新的对于这种动力机制转变取向的判断。而如何形成这样一种判断，是需要有一种切实可行的方法论作为基础的，否则便不能够对这种趋势给出一种比较切近事实而又超越于事实本身的判

---

① 罗素. 西方的智慧：西方哲学在它的社会和政治背景中的历史考察. 马家驹，贺霖，译. 北京：世界知识出版社，1982：419.

断。这种方法论基础的构建，又必须是根基于这一文明自身发展的轨迹。

在费孝通晚年，他恰恰从方法论上在试图去超越一种中国社会学长期沿袭西方社会学而形成的实用性的、二元对立的以及在人与社会之间加以割裂地去看待社会与文化的那些既有性格，在这种超越之中，他似乎再一次重新揭开了中国文明中可能再次孕育出来的用以理解中国文明自身发展中的那些概念，这在中国社会科学发展的道路上，可以算是一种真正意义上的承前启后的新探索。这些新的探索，已经激发一些学者从更广的视野中去看待文明与文明之间的互动①，甚至我们从费孝通早年的学术作品中，也能够注意到这种今天成为学术热点的宏观分析架构，特别是在他的学士论文里所直接提出的亲迎"三区论"，更是值得学界用心分析与挖掘的。②

当然，未来的社会学的发展道路也许会更为漫长，需要有更多的人参与到这中间来，并有意识地对费孝通晚年思考中所留存下来的言论、欲言而未尽之意以及由此可以触类旁通的崭新的研究空间，进行更深层次的延伸和拓展。没有了这种学术上的接续和延伸，在学术的苑围中，我们也许可以看到一些散点式分布的独立思考的学者，却不见一条可以将这些学者联系在一起的并且不断在涌动着的学术长河，而这条长河便是一个学术的传统，这一点在我们既有的社会学传统中也是极为缺乏的。为了这个传统构建的目标，我们值得去重读费孝通，而这也许是在费孝通先生一百一十周年诞辰的日子里最好当然也最有价值的一种纪念了。

---

① 比如王铭铭依循费孝通晚年有关藏彝走廊的论述展开实地考察，奋力提出"三圈说"，影响颇具。参阅：王铭铭. 中间圈："藏彝走廊"与人类学的再构思. 北京：社会科学文献出版社，2008.

② 费孝通早在 20 世纪 30 年代便提出亲迎的"三区论"，这一点可以和王铭铭所提出的"三圈说"做一些比照性的分析，并可把这个学术传统的脉络进一步梳理清楚。参阅：赵旭东，齐钊. 费孝通的"三区论"与王铭铭的"三圈说"的比照分析. 开放时代，2010 (7).

第三部分
危机与重建

第七章　匮乏经济与规避风险

一位很有名的画家写了一本很有影响的书，书名很有意思，叫《退步集》[①]，在芸芸众生都在喊着嚷着要求进步时，突然有个人喊出"退步"的要求，着实让人感觉是一种不同的声音，有些让人警醒，原来退步也是一种可以去提倡的生活方式或者说文化。这就不能不使我们重新去思考费孝通七十几年前在伦敦政治经济学院的讲座上所发表的那些高论。费孝通强调，中国文化是建立在一种匮乏经济的基础之上的，而西方社会则是丰裕的经济，所以前者养成的价值观是知足常乐，而后者的价值观是无厌求得。对于后者的概括，我认为是非常有洞察力的，但是中国的知足常乐是否一定是建立在匮乏经济的基础之上，由此没有科学和技术的发展，那在今天看来可能还是需要再去思考一下的。

匮乏经济

在这一点上，费孝通显然跟马克思是合拍的，强调经济基础对于上层建筑的决定性作用。似乎是由于匮乏经济的限制，人们才会退而求其次地去追求一种自我的满足。从费孝通的描述之中，我们确实可以看到这种求安全的生活观念出现的可能性，但是我们在另一方面又无法拒绝像李约瑟这样的科学家对中国科学和技术史的大量震撼人心的发现，在这些发现中我们注意到了，中国作为一个文明古国是有着丰富的科学和技术发明的，而且在某些方面的科学和技术的成就绝对不亚于西方世界。

因此，根本问题可能不是中国有没有科学的问题，而是人们如何看待这些科

---

① 陈丹青. 退步集. 桂林：广西师范大学出版社，2005.

学和技术对于人的意义的问题。当西方的传教士将他们的现代科技引导下的发明创造带给康熙皇帝的时候，康熙皇帝认为这完全是一些奇技淫巧，不值得为之大动干戈。这样的反应绝对不是说我们的文化是封闭的，是不接受西方先进技术的，而是在当时没有将其看成是在我们的文化和生活里有什么重要意义的存在。当我们仅仅依靠时辰来推算时间的时候，钟表对我们而言就可能是一种可有可无的奇技淫巧，我们鄙视这种东西是因为我们并非为其所操控，我们有自己的计算时间的方法。但是，在今天钟表最终为全社会的人所接受之后，我们也就为这精确计算的时间所完全操控了。

在过去和在今天，有两个意象还仍旧是负面的，一是"开历史倒车的人"，二是"逆历史车轮而动的人"。今天被作为中华文化代表的孔子，在一个特殊的年代里就曾经被看成是这样一种负面的人物代表，因为他主张回到周天子的礼仪约制的社会中去，即所谓"克己复礼"。过去孔子曾被污名化为"开历史倒车的人"，但是今天，又有谁愿意去反思这种形象的真正含义呢？为什么"开历史倒车的人"或者"逆历史车轮而动的人"就是社会中的反面人物而被彻底地摒弃呢？追究来追究去，根子似乎还是在西方。我们显然在这方面再一次陷入到了西方既有的单线历史进化的中心主义中去，而我们的社会文化从来也不是在这样的历史线索上去发展的。

乡土重建的文化症结

费孝通的这种文化上的反思性最先出现在《乡土重建》这本书中，它是费孝通 1948 年 8 月在上海观察社出版的一本讨论乡村社会性质的文集。可以这样说，自从"乡土重建"这一概念提出以来，中国乡村的重建就没有真正的中断过，先不说之前梁漱溟先生在山东邹平所开展的乡村重建运动，也不说更早由晏阳初在定县开展的乡村建设运动，就是在 1949 年以后所推行的乡村改造运动，诸如土地改革运动、合作化运动、联产承包责任制以及最近的新农村建设，这些大大小小的运动和政策实施，实际上都是围绕着如何改变乡村的面貌而展开的一种群众性的动员，希望由此缩小乡村与城市之间的差距，甚至是乡村对于城市的超越。但是，显然这样的努力也像 70 多年前费孝通所预期的那样，存在着各种各样的问题。总体而言，引起乡村社会组织功能发生效力失灵的蛀蚀性的力量并没有因重建而消失，反而在某些方面得到了一种强化，在这个意义上，如何通过重读《乡土重建》来加深理解我们当下乡村社会正在发生的变迁应该是有一定的益处的，至少可以使我们不至于过度惊讶于当下中国乡村所发生的各种现象。

《乡土重建》中第一篇文章的题目是《中国社会变迁中的文化结症》，副标题为"三十六年一月三十日在伦敦经济学院学术演讲稿"，很显然这是 1947 年费孝通重访英国伦敦时所写下的一篇有关中国社会与西方社会之间差异性的文化比较的文字，他试图从理论上对于中国整体社会变迁给出一种解释，这种解释不是落在经济、政治或者社会的层面上，而是落在了文化的层面上。那么，在这种变迁中，中国的"文化结症"究竟在哪里呢？

费孝通开篇便明确地提出了他对于文化的界定，即"所谓文化，我是指一个团体为了位育处境所制下的一套生活方式"[1]，接下来费孝通对这一界定中的"一套"两字做了注解，认为所谓"一套"体现出来的是在一定时空坐落下人们一致性的行为方式，这是由相同的价值观念所驱动的，面对不同的个人选择，一致性的价值观的制约性力量显得更加强劲，这也就是费孝通在下面引文中所强调的：

> 在任何处境中，个人可能采取的行为很多，但是他所属的团体却准备下一套是非的标准，价值的观念，限制了个人行为上的选择，大体上说，人类行为是被团体文化所决定的。在同一文化中育成的个人，在行为上有着一致。[2]

这样一种文化观念跟那时盛行的文化与人格研究的学者对于文化的看法基本上是一致的，进而也是和欧洲大陆的文化观念密切地联系在一起的，有着某种连续性。当然，这种对于文化的看法多为后来的文化与认知研究所批评，原因就在于这是没有真正考虑到人的认知能力中的独立判断和选择的能力，更没有注意到人们并没有在意识层面显露出来的行为倾向性的选择，这些都跟个人更加密切地联系在一起，尽管这也是一种文化观念引导下的行为。不过总体而言，费孝通所谓的在价值观引导下的个体行为这一判断并非全部过时，很多方面我们在寻求这种群体行为的一致性，这也就是为什么今天文化依旧是一个对个体而言具有影响

---

① 费孝通. 中国社会变迁中的文化结症：三十六年一月三十日在伦敦经济学院学术演讲稿//费孝通. 乡土重建. 上海：观察社，1948：1.

② 同①1—2.

力的概念。

费孝通对于文化概念界定的另外一个关键词"位育"来自社会学家潘光旦的观点，对这一点，费孝通自己也不否认。这是潘光旦先生受到孔庙大成殿横匾上的"中和位育"四个字的启发而借用其中的"位育"两个字去翻译英文的 adaptation，即"适应"，专门用来指人和自然之间相互"迁就"以成就一种生活，在这个意义上，位育、文化与生活之间的关系可以进一步概括为"位育是手段，生活是目的，文化是位育的设备和工具"①。在这一点，费孝通同样是延续了马林诺夫斯基在《文化论》一书中对于文化的界定，在这一界定中，文化从属于生活，是维系生活的工具。费孝通接下来认为，在这些塑造人的文化价值观中，有些是不受人的存在和消失的影响而永久存在的，这种价值观跟一种集体性紧密地联系在一起。而另外有一些人用以适应其生活环境的价值观是权宜性的，会随着处境的变化而发生某种改变，这种改变意味着这些价值观念已经不合时宜了，要被淘汰了。这才是社会变迁最为核心的内容。而在这中间，最为重要的引起变迁的因素并非地理的要素，而是社会和结构性的要素。因此，费孝通专门挑选出"处境"这个词汇来替代"环境"这个略显宽泛并含有地理变动因素的词汇。②

匮乏经济与丰裕经济

费孝通特别强调传统中国的处境是一种"匮乏经济"（economy of scarcity），这跟工业社会处境中的"丰裕经济"（economy of abundance）之间形成了一种对照，前一种经济的形态明显是匹配于农业社会的。这两者之间的差异是一种经济结构上的差异，匮乏经济除了生活程度低之外，更为重要的是受到物质条件的限制而没有一种发展的机会。反过来，丰裕经济的基本结构是激励不断的积累以及扩大的再生产，因此发展的机会也因此而得到增加。这样两种经济形态背后所体现出来的是两种不同的生活态度，即匮乏经济之下的"知足"以及丰裕经济之下的"无厌求得"。后者的"无厌求得"用今天的话来说就是"贪得无厌"，费孝通

① 费孝通. 中国社会变迁中的文化结症：三十六年一月三十日在伦敦经济学院学术演讲稿//费孝通. 乡土重建. 上海：观察社，1948：2.

② 同①.

的这点认识，显然是与主持他讲座的托尼（Tawney）对于资本主义社会性质的分析密切相关的。[①]

匮乏经济下的"知足"与人力的广泛使用密切地联系在一起。其后格尔茨、黄宗智曾先后用"过密化"或者"内卷化"的概念来称谓这种劳力的直接与过度的投入，这种投入总体而言是不计成本的，因此田地里虽然有很多的劳力的投入，但是超出有效回报部分的劳力投入就是一种零回报了，因此才会称之为一种过密化或者内卷化的生产。[②] 费孝通尽管没有提出过密化的概念，但是他也指出了这种借助更多劳力而从土地中谋得供给的匮乏经济的特征。这是一种依赖于劳动力的大量供给来实现的一种生计方式。在这里，费孝通坚决地驳斥了马尔萨斯的人口理论。他认为，人并非像动物一般无限制地生育后代，中国人对于土地的过分依赖造成了家户需要有过度的人口，换言之，依赖土地的农业经济需要的是数量庞大的人口。

在基本上依赖劳力而没有更多技术变革的时代里，大量的人口生育并成长为未来的劳动力恰恰可能是社会所要求的。在中国不同区域所分布的不同形式的生育崇拜也可以从一个侧面说明在民间信仰中人口生育的重要性。农业生产的季节性也在另一个方面要求有足够的劳动力的供应，在短暂的农忙时节，要求对劳动力有足够的保障，这种劳动力的供应肯定是有一个梯度的，就是自家的劳动力用完了，再从本村的剩余劳动力中获得，最后再到一个区域的范围内去寻找劳动力。在我曾经调查过的河北省南部的李村，那里是一个产梨的村子，到秋天农历八月十五一过，就是半个多月的收获季节，那时不用说家里的男男女女、老老少少都被派上用场，村里的亲戚朋友也会抽空来帮忙。而现在，由于村里劳动力的减少，各家各户在收梨的季节都需要花钱雇用从其他非梨树种植村来的剩余劳动力，价格是在逐年提高。但是到了农闲的季节，剩余的劳动力就真正成为剩余的了，也就不需要再从事农业生产，他们可能游走出去，到市镇上去打工挣钱，补贴家用。

这种对于大量劳动力的需求却无法带来真正意义上的农业生产的改变，技术的革新也多因此而受到阻滞。也许，在某个阶段，技术的革新可以在一定程度上降低

---

① 费孝通. 中国社会变迁中的文化结症：三十六年一月三十日在伦敦经济学院学术演讲稿//费孝通. 乡土重建. 上海：观察社，1948：3.

② 黄宗智. 华北的小农经济与社会变迁. 北京：中华书局，2000.

农业对于劳动力的需求，也就是技术取代了劳动力。但是，正像费孝通所指出的那样，这实际在传统的农业中国是一种不可能发生的事情，因为这其中含有一种劳动力自身的恶性循环，而恰是这种循环在阻止着新技术的引入，如费孝通所言：

> 土地所需劳力的分量是跟着农业技术而改变的。若是农业中工具改进，或是应用其他动力，所需维持的人口也可减低。但是，在这里我们却碰着了一种恶性循环。农业里所应用人力的成分愈高，农闲时失业的劳力也愈多。这些劳工自然不能饿了肚子等农忙，他们必须寻找利用多余劳力的机会。人多事少，使劳力的价值降低。劳力便宜，节省劳力的工具不必发生，即使发生了也经不起人力的竞争，不值得应用。不进步的技术限制了技术的进步，结果是技术的停顿。技术停顿和匮乏经济互为因果，一直维持了几千年的中国的社会。①

从上面这一段的引述中，我们可以读出费孝通要对中国几千年来的农业发展模式给出一个总结性的评述的企图心，在他看来，这根本上是因为劳动力的过度使用而延迟了甚至是阻碍了技术的发展，在这个意义上，去理解中国社会的停滞，也就再自然不过了。这种人对土地的依赖，已经没有剩余的空间来让新技术有一种尝试性的实验的可能，因为那样做便会使一部分劳动力失去存活的机会。甚至土地的供应都是因应着劳动力的多少而固定下来的，也就是一块土地上能够养多少人，这终究是个定数，并不以人的意志为转移，谁如果想要扩张土地，那就意味着要使其他的人离开其原有的土地，如此一种建立在生产剩余基础上的物质享受才有可能，而这势必引起一种人与人、人群与人群之间的争夺，最后可能是强力者占有了土地，积累了财富，但是这种对于财富的争夺很显然不会轻易停止，还会有新的强者再生产出来去抢占既得利益阶层的财富，如此循环下去，社会的秩序也就不可能有一种所谓的"长治久安"了。

显然，中国的历史中没有自然生长出霍布斯在欧洲所构想的现代国家的形态，即具有无比强大力量的"利维坦"，借助利维坦，人与人之间可以让渡出一部分权利交给这个强力的国家，以此来构建和平与安全。在中国的治乱传统中，总有人会冒天下之大不韪，因为困苦的生活揭竿而起，被强权压制下去的就成了

---

① 费孝通. 中国社会变迁中的文化结症：三十六年一月三十日在伦敦经济学院学术演讲稿//费孝通. 乡土重建. 上海：观察社，1948：4-5.

贼寇，而摧毁强权的就被称为打下了江山，改朝换代，享受由揭竿而起的胜利所带来的巨大的财富。但是对于普通的民众而言，这种冒险的意识并非普遍存在，尽管每个传统社会的中国人都曾经做过当皇帝的梦，但是在实际的生活中，大多数人都会采取一种自我退却的逃避方式，面对强权一般是避重就轻，以能够保住自己一家老小安稳的生活为最大的满足，除此之外，也就不愿去冒那些揭竿而起的失败者被杀头、被满门抄斩的风险了。

这种退避三舍的知足常乐的观念，使得人们可以借此避免生活中许多的危险。每天都过同样的日子，饭食也不会有什么大的改变，时间的安排更是依随着自然节律的变化来加以调整，即所谓日出而作，日落而息，从来不会去寻求跃出这种节律之外的生活安排。至于生活节律的改变恐怕是人们生活之中最为恐惧的一件事情，一个人的离家远行几乎被看成是一种生离死别，历史上不同时代留存下来的各种因离别时的感伤而作的诗歌或称"别辞"就足以证明这一点，而人生最大的快乐，似乎就是在自己老的时候能够回到故里，并在生养自己的故乡死去，实现一种从儿时就被灌输的"叶落归根"的理想生活。

我想，今天的风险概念对于传统的中国人而言一定是极为陌生的，因为他们在使用可能从其曾祖的时代就在使用的农具，家里的陈设也以陈旧的家当为主来体现一种家族的富裕和殷实。他们以最小的消耗来养活尽可能多的人口，新技术的发明被认为是一种旁门左道的不务正业，如此风险和危机就离人们的生活极为遥远，所有的灾难都被归因到了无法摆脱的天灾和人的行为不谨慎造成的人祸上面去。日常生活中的风险概念可能还是以游戏的形式体现出来的，晚清的驻法国参赞陈季同曾经专门把民间的纸牌游戏看成是一种风险的游戏，这种类似赌博的游戏显然不同于今天意义上的社会风险。需要指出的是，陈季同是将这一游戏当作一种"中国人的快乐"专门介绍给西方人的。显然，在陈季同看来，中国人在这方面的冒险精神要比西方人表现得更为突出，当然也更为复杂。[1]

规避风险的文化

因此，中国大多数人的快乐显然不是建立在现代社会的冒险、创新以及刺激

---

[1]　陈季同. 中国人的快乐. 韩一宇，译. 桂林：广西师范大学出版社，2006：159－167.

的基础上的，而是在已经结构清晰，每个人都安分守己地过自己的生活之上。这种知足、安分和克己的价值观紧密地与匮乏经济联系在一起，造成相互之间的各得其所，少起争端。在这背后，身份的概念被极端地强调，这种身份观念又受到儒家思想中伦常观念的进一步强化，使其在社会中的影响更加根深蒂固。在这种伦常观念下的身份中，亲属关系是一种建构社会其他诸种关系的典范性的关系形态，通过亲属关系，我们形成了一个密不可分的社会网络，并进一步通过一些拟亲属的关系建构，把这种建构加诸既有的亲属关系网络之上，那么整个社会的形态就是一个处处体现出亲属形态的远近亲疏、辈分差等的一个差序格局的关系网络。

在规范这种夫妇、父子等亲属之间的伦常关系时，统治中国社会达两千年之久的儒家思想发明出"礼"的概念来与之相匹配。这种礼的概念的核心就是一套行为的规范，但是与法律所不同的是，它所强调的是由内而外的一种自我的约束，即所谓"克己"，以达至礼的行为规范，这与由外而内的法律的制约和惩罚形成了一种鲜明的对照。[①] 礼实际上是有着一种仪式的形式，它是需要通过不断地修习才能够获得的。费孝通借用他在英国所观察到的足球运动来做比喻，认为这种礼的修习类似于足球运动员之间的默契配合的练习，那是通过朝夕相处的关系而获得的。费孝通又进一步借用哈佛大学梅约（Mayo）教授所谓的"社会技术"（social skill）来称谓礼的获得，这是一种社会技能，对应于中国语言中的所谓"洒扫应对"。[②] 凡此种种，都在说明中国社会中的理想的合作不是强迫性的，更不是规范约束下的契约行为，而是发自内心的一种契合，这需要大家长期的磨砺与共处，然后才能够获得一种相互之间的心领神会，这种默契的合作是从体验亲属关系特别是家庭成员之间的默契开始的。母亲不用别人去指派便知道早晨起床要为孩子准备饭食，这是没有什么明文规定的礼的内容，可能这位母亲是从她的母亲那里观察学习来的，不需要专门的教导。

在费孝通看来，礼的制度配上匮乏经济下养成的知足常乐的观念就构成了传

---

① 费孝通对于礼和法之间的分别有如下的表述："礼，依我以上的注释，是依赖着相关个人自动的承认自己的地位，并不是法。法是社会加之于各人使他们遵守的轨道"。参阅：费孝通. 中国社会变迁中的文化结症：三十六年一月三十日在伦敦经济学院学术演讲稿//费孝通. 乡土重建. 上海：观察社，1948：7-8.

② 费孝通. 中国社会变迁中的文化结症：三十六年一月三十日在伦敦经济学院学术演讲稿//费孝通. 乡土重建. 上海：观察社，1948：8.

统中国社会中一个整体性的社会结构。这种整体性结构不会在乎社会中某一方面问题的正面或负面的表现，比如社会中物质享受或者剥夺物质享受，儒家思想更为关注的是人与人之间应该处在一种怎样的关系之中。① 这与现代社会更加关注个人兴趣倾向以及个人利益得失的个体主义的文化是大不相同的。对这一点的比较分析莫过于法国社会学家迪蒙，他对西方的个体主义文化的分析极为深刻。不过，费孝通显然比迪蒙更早地注意到了在中国出现的这种整体论的社会观，即一种社会结构的整体观念，这种整体观念把人和自然的关系放在一边，通过礼的教化来达成一种人和人之间相处的善道。这种不以物质享受为先的理想主义的善道追求一种社会结构完整性的实现，反过来，西方社会在倡导物质享受为先的前提下对其原有社会结构的完整性形成了一种破坏，这种破坏进一步使人类的理想单单落在了人对于自然的无限度的开发和利用之上。而在中国传统社会里，这方面的欲求是不高的，它差不多走了另外一个极端，那就是近乎在剥夺物质需求之上的理想的追求。颜回曾经被孔子树立为典范性的人物，核心还是颜回鄙视物欲，重视精神上的不懈追求。

在中国传统社会中，一种处在上位的价值观念与处在下位的匮乏经济下的社会结构之间是相互匹配的，这一点对于一个社会的良性运行而言是至关重要的。但是这样一种良性的匹配关系在面临西方丰裕经济的扩张和躁动时逐步受到了瓦解。费孝通在那时已经预见到一个因为交通的发达而相互联系在一起、无法分割的一体性的世界来临了，这个世界的来临让人力与各种新的技术与创造相竞争，结果很显然，最终是人力败下阵来，匮乏经济无法维持其自身的发展，随着手工业的崩溃，生产力的减少，原来结构性的贫困，现在成了绝对的贫困。这种变化对鄙视物质享受的群体产生了重要影响，他们无法拿精神的慰藉去和物质享乐为先的丰裕经济竞争。这种以享乐为先的西方丰裕经济的文化实际上是在科学精神鼓舞下的武器与生产的技术，是在现代启蒙思想引导下的对于自然的开发和利用，也是一种完全不同于匮乏经济结构下的人和自然之间关系的新的关系类型。匮乏经济追求的是"修己以顺天"，借此才可以"控制自己的欲望以应付有限的资源"；丰裕经济则是反过来，即追求"修天以顺己"，通过"控制自然来应付自

① 费孝通. 中国社会变迁中的文化结症：三十六年一月三十日在伦敦经济学院学术演讲稿//费孝通. 乡土重建. 上海：观察社，1948：8.

己的欲望"，这种控制自然的欲望产生了对于自然进行探索的科学，强调在利用自然上发挥最大的可能性，这是西学的"用"之所在。①

自然观的差异

在这个意义上，"自然"对中西方文化而言是有着根本差别的，西方现代文化中对"自然"强调的是一种探索和利用，美国在世界上最有影响的杂志《自然》就是刊登世界上最新的有关自然界的发现的文章，这些文章代表着人类对自然界的重要探索。而在中国文化中的自然，更多的是跟"天"这个字联系在一起的，"天"就是自然，面对天的存在，人们的行为和态度多是一种顺应和崇拜，因为在人力优越于工具的传统农业中，对于"天"的依赖是最大的，"天"跟"年"联系在一起，"天"的好和坏决定着"年"的好和坏。这种对待自然的态度的差异也导致了两种文化对待科学和技术发展的态度的差异。

之前，费孝通曾经指出在匮乏经济条件下的一种循环，即"劳力愈多，技术愈不发达，技术愈不发达，劳力也愈多"；反过来，在丰裕经济的背后恰恰是另外一种循环，即"科学愈发达，技术愈进步，技术愈进步，科学也愈发达"②。如果借用法国人类学家列维-斯特劳斯的分类而言，在劳力和技术之间的循环造就的是一种不发展的"冷的社会"，相反，在技术与科学之间的循环却是一种高速发展的"热的社会"。费孝通断言，高度发展的科学和技术使得人类无法知晓如何运用它们来使人类获得一种和平的生活，劳力和技术之间的恶性循环也许造成的是一种贫困，但是科学与技术之间的循环也会给人类社会带来威胁，归根结底，这同样是一种恶性的循环。③ 如果联系到差不多半个世纪之后由贝克所提出的"全球风险社会"的概念，我们不能不佩服费先生那时的远见了。

匮乏经济与知足常乐能够完美地结合在一起进而造就一种完整的社会结构，这种社会结构不会鼓励超乎身份的创新和出格，强调人与人之间关系的约定俗成，因此不会自发地生长出一种科学的思想，在这一点上，可以说费孝通是悲观

---

① 费孝通. 中国社会变迁中的文化结症：三十六年一月三十日在伦敦经济学院学术演讲稿//费孝通. 乡土重建. 上海：观察社，1948：11.
② 同①.
③ 同①11—12.

的，他不认为在经济发达之前可以在中国的土地上生长出西方的科学来，最多只不过是西方科学和技术消费的市场而已，而非能够自主发展的科学和技术的基地。即便在今天，我们在很多核心技术上还是需要依赖于欧美，尽管我们可能在某些方面有了一些自己的创造，但并不是根本性的技术。而经济的发达本质上在于打破劳力和技术之间的恶性循环，并且最为糟糕的是在这种恶性循环没有被打破的处境下又有西方现代化的影响，结果造成这种本来就贫困的状况愈加得严重。① 与此同时，现代西方文化的崛起是伴随着组织的更新而实现的，这是匹配着现代技术的应用而发生的社会组织形式。这种组织形式被引入中国，也就意味着传统的乡村产业的衰落，人们不得不背井离乡地到城市工厂里去做工，今天这种状况依旧是很突出的，即新的农民工问题。费孝通用"解组"这个概念来称谓现代城市里的工业化过程，因为这种现代的工业组织形式尚未发展到一种结构完整的程度。②

　　费孝通再一次把我们的视角引到"社会的完整"这一概念上来，这个"完整"实际上是社会要素相互成为一体的，移动任何一个部分都可能带来整个社会的不完整。我们会经常用"安分守己"来劝慰一些人的出格行为，在一个讲求社会完整性的制度里，这种劝慰是会发生效用的，人们会为自己的出格行为而表现出羞愧与自责，最终会去纠正这种行为，恢复履行社会赋予他的应尽的义务。在一个社会完整的文化里，人们会很认真地对待社会赋予自己的角色行为，人们去做自己应该做的事情，并不因此而感到是一种责任，而更多是一种快乐，是在享受自己所扮演的社会角色带来的乐趣。这是把活动、生活以及社会三者完美地结合在一起的一种孔子所谓的"好之者"的境界，这种境界背后是"一个完整的人格"。但是，在费孝通看来，现代组织中所存在的是一种"超人"的评价标准，即用尽可能小的成本交换最大可能回报的经济原则，由此参与其中的劳动者不再是为了个人目的，也不是为了社会目的，而是为了生产本身的目的而行动，换言之，即为了资本最大可能的回报而劳动。在这个过程中，劳动者并不能够从中找寻到如此行动的意义。结果，报酬成为个人追求的终极目标，而活动本身变得似乎没有了直接能够感受到的意义。最终，不以劳动本身为乐的报酬追求成了一种

---

　　① 费孝通. 中国社会变迁中的文化结症：三十六年一月三十日在伦敦经济学院学术演讲稿//费孝通. 乡土重建. 上海：观察社，1948：12.
　　② 同①13.

运动，每个劳动者都期待着"少做工，多得报酬"，这种运动被费孝通界定为一种社会解组的标志性现象，这一解组反映出社会缺乏完整性。[①]

这种社会完整性的缺失才可能是现代社会面临风险和危机的根本所在。大家不再为自己的工作而感觉到荣耀，却反过来一味地去追求报酬的不断增加。这种危机会随着物质享受之后无意义感的出现以及法律在约制力上挂一漏万的破损而涌现出来。今天仍在世界范围内延续的金融危机以及各类意义的丧失，使得从现代制度本身中寻找一种社会的完整性建构似乎变得越来越渺茫。因为丰裕经济下的科学与技术之间的循环不会在乎蕴涵着人与人之间关系的组织是否处于良性的运转之中，而如果社会组织运转不良，那么不仅会危害西方人自己，实际上也会危害全球。2009 年岁末在哥本哈根召开的"世界气候大会"，也从另外一个方面透露出，经过将近两百年的现代化的发展，世界的每一个角落都不同程度地受到了这种科学与技术之间的恶性循环的影响而不得不自我克制了，否则西方世界自身受到的影响和损害可能是最为严重的。在这一点上，我们不能不怀疑，以气候变化为借口而对步西方后尘的发展中国家的发展加以限制，究竟有多大的约束力。不过，这从反面也反映出西方社会在物质享受之后所表现出来的对于由此造成的恶果的一种担忧。

在今天，也许我们需要有一点已经被国民丢进垃圾桶中去的"阿 Q 精神"，明知不可为而为之，认可我们传统社会中的各安其分的社会默契，不去强制和发展一种人为的合作意识，而是在各自发挥其应有的角色作用上表现出最大的效力，那么一种默契的社会合作自然也就能够发生了。我们的资源实际上就是我们对于自身资源有限性曾经有过清醒的认识，这种认识使我们没有过度地去发展技术来利用自然，而是在社会结构上力求一种完整，这种完整可能会使人处于贫穷之中，但是正像费孝通所说，只是"苦了自己，还没有贻害别人"[②]。我们需要从古人那里借来智慧，这并非由于我们智力不如古人，而是我们追随西方的丰裕经济走过了头，误入歧途了。费孝通在差不多 70 年前就开始呼吁再一次文艺复兴的出现，他这样写道：

① 费孝通. 中国社会变迁中的文化结症：三十六年一月三十日在伦敦经济学院学术演讲稿//费孝通. 乡土重建. 上海：观察社，1948：13.
② 同①14—15.

在欧洲曾有过一次文艺复兴，为这现代文化开了一扇大门，我不敢否认世界文化史中可能再有一次文艺复兴。这一次文艺复兴也许将以人事科学为主题，中国和其他东方国家传统可能成为复兴的底子。我不必在这方面多作猜测，在我们中国立场上讲，我们只有承认现在有的弱点，积极的接受西洋文化的成就，但是我们也应当明了怎样去利用现代技术和怎样同时能建立一个和现代技术相配的社会结构，是两个不能分的问题。若是我们还想骄傲自己历史地位，只有在这当前人类共同的课题上表现出我们的贡献来。①

费孝通在这里不仅是对西方世界发出了召唤，也是对自己的人民发出了召唤。这种召唤期待着文明之间的融合与交流。这种融合与交流一方面可以使各自的文明优势更加突显，另外一方面也可以使各自的劣势得到一定的弥补。我们既需要在匮乏经济上寻找一个适合的发展道路，也需要提醒丰裕经济要努力在创造一种完整的社会结构上做出更大的努力，显然，今天提醒丰裕经济的人们面对自然要有所克制可能要比为匮乏经济的人们寻找出路更为重要，因为没有一种丰裕经济的快速发展，匮乏经济虽然可能是处于一种停滞状态，但是绝不意味着生活得不快乐，但今天这种不快乐已经不仅是笼罩着丰裕经济的社会了，而且还在深度地影响着曾经过着匮乏经济的人的现代生活。这可能是今天寻找社会危机发生的可能性的根本所在。

---

① 费孝通. 中国社会变迁中的文化结症：三十六年一月三十日在伦敦经济学院学术演讲稿//费孝通. 乡土重建. 上海：观察社，1948：15.

第八章　中国士绅与乡土重建

　　面对世界性的现代化的冲击，中国的社会结构在发生着一种根本性的转化。传统中国的社会结构基于一种士绅群体的基层治理和皇权高悬的象征性的统治，使得上下之间的沟通基于郡县这一层面而得以实现，广大的乡村由学有所成的或衣锦还乡的士绅来维持秩序，它的基础是道德性，但现代化的冲击，使得这种秩序日益瓦解，现代中国在其经济腾飞的同时，总会不时地去直面乡土重建的社会与文化的大问题，并陷于困境，难以真正得到解决。

农民和士绅

　　1946 年，美国极有影响的杂志《美国社会学学刊》（*American Journal of Sociology*）登载了费孝通先生长达 17 页的《农民与士绅：中国社会结构及其变迁的一种解释》一文，当时费先生在云南大学任社会学教授。[①] 该文应该算是后来出版的英文版《中国士绅》（*China's Gentry*）的节缩本，而后者又可以说是费先生基于长期田野工作而对中国社会整体结构与功能运作机制做出的总结性论断。尽管此文通篇没有一个注释和文献征引，但读过之后，你不会觉得这是云里雾里的调侃，而是实实在在的思考，思考那时中国社会所面临的危机以及转型时期可能的道路选择。

　　确实，这篇用英文写作并且主要是写给西方人阅读的文字，其核心内容在中文世界里并不陌生，其中许多论点和语汇，在他后来出版的《乡土重

---

① 　FEI H-T. Peasantry and gentry：an interpretation of Chinese social structure and its changes. American journal of sociology LII，1946（1）.

建》《乡土中国》中，还有他与历史学家吴晗合编的《皇权与绅权》中都能够读到。[①] 到了 1953 年，由美国著名人类学家雷德斐尔德（Robert Redfield）作序[②]，由其夫人玛格丽特编辑的《中国士绅》在英语世界出版[③]，其中还有一半篇幅加入了周荣德先生早年在云南昆阳对于乡村士绅所做的个案访谈材料。[④] 总体来说，前半部分的理论思考与后半部分的深入访谈，二者相得益彰，互相映照，该书出版后便一直是英语世界在研究中国乡村社会结构及其变迁这一领域时必定要被引用的参考文献。

有关社会精英人物的研究，向来是诸多学科的研究焦点，其中包括社会学、人类学、政治学以及历史学等。费孝通先生的《中国士绅》一书是从社会人类学的研究视角，以他在江苏和云南几个村落的田野调查为基础而写成的。关于这几个村子的情况，费先生之前曾有《江村经济：中国农民的生活》（*Peasant Life in China*）和《被土地束缚的中国》（*Earthbound China*）这两份田野报告先后在 1939 年和 1945 年以英文出版，并且后来都有了中文版。[⑤] 唯独这本由美国著名社会学家、芝加哥派的奠基人帕克的女儿玛格丽特翻译编辑的《中国士绅》直到 2006 年才有第一个中文版，2009 年，由我和秦志杰翻译的第二个中文版正式

---

① 费孝通. 乡土重建. 上海：观察社，1948. 费孝通. 乡土中国. 上海：观察社，1948. 吴晗，费孝通. 皇权与绅权. 天津：天津人民出版社，1988.

② 中文文献中很少有雷德斐尔德（Robert Redfield）跟费孝通关系的描述，最近读到一位美国人类学家福里德·艾甘（Fred Eggan）在总结 20 世纪战后到 70 年代以前的国际人类学发展时，对于中国只顺带提到两句话，一句是有关马林诺夫斯基和拉德克利夫-布朗对于中国社会与文化人类学的早期影响，另一句就是有关雷德斐尔德与费孝通之间学术联系的描述。他说战后雷氏与费孝通有学术上的合作，他们试图从人类学的视角来研究中国文明（参阅：EGGAN F. Developments in social and cultural anthropology：a western perspective//ROKKAN S. A quarter century of international social science：papers and reports on developments 1952—1977. New Delhi：Concept Publishing Company，1978：29~47，34）。这样看来，雷氏为费先生的这本小册子写序就顺理成章了，这本小册子应该是他们合作研究的一部分成果。但是对于艾甘本人，笔者所知无几，属于孤证，有待进一步的研究。

③ 费孝通先生自己的记述是这样的："……其中一部分文章，曾于 1949 年在北平口授雷德斐尔德夫人，她回国后编成 *China's Gentry* 一书，1952 年在美国芝加哥大学出版社出版。"（参阅：费孝通. 学术简述//费孝通选集. 天津：天津人民出版社，1988：5.）实际出版的时间是 1953 年，雷德斐尔德的导言写于 1952 年 5 月。

④ 周荣德在清华大学任教，后去美国读书，他利用这些个案研究完成了其博士论文，中文版参阅：周荣德. 中国社会的阶层与流动：一个社区中士绅身份的研究. 上海：学林出版社，2000.

⑤ 前一本是直接从英文翻译的：费孝通. 江村经济：中国农民的生活. 戴可景，译. 南京：江苏人民出版社，1986. 后一本不是直接从英文翻译过来，但是却是英文写作的基础，也就是两本出版的（《禄村农田》《易村手工业》）和一本没有出版的（《玉村农业和商业》）调查报告在半个世纪以后的合刊：费孝通. 云南三村. 天津：天津人民出版社，1990.

发行。①

乡土中国的损蚀

首先需要指出的是，这些文字虽然都是费先生 70 多年前写下的，但现在读来依旧耐人寻味。费先生对西方现代化带给中国乡村生活的"损蚀"（参阅《乡土重建》一书中的《损蚀冲洗下的乡土》一文），在今天变得越来越明显了。一位朋友近日到访文学家沈从文的老家凤凰城，他说那里的唐朝古镇已经被现代化的高楼大厦所侵蚀，时时都有被吞噬的危险，正如去那里写生的一些画家对他说的，这里是"来一次少一次了"。这种悲哀在费先生的文字中似乎到处都可以捕捉到的。

在 20 世纪初，中国人选择了现代化的道路，并以一种乌托邦式的想象，希望现代化能够给贫困的中国带来生机。但是我们为这种现代化付出了惨重的代价，至少对乡村的生活是这样，并且还在一直地付出代价。偏执于现代化道路的人或许会讥笑说，这样的伤感太有些怀旧主义的味道了。但我要真正辩解的是，一个文化有权利保留它自己存在的样态，虽然这种保留因为文化霸权的逻辑而最终是不可能的，但是乡愁之类的宣泄途径依旧是不可少的，否则真不知有多少人会因为此种郁闷而误入歧途。

谈到中国士绅的问题，费孝通的观察应该是极为敏锐的，他看到了中国士绅阶层对所谓绅权的滥用以及作为乡土社会精英的士绅与皇权之间的微妙关系。但是，这个社会离开下层士绅的绅权又是不能够进行上下顺畅沟通的。传统社会的士绅阶层在城乡之间、在皇帝与民间社会之间起着不可多得的纽带作用。正是士绅的这种不可替代性的角色，使得他们变得更为危险。

---

① 第一个汉语翻译版参阅：费孝通. 中国士绅. 惠海明，译. 北京：中国社会科学出版社，2006. 第二个汉语翻译版本的生成过程是这样的：数年前，三联书店的编辑舒炜先生以及后来的责任编辑薛松奎先生邀我翻译此书，开始虽犹豫了一下，但最终还是接受下来了，并承蒙费孝通的女儿费宗惠女士、女婿张荣华先生慨允，同时也出让翻译版权给三联，我再邀请秦志杰女士与我一同翻译。但是自己之所以接受这一任务，是因为当年三联书店欲以这本书为费先生祝贺九十华诞，而我作为费先生的学生义不容辞应该担当这一翻译工作。之所以犹豫了一下，是因为以前读书的时候曾经读到过这本书的英文版，并做了些笔记，但一直不曾动过翻译的念头。之所以如此，完全是由于自己深知这本书虽然短小，但要真正翻译成汉语却并非易事。后来真的翻译起来情况也确实如此。并且多次耽搁，书译好差不多七年后才得到出版。该书中文版可参阅：费孝通. 中国士绅. 赵旭东，秦志杰，译. 北京：三联书店，2009.

读早期中国社会学家陶孟和在 20 世纪 20 年代写下的文字，看到他对上述类似观点的提醒也是颇为值得注意的。虽然他是在谈论中国"士"这个阶层的问题，但"士绅"也不过是"士"的转化形式而已。恰如其所说：

> 士向来是中国最高的阶级，因为他是帮着帝王从事政治活动的。士是中国的贵族，但是因为他是无产的贵族，所以是极危险的阶级。但是一方面因为他们所住的地方是物质文明极不发达的中国，所有的人大概都是一般的困穷，用不着物质的奢侈的炫耀，又一方面我们古代的圣贤所垂示的告诫，所奖励的美德又都是节俭廉洁一类的行为，所以以先无产阶级的士还是政治组织上的中坚，他们在政治上的功劳也不为小的。他们虽然赶不上柏拉图的理想的"哲学家的治者"那样的舍己奉公，他们在中国社会总算是一种高尚的阶级。一旦物质文明侵入中国，古圣先贤的经典逐渐失了束缚人心的势力，这个士的阶级就变成最危险的分子。世上有许多人谈起共产主义与无政府主义就色变的，但是他们不知道如果将政权交给这士的阶级或者让他参与，那个危险要比共产主义与无政府主义还要厉害的多。因为无论是共产主义还是无政府主义到底还是有组织的，还是一律施行的。至于士的阶级当权的时候，他们劫夺人民的产业，——但是专肥了他们自己，他们自己实在是无政府，——但是强迫人民承认他们是有政府。士的阶级不能独立生活，是要靠着人吃饭的。他们不能像农人那样耐劳的工作，他们只靠着他们的文笔，口舌与诡诈的手段为寄生的生活。他们现在既然肯做"猪仔"肯做军阀的奴隶，将来也就肯去做外国的奴隶。因为这样做奴隶是他们唯一的生存——并且有时是致富——的方法。但是我们学校里还不断的造士的阶级呢！①

我想即使在今天，也许重复费先生的那句话还是有必要的，那就是："传统的中国并未消逝"。在这里，也许我更想强调的是，传统并非仅是浮现在表面上的东西，因而就不单单是衣着饮食之类，而是潜在于日常生活中的社会结构，这种结构并非一朝一夕就能够养成，因而要瓦解它，也并非像画画写字那样一蹴而就。

---

① 陶孟和. 孟和文存. 上海：上海亚东图书馆，1935：17−19.

　　大凡谈论中国社会，大概不能不述及中国的农民；而谈论农民，当然也就不能不谈论把这些农民组织起来的乡村精英。过去称这些精英人物为"缙绅""老爷""东家"之类。中国曾经有一个时期，国家试图构建起一种追求人人平等的理想国度，但终究因为没有实际的效率而宣告失败。随之而来的就是鼓励精英分子发挥作用的社会发展政策，着实使得生产力发生了巨变，精英与平民开始分出高低上下，既有的农民-士绅-国家的模型再一次得到突显。农民在分配到自己名下的土地上耕作，通过村干部向国家交纳税款。这些村干部一方面不属于国家的正式干部，另一方面也很少有被转变成为国家正式干部的机会。这些人应该是扮演着传统中国社会中士绅的角色，一方面以自己积累的财富以及其他收入来供养自己相对悠闲的生活，另一方面因为土生土长的缘故，又由于亲属关系的纽带，而使得他们有意对农民自身的利益给予地方性的保护。在这个意义上，国家的政策有时不会原封不动地被接受，甚至有时政策到了基层只能变成一纸空文。村干部作为乡土精英的这种过滤屏障的作用是不能不去考虑的。

　　农业社会不同于部落社会的一个最大特点就是，前者是一家一户依附于一块有限面积的土地并在其上进行精耕细作，后者则是分散于大片土地上而依靠相互合作的狩猎和采集来维持生活。依附于土地以及散布于山林，这显然构成了两种不同的生活方式。大略说来前者是个体主义的，而后者则是团体主义的。对于前者，大概不需要太大范围的合作，单单依靠自己的劳作便能够实现温饱。孟子描述过的那种"老死不相往来"的农民社会大概属于这个范围。因而从本性上讲，这是一个不需要组织的自由散漫的社会。在古代文字中，常常将这些人说成是"野人"，这个词并不带有后来附加上去的含有种族主义的那种负面含义，而是真实地描述这个社会里一般性的特征，这种特征是相对于城市以及皇族的"文"而界定的。所谓的文野之分，很大一部分说的是不大劳作的统治者与天天在泥土里刨食的农民之间的区分。这种区分或者说结构关系在中国传统社会也许是最为基本的，也就是费先生在那篇文字中所说的农民与士绅的关系。

　　但是要维系这样一种文和野的区分，一种意识形态的建构显然是不可或缺的，这就是借用一种家族主义的意识形态来压制个体主义的天性。不过这种建构显然获得了相当大的成功，自汉代独尊儒术以来，这种意识形态便牢固地建立起来并能够持久地存在。在这种意识形态之下，儒家文化的再生产变成士绅阶层过着悠闲生活的合法性基础。他们一般通过一段时间充任国家的官僚所获得的俸禄来购置田地，等到退职还乡，便依靠地租来维持一种不劳而获的悠闲生活。在明清史料中，官宦多以在任置办田地，终老衣锦还乡为荣。他们在日常杂务之外，最乐于做的事情就是吟诗、作赋、写文章，这些活动都是农民做不来的，不过他们会鼓励自己的子女用心于此，如有一天，他们中的某位子弟登科高就，自然也就成为那个悠闲阶层中的一员，不用再去土里刨食地劳作了。因而传统农家的读书子弟，多不用下地种田，并被认为理所当然。甚至一丁点的力气活也不用自己劳神，由旁人代为料理，恐怕以笨重的体力玷污了圣洁的脑力。在这种文化中，劳动被看成是等而下之人才干的事情。我的祖母就曾经对我回忆说，她自己是浙江乡下的一位童养媳，而我的六爷是一位读书人，他每次从乡下进城读书，书和必要的用具多由我祖母用担子挑着送去城里。当然这种情况已经有了改变，不过显然不是结构上的改变，而是形式的改变。农民有些钱总会希望把子女送出去学习，进入好的学校，接受良好的教育，最终还是希望以此换得一个悠闲阶层一员的身份。

这种社会结构，人员显然是保持流动的，不论哪个时代，都有一些农民改头换面，成为不用自己下地劳动，专事儒家正统或者现代科技文化的士绅或社会精英。[1] 这种结构显然又是极为稳定的，因为它为所有个体主义的不满于现状提供了一个社会宣泄的孔道，借助这一孔道，作为个体的农民将不满转化成为一种渴望，并试图将这种渴望在他们子女一辈的身上传递式地得到实现。以前有一个误解认为，儒家强调不孝有三，无后为大，因而家里没有生育子嗣，或许是一个有家庭的人最大的不幸了，但是实际的情况恰恰可能是有许多人并无子嗣，而这些人一样可以在村子里有威信，遗憾虽有，但并没有觉得对不起祖先。他们应付这种教化的办法显然有许多，比如收养、过继之类。[2]对他们而言，最为沉重的心理负担莫过于子女读书不成，不仅白花了银子，而且更重要的是，他们自己希望后代能够离开土地的渴望也因此而破灭了。在这个意义上，所有的社会组织都会被调动起来以服务于这样一种受到广泛接受的价值观念。

另一方面，士绅阶层如果想维护其依靠地租不劳而获的悠闲生活，就必须依

---

① 关于这一点最为值得阅读的研究性著作要数何炳棣先生的英文著作《明清社会史》了。参阅：PINGTI H. The ladders of success in imperial China. New York：Columbia University Press，1962.

② 这方面已有专书发表，可进一步参阅：沃特纳. 烟火接续：明清的收继与亲族关系. 曹南来，译. 杭州：浙江人民出版社，1999.

靠一种联合，没有这种联合，他的生活便没有了保障。以前学术界总以为，中国农民是家族主义的，每个人生来就融入一个家族组织中，现在看来这种家族主义，显然是一种由社会精英来操纵的意识形态建构，它不是建立在生物血缘的基础上，而是建立在文化意识形态的基础上。最近有些学者开始反省中国的亲属制度，知道这是一种费孝通先生所说的社会组织而不单单是一种血亲和姻亲的联系，因而，许多宗族中姓氏根本不同也就能够容易被人理解了。① 它被发明出来并得到日积月累的实践，所要达到的目的仅仅是在于维持这个中间层次人员的生存。

而且"族""家族""宗族"之类的社会组织，其根本的功能不是单一地把同姓或者把同一地区的人口组织起来，而是在于维持一个"族"自身的优越地位。而维持这种优越地位的关键是要有历史学家何炳棣所说的"杰出的新血"，也就是族中要有新的杰出人物成为新的士大夫，而整个家族的意识形态也会积极地鼓励这方面杰出人物的涌现，即何氏家族中的前辈所用心总结出来的法则：

> 越是自己本房或本支经济或文化条件较好，越是本人读书上进，越易受到族内的重视与资助。族的目的在制造"成功者"，在这点上传统与现代家族政策上并无二致。②

或许我们今天觉得，这个中间阶层实在可恶，因为他们不劳而获，或者一劳永逸，希望铲除掉这些人，结果会是怎么样呢？费孝通写文章的年代恰好给他思考这种状况提供了一个绝好的机会。当时，也就是 20 世纪 40 年代，中西方的接触不仅仅是差异性文化之间的碰撞，而且还是现代性的工业化与传统社会生产方式之间的碰撞，结果中国的乡村社会受到了损蚀，洋货取代土货，曾经存在的乡绅与农民之间的结构性平衡关系一夜之间被打破，许多士绅的后代进城以后也大多不愿再返回到自己的乡村中去，乡村与国家之间成为面对面的交往而没有了原来的以乡绅阶层为主体的缓冲地带。费先生曾经用水土流失来做类似的比喻，因为大洪水或者人为的原因，土壤中的营养成分被冲刷到河流里，顺水漂流融入大海，结果造成陆地上水土流失，土壤贫瘠。在费先生看来，乡村社会在面对现代

---

① 这方面以台湾人类学家陈奕麟的工作最为卓著，参阅：CHUN A. Unstructuring Chinese society: the fictions of colonial practice and the changing realities of "land" in the new territories of Hong Kong. Amsterdam: Harwood Academic Publishers，2000.

② 何炳棣. 读史阅世六十年. 桂林：广西师范大学出版社，2005：25.

文明时，情况也是一样的。当一些悠闲的文化精英渐渐离开养育他的社会环境时，一方面他失去了自我发育的土壤，另一方面，原来的社会也因此失去了既有的平衡。一种和谐的文化生态也就被打破了。

皇权与绅权的并存

中国自古相沿的政治结构从来都是皇权与绅权的共存，并相互抑制，此消彼长。占据皇权的人为数极少，说得狭义一点，为皇帝一个人所独占，说得广义一点，是为皇族所共享。他们大多是因为把自己神圣化为"真龙天子"而获得理所当然的合法性，并支配着其他皇族血统以外的人。他们很大程度上是一种象征意义的存在，他们不是依靠辛勤的工作来获得其他人的认可，而是依靠经营象征性的符号来实现，比如古代帝王的封禅以及祭祀祖庙的活动。单单一个封号、一处题诗，甚至一次求雨仪式就可以让一方的百姓得到安抚，这就是位居皇位的人每天最需要做的事情。

皇帝以下的臣民就不同了。整日在旷野里劳作的是那些拿不到功名的普通百姓，他们依赖土地，从土地里收获粮食，并拿出来一部分的收入作为税赋上缴国家用以养活皇帝及其大臣们，他们曾经被称作"野""氓""庶"，现在则被称为"农民"。在只具有象征意义的皇帝和作为实际生产者的农民之间是为皇帝办事情的各类各级的官员们，这是一个很特殊的阶层，在位的时候是国家的官员，不在位的时候就衣锦还乡，转而成为地方的乡绅。[①] 这些在位与不在位的官员构成了一个特殊的利益集团，他们因为是国家的实际办事人员，办事的效率全由他们来操纵，甚至皇权也约束不了他们，反过来他们可以通过对天命的不断强调而限制皇权的蔓延，在这个君臣的结构中，表面上做大臣的官员要绝对服从于皇帝的命令，但是实际上这些官员不仅仅是行政体系中的一员，而且还是正统意识形态的界说者、教化者。他们常常会以不合正统的礼法和道德而对皇帝的发号施令置之不理，并以此来约束皇权的过度膨胀。对此政治结构，历史学家许倬云有清晰的概括：

---

① 费孝通. 乡土中国. 北京：三联书店，1985.

中国的政治权力，因其注重德行而导致中国官僚组织发展为具有独特势力的政治因子，足可与君权相抗衡。政治权力遂常在强制型与名分型二端之间动荡。君权每欲逞威肆志，儒家化的臣僚则每以德行约束，以名分之故自制不过分压倒君权。表演于实际政治斗争上，则为君主挟其恩幸、外戚与宦寺构成轩轾的一端，内外臣工则依仗行政权力构成轩轾的另一端。①

中国的政治多与这两个集团的相互制衡有关联。皇帝"马上得天下"，真正的治理还要依靠那些饱读儒家经典的士大夫。因此，皇帝往往被架空而仅仅是一个国家一体的象征，皇帝再有能力，再有抱负，离开这些掌管着实际权力的士大夫，或者得不到他们的承认，最终也只能落个一事无成的下场。聪明的皇帝多采取无为而治的省事做法，任由士大夫玩弄权力。权力玩弄久了，派系的关系网因资源争夺而出现混乱的秩序，没有办法摆平的时候，皇帝会借助天子这一所有派系都认可的唯一权威，找出几个士大夫，拉出去斩首，以儆效尤。结果混乱大多会被摆平，皇帝还可以因此不费吹灰之力就得到一大笔的没收资产充入国库。难怪清代嘉庆年间民间有"和珅一倒，嘉庆吃饱"的谚语，擅权营私富可敌国的官员，在一定意义上可以说是皇帝私存的银行，需要的时候把这个银行的锁头砸碎了，财富也就流进了皇帝的腰包。

在此意义上，中国古代的政治又是一种治乱的模式，一乱一治恰恰是这个社会得以稳固存在并有一定发展的根基。皇帝和士大夫之间是这样的一种治理关系，和在野的非正式的民间社会亦有此制约关系存在，皇帝和士大夫阶层不会任由民间社会自由的发展，干涉是经常性的。这种干涉可以采取多种形式，但不外武力和教化这两极。民间总试图秉持乡野散漫的作风，不肯与这种干涉主义合作，任其宰割，结果抵制也是随处可见。抵制的方式当然也因应着压制的方式而有多种的形式，但亦不外乎揭竿而起的直接反抗和隐秘地活动这两端。

皇权得到认可依靠的是士大夫阶层以道德正统所做的合法性论证，但是具有合法性基础的皇权往往又可以任由其意愿地对士大夫阶层进行宰割，所谓"伴君如伴虎"，说不定什么时候虎就要吃人。皇帝和士大夫的生存空间常常被他们自己界定为文化，并与城市生活联系在一起，而城市以外的乡村就是野蛮的地方，大部分没有读过书或者没有通过国家科举考试的人都住在这样没有清晰轮廓、漫

---

① 许倬云. 求古编. 台北：联经出版事业公司，1982：14—15.

无边际的旷野之中。但是这两个领域又是紧密地联系在一起的，连接的纽带就是通过了国家某一级的科举考试而因为种种原因不能够为官的乡绅，他们是文明和教化的代言人，如果说西方的社区共同体是依靠牧师的布道而统一在一起的，那么在中国的乡村这些乡绅就承担着教化子民的布道牧师的角色。

中国的士绅阶层看起来是一体的，但是实际上却有明显的分化。作为官僚的政治精英是一种人，而作为乡村地主的则是另外一种人，这中间还有等级上的差异，尽管他们中间也有不同形式的联系。官员们退休也会回到地方上去，成为跟在乡地主一样的地方精英。① 大约在 19 世纪，英国的外交官和传教士们开始用"中国士绅"（the Chinese gentry）去描述这些从衙门里退下来到地方以及通过科举考试留在地方的有着潜在政治影响力的精英，把他们看作是一个社会群体。② 在这些英国人的眼中，这些地方精英跟英国的没有世袭的爵位但又并非平民的在乡地主阶级有可以类比之处。尽管他们这样来做类比，但是欧洲人实际上"发现"中国这些所谓的士绅常常是顽固不化、极为保守的，对于外在的世界充耳不闻，并且刚愎自用。这些认识都是建立在这些士绅阶层对于所有门户开放政策的一味的反对上面。③ 费孝通先生对此一群体也有过这样的概括：

> 在中国传统社会，知识阶级是一个没有技术知识的阶级，他们独占以智慧和历史为基础的威权，在文字上下工夫，在艺技上求表现。中国文字非常不适合表达科学或技术知识。这表明在传统社会结构中，既得利益的阶级的兴趣不是在提高生产，而是在巩固既得的特权。他们主要的任务是为建立传统行为的指导而维持已有的规范。一个眼里只有人与人关系的人不免是保守的，因为人与人的关系的最终结果常常是互相协调。调整的均衡只能是人与自然的稳定的关系。另一方面，单从技术的角度出发，人类对自然的控制几乎没有限制。在强调技术进步的同时，人对自然的控制也随之改变，变得更为有效。然而技术的变化也许会导致人与人之间的矛盾。中国的知识分子人道地看待世界，由于缺乏技术知识，他们就不会赞赏技术知识，看不出希望

---

① ESHERICK J W, RANKIN M B. Chinese local elites patterns of dominance. Berkeley and Los Angeles：University of California Press，1990.

② "士绅""绅士""乡绅"都曾经用来指中国传统社会结构中皇权以下的统治阶层，但是不同的学者在使用上的意义有所不同。关于这方面的文献回顾可以参阅：徐茂明. 江南士绅与江南社会：1368—1911 年. 北京：商务印书馆，2004：13-23.

③ 同①2.

改变人与人关系的理由来。[①]

包括文人在内的整个知识分子阶层都可以归纳到士绅的概念下面，并笼统地把他们归纳为没有等差的一群人。这种印象自 19 世纪中叶即已经开始形成，并一直影响着人们对于这一阶层的认知。过去的秀才、举人和士大夫，现在的大学生、博士和国家干部都应该属于这种范畴。以此上溯，可以一直推算到汉代建立的公元前 206 年，这样，中国作为一个士绅的社会就存在两千二百多年了。[②] 作为一个群体，士绅阶层是脱离手工劳动和技术知识的，对于专业化的训练嗤之以鼻，固守着儒家伦理的价值观念，并以此来维护他们在社会中的优越的地位，这也使得他们成为技术现代化以及经济发展的最大的阻碍力量。[③]

但是不能不意识到，这个士绅阶层既是儒家伦理的维护者，同时也是鼓动民众、恢复社会正统秩序的发动者。[④] 在西方人的眼中，他们冥顽不化，但是换一个角度，他们又是那样的坚不可摧。任何强大的外来力量都无法使他们退缩成为其他意识形态的俘虏。

乡村的新精英

今天这种状况是否改善了呢？我想一个不用争辩的事实是，改革已经让所有的人受益，农民也不例外。他们开始自由自在地在自己承包的土地上从事劳作，随着工业化在乡村的开展，农民的副业收入也大幅度地增加，新的富裕户逐渐在乡村社区中承担起组织农民的责任，并能够在必要的时候维护本乡本土乡亲的公共利益。但不可否认，这些维护者已经不再是在野的士绅，或者说在野的士绅不再退回到乡村里，不再承担地方组织的领导者的重任。

这些新的精英大多有艰苦的发家史，从一穷二白到走向富裕，都是用他们自

---

① HSIAO - TUNG F. China's gentry：essays in rural - urban relation. Chicago：Chicago University Press，1953：74.

② SHERICK J W，RANKIN M B. Chinese local elites patterns of dominance. Berkeley and Los Angeles：University of California Press，1990：3.

③ 同②3.

④ 史景迁的研究从另外一个侧面说明了中华帝国时代的文人是如何受到有所作为的皇权的严密监视的。那些文人在雍正这样的统治者眼中就是大逆不道的反叛者，皇权的觊觎者。参阅：史景迁. 皇帝与秀才：皇权游戏中的文人悲剧. 邱辛晔，译. 上海：上海远东出版社，2005.

己夜以继日的工作以及获得良机而逐渐累积起来的。他们大多会因此而参与村落选举，经村民投票选举上任而成为村民委员会领导。我自己曾经在白洋淀附近调查过一个水域村落中的精英人物的成长历史。在那个我称之为兆村的村子中，活跃着一些靠塑料袋加工而发家致富的村落精英。他们有了大笔的金钱之后，最乐于从事的就是乡村的公共事业，比如修路以及捐助贫困户，由此而聚拢人心，并逐渐通过选举的正常途径而管理村庄事务。但当他们获得村落的领导权之后，往往会以之换取更大的经济利益，比如以极为低廉的价格承包到大片的芦苇田，承包期限是 30 年以上，再之后是把其厂房从狭小的村中移到自己的承包地上，建永久性的厂房。这样的精英人物已经不再是费先生所界定的上通下达的地方士绅，而是成了以国家身份为庇护的侵占村民集体利益的蛀虫，这样的"精英"是很难立住脚跟的。

如果说过去士绅的存在有其文化的合法性，那么，今天乡村精英存在的合法性不是文化的而是经济的，去农村访问，农民会向你说，某某人当上了村主任，就是因为他有钱。我想，农民在讲这些话时，所要表达的意思是，这些有钱的掌权人并不能够真正地为农民争取利益，而是想着如何将政治权力转化成为商业资本，进而再把商业资本兑换成为更大的政治权力，如我在白洋淀所遇到的那些"精英"一样。他们从来也不悠闲，从来也不会以孔孟之道训导乡邻，他们的心思都用在了如何让自己的财富进一步积聚之上。传统士绅的悠闲生活，对他们而言已经变得毫无吸引力。

如果说 20 世纪 40 年代或者更早，中国乡村的士绅阶层已经开始受到损蚀而瓦解的话，那么经过这 70 多年的发展，士绅阶层已经消失殆尽，这不是说社会精英的缺失，而是一种士绅文化的衰落，因为生长这种文化的土壤已经干枯而不复存在了。随之，由这种文化孕育出来的一种农民与士绅以及国家之间的稳定而平和的结构秩序也在渐渐地逝去。一方面，农民并不能够安心地在自己的土地上劳作，因为当他们发现，辛苦一年，卖出的粮食或者收获的果实不仅不能够抵偿自己全部的投入，甚至于连吃饭都成为问题的时候，他们劳动的热情自然就会大为降低；另一方面，当他们发现，自己并没有足够的钱来供养孩子读书，进而使他们离开乡村、摆脱土地束缚的时候，他们就只能以悲观的态度来面对自己的生活世界了。

一句话，结构可以带来一种秩序，这种秩序依靠一种意识形态而得到稳固，并经过长久时间的运作实施而使其极为稳固。这种稳固的秩序也很容易因为抽掉一些最为核心的要素而变得异常不稳定。这种不稳定是秩序的不稳定，也必然是社会的不稳定。

这种警钟是应该敲响的。在今天的社会里，我们应该对作为士的知识分子的社会责任有些深刻的思考。如果说以前知识分子的齐家、治国、平天下的使命感转化成了今天的仅仅用知识去生产金钱的作为，那也许就真的是我们文化的悲哀了！

《中国士绅》这本书的中文版由于多种原因未能在费先生九十华诞的时候出版，我就想着要在先生九十五大寿的时候奉献给他老人家。但是在我即将校对完成的那天早晨，也就是 2005 年的 4 月 25 日传来噩耗，费先生已经于前一天晚上 10 点 38 分离开了这个他热爱并且做出了杰出贡献的社会。我在悲痛之余写下这样一个帖子转发给我的朋友们：

> 尊敬的费孝通教授于零五年四月二十四日晚不幸病逝，享年九十五岁。作为中国社会学的先驱者以及新时代社会学的开拓者和引路人，我们不仅为其对于中国社会的敏锐的思考所折服，而且也为其宽容博大的胸怀所感染。哀痛之极，泣不成声，回首往事，历历在目。愿天下受其学养恩惠者，目送先生魂归故里。

费先生曾经把自己怀念故人的文集起名为《逝者如斯》，人去如流水，能够留下来的是先生的音容笑貌以及那顺畅且透着刚毅的文字。就人而言，逝者如斯，就事而言，如斯逝者。先生离去了，先生笔下的中国社会也在发生着深层次的变化，这变化的结果，很少有人能够知晓，因而探索也仅是刚刚开始。但是先生分析中国社会的方法依然有效，不会随之而消逝，薪火相传，延续这样的方法，传承并光大先生治学的理路，这也许是学生辈对老师深切怀念的最有意义的表达。

我与《乡土中国》

费孝通撰写的《乡土中国》一书，薄薄的还不足百页，但是谁也不会否认，它的影响力绝非某些有关中国乡村社会的鸿篇巨制所能真正比拟的。对我自己而言，《乡土中国》是我真正喜欢珍藏的少有的几本书之一了。

我时常揣测，文字的发明一定是跟某种神圣性体验联系在一起的，文字这种本来无生命的东西，因为人的书写而赋予其意义，由此可以永久地存在下去，即使书写者自己的身体不复存在了，文字却能够持久地保存下来。费孝通先生正是这样，他留下的文字依旧在感召着我们，仿佛他依旧真实地存在一般。可以肯定地说，我认识费先生是从阅读他的《乡土中国》开始的。

我最初知道《乡土中国》这本书应该不晚于1993年的夏季。当时，我有幸参加了台湾大学心理系教授（后来荣任"中央研究院"院士及副院长）杨国枢先生在大陆开办的"社会心理学高级研讨班"，在这个研讨班上，我也特别有幸认识了那时与杨国枢先生同在台湾大学心理系任职的黄光国教授。在山海关的京山宾馆里，黄光国先生给我们开设了"社会心理学理论"这样的课程，其中有交换理论之类的内容。在那部分里，他最乐于讲述的就是他有关"面子"的研究，那项研究可以在他的著作《人情与面子：中国人的权力游戏》中看到。

在黄先生极有吸引力的课上讨论中，有一本书逐渐成为从全国各地来的学员们共同讨论的焦点，这本书就是费先生的《乡土中国》。当时台湾来的几位承担讲课任务的教授差不多都在自己的课上不厌其烦地提起这本书。这自然也就引起了我的兴趣，后来又跑到图书馆去找出这本很薄很薄的小册子，并一口气把它读完了。那时因为对于社会学尚一无所知，因而读过也就读过了，仅仅觉得有意思而已，决不敢言其在我思想中占有什么特别的位置。

转而到了1994年，由于那时全国都还没有社会心理学的博士点，也就是没有教授可以带社会心理学方向的博士研究生，我只好去找我们研讨班上的学兄陈午晴，当时午晴已经考取北京大学，投在著名的雷洁琼教授门下学习社会学。他建议我报考北京大学的社会学人类学研究所，那个所里有费孝通教授，他可以招收城乡社会学方向的博士研究生。

听到这个建议，我真的是很兴奋，尽管一方面我自己犯嘀咕，能去费先生的门下读书，这大概是不可能的吧？但是另一方面又想，学兄都先考到这里了，那么不就说明我们暑期研讨班上安排的课程学习是适合报考北大的吗？因而觉得要试上一试，如此才不枉此生。在这样简单的想法驱动下，我报考了北京大学，并通过了考试，在1995年的初秋入学，真正成为费孝通教授门下的一名弟子，由此也就开始了我在北京大学从事社会学学习和研究的十年。

最应该指出的是，入学以后，《乡土中国》成为我必须读的书籍。必须读是因为我是费先生的弟子，而这本书是我博士阶段从事研究的问题意识的开始。因而，在这里回顾一下那个时段的历史，讲述一下我跟这本书的机缘也是极有必要的。因为，正是在那个时期的背景之下，《乡土中国》才重新进入到我的视野，成为我的问题意识的一部分。不过，在我的思考里，它已经不再是我初读它时的那种感觉了。也正是从这里，我才开始了自己对于中国社会特别是乡村社会的探索。

我记得自己博士入学的那一年，费先生85岁，身兼全国人大常委会副委员长的职务。尽管这样，我们还是偶有机会可以在北大的某个报告厅里看到他的身影，听着他用操着浓郁吴音的普通话进行风趣洒脱的演讲。我还清楚地记得，一位老学兄是最善于总结费先生的演讲风格的，因而给我留下了极深的印象。在这位学兄看来，先生总是会从自我学术历程的回顾性铺垫开始，而以一些极为闪光的亮点使其演讲达到高潮，最后可能会由秘书因为顾及先生年高而提醒他尽快结束演讲。这样看来，费先生的演讲最精彩的部分往往是在演讲的中间或者后面，总之是在铺垫之后猛然的灵光闪现。这不论是在报告厅里，还是在先生的家里，情况都大抵如此。

在费先生门下求学的过程中，另外一位不能不提及的老师是王铭铭教授。他是先我一年从爱丁堡大学做完博士后研究而转到北京大学社会学人类学研究所继续从事博士后研究的，不过只一年多就留在所里任教了，不久就被破格评为人类学方向的教授了。即使今天我还印象深刻，每次见到王老师，都会看到他手里拎着一大包的书籍。我是最喜欢藏书的，对于有同好者当然感觉亲切许多，心生欢喜也是必然的了。一来二往，我们也就成了真正可以聊天的朋友，尽管他只是喜欢抽烟而不喜欢喝酒，特别是烈酒。

跟铭铭老师更深的交往应该是在1997年的夏天以后，那时我开始了正式的博士论文研究，并且研究所也明确告诉我，以后由王铭铭教授协助费先生指导我的博士论文的研究和写作。在此之前，我自己有若干选题可以作为博士论文题目，印象最深的当然是有关消费社会的，那应该是我开始阅读社会理论的一个自然延伸的兴奋点，但是后来因为种种考虑还是被大家否定了；另外还有一个选题是关于一位白银市国有企业退休领导的口述史研究，对此课题，一方面自己并没有太大的兴趣，另外一方面，那位领导也不大愿意接受公开的访谈，结果这个选题也就自然被放弃了。

后来我又想到了乡村研究，今天想来，似乎也只有走到这个方向才是我的本行，别的路大概都是可以窥视但却不能够安身立命的，乡村研究才是我的学术之路的开始。想通了这些，我就主动找到王铭铭教授，那个时候我们真的已经是很相熟了，因为之前他曾转来过方文学兄的《现代性与自我认同》的部分译稿，请我完成余下的部分，并在那年的夏天由三联书店出版，该书作为吉登斯作品之一被列入现在很有名气的"学术前沿"系列中。译事的往来使我们有更多的学术观点上的交流与认同。

为论文开题，我曾经约了铭铭老师请教，他反约我一起到外面吃东西，大概是炒饭之类，地点就在他那时住的城府路附近的一家露天餐厅，边吃边聊，一场大雨下来，又只好转去他家里聊，大概到傍晚时分，雨停了，他也要开始写作了，我才离开他那狭小的旧居，返回办公室。我到办公室不久就接到一个电话，一听原来是铭铭老师打来的，他说"社会正义"这个问题应该可以做，可以和既有的法律人类学搭上联系，由此也可以在中国开辟新的研究领域，另外田野地点可以选在华北，那里多历史而少田野。后来更深入地谈到理论的切入点，铭铭老师建议我从费先生的《乡土中国》开始读起。这样《乡土中国》才真正成为我思维观照的对象，并一直影响到我后来全部研究工作的展开。铭铭老师那时提到的问题都是我心里真正想要做的研究，他确实猜中了对我而言有意义的东西，并鼓励我在这个方向上探索。后来铭铭老师说是看我性格使然，才鼓励我这样做。老师给我出的题目有多么的好！我可以一方面发挥自己的所长，去探讨正义观念的问题，而另一方面又可以和我那时孜孜以求的对于"社会科学本土化"问题的反省联系在一起，真可以说是一举两得的题目，自然也就满口答应下来了。

在随后的日子里，1985 年由三联书店出版的前后不过 97 页而封面又极为素朴的《乡土中国》一书被我重新由书架上取出来放在书桌上，不时地翻阅，希望从里面能够找到我想探讨的有关社会正义观念的分离点，也就是由《乡土中国》开辟的思想路径伸展开去，然后分出一个枝杈，最后能够为整棵成长着的大树做出一点点贡献，那时我能够理解的有关知识的增长问题也就局限于此了。

因而，那时我也阅读法律学者、政治学者以及乡村研究学者的著作，但是多拿来做我的注脚，并没有偏离我学术发展的主线，这条主线就是由费先生在《乡土中国》提出的"乡土社会"的研究范式一点点地生发出去，并寻找新的学术分离点，而非天马行空地乱撞，附庸风雅地追逐流行的理论。在这一点上，我真觉得自己有找到家的感觉，这个"家"当然是指学术意义上的家，也就是你可能的发现所可以追溯到的来源，否则你无论如何也不会被归类到人类学经院派的那一类中，尽管经院派已经有了许多的污名。

有了这样的认识，心里真的轻松了许多，余下来就是读书了。那个时候，只要沾上"正义"两个字的书我都找来读，甚至还到图书馆里典藏的《十三经》中去找这两个字在中国古典文献中的词源学意义。另一方面的阅读当然就是跟"乡土社会"这个概念联系在一起的。"乡土社会"既指乡村社会又不完全等同于乡村社会，而是一个包含更为广泛的"理想类型"，是不同于现代化社会形态下的一种社会形态。但归根结底还是主要跟乡村社会联系在了一起。在这样的考虑下，那时凡是有关乡村研究的著作我都会看，其中包括像严景耀先生早期有关犯罪问题的社会学研究，也包括法学家对于中国本土文化资源融入法律的一些思考。但是整体来说，留给我的一个清楚的印象就是，所有这些有关乡村社会结构的诸多研究实际并未真正超出费先生在《乡土中国》中所提出来的中国乡土社会"礼治秩序"的观点。很多时候都是在证实费先生的观点，以其作为"中国社会特殊论"的依据。

由于那时我已经清楚地意识到文化相对主义背后的意识形态基础，特别是围绕着"东方主义"而展开的一系列学术思考，让我不大可能接纳将费先生的《乡土中国》看作是西方文化反面的一个样板的流行看法，我想如果真的阅读过《乡土中国》并且不是先入为主地将其看作是文化相对主义或者本土化运动自我装备的现成说辞的话，那么费孝通先生撰写的《乡土中国》一定还有另外一层含义，这层意思在我看来就是文化普遍意义上两种社会类型的分野，一种是基于乡村共同体意义上的"乡土社会"，另外一种就是建立在现代工业基础上的"现代社会"。它们两者就像基因的表现型一样，在中国，前者可能表现得更为突出，而后者表现得弱化，反过来在欧美，"现代社会"的特征表现得极为明显，而"乡土社会"表现得弱化，如此而已。

更为重要的是，处在不同文化里的个人都有学习的能力，这是人类所共有的，而文化相对主义取向的学者恰恰是把这种学习能力都忽略掉了，以"濡化"或者"涵化"这样的概念去理解文化，以为人是被动地在接受文化，因而生长在某种文化里的人们便有了一个标签，不论是谁，似乎由这文化氛围中成长起来的人们便一定具备这一文化的特质而不大可能有其他文化的特质。这显然是费先生在《乡土中国》开篇的"文字下乡"里所讽刺的把农民看作"愚"的农村工作者的本质偏见。在费先生看来，文化根本是一个学习的过程。

如果知道费先生很早就曾经翻译过他的老师马林诺夫斯基的《文化论》，并联系到费先生晚年所提到的马林诺夫斯基的"动态文化论"的观念，甚至推而广之到"文化自觉"的观念，我们就会清楚地意识到所有以实质论的眼光来看待《乡土中国》中对于中国文化的描述都是一种误解，因为这些实质论的学者想当然地将"乡土"的特征实质性地跟"中国"联系在一起，自然也就顺理成章地把中国人看成是中国文化熏陶下的中国人而不是有着学习与改造能力的中国人，但恰恰是在这一点上，费先生所走的是文化普同论的道路，而这是一般文化相对论者在理解《乡土中国》时所不能够真正加以理解和吸收的。能够实现这种文化普同论的基础在于"学习"两个字，尽管在这里学习不是单单指对"文字"的学习。

我们真的可以轻而易举地在《乡土中国》一书中找到多处有关文化是通过学习而获得的理念，这一点恰恰被过度强调中国人的中国特色的实质论学者彻底地忽略掉了。在此意义上，学习弥补了差异，这差异既是智力上的，也是文化上的。费先生甚至还拿这样一种学习的能力来区分人与动物。在这一点上，费先生已经有很明白的表述，他用时间和空间上的"阻隔"来谈论学习对于人类生存的重要意义。在费先生看来，时间上的阻隔是人与人之间的或代与代之间的，而能够沟通这些全部靠的是人的学习能力，下面引述费先生的一段话或许更为有说服力：

> 人的生活和其他动物所不同的，是在他富于学习的能力。他的行为方式并不固执地受着不学而能的生理反应所支配。所谓学就是在出生之后以一套人为的行为方式作模型，把本能的那一套方式加以改造的过程。学的方法是"习"。习是指反复地做，靠时间中的磨炼，使一个人惯于一种新的做法。因之，学习必须打破个人今昔之隔。这是靠了我们人类的一种特别发达的能力，时间中的桥梁，记忆。在动物的学习过程中，我们也可以说它们有记忆，但是它们的"记忆"是在简单的生理水准上。一个小白老鼠在迷宫里学得了捷径，它所学得的是一套新的生理反应。和人的学习不相同的是它们并

不靠一套象征体系的。①

在上面引述的文字中，费先生明确地强调了人的学习能力。而这一点，在西方的社会学和人类学中只有到了很晚近的时候才被重新认识，并受到整个学术界的关注。今天的学术界开始达成了新的共识，也就是知道并认可了人不仅是受社会约束的"奴隶"，同时还是社会的改造者，其中人实现"改造"凭借的就是这种以人的认知活动为基础的学习能力。在《乡土中国》中，至少有两篇文字，即"文字下乡"以及"再论文字下乡"，是在集中谈论有关人的学习的问题，这种学习是有关过去的"传统"的学习，如果没有了这样的学习能力，一切的历史也就没有什么存在意义，因为本来在有学习能力的人那里是连续的时间却变成了一种断裂。

费先生一生尽管很少提到文化相对论的不足，但是却在《乡土中国》一书中正面提出了不同于文化相对论的对于人的本性的假设。那假设还是回到了人的学习能力上，因为人有记忆，这记忆还可以增加和减少，这样大脑肯定就不是原来文化相对论者所认为的"自动的摄影箱"，而是"向一套已有的方式的学习"，这是人类群体生活的基本能力。② 而构成人的学习对象的就是文化，"文化"两个字在费先生那里有特别的界定，它是依靠着人的记忆能力而逐渐发展出来的：

> 文化是依赖象征体系和个人的记忆而维持着的社会共同经验。这样说来，每个人的"当前"，不但包括他个人"过去"的投影，而且是整个民族的"过去"的投影。历史对于个人并不是点缀的饰物，而是实用的、不能或缺的生活基础。人不能离开社会生活，就不能不学习文化。文化得靠记忆，不能靠本能，所以人在记忆力上不能不力求发展。我们不但要在个人的今昔之间筑通桥梁，而且在社会的世代之间也得筑通桥梁，不然就没有了文化，也没有了我们现在所能享受的生活。③

对于这样一段文字，如果没有精心的阅读以及从社会学和人类学有关文化概念的不同历史时期的界定上来加以比较，其独特的意义是不能够被轻而易举地甄别出来的。费先生在这里不经意说出来的话，差不多半个世纪以后又成了社会理

---

① 费孝通．乡土中国．北京：三联书店，1985：15.

② 同①16.

③ 同①17.

论关注的焦点，即关于文化的外在性和内在性这两个方面相互影响的讨论。

今天的认知人类学家谈论文化，既谈论其外在的公开性，即公共表征，又谈论其内在的个人性，即心理表征，而费先生有关文化的界定显而易见是同时涵盖这两者的，那就是作为公共的"象征体系"以及作为个人的"记忆"，由此才有可能出现以"社会共同经验"为基础的文化。因而，"社会共同经验"不是简单地印刻在人的大脑中而是经过个体记忆的过程或者更为广泛的认知过程，由此外在的象征体系才能够有意义并且才能够成为人的生活的一部分，纳入人造的历史中去。现代认知人类学家谈论最多的是公共表征与个体心理表征之间的相互转化机制，法国的学者司波博（Dan Sperber）是用"表征的流行病学"来做类比的[1]，而费先生在这里是用"桥梁"来做类比，其沟通了个人之间、社会世代之间的"阻隔"。

尽管西方心理学中不乏成就卓著的学习理论，但是在社会学中提及学习理论应该算是最近的一种觉醒，由于受早期法国社会理论的支配，过去很少有社会学家愿意正视人的学习和认知的能力，即便是在社会权力结构的认识上也只看到了费先生所说的"同意的权力"与"横暴的权力"，前者今天可以说成是一种"民主"，而后者大略可以说成是一种"专制"，但这两种都不能够恰切地用在对乡土社会的权力结构的分析上去[2]，因为在那里，正如费先生所明确地指出的，还存在着一种以学习为基础的"教化性的权力"。在这一点上，人跟动物才有了分别。

学习使我们能够顺利地在社会中生活，这一过程不是自然而然地发生的，由于教化而生一种权力，那就是一种强制，但不能够说是一种专制，当然也不是一种民主，它是以文化为基础的教化。因而，"教化过程是代替社会去陶炼出合于在一定的文化方式中经营群体生活的分子"，因而教化的目的一方面是社会的，而另外一方面也是为了被教化者本人的，因而决不可以简单地用"统治关系"来评判。[3] 这样也就有了文化的教化与政治的统治之间的分野：

文化和政治的区别是在这里：凡是被社会不成问题地加以接受的规范，

---

① 关于这一理论的介绍可参阅：赵旭东. 文化的表达：人类学的视野. 北京：中国人民大学出版社，2009：336-352.

② 费孝通. 乡土中国. 北京：三联书店，1985：70.

③ 同① 67-68.

是文化性的；当一个社会还没有共同接受一套规范，各种意见纷呈，求取临时解决办法的活动是政治。文化的基础必须是同意的，但文化对于社会的新分子是强制的，是一种教化过程。①

过去对于"教化"的理解只看重其强制性的一面，但是实际上它又不单纯是强制性的，它还有鼓励被教化者主动去学习的一面。有这"学习"的一方面，文化才有可能被传递下去，并在后来人的学习中得到创造和延伸。这样，在乡土社会里，一套统治的办法也就跟现代转型以后的社会大不一样了，前者靠的是长老对于传统的独占，而后者依靠的是新的知识、新的机会以及新的场景的创造，而这些都不是依靠传统的经验所能够顺利获得的。由此传统的依靠教化的长老统治在现代社会里渐渐衰落也就是不可避免的了。

如果非要把《乡土中国》看作是在谈论东西方文化观念上的对立也并非不可，在费先生写作的年代，西方应该是工业化最为发达的时期，现代社会的特征自然也表现得最为明显。但应该明确的是，东西方的比较不是最为根本的，根本的在于乡土社会与现代社会的分别。这种分别将西方早早地转型为一个现代社会的样板。在时间上出现较早的乡土社会，其维持依凭的是一套现成的经验，学会了这套现成的经验，生活也就有了保障，同时在社会中生活也才有了意义。有一年我去贵州访问，路过一个苗家的寨子，一户人家的母亲拿出一套她自己亲自缝制的苗家服饰来请我照相，细一打听才知道，那是她很小从娘家学来的一套手艺，是跟她一般大的女孩子都要学的，在她的观念里，学会了这套手艺，女孩子才可称为女孩子，否则在寨子里是没有什么面子的，也不会有人家愿意来上门向她们求亲。

现代社会里是不靠这套经验的，学习老一辈传下来的东西不是为了延续一种传统的社会生活，而是要将这些都当作是新的经验去跟社会中的其他人竞争，赢得社会的声望，谋得一个可以安身立命的位置。当传统成了一种被发明出来的东西之后，它就成了一种可以无数次被调动起来的资源。打破传统是一种对资源的调动，而重构传统也是一种对资源的调动，尽管两者的方向不大相同。现在的小学生周末睡不了懒觉，跟着家长跑去学书法和扬琴之类的传统技艺，我敢肯定这不是现代都市社会生活所必需的，否则每一个人都会被要求学习的，也不像接受

---

① 费孝通. 乡土中国. 北京：三联书店，1985：68.

社区长老的教化一样接受一套传统技艺，以便能够在未来服务于他生长于此的社会，仔细分析你就会知道，这是为了在竞争中获胜而学习，因为学会了这些新鲜的"传统技能"，个人便具有了一份多于其他人的竞争能力。在这个意义上，现代社会尽管也是建立在个人的学习能力之上的，但学习的内容却在不断翻新，学就是学新的东西。一切都以新为标准，别人有的，我不仅有，还要新，别人会的，我不仅会，还要超过他们所会的，有新的内容。凡此种种，我们现代社会里的日常生活已经是在围绕着所谓的"创新"而争来争去了，这是乡土社会不会发生的现象。对于这一点，费先生有这样的总结：

> 在现代社会里知识即是权力，因为在这种社会里生活的人要依他们的需要去作计划。从知识里得来的权力是我在上文中所称的时势权力；乡土社会是靠经验的，他们不必计划，因为时间过程中，自然替他们选择出一个足以依赖的传统的生活方案。各人依着欲望去活动就得了。①

凡是学过一些社会学知识的人都是知道的，很多著名社会学家的理论都是围绕着这样两种社会类型的划分在打转转，即使今天的社会理论也没有超出该讨论范围，尽管标定这两种社会的名称已经是大不相同了。但是还有一个问题很容易让人产生迷惑，那就是这两种社会类型之间的转化问题。这种转化不是自然发生的，也不是谁想令其发生就可以发生的。制度的重新安排是一个因素，而既有社会组织的崩解也是一种方式。但从根本上讲还是人的问题，人不肯接受新的安排，不能适应新的社会组织，转型也一样不能够发生。而在人的因素里最为根本的还是其学习的能力，这种学习的能力既在乡土社会中起作用，也在现代社会中起作用，它能够把传统的乡土社会与现代都市社会勾连在一起。

总括来说，学习的能力乃是人最为根本的能力，因为这种学习能力，社会的转型也才能够真正的发生。否则，学不会或者不愿学，无论如何也是不可能发生社会转型的。

对于《乡土中国》一书而言，可以为学者利用的"本土资源"非常丰富，甚至可以说是层出不穷。许多人都会跟你说读过《乡土中国》，并且为其文字的简捷和明快所吸引。但是谁都不能仅读过一次便完全领会书中更深层次的韵味。如

---

① 费孝通. 乡土中国. 北京：三联书店，1985：88.

果说得再武断一点，费先生晚年的思想似乎并没有超越《乡土中国》中所提出的核心观点，这样说好像是有些对老师不敬，但我觉得，这样的认识其实反倒是应该让我们自身感到汗颜的。因为理论最为重要的是要有所创新，有所超越，但是，我们今天的解释能力真的还没有超越费先生在七十几年前所提出的观点。正因为如此，费先生晚年提出来的一系列理论概念，诸如"心态""文化自觉""美美与共"等才会让大家觉得新鲜，认为有解释力，因为我们还无法或者没有新的理论对这些概念加以超越。

另外一点更为让我们感到汗颜的就是我们的学术神经并没有因为费先生早年流畅的文字的敲击而被唤醒，大多是在异域的学者先被震醒以后，我们才回过头来读费先生的文字，但那已经是一种"后觉"了，而不是一种"自觉"。伦敦政治经济学院人类学系以研究中国为志业的王斯福（Stephen Feuchtwang）教授对于《乡土中国》的重新解读应该算是这方面的一个典型例子。^①而我自己最近重读《乡土中国》也获得了同样的感受，因为今天作为费先生母校的伦敦政治经济学院大力鼓吹的人类学研究中的学习或者认知这一心理学向度，实际上早在70年前就已经被纳入了费先生的思考范围，并且他还留下了文字，保存在《乡土中国》一书中。在我自己访学归来，拼命介绍伦敦政治经济学院的这些新鲜理论的时候，我尚觉得那应该是英国人的"发明"，但是在我有机会帮助从英国远道来访的王斯福教授对照各种版本的《乡土中国》，解析英文翻译中可能有的误解时，我忽然又翻到了自己曾经画线的一段话："规矩不是法律，规矩是'习'出来的礼俗。从俗即是从心。换一句话说，社会和个人在这里通了家。"^②我当时真的是异常兴奋，甚至离开办公室坐在出租车里时，还在跟王斯福教授滔滔不绝地谈论我在办公室里的一点点发现：这里的"习"字不就是我在伦敦政治经济学院马林诺夫斯基曾经开办过著名讲座的塞里格曼图书馆里所听到的有关文化与认知理论研究的核心吗？写到这里，我想说真的是我们"忽视"了早期的费先生，否则会有更多的属于我们自己的主体性理论得以冠名并发展起来！

①　FEUCHTWANG S. Social egoism and individualism – surprises and questions for a Western anthropologist of China reading professor Fei Xiaotong's contrast between China and the West. 2005 年 10 月 31 日中国农业大学社会学系"乡土社会研究讲座"演讲稿。中文翻译可参阅：王斯福. 社会自我主义与个体主义：一位西方的汉学人类学家阅读费孝通"中西对立"观念的惊讶与问题. 开放时代，2009（3）.

②　费孝通. 乡土中国. 北京：三联书店，1985：5.

　　确实，西方学者从他们的学术脉络里已经意识到的东西，我们要去学习，但是这似乎存在于西方"本土资源"里的东西其实早就已经存在于我们这里了，不过是藏在书本里，躲在文字中，无人知晓，也无人解读，当然更谈不上去发展了，或者根本就没有那种学术的敏感以及学术的机缘去发展了。总之，这一切是错过了，现在恍然大悟也只是再一次觉醒罢了，尽管还不算太晚。但觉醒的人终归是少数，否则在这乡土的路上，如何会这样寥落呢？

第九章 "三级跳"与乡村社会变迁

费孝通从其博士论文《江村经济》开始，便在密切地关注着中国乡村社会的变迁，这种变迁不是渐进性的演化，而是一种根本性的革命，是一种转型，这些不同层面所表现出来的革命性的改变或转型都体现出一种中国的特色，这种特色为中国的学人观察自身所处的社会提供了一个绝佳的田野之地，这个田野明显地体现在中国乡村的种种变迁之中。

中国农村的"三级跳"

在 1994 年年初，费孝通以"近年来中国农村经济发展的几个阶段"为题在香港中文大学逸夫书院"邵逸夫爵士杰出访问学人"讲座中发言。在发言中，费孝通从一个研究中国乡村社会近 60 年的社会学家的角度对中国的乡村经济的发展，特别是 1979 年以来的约 15 年的发展历程进行了总结，他认为，这是"中国农村历史上发展得最快的年头"，是中国农村经济所经历的所谓"三级跳"的最近的一跳。这发展的"三级跳"是费孝通自身所经历过的，也就是他自 20 世纪 30 年代中期开展乡村社会的调查以来所经历的三个发展阶段，如其所述：

> 这一段时期为了方便可以分几个阶段来讲，先讲一段发展的背景，再讲大发展的初期，其后的 5 年是各地根据不同条件八仙过海各显神通，各自形成具有特色的发展路子。进入 90 年代后的最近这几年是城乡结合吸引外资，进入了快速发展的时期，同时因为各地发展速度不同，出现地区间的差距，提出继续前进中的一系列问题。[1]

---

① 费孝通. 近年来中国农村经济发展的几个阶段∥费孝通. 费孝通文集：第十三卷. 北京：群言出版社，1999：57.

20 世纪 30 年代中期，费孝通开始了在家乡吴江县开弦弓村的社会调查，那里也是他的姐姐费达生开展乡村工业的试点的地方。在那个地区当时最为根本的问题是土地的问题，也就是在非常有限的土地上如何养活尽可能多的人口的问题。好的家庭那时的生活也仅是勉强糊口，一年从自家的土地上收获的粮食仅够一家人吃饱肚子，不挨饿。这样的能够吃饱饭的家庭在费孝通所调查的这个江南村子里也仅是三分之一的人家，其他的三分之二的人家一年辛苦下来，甚至连吃饱肚子都可能成为问题。尤其是那些没有自己的土地，或者是自己的土地很有限而租佃地主的土地的人家，如此，他们将近有一半的土地所得收入是要被作为地租而交付给地主的，这些人单单依靠农业是没有办法填饱肚子的，因此在费孝通看来，那个时期"中国农村真正的问题是人民的饥饿问题"①。

因此，那个时期最为迫切的改革就是土地制度的改革，这场改革终究以中国共产党在解放战争时期所开展的"耕者有其田"的土地运动的胜利而告终，农民真正翻身成了土地的主人。而这在费孝通看来是最为基本的一步，是不至于因农民在土地上的匮乏而引发社会动荡或者说"反叛"的一个比较紧迫的步骤，但这仅仅是一个喘息性的过渡，而真正使农民走上富裕的道路的根本在于工业化。在《江村经济》一书的结尾，费孝通这样写道：

> 最终解决中国土地问题的办法不在于紧缩农民的开支而应该增加农民的收入。因此，让我再重申一遍，恢复农村企业是根本的措施。中国的传统工业是乡村手工业，例如，整个纺织工业本来是农民的职业。目前，中国实际上正面临着这种传统工业的迅速衰亡，这完全是由于西方工业扩张的缘故。在发展工业的问题上，中国就同西方列强处于矛盾之中。②

在这里，费孝通所强调的是中国乡村社会的基本结构乃是一种工农相辅的结构，在以农业为基础的乡村社会，手工业的生产可以补充农业生产的不足。而随着西方工业进入中国的乡村，农民几辈子都在重复的传统的手工业被逐步取代而行将衰亡了。现在，中国乡村社会的基本结构不再是农工相辅的结构，而是在逐步演变成工业化对乡村社会生活的侵蚀和取代，城市化的呼声以及无法依赖土地而生活的农民大量地涌向城市以寻求生活的富足，在费孝通很早的研究中就已经

---

① 费孝通. 江村农民生活及其变迁. 兰州：敦煌文艺出版社，1997：174.
② 同①175−176.

预测到了。

这样一种状况实际上后来都可以被归到城乡关系的讨论中来。农民可以靠种田来吃饭但是不能够靠种田来生活，这本来就是以土地为生产资料的农业社会的一个基本规律，作为社会学家的费孝通给这样的困境所提供的出路就是在种田之外去寻找"食"以外的生活。我曾经在河北省白洋淀地区进行过调查，那里的乡村生产塑料袋的工业就是通过从附近城市的国营塑料厂弄到下脚料，然后运回乡村，分到各家各户自行加工才逐渐地发展起来的。直至改革开放初期，这种套路都在延续①。

在费孝通看来，这些在夹缝中发展起来的"社队企业"在乡村工业化的工程中担当着一种过渡的作用，其基础是人民公社制度。对人民公社制度的研究已经有很多的积累，由于其自身存在的局限性，20世纪80年代初，随着家庭联产承包责任制在中国的逐步落实，这种体制也就逐步地退出了历史舞台，尽管还可能存在像南街村这样的坚持人民公社制度的村落，但终究不能够阻挡大的发展趋势。

在这个过程中，一种游离于国家计划经济体制之外的乡镇企业逐渐形成，这类企业因为在国家正式的经济体制之外，所以当时也没有比较配套的管理措施，结果正如费孝通所说是"八仙过海，各显其能"，形成了各种乡镇企业模式，费孝通亲自考察并命名的乡镇企业模式大体有"苏南模式""温州模式"以及"珠江模式"这三种。所谓的"苏南模式"，就是在人民公社体制解体之前"利用集体积累办起来的企业"，这种模式不仅仅限于苏南，沿海各省大多有此类乡镇企业的发展。而所谓的"温州模式"多是指以家庭为基础的"跑单帮"的发展模式。温州人有流动经商的传统，在海路被阻隔之后，大批的温州人开始在内陆的各地流动，从事着服务业和小商品的经销。所谓的"珠江模式"的核心是"三来一补"——来料加工、来料装配、来样加工和补偿贸易。它引进现代工业把外资、现代技术和经营方式嫁接到乡镇企业上。这种"借船出海"的方式使乡镇企业迅速积累起发展资金。

---

① 关于这个村子的一些基本情况，特别是其经济发展中的乡村工业化的过程，可参阅同我一起在这个村子进行田野调查的刘玉照的专著：刘玉照. 乡村工业化中的组织变迁. 上海：上海人民出版社，2009. 亦可参阅我的论文：赵旭东. 文化实践、图式与"关系建构"：以河北白洋淀地区两村落的个案分析为例. 开放时代，2009（3）.

经过仔细分析我们或许会发现，在一位田野工作者进入田野之前不外有三方面的主体性：研究者的主体性、被研究者的主体性，以及研究者与被研究者互动所产生的互为主体性（intersubjectivity）。拿一个中国的村落来说，当一位研究者进入田野之前，他的学科训练使他充满了要去验证所学的理论的热情，当地的农民也有他们自己所想的问题和生活逻辑，当研究者作为一个"外来人"进入农民家里进行访谈时，研究者与被研究者之间的互为主体性便会产生。一方在考虑收集材料以便验证或推翻既有的理论，另一方则在猜测这个外来人闯入自己的世界的目的是什么。当研究者对农民墙壁上挂着的各种民间信仰图画问长问短时，农民会依着询问回答一些问题，但这种回答对于农民自身又有什么意义呢？他们为什么要回答研究者的这些问题呢？我们又怎么能不认为他们是在把研究者当作从上面来的"神"看待，并以与神沟通的方式来向研究者倾诉他们生活中的烦恼和苦闷呢？而对于这样的一种倾诉，又有哪一种理论框架能够接纳呢？用田野调查的方法，我们是能够发现被研究者的主体性的，但基于研究者与被研究者之间的互动所产生的互为主体性又如何在人类学者的民族志写作中显现出来呢？

费孝通曾谈到"心态层次"的研究问题。在他看来，社会学、人类学以及民族学应当从过多的人与物的研究转移到多关注人与人如何交往的"心态层次"的问题上来①。在我看来，针对社会人类学来说，这种"心态层次"的研究的核心应该在于，一个村落社区的人们是如何用观念来构造合理的生活逻辑的。已经有人试图对这方面进行了研究，王铭铭把这方面的研究归于"模式交错分析"的范畴之下②。美国人类学家武雅士（Arthur Wolf）对中国民间信仰体系的研究表明，农民观念中的所谓"神""祖先"和"鬼"相对应于社会观念中的"官""家族"和"外人"，而在更大范围的空间内，其所对应的内容是"地方的""自上而下的"和"外来的力量"③。美国人类学家桑格瑞（P. Steven Sangren）的研究则试图摆脱功能论的"分立群体"和"整体论"的解释框架，将各种社会力量包容到模式交错的解释体系中，在《一个汉人社区的历史与巫术力量》一书中，他描述了

①　费孝通. 孔林片思//费孝通. 费孝通学术文化随笔. 北京：中国青年出版社，2009：237-243.

②　王铭铭. 小地方与大社会：中国社会学的社区方法论. 社会学研究，1997（1）.

③　WOLF A. Gods, ghosts, and ancestors//WOLF A. Religion and ritual in Chinese society. Stanford：Stanford University Press，1974.

小地方的生活如何能够在超地方的空间场域发挥功用，而地方性的民间仪式又如何与大的社会的政治经济和社会空间相连接，最后他从当地人的宇宙观的角度诠释了他们的生活实践。这种"模式交错的分析"的研究取向关注的是人的观念，而这种观念又是在一种历史的时间与社会的空间中展现出来的。如此"心态层次"的研究，或许能够克服过去的研究不能彰显研究者与被研究者之间的互为主体性的缺陷。因为人只有在观念层次上相互理解，才能够有相互沟通的可能，而人类学者的任务就是在当地人的生活实践中理解他们的观念，并把这种观念放到更大的"空间场域"去做联系和比较。

客观地说，费孝通从事人类学田野研究 60 年后的反思，并非仅仅是针对他个人的，而是针对整个中国社会人类学界的。究竟应该通过什么样的方法来达到认识中国社会的目的，这是每一个对中国文化感兴趣的人都要面对的问题。中国的历史是研究中国社会所必需的，但任何仅仅通过概念来虚构中国社会结构和实质，而未以微观的田野资料为基础的研究，其所有的结论都可能会陷入一种"规范认识"的危机之中。而作为一个能够亲自到田野中去做调查的人应当要对自己、对被研究者，以及对自己与被研究者之间的互动有所意识，在观察他人的实践中，形成一种对于中国社会的独特理解。这是对本土社会进行深入研究和融会贯通的理解的基本前提。

理解中国农民的生活

在 1999 年，北京大学社会学人类学研究所曾经举办过以"中国农村社会变迁"为主题的系列讲座，4 月 17 日是第一讲，主讲人是费孝通教授。之前潘乃谷教授打电话给我，让我为费先生的演讲录音。讲座之后，我又将录音稿转换成文字稿，并转呈费先生批阅修改。又过了差不多一个月，我拿到了自己送过去的打印稿，上面已经布满密密麻麻的批注，几乎每一段都有修改。并且在第一页的左上角写着："改动得比较多，请细细改版，印出来再给我看一遍。费 5/1。"有这样的"命令"，我没有耽搁，尽快改正之后，又送去给费先生看，不久就得到了费先生的第二次的修改版，这次似乎干净了许多，仅改动了少数文字。

费先生在演讲之前是有发言提纲的，写在 300 字一页的稿纸上面，那年他将近 90 岁了，但是字迹却极为清楚，几乎是一气呵成。我查阅了费先生的文集，似乎没有这篇两页半的发言提纲。但实际在演讲的时候，他也是按照提纲来讲述的。特别明显的是，他标明了两个 20 年：第一个 20 年是 1930—1949 年，他在括号里写道"大约 20 年"；第二个 20 年是 1980—1999 年，括号里也写道"大约共 20 年"。这样算来，他把自己的学术生命历程归结为前后的两个 20 年，而中间的 1957—1980 年，在他看来是"整个学术工作停顿了"的 23 年。为了说明费先生的这种解说，抄录下这由他亲笔的发言提纲或许是极为有意义的：

1930—1949 年（大约 20 年）

1. 我研究中国农民生活的动机和时代背景和学术背景。

中国进入二十世纪初期在世界政治经济格局中的定位。帝国主义列强争夺亚洲这片大陆的最后阶段。在国内是军阀混战、经济衰落、民不聊生的时期。社会学开始提出中国化的要求，我们想以"五四"时提出的科学方法来认识中国的社会。吴文藻、帕克、布朗在燕京的提倡用人类学实地调查方法来认识中国农民的企图，我在 1933 年在清华社会学、人类学系作研究生。1935 年去瑶山调查。1936 年在江苏家乡进行尝试。1938 写成《江村经济》的论文。抗战时期在昆明继续内地农村调查，出版《云南三村》。

抗战胜利，我从昆明回到北平，一直到解放，这段时期我主要是写作和教课，出版了《乡土中国》《生育制度》《乡土重建》等书。农村调查告一结束。

2. 这一时期针对中国农民生活的研究作出了探索和打下了基础。

我提出的关键性认识是中国农村经济结构上的工农相辅和中国社会文化的乡土性。在当时，由于经济文化的落后加上封建性的社会制度，提出了必须在社会制度上进行改革并主张工业下乡，为后来的乡镇作出理论基础，抗战后期在乡土重建的道路上引起了一场争论。

3. 解放后由于工作岗位的转变，从文教工作进入民族工作，接着在 1957 年曾想继续农村调查，即重访江村，因反右斗争而中断，而且我整个学术工作从 1957 年到 1980 年停顿了 23 年。

1980—1999 年（大约共 20 年）

4. 从 1980 年得到第二次生命后，我决心重新拾起对中国农民生活的研究，直到目前，已有 19 年。希望能夺回失去的 23 年。这时期我顺着中国农村经济的发展，按邓小平理论再次看重研究异军突起的乡镇企业。并在这段，我在领导的支持下，除了西藏和台湾外的全国各省，比较全面和深入地探索农村的社会和经济的发展，写了《行行重行行》一书及续篇。最近的90年代我提出经济区域的研究，看经济中心和腹地的关系，特别是我在1998年退休后注重京九路串糖葫芦的调查研究，重点从农村转向中等城市，就是通过一系列沿线中等城市的发展，使东部发达地区带动中部地方的发展。

5. 最近两年来，我在沿海地区的调查研究中，对小城镇兴起对中国农民走出乡土社会进入现代化的领域发生兴趣，希望再用我这一生最后的一段时期探讨这个中国农民现代化的问题，还有多少时间我自己不知道了。

此篇费先生亲笔的发言提纲，加上由我整理的费先生在上面亲自改过两稿的十几页的实际发言内容，都被我恭恭敬敬地嵌到一个画框里，我时时地观赏，体味费先生在写下这些文字时的情感，以及回忆他在讲这些话时的那种热情[①]。我想那应该不是简简单单的写作，而是处处流露出费先生一生治学成就的精髓，是他对于中国农民社会生活认识的一个总结。

应该说，我和许多国内的学者一样，接触到社会学是从阅读费先生的著作开始的，特别是他的那本薄得不能再薄的《乡土中国》[②]，但是真正接触到费先生的中国乡村研究，就不得不提到费先生在1995年以后所写的一系列关于社会学与人类学反思的文章。那些只言片语的对于一些争论的提及，一下子就把我付诸实地研究的学术兴趣调动起来了。

最先进入我的脑海的就是方法论上的异域与本土之争，那时吸引我的是社会科学研究方法论的本土化之争。当时有一部分从西方学成回国的学者希望能够为中国社会科学本土化找出一条出路，以此来对抗西方社会科学从概念到方法上的西方中心主义。特别是在社会心理学领域，这样的呼声在杨国枢先生的倡导之下尤为强烈。虽然我曾跟随杨先生钻研过社会心理学，但是我觉得那种做法会走到西方中心主义的反面去，换言之，简单地做中国与西方的心理与行为差异的比较只会曲解中国文化的真实含义。在这一点上，我曾经有过与杨先生辩论的文字发

---

① 此演讲稿全文已经发表在《中国农业大学学报》（社会科学版）2007年第1期（第5～14页）上。
② 关于这一点可参阅：赵旭东.《乡土中国》与"学习"概念的回忆//赵汀阳. 年度学术2006：农村与城市. 北京：中国人民大学出版社，2006：38—49.

表，不过并未得到任何的回应。①

在这一点上，可以说我走到了一个极端，即彻底地反省甚至试图抛弃本土化的方法论②。但是我还是留了一点斡旋的余地，那就是认为本土人研究本土人，应该不算是一种本土化，而是一种真正的对于西方人类学研究范式的超越。这样的认识是我基于对马林诺夫斯基与费孝通学术旨趣的比较而获得的，因为他们尽管有着师生的传承，但是前者走的是一条迈向异域的他者的人类学老路，而后者则是真正地走向了本土的人民，是为本土人民谋利益的人类学，也即费先生后来在获得应用人类学奖项时所宣称的"迈向人民的人类学"。③

回归中国的理解

如果说马林诺夫斯基开创的是现代人类学的田野工作法的话，那么，费孝通一生所致力的就是如何将这样一种方法灵活地运用到有着自身文明和传统的复杂的中国乡村社会当中去。

无可否认，人类学的田野工作是一种由英国传入中国的方法，这种方法让我们信心十足地搁置了许多现成的由西方翻译而来的概念，直接去面对多方位、多侧面以及多变化的现实世界。从这个意义上说，此种方法是具有普遍性的，不论是谁，只要他的各种感觉器官没有问题，他就能够感受到这一真实的世界，就能够把这些感受通过文字表达出来。这种方法的普遍性，使得早期有关人类学家该去哪里做研究的疑问显得没有什么实际意义，因为不论在哪里，我们借助此种方法所做的研究都是大抵相同的。作为人，到一个地方，总要有所观察。观察是全部科学研究的基础，社会科学自然也不例外。

这种观察法成为费孝通一生贯彻的方法论基础，这在他晚年的两本文集的名字中有所体现，一本是《行行重行行》（1992），另外一本是《从实求知录》（1998），这两本文集所收录的大多是他在全国各地"旅行"的观感，信笔写来，不摆架子吓唬人，读来很是亲切。包括我在内的许多研究者，原来很是强调费先

---

① 赵旭东. 本土心理学的启蒙观：开展本土研究的一些教训. 社会理论学报（香港），1999（1）.

② 赵旭东. 反思本土文化建构. 北京：北京大学出版社，2003.

③ 赵旭东. 马林诺夫斯基与费孝通：从异域迈向本土//潘乃谷，马戎. 社区研究与社会发展. 天津：天津人民出版社，1996：104-145.

生早年的研究，以为那跟学术靠得更为紧密一些，但是今天回过头来再去重温费先生在晚年的这些笔墨，更能领会到孔子所讲的人过 70 岁"不逾矩"的真正意味，那是一种随意和洒脱，是受到"学术"两个字约束的人所无法真正体味到的。何况费先生那时已经是近 90 岁高龄的老者了，他那时的著作与画家齐白石晚年强调的所谓"得意而忘形"——如果一个画家真正有了一种境界的话，那么究竟该如何画的技法问题已经不再重要了——有异曲同工之妙。今天来读费先生的著作，特别是其晚年的著作，这种意境或许是最难于把握的了。但是，在这意境之中，有一个主旋律没有变，那就是通过观察本土人民的生活来理解世界的变化。

因为《乡土中国》的出版以及此书所赢得的数量众多的读者，"乡土"两个字无可避免地跟费孝通这个名字紧密地联系在了一起。"乡土中国"作为一种类型，即一种传统社会的理想类型而得到了刻画。这种类型有其自身的社会结构特征、人际关系特征以及权力结构特征，凡此种种，都使乡村社会成为"乡土"两个字最为直接的形容对象。在那里，文字似乎没有存在的必要；在那里，人与人之间有着一种依据差序格局而划分出来的亲疏远近；在那里，有着依据礼治而不是法治的乡村社会管理。总之，通过费孝通的笔墨，作为乡土社会的一种范例的"乡土中国"活灵活现地呈现在了 1948 年以后有机会读到此书的读者们的头脑中。

从接续《乡土中国》出版的《乡土重建》来看，费孝通当时写作《乡土中国》的诸篇短文既不是没有目的地抒情，也不是要挖掘出中国社会深层次的运作逻辑，而是要根本地解决社会问题：解决原本封闭完好的乡村社会因现代性及城市资本的侵蚀而土崩瓦解的问题；解决维护原有乡村社会秩序的文化精英（士绅）渐渐离开乡村移居城镇，社会的养分如河水冲刷土地一样随着他们纷纷涌进城市而被带走，乡村原有的人文生态因缺失营养而遭受破坏的问题。[①] 在此过程中，一种有来有往、上下贯通的双轨政治变成了国家自上而下的单轨政治，来自民间的自下而上的那一条轨道因地方精英的离去而停滞不用，渐渐生锈作废。在这个意义上，乡土重建的目的是逐渐地恢复这一条年久失修的轨道，使乡土社会能够通

---

① 参阅：费孝通. 中国乡村社会结构与经济//王铭铭. 中国人类学评论：第 2 辑. 赵旭东，秦志杰，译. 北京：世界图书出版公司，2007.

过既有的"农民-士绅-国家"的三维结构重返和谐。

在这一点上，费孝通的学术作品也绝不是一种仅仅用来欣赏的装饰品，其在根本上是以"用"为目的的，这一特点的形成与他生活的时代及其早年在燕京大学吴文藻先生的门下学习社会学的经历不无关系。吴文藻先生一直以强调社会学的中国化为己任，在其担任燕京大学社会学系主任后更是将此种理念贯彻了下去，特别是影响到了费孝通他们这一辈的学生，他们大多肯从中国的现实出发思考问题，这样理论不再是一种追逐时髦的空谈，而是以利于推进对社会现实的理解为根本的。[①] 费孝通对此贯彻得最为明显，也最为彻底，从对乡土中国的分析到对乡土重建的呼唤，最后到其晚年"志在富民"的学术主张，前后的目的论是一以贯之的。

正如之前所叙述的那样，费孝通晚年执着于对文化自觉的思考不能不说与他早年翻译马林诺夫斯基的《文化论》有关，那是他的老师吴文藻先生在1936年年末过访英伦时给其交代的任务，是他借助马林诺夫斯基的文化功能理论来看待中国文化的开始。后来，费孝通到晚年时，旧话重提，撰写了长文来记述这次非同寻常的翻译经历，认为这是他从马林诺夫斯基那里学习文化功能理论的开始，并且是学明白了。他明白了，从根本上，文化是一种工具，是一种可以用来生活的工具，对工具可以谈有无，但是对生活却是没有资格这样谈的，因为有哪一个人能说自己不要生活呢？

后来费孝通提出"文化自觉"的概念，道理是一样的，因为在此之前他遇到了一个究竟是"要文化"还是"要人"的问题。这个问题在功能论者看来是没什么难解决的，人是活着的有生命的存在，其中，对人而言，生活的发展是最为根本的，生活转变了，文化自然也就应该随着转变，转变的文化是为人的生活服务的。一句话，文化为人而设。这样的看法从翻译《文化论》开始，到提出"文化自觉"为终，都被费孝通一以贯之地坚持着，从来没有放弃过。

费孝通有关文化的思考基于一种本体论上的反思精神，这种反思精神从来不为一些虚幻的、脱离实际的主张所左右，坚持人位于文化的中心、人是文化存在的根本。这跟功能论之后在美国成长起来的人类学大相径庭：一种是类似文化与

---

① 李怡婷，赵旭东. 一个时代的中国乡村社会研究：1922—1952年燕京大学社会学系毕业论文的再分析//吴毅. 乡村中国评论：第3辑. 济南：山东人民出版社，2008：261-306.

人格研究的那种人浸润于文化之中并为其所塑造的文化相对主义的文化观；另外一种便是文化的解释学派的那种认为人存在于自己所编制起来的文化之网中，并对万花筒一般的文化的各种变换给出一种文本化的解释，这些解释可能已经是远离个人的现实存在本身的，是一种自恋式的文化观念。

显然，在费孝通那里，文化相比人而言是居于次要地位的，这种本体论上的人本关怀排除了两种可能的认识论陷阱，其一便是以文化优先为借口的"文化支配"，其二便是人被动地受到文化的规训。这两种文化认识论的取向都不能够给人一丝一毫的喘息和逃避的空间，原本创造文化的人变成了文化的奴隶。从这个意义上说，费孝通晚年所提出的"文化自觉"就不能简单地被解释为表面意义上的"文化的自觉"，而应被解释为创造出文化并借助文化而生活的"人的自觉"，这种"自觉"是一种学习能力，使人能够了解自己、了解别人，最后实现相互了解，这便是费孝通晚年论述的精妙所在。而费孝通的"各美其美，美人之美，美美与共，天下大同"可以作为这种"文化自觉"真意的直白注脚，这是一种执着于文化反思的顿悟，而并非每个人都能够对此有一个彻底的体悟。

从实求知

1998 年，即北京大学百年校庆那一年，费孝通编订了一本文集，并取名为《从实求知录》①，这个名字已经暗示了费孝通所追求的知识论准则，即"从实际出发获取知识"，这引号里面的几个字是费孝通的原话，在那次演讲的录音中只有"从实际出发"，费孝通在修改时特别加上了"获取知识"四个字。

在这里，我们看到，费孝通的知识论无疑是跟五四运动之后的经验主义传统密切地联系在一起的，这种知识论强调的不是坐在书桌前跟故纸堆打交道，而是实地去看，实际去体味农民的生活。但是如何能够看出门道，体会到农民生活的道理，也就是西方知识论所说的"知道别人的知道"呢？费孝通是借用"由之"和"知之"来区分我们习以为常的世界与我们试图去发现和了解的世界的。前者跟我们日常的实践联系在一起，不去反思，很少知道其中的道理；而后者则是通过一种方法，我们可以知道其中的道理，并获得一种理解。对于中国社会学的研

---

① 费孝通. 从实求知录. 北京：北京大学出版社，1998.

究而言，其基础一定是人类学的，也就是对于我们习以为常的"由之"的、自己生活于其中的社会，我们是没有什么道理可以讲出来的。当用筷子吃饭时，没有一个中国人会就此去问为什么，因为我们自生下来起就在这么做，但是外国人碰到筷子时就没有我们这么"麻木"，总是会想出些让他们感觉迷惑的问题，诸如：他们为什么用筷子而不用刀叉？这既是文化的差异，也是西方知识论的前提，这个前提，在早期燕京大学的社会学传统中得到了贯彻，也就是鼓励学生到一些自己不熟悉的地方或文化中去学习当地人的知识，并从中问出个究竟。① 费孝通的第一个调查地点瑶山的选择便是在这个原则的影响下做出的。

但是，由于一些原因，费孝通中断了在瑶山的调查，并回到了自己的家乡吴江县疗伤休养，后又对由他姐姐发动的乡下养蚕技术的改造产生了兴趣，从此开始了他时间并不算长但极有成果的社会学调查。按燕京大学所接纳的社会学研究思路，一个人自己的家乡肯定不是最好的田野研究地点，但是出现在那里的新现象使得费孝通转换了一种视角，他让自己抽身出来，从一个身份是"由之"的实践者转变为一个想要"知之"的学者。在知识论上，能够使人获得知识的"差异"基础还是有问题的，作为一个当地人如何可能摆脱既有的对于家乡社会的"麻木"而形成自己的独特认识和理解呢？我猜测，费孝通初到英伦选择博士论文的题目时还是有所顾忌的，所以他最先跟老师弗思讲的是在江村调查之前的瑶山调查，聊天之中顺便提及了江村调查，但江村调查得到了弗思的首肯，并且马上吸引了那时已经是世界人类学领军人物的马林诺夫斯基的注意力，后者主动要求当费孝通的博士论文指导老师②。

这中间的转变，原因究竟是什么呢？因为从常理而言，瑶山之于费孝通的文化差异性肯定是高出江村之于费孝通的差异性的，那么为什么后者会更加吸引这

---

① 李怡婷，赵旭东. 一个时代的中国乡村社会研究：1922—1952 年燕京大学社会学系毕业论文的再分析//吴毅. 乡村中国评论：第 3 辑. 济南：山东人民出版社，2008.

② 费孝通教授在 1985 年写的《江村经济》中文版的"著者前言"中这样写道："我去英国，乘坐一艘意大利的油轮'白公爵'，从上海到威尼斯航程要两个多星期。我在船上无事，趁我记忆犹新，把开弦弓调查的资料整理成篇，并为该村提了个学名叫'江村'。到了英国，进入伦敦政治经济学院人类学系。最初见到该系弗思博士，他负责指导我选择论文题目。我原来打算以'花篮瑶社会组织'做底子编写论文。随后我谈到曾在江村进行过调查，他看了我已经整理出来的材料，主张编写'江村经济'这篇论文。不久该系教授马林诺夫斯基从美国讲学返英，我向他汇报了江村调查经过和内容，他决定直接指导我编写这篇论文的工作。"（费孝通. 江村经济：中国农民的生活. 戴可景，译. 北京：商务印书馆，2001：1—2.）

两位强调异文化研究的英国功能主义人类学大师呢？我想这个问题是不难解答的。马林诺夫斯基从来都是直言不讳的，那么他所写下的话应该是最能反映其心思的证据。这样，费孝通的江村调查的意义已经被马林诺夫斯基在他给《江村经纪》作的序言中清楚地表达了出来，那就是它是"人类学实地调查和理论工作发展中的一个里程碑"，并且强调"本书让我们注意的并不是一个小小的微不足道的部落，而是世界上一个最伟大的国家"，最后强调"本书的内容包含着一个公民对自己的人民进行观察的结果"，这种研究本土人的做法显然并未为马林诺夫斯基所排斥而是大加褒奖，他坚持认为，"一个民族研究自己民族的人类学当然是最艰巨的，同样，这也是一个实地调查工作者的最珍贵的成就"①。

在一般人的印象中，人类学是研究他者的，这是为了构成一种跟"由之"所不同的境遇而达至"知之"。但是研究本土人的方法能够有此种差异境域的出现吗？费孝通晚年对于马林诺夫斯基的赞许有过一些评论，认为那是西方的殖民遭遇逼迫人类学家回转到本土来研究自己的人民所不得已而为之的事情。②

不过，试图消除文野之别的社会人类学的新时代能够在中国的田野中得以实现吗？费孝通显然是相信这一点的，他把视野有意地从乡村转向了更为广阔的中国，从《江村经济》到《云南三村》是一个跨越，从《云南三村》到《中华民族多元一体格局》又是一个新的跨越，而晚年的"文化自觉"概念的提出让我们更加能够体会到费孝通视野中的"世界"的观念。这个世界不是文明冲突的世界，而是一种你中有我、我中有你的相互交融的世界，是相互欣赏而非相互敌视与仇视的世界。

费孝通一生的学术之路是从研究农民开始的，乡土中国成为其第一个关照的对象，从那里他获得了一种理解，这种理解可以放大成一种对文化的理解，即对中国文化的理解。在此意义上，人类学终究是一种对于人所生活于其中的文化的理解，这种理解超越了一个地方社会的结构性限制而使人们保持着一种共同的认同。从《乡土中国》到《中华民族多元一体格局》，再到"文化自觉"，这些按时间序列排列的思维上的超越，同时也隐含着一种认识论上的超越。美国的社会学

---

① 此段内容参阅马林诺夫斯基为《江村经济》所写的"序"：费孝通. 江村经济：中国农民的生活. 戴可景，译，北京：商务印书馆，2001：13.

② 费孝通. 重读《江村经济·序言》//费孝通. 论人类学与文化自觉. 北京：华夏出版社，2004：74.

家米尔斯在谈论社会学时强调一种"社会学的想象力",而费孝通则强调一种对自身文化的觉知,这种觉知建立在一种超越的基础之上。从方法上而言,这是在超越一种描述的人类学;从思想上而言,这是在超越一种感官的刺激,引发一种超验的灵感。

费孝通在晚年的时候,曾经和北京大学社会学人类学研究所的同人有过一次长时间的会谈,那一次我恰巧也在座,有幸聆听了费孝通谈话的全部内容。这些谈话的核心最终落在了一个"灵"字,或者费孝通借陈寅恪的话称之为"神辩冥想"上。我当时进行了录音,后来总也没有时间整理,等整理出来想请先生过目时,先生已经成为故人,无法再请其为录音整理材料做修改了,这里我摘录了一些谈话内容,敬录在本章的结尾,既是对先生的一种怀念,也算是对自己的一种鞭策:

> 我跟大家说一说我最近的想法。……最初我是搞农民[研究],叫作工业下乡,我说第一步是工农相辅,之后是研究乡镇企业。乡镇企业之后嘛,是研究小城镇。现在嘛,是穿糖葫芦。现在你们都懂吧,就是研究中等城市。而最近这一年,出去跑,是要看看大城市的问题。……你们这辈人,以后还有几十年要活,我是还有五年,五年以后就不管了,但是你们还要活下去,还要继续做一些事情,这里面肯定还会遇到许多大问题。这就要求我们的脑筋要跟得上,你们的脑筋要是跟不上这么大的一个变化,那肯定不行。……我讲这段话的意思是,你们这辈人呢,脑筋要灵活,要能跟上这个时代的变化,这是一个很大的变化。……这个问题很有意思,思想要搭得起来,不能够平面地走,一个飞不起来的人,他的关系都是平面的、立不起来的。现在我们的思想不但要立体化,还要有四五个维度的空间。……你们看东西要看到里面去,不能表面上看东西,不要记录下来就算了,背后有个东西在里面,背后的那个东西抓住了以后那你就活了。那么这个东西是什么呢?那么思想方式是什么呢?有四个字,这是我从陈寅恪给冯友兰的书做的评议中写下来的,那就是"神辩冥想",就是说我们的思考方式要不同于一般人,要进一层,要去掏它背后的东西。那么怎么个掏法,金华的小老板就使我们想到了香港的前店后厂的问题,外国的资本怎样进中国,这里就不能够是普通的想法,普通的想法是出不来东西的。要到后面去,研究事物背后的这个东西,能够抓住它。抓住了这一点,你就行了,你就进了一层了,高了一层

了，得出了一个一般的思想。看了陈寅恪的四个字我就琢磨了半天，什么叫作"神辩冥想"呢？不是一般的思考，现在我觉得你们的思想还是停留在一个平面上，没有出来，可是现在的世界已经出来了，我要说明这一点。那么你会问了，我是怎么想的呢，我就是这么东打西打打出来的。要冲破一个一般的思想规律，冲不破，那就是在一个平面上面跑，像一条虫爬不到一个立体上面去。在一个平面上跑的人，他看不到立体，我们要从平面到立体，现在立体还不够了，要四度、五度空间，这是我要讲的，你得钻得进去。陈寅恪说的"神辩冥想"这四个字，我想了四五个晚上，什么叫作"神辩"呢？它指的是出来一个东西，不同于一般的思想方式，说不出来，我们的语言限制得很厉害，用的字都是旧的字嘛。我现在希望你们能够跑起来，不要像爬行动物一样地跑，要像鸟一样飞起来。……现在我们的许多思想是普通人的感觉，靠的是五官感觉，出来个东西，用鼻子耳朵那些东西在接触世界，还有一个接触世界是大脑接触，现在你们没有很好地运用你们的大脑，大脑这个东西是什么呢？说不出来了，它就叫作"神辩冥想"，是一个超过一般的感觉……光有条件反射是不够的，背后还有个东西，这个东西是什么呢，是culture［文化］，现在我要讲什么呢，那就是文化与社会［social］之间的区别，社会还是人同人的平面，条件反射还是平面上的关系，还有一个东西就是所谓的"心有灵犀一点通"，那个"灵"是什么东西呢？现在我用这个东西来给你们影响，不是用感觉，要用超过眼、耳、鼻这样的感觉体的东西，那就是抽象，是symbolic［象征］的东西，这里的问题就是在这背后为什么能够symbolize［象征化］。这里面这个东西不抓住它，你就提不高，现在你也许还不能够抓住它，还不能够体会，中国人叫作"开悟"，这是禅宗里面讲的东西。……我讲的是灵感，灵感是什么东西呢？我有切身的体会，有一次我不是中风了嘛，有一次在嘉兴吃粽子，吃的中间得了小中风，后来因此而有了很大的启发，开始懂得什么叫作"灵"了，我们一提思想便是与肉体分不开的。可是，一中风的时候，就分开了，就是你的灵不能去管你的肉体了。我要说话，它不肯说了，不听话了。就是身体不听你的思想的命令了，我说是灵肉分离。你没有这感觉就不知道，所以我说，中一次风也挺好，我发现"灵"是怎么出来的了。我自己看得很清楚，我要说话，我要到哪里去都不行了，灵与肉分离，明白我的意思吗？……每个人都有一套，你们自己

都有一段生活，这种生活就是你要取材的东西，可靠一般的感觉不行，靠
behavior［行为］不行，还有一套属于人的"灵"的东西，为什么说人家不
容易看你的文章，因为你没有触及人家的那个东西，要人家懂，要 symbol-
ize［象征化］，要"示"，不是讲明白，要有个表示，表示它通了，人同人是
"示"。什么叫"通"呢？怎么能够讲通呢？那就要你同作者之间发生一种关
系，这种关系抓住了，你的文章就行了……①

---

① 本文系作者摘录自 1998 年 2 月 7 日上午费孝通教授与北京大学社会学人类学研究所研究人员的对
话录音整理稿。

第四部分

多元与一体

第十章 "一"和"多"

　　人类学探讨的主题可谓多种多样，特别是在今天这个研究力量剧增的时代里，把握多样的人类学研究主题已经变成了一门专门的学科，需要专门的人员去对曾经发表过的全部文献进行综合性的整理，才能从这所谓的"大数据"中看出一些端倪，从而把握学科某种具体方向的发展脉络。但很显然，在这纷繁复杂、各领其旨的研究领域之中，分散化的问题意识和选择或许仍旧是主流，其中，人类学所关注的核心问题似乎并没有发生根本性的改变，或者说，这个问题从来就没有真正得到解决过。面对一种世界文化转型的大格局，文化、社会以及个人层面上的"一"和"多"的问题，又或者是部分与整体、个人与社会、中心与边缘以及个体与文化的关系问题，依旧是人们要去关注、追问和解决的焦点问题，特别是在中国日益走向世界的过程当中，这个问题的解决似乎变得比当年费孝通借助民族关系问题而提出的"多元一体"的问题更为急迫。

作为基本问题的"一"和"多"

　　如果人类学还承认自身是一门科学，或者至少承认，它是以人和人所构建的社会以及人所发展出来的差异性文化积累为研究对象的一门学科[①]，那么它必然要去触及"一"和"多"这个作为学科基础的最为一般性的理论问题，甚至可以

---

　　① 美国的人类学家本尼迪克特曾经为人类学下过这样一个定义，在这个定义中，她强调了人类学对于作为社会一分子的人的研究：Anthropology is the study of human beings as creatures of society. It fastens its attention upon those physical characteristics and industrial techniques，those conventions and values，which distinguish one community from all others that belong to a different tradition. 引自 BENEDICT R. Patterns of culture. London：Routledge ＆ Kegan Paul Ltd. ，1935.

说，对于"一"和"多"这个基本理论问题的追溯，实际上激发了人们对一种真实世界存在的探索和研究兴趣，而如果最后无法回归到这个基本的问题上来，那么所有的研究到头来只能陷入赛亚·伯林所说的只知道很多事情的"狐狸"，而非知道一件大事的"刺猬"的认识困境。很显然，学科的发展需要有对一些基本问题的讨论和深化，否则这个学科的方向就可能会被误导，其知识的构成也会被打散，从而无法形成有着明确研究方向和知识积累的内涵丰富的学科。

如果说在任何一个学科之中，都会有这样一个基本理论问题的存在，那么对这个问题的最佳的解答也就自然要由这个学科的奠基者来做出，并借此引领后来者从不同的视角去开展意在丰富这个问题的内涵的研究，如此，学科才有可能持续发展。人类学自然需要有这样的一个基本理论问题的存在，也自然需要有这样的一个引路人把这个问题提出来，并引向深入研究。而在中国人类学的学术实践中，费孝通堪称是这样的一位引路人，他开风气之先，在1988年率先发表了《中华民族的多元一体格局》这一鸿篇巨制，30多年间引领了很多人的思考和研究的方向①。在这背后，根本上仍旧是"一"和"多"这个人类学的基本问题，只不过是在中国民族关系问题上得到一种更为突出的显现而已。

对这一基本理论问题的另外一条探寻之路，即通过对前人研究成果的综述和推演，渐渐地推论出"一"和"多"这一基本理论问题在这门学科的当前研究中的诸多表现。这同样是一门学科在学科史意义上需要去做的一项工作，这样才可能进一步将此门学科的发展不断地向前推进。否则，对一门学科的学科史的研究，也仅具有使一些隐秘的档案公开化的纯粹历史材料的展示和汇编的意义，不能够别开生面地为一门学科在未来的发展开辟出一个新的知识成长空间，而真正的新知识，往往建立在对既有问题解答的不断反思、追问和质疑之上。在人类学对新知识的追求过程中，任何微观研究的"多"都无法真正绕开这个宏观问题的"一"。

因此对人类学而言的"一"和"多"的问题，可能也适用于其他学科，或者说，它是人类在面对这个自然与人为的世界时，所共同面对的一个问题。同时在今天，在对世界的一体化想象和差异性生活的实践之间，从来都不缺乏一种相互

---

① 此文最初载于：费孝通. 中华民族的多元一体格局. 北京大学学报（社会科学版），1989（4）. 又载于：费孝通. 中华民族的多元一体格局//费孝通. 费孝通全集：第十三卷. 呼和浩特：内蒙古人民出版社，2009：109-147.

的张力以及个体自我表述的空间，特别是在目前这个全球化或地球村意识日益突显的时代里。这方面或许突出表现在世界宗教的所谓宗教多元主义的问题意识之上，借此问题的梳理，可以反观人类学的近乎同样的问题意识。对英国的宗教哲学家约翰·希克（John Harwood Hick）而言，"一"和"多"的问题乃是通过排外主义（exclusivism）、包容主义（inclusivism）和多元主义（pluralism）这样的类型学划分来对应性地得到体现的。排外主义很显然是跟"一"和"多"这个基本问题的"一"联系在一起的，而多元主义则必然是跟"多"联系在一起的，而居于中间的包容主义，似乎更为接近于费孝通所表述的"多元一体格局"，且更为偏向于"多"这一向度①。希克认为，他自己属于宗教多元主义这一阵营，主张"上帝有多个名字"②，并试图说服所有批评者，在"一"的存在的前提之下不能否认"多"的存在价值。

希克实际上在质疑并极力反对西方哲学传统中的一种假设，这种假设跟罗素极为相关，即认为"就宗教有关终极者或我们与终极者之关系的教导而言，至多存在一种真宗教"③。希克试图用这样三个例子来否定对于单一性宗教观的强调，最著名的便是维特根斯坦（Wittgenstein）《哲学研究》中所列举的心理学家约瑟夫·贾斯特罗（Joseph Jastrow）的鸭兔双形图④。在希克看来，这里的问题似乎很清楚，对于一种只知有鸭而不知有兔，或者情形完全反过来，一种只知有兔而不知有鸭的文化而言，一方会只认得鸭不认得兔，另一方则只认得兔而不认得鸭，各自报告出来的结果有分歧自然是肯定的，是本该如此的。维特根斯坦也承认双方各自答案的正确性，但若一方指责另一方的错误，那便真正是一种错误了。这错误显然是把自己所认为的"一"一下子推论到了对方的"多"上面去的一种错误。第二个例子就是现代物理学的波粒二象性的问题，在一种实验方式之下，光显露出的是一种波性，而在另一种实验方式之下，光显露出的则是粒子性。这实际上体现了物质世界运用力量而非属性的在现象上的差异性表现。转用

---

① 约翰·希克认为可以有两种包容主义，一种是"排外的基督教包容主义"，另一种是"彼此包容的包容主义"，并认为后者"这样的包容主义与我要倡导的多元主义很相近"。引自：希克. 信仰的彩虹：与宗教多元主义批评者的对话. 王志成，思竹，译. 南京：江苏人民出版社，1999：25.

② HICK J. God has many names. Philadelphia：Westminster Press，1982.

③ 希克. 信仰的彩虹：与宗教多元主义批评者的对话. 王志成，思竹，译. 南京：江苏人民出版社，1999：27. 着重号为引者所后加.

④ 维特根斯坦. 哲学研究. 李步楼，译. 北京：三联书店，1996：295.

到对宗教的理解，即人们在使用各种方式对世界加以冥想之时会体验到的一种作为实体的"一"的存在，它既可以是"上帝"，也可以是"佛陀"，还可以是"安拉"。第三个便是著名的借墨卡托（Mercator）投影法所绘制的多种世界地图，但由于地图本身各有各的用处，因此，并不能说其中只有一种地图是正确的，而其他都是错误的。实际上，这些地图在稍加改进后都会变得异常正确，但反过来，全部的地图由于是对真实的描画，其中似乎又都会隐有一种扭曲，因此又全都是不正确的。① 希克最后回到了多元主义宗教神学立场，认为"神性之光是通过人类许多'透镜'而被折射的"②。他用一种"透镜"隐喻把宗教哲学里的"一"和"多"的问题彻底地提了出来，就像费孝通用"大园圃"的隐喻指出了中国人类学民族关系研究中的"一"和"多"的问题一样③。

很显然，这个"一"和"多"的问题仍旧在解决的途中，尚未看到被解答的迹象，并且世间的种种变化、变迁，也使这种一时的解答变得会随时空的转换而发生相应的改变。而如果这种"一"和"多"的问题意识真正回归到中国的语境中来，情形大概也是一样的。对于中国学术而言，人类学在中国的发展也不过百余年的历史。且在这百余年的发展历史中，尚有很长时间的所谓人类学在南北两派知识传统上的分立，南派人类学发展似乎更为坚守欧洲大陆民族学的那种注重历史以及文化传播的传统，而北派人类学则似乎更为强调以功能论社会学为基础的社会人类学的实地田野研究。除此之外，还有差不多 30 年左右的时间，人类学为民族调查以及民族识别的学术实践和口号所取代，在1979 年恢复"社会学"这门学科之后，人类学也渐渐地由南到北地恢复了起来，在这之后，人类学依附于社会学这门学科而生长，因此，它很难获得作为一门独立学科的学术地位。在这种处境之下，人类学家大多被挤压到至少三个领域的研究中去，即关注中国乡村、关注中国的民族，以及关注世界的发展问题。而这些研究似乎也都无法真正脱离人类学的这个"一"和"多"的基本问题，"一"和"多"的问题从来无法逃避。

---

① 希克. 信仰的彩虹：与宗教多元主义批评者的对话. 王志成，思竹，译. 南京：江苏人民出版社，1999：27—30.

② 希克. 信仰的彩虹：与宗教多元主义批评者的对话. 王志成，思竹，译. 南京：江苏人民出版社，1999：41.

③ 即费孝通所说的"中华民族将是一个百花争艳的大园圃"。引自：费孝通. 中华民族的多元一体格局//费孝通. 费孝通全集：第十三卷. 呼和浩特：内蒙古人民出版社，2009：147.

乡村的"一"和"多"

"一"和"多"的问题首先体现在了中国乡村研究这个领域。这其中,最为核心的方法论传统乃是在早期英国人类学家拉德克利夫-布朗的指引下建立的,他通过1936年在燕京大学社会学系的系列讲座而描画出一整套中国乡村社区的研究方法。这期间,燕京大学的吴文藻乃是这套研究方法的主要推广者以及在中国的具体应用者,而他所培养的包括费孝通、林耀华、瞿同祖等在内的一批社会学专业的学生,乃是这套研究方法在中国国内各地、各学术机构中的主要传播者和亲身实践者。而在拉德克利夫-布朗之前,美国城市社区研究的奠基性人物帕克在燕京大学的讲学,已更推波助澜地把人类学的乡村研究范式极为国际化地建立了起来。后来的许多致力于中国乡村研究的本土与海外学者所一致坚持的仍旧是在那时建立的传统。[①] 而作为坚持这种传统的典范性代表人物费孝通,其在晚年仍对帕克的著述进行重温与"补课",也可反映此一传统的影响之巨以及在中国人类学家身上的根深蒂固的投射和表现。[②]

这一传统曾因20世纪90年代以来中国乡村"三农"问题的突显而日益受到中国乡村政治学、农村经济学以及发展学研究的看重,并被贯彻于实地的研究之中。但在"三农"问题意识极为突显的前提下,能够冷静、客观而又价值中立地回归到对人类学自身基本问题的探究上来,可能是这些研究的最终出路,否则只可能是"见木不见林",见一个个的乡村而不见中国,更遑论见世界了。

不过,在这里不能不提及的是,这中间对人类学传统田野地点所开展的一系列重访研究,尽管有时空转换所产生的落差感,以及无法真正从方法论意义上实现对一些表面变化与结构转型的真切理解之问题,但无可否认的一点是,通过这样一种"时空穿行",变迁的意义可因重访的实践而得到特别的突显,并且借助中国社会变与不变的关系发现,逐渐回归到对"一"和"多"这个基本问题,即不断变化的"多"与处于不变的"一"之间的辩证关系的讨论。否则,我们便无

---

① 李怡婷,赵旭东. 一个时代的中国乡村社会研究:1922—1955年燕京大学社会学系毕业论文的再分析//吴毅主. 乡村中国评论:第3辑. 济南:山东人民出版社,2008:261-306.

② 费孝通. 师承·补课·治学. 北京:三联书店,2001.

法真正回应利奇对于中国乡村研究的代表性的批评，即一个个中国乡村研究，如何或在什么样的意义上能够真正代表中国。[①] 而包括江村研究在内的人类学重访研究的诸多努力[②]，其所能告诉我们的仅仅是，在自然时间意义上的两个不同的社会时间节点，即"那时"和"现在"中间的连接，需要再次表述的历史性文化比较去点缀，以形成一种逐渐趋于完整和统一的认识，这是在实践"从多到一"的思想追求上的一种努力。但努力要把中国人类学的问题意识重新拉回到人类学基本问题上来的重访论者，可能还是没能从根本上去解决作为多样性的村庄的"多"与作为整体中国关切的"一"之间的关系问题。在这方面，费孝通的江村重访既是重访研究的一个典范，同时也是诸多问题的焦点。只有反思如何真正实现重访研究的"一"的回归，而非仅仅为了重访而重访，或为了变化而追求变化，才可能真正接近利奇追问的核心意旨。[③]

当然，其他诸多效仿人类学田野研究方法而开展实地研究的学科，可以不用去管这种由代表性的问题而演变出来的"一"和"多"的问题，因为在他们看来，中国的经验呈现才是第一位的。但方法上的民族中心主义的情结，不仅阻碍了他们超越民族国家视界而获得一种世界眼光，而且使他们无法耐心地去思考此种来自西方国家的田野工作方法自身存在的不足，以及可能由此导致的认识论上的缺陷。但对人类学而言，"一"和"多"的问题从来都是一个无法绕开或者必须探究的基本问题。如果这个问题解决不了，与之相关的一系列方法论上的疑惑也就无法迎刃而解。"一"和"多"的问题甚至可以说是整个中国社会科学自身所固有的一个基本问题，即作为世界一分子的中国的经验的"多"，如何去触碰富有整体性意义的世界或人类作为一个整体的"一"。

应该指出的是，当我们开始把一种近乎民俗意义的分类概念，转变成一种社会科学的分析性概念时，我们已在向把多样性的个体存在、现象存在转变成一种类别化的、形而上学的分析的方向迈进，即用一个更为抽象、抽离或更高一层的概念来代表多样性和差异性的存在的那种疏离化、单一化和类别化的取

① 费孝通. 人的研究在中国：缺席的对话//费孝通. 费孝通全集：第十三卷. 呼和浩特：内蒙古人民出版社，2009：340-349.

② 赵旭东. 八十年后的江村重访//王莎莎. 江村八十年：费孝通与一个江南村落的民族志追溯. 北京：学苑出版社，2017：1-10.

③ 赵旭东. 从追溯和回顾中理解中国乡村. 原生态民族文化学刊，2017，9（1）.

向。对于人类学家而言，这其间所隐含的一个真实发生的研究困境即在于，要么去注意纷繁复杂的个体性的差异，而无法真正对差异之上的人类共同性的存在加以概念化，要么因就有限的经验概括出共同性、一体性的特征，而无法解释具体时间和空间差异下的多样性的变异、变化和转型，从而缺少真正模式化的、具有代表性及可预期性的对于类似现象的解释力。

中国的乡村可以说是丰富多彩的，是真正人类学意义上的多样性的代表之一。"五里不同风，十里不同俗"便是此多样性的极佳概括。因此，试图用单一样貌、特质或者发展趋势去完全涵盖中国乡村社会的诸多差异，显然是一种极为幼稚的想法，这种想法表面看起来或许是在回应作为人类学的基本问题的"一"和"多"，但要让人真正地信服其在中国的认识上达成了"一"和"多"的统一，似乎依旧前路渺茫。

或许在今天看来，费孝通 1939 年撰写完成并出版的著作《江村经济》的英文版是有关中国何以为"多"的一项人类学的里程碑式的研究，但在他的同学英国的人类学家埃德蒙·利奇看来，这也只不过是诸多有关中国村落研究中的一种而已。而中国农民生活的样态自然并非只有江村这一种，而是有多种存在，《江村经济》这一本著作实无法一一予以涵盖。费孝通也承认，此著作的"中国农民的生活"副标题的添加并非自己的初衷，而是出版商执意为之。但如果将错就错地去看，出版商对作者本意的这个扭曲，又何尝不是一个把人类学最为基本的问题，即"一"和"多"的问题提出来，而为更多的研究者提供参与其中并加以解决的绝佳机会呢？

在《江村经济》英文版出版的约 10 年之后，费孝通出版了用中文写作的《乡土中国》一书①。毋庸置疑，《乡土中国》这本书是费孝通以一种自觉意识对作为"一"而存在的所谓中国的问题，即有关中国人、中国社会以及中国文化的整体性存在的问题的回答。但要清楚的是，《乡土中国》终究不是《江村经济》，换言之，如何体现《乡土中国》所面对的"一"的问题，对中国的乡村研究者而言仍旧是一个难于解决的问题，否则，当费孝通在晚年看到他的那位名闻世界人类学界的英国老同学利奇的有关对包括江村研究在内的中国乡村研究的批评时，他就不会那样不安和认真地作文回应了。似乎费孝通和那时已经过世的利

---

① 费孝通. 乡土中国. 上海：观察社，1948.

奇在思想上有了一种不期而遇，尽管那时的费孝通已无法与利奇直接对话，但他们似乎都意识到了"一"和"多"这个人类学的基本问题在中国乡村研究中的出现和日益凸显。

西方的形而上学的传统与"一"和"多"的辩证关系的交织，使"一"和"多"问题成为人类学民族志的内隐问题，每个研究似乎都需要去回答，从《努尔人：一个尼罗河流域民族生活方式与政治制度的描述》到《上缅甸高原的政治制度》都如此。而我们在此问题上的自觉，恰可能源于利奇对中国乡村研究的整体性的追问和质询，并且费孝通的作答使这个问题更加突显，这个问题转而在中国民族研究上突出地体现出来。

民族的"一"和"多"

另外一个人类学者比较集中的研究领域，便是相对于乡村汉族社会研究的对于周边少数民族地区的研究。在这一领域之中，民族学或民族研究取向的人类学者活跃在广阔的田野之上，并和民族学者一起，共同致力于对这些区域的社会、人与文化的理解。他们中的前辈大都受到了 20 世纪 50 年代在中国各少数民族地区所开展的民族识别工作的影响，这些兼有人类学、民族学以及社会学背景的研究者，基于当时国家整体性的民族识别工作的特殊任务安排，以访问团成员的身份来到各少数民族地区（集中在云南、贵州、四川等西南诸少数民族所长期居住的地理区域，以及东北、西北、东南以及新疆、西藏等少数民族聚居地区）。为了统一调查和界定少数民族地区的社会形态和社会性质，调查所用的表格几乎是一样的，所问的问题和关注的焦点也是预先设计好的，期待着搜集上来的资料是有着民族独特性的，从而完成民族识别的国家任务。由此，当时的学者们很难有机会，当然也很难有意识把研究的注意力专门集中在可能隐含着中国人类学基本问题的提出的调查区域，而是基于少数民族调查的目的在周边少数民族地区展开实际调查，后来费孝通的"中华民族多元一体格局"概念的提出，也无疑跟这项工作的细致而全方位地展开有着密切关联。但"中华民族多元一体格局"这一概念却是在此调查完成之后很久才发表出来的调研的副产品，因此不能说当时的费孝通就有很清晰的问题意识在做这方面的思考，他也经历了一个循序渐进的思想发展的过程。可以说，在当时的中国人类学界，或者更准确地说，在民族问题的研究领域，"家庭、财产与私有制形态"这样的恩格斯式提问方式，或者说先经由马克思，再经由恩格斯筛选的对于摩尔根有关古代社会的理解，在中国 20 世纪 80 年代以前的人类学田野调查的书写模式之中随处可见，这种"理论的旅行"在中国 1949 年以后的人类学和民族学的研究领域发生了一种落地生根的概念传播效应，那时的研究者意欲由此而在中国少数民族的田野之中真正寻找到与摩尔根在《古代社会》一书中所描述的人类社会的发展阶段以及马克思和恩格斯总体概括的人类社会发展阶段一一对应的发现，而不是单单基于一种独特的田野去发现一种独特的文化表达形态，尽管这其中并不乏类型特殊的无法借由摩尔根、马克思以及恩格斯的理论来解释的田野发现，诸如对纳西摩梭人的亲属制度的研究，只能迁就既有的解释框架而做勉强的解释。这样的一种思考方式几乎成为那个时期人类学家、民族学家以及民族地区的工作者问题意识的核心，一大批调查资料都是基于此种模式而加以编排和铺陈的。

　　显然，这样多少带有一种对于未来社会预言性质的人类学研究，是不可能完全适应在改革开放以后社会突变产生与民族交融过程之中涌现出来的各种新的社会心态、研究心态以及理解心态的。在改革开放之后，各类型社会之中催生出的种种新的社会关系，渐渐因各项制度的变革而出现了一种自我发育成熟且裂变的过程，而此时，对于发展新的人类学核心或基本问题的呼声也变得极为高涨，从"一"和"多"的问题入手去理解整体性的中国民族关系成为民族问题研究的一个新热点。人们在谈论中华民族凝聚力的问题意识之时，也在谈论各民族地区如何协同发展的问题，此时费孝通的"中华民族多元一体格局"观念的出笼可谓恰逢其时，或者说正顺应了那个时代的一种思想潮流，即在一体之中包容了多元，它也成为中国人类学借助民族问题研究而提出人类学"一"和"多"这个基本问题的前奏。与此同时，人类学作为一门学科的主体意识，也在不断地在其他强势学科面前彰显出来。由此，人类学在中国更多地与社会和文化的面向而非体质、考古和化石生物学的面向相关。

　　自 20 世纪 90 年代以来，人类学学科发展越来越集中突显出的一种趋势就是，人类学开始跻身一些跟社会科学相关联的机构的名字中，如中国社会科学院的"民族学研究所"更名为"民族学人类学研究所"，北京大学的"社会学研究所"更名为"社会学人类学研究所"，北京师范大学的"民俗学研究所"更名为"民俗学人类学研究所"（最近则改为"民间文学研究所"），中国人民大学也在 2002 年从无到有地直接成立了人类学研究所。这份更名统计尽管并不完善，但反映出了一个共同特征，那就是这些对原有机构名称的更改，大都发生于 20 世纪 90 年代的中后期及作为新世纪的 21 世纪之初，最近几年，山东大学也继中山大学、厦门大学之后成立了人类学系，中国人民大学也曾一度筹划建系，而 2018 年北京大学社会学系开始招收第一届人类学专业的本科生。人类学在中国各类民族院校的民族学专业中就更有一种普遍存在的趋势，并且其所占份额在逐渐上升。这些新的转变，实际上都体现出人类学作为一门学科其自身的影响力，特别是在民族研究领域，这种影响力更为巨大。尽管不是所有的民族院校都设有人类学专业，但是人类学的不可或缺和不可为民族学所替代已经成为民族院校民族专业发展的一种共识。在这背后，不可否认的乃是人类学问题意识的种种新作为，以及由此而带动的民族问题研究新视野的诸多新拓展。

而在所有的这些新作为和新视野的拓展之中，所不能不提及的就是在 1988 年，费孝通所提出来的"中华民族多元一体格局"的宏大构想，这个构想在字面含义的包容性上一扫曾经民族学研究领域中的那些有意无意地把多元和一体直接人为地对立起来的过于简单和极端的做法。从这个意义上说，民族问题不再是某一个民族自身的问题，而是转变成一个在与其他民族互动中所涌现出来的问题。这种民族之间相互依存的关系，在费孝通的民族关系的理论框架中，经由深思熟虑而转变为一体和多元之间的一种相互包容互依的关系。作为一体的国家意识以及作为整体的文化存在，显然已经成为一种现实意义上的既有的国家存在，这并没有什么根本性的可争论的空间，而在这个一体之下的多元的存在，却依旧展现在人们的实际生活当中。显然，没有一种多元的特殊性，是可以完全为一体的普遍性所完全涵盖或取代的。并且，伴随着新时代的新发展，结合日常生活的现代性诸特征出现了新的分化形式，这也是单单依靠一体的抽象概括所无法真正应对的。一个最为常识性的认识便是，虽然规则可以随时制定，但是变化的速度总是会超过规则制定的速度。在遵从一体的前提之下，承认多元的存在和变化无穷，成为新的中华民族共同体乃至扩展到国际范围的人类命运共同体构建的基石。

这样的看法，显然已经在无意识地把人类学的最为基本的问题的讨论框架慢慢地放入中国民族关系的分析中去，由此而为旧有的进化范式提供了一种新的范式转换机会。而这种新的观念的生长点的核心就在于，它同时关注到了社会与文化的"一"和"多"这两个方面，而不是像很多人类学者所做的那样，要么只去关注具体的"多"，而忽视整体意义上的"一"，要么反过来，只注意到抽象意义上的"一"，并且很容易简单化和实质化地将"一"等同于"多"，却看不见"多"的具体形态和发展，以及种种自我创新的模式与变化。

相比对汉族社会同质性大于差异性的一种共同体想象，少数民族地区富含多样性的族群互动差异性的存在，使得一种族群关系异质性存在的自我想象同样被用各种形式记录下来而近乎实质化了。一种对于自身文化特质的过度强调，乃至一定意义上的传统发明，使其自身在一种"文化自觉"的感召之下，并不能够真正意识到相互之间跨族群、跨区域以及跨国界的文化相似性的存在。这就是在另外一个极端上强调自身的"多"，而忽视了可能在这"多"的基础之上的更高层次的代表相似性的"一"的存在。

而伴随着中国 56 个民族得以确认，以及少数民族识别工作的基本完成，如何在塑造人的共同性之外去寻找差异性，成为各民族被界定之后最为重要的认同构建的基础，这种构建的核心仍旧是一种文化获得感。伴随着市场选择、资本观念、旅游开发、人口迁移，以及跨越民族国家边界交流的种种实践，一种对于地方性的强调和自我表述，成为最为重要的表达自身独特性的方式。地方社会为了吸引更多的游客，而很少再谈及自身与其他地方之间曾经有过的交流性、人群构成的相似性以及文化的共享性，而是更多地，甚至夸大地去谈论地方的差异性存在，而并不顾及这种差异性存在是否真的有事实依据。

由此，大家对某种特殊的文化遗产激烈争夺的事件频繁发生，比如对神话人物大禹故里的认定的争夺，对民间传说中牛郎织女的出生地的认定的争夺之类。总之，对种种中国历史典故发生地的争夺，都属于在这样一种观念下所必然会出现的一种文化创造的衍生品。在这种文化上的"多"的展演，以及对于"多"的地方性强调的认同实践中，研究者的目光被不断地拉向这些异彩纷呈的多样性文化实践。这些研究者同样没有空闲去真正注意到在这些多样性文化实践的背后，作为整体性表达的民族共同体意义上的"一"究竟在何处。

这最后的问题，恰恰可能是多元一体观念要去解决的一个问题。而如何在民族国家一体及承认文化共同性的前提下真正注意到社会、个人与文化多样性的存在，尽可能广泛地包容并认可社会、个人与文化多样性所带来的种种创造力和活力，将是人群关系中的"多元一体"及"一体多元"向度所要真正去解决的一个问题。

世界的"一"和"多"

伴随着 20 世纪 70 年代末中国的大门向全世界敞开，中国人开始到自己国家以外的区域看世界，也有越来越多的中国人类学家——特别是在最近十余年的时间里——开始走出国门，到世界诸多的地方从事实地的田野研究，这样所撰写出来的文字被称为"海外民族志"①。但细观这些民族志的书写，书写者或许更多的还是将以费孝通《江村经济》为典范的"自己人研究自己人"的做法拿来研究中国以外的人以及他们的社会与文化，结果在表面上所显露出来的是一种拉开架势去研究异文化的雄心，似乎必然有那么一个他者等待着我们去发现。在逐渐增多的对他者的发现和累积之中，表面的多样性的存在使得更需要一种涵盖性的解释来处理这背后的共同性的问题。换言之，似乎问题又回到了西方人类学家提出的问题的原点上去，即归根结底仍旧无法避开西方人类学家所遭遇的研究的代表性有无的问题，这些差异性文化素材的搜集和积累意欲何为呢？显然这依旧是所谓"一"和"多"这个人类学的基本问题，并不是研究者从研究自己人到走向海外研究他者就能够真正绕开的。

如果回溯历史，在早期经典人类学时代，以马林诺夫斯基为代表的科学民族志，其意在发现西方以外世界中的他者的存在，即相对于西方世界而言的异文化的存在。在早期西方人类学家的观念之中，西方被看成是在哥伦布地理大发现之后的一种世界主导性的力量，这种力量催生出了现代意识，这种观念隐藏在西方人的从实物到文字再到图像的呈现之中。此时的西方学术界，对西方以外世界充满兴趣，许多学者极力寻求西方以外世界与西方世界之间的差异性所在，他们寻找的是作为相对于西方之"一"而言的他者之"多"的特例、早期形态以及差异性文化表达的存在，而不是与西方之"一"具有共同性、一致性的地方。在他们的眼中，这个"一"一定不存在于"野蛮人"那里，即人类学家研究的土著社会，而存在于文明人这里，即西方世界。

在"一"和"多"这一人类学的基本问题上，早期的西方人类学家的傲慢与偏见是显而易见、毋庸置疑的。"一"被天然地认为存在于西方社会，而所谓的

---

① 谢立中. 海外民族志与中国社会科学. 北京：社会科学文献出版社，2010.

唯一性和不可超越性也被认为存在于西方社会。而所谓的"多"，或者说多样性的存在，则被认为存在于西方以外的世界。这对于西方人类学而言，恐怕是一个最为基本的自我想象的模式，中心和边缘在此意义上是不可随意撼动的，尽管在此模式支配下的学术场域中仍旧不乏一些不同的意见存在，争论也随处可见，但核心的自我与他者之间的结构性关系深植在每一位西方人类学家的头脑之中。而大多数西方人类学家喜欢翻来覆去地讲述的也便是这种潜在的以西方为中心的"白人的神话"。

从另一个方面而言，今天的中国人类学要真正意识到世界格局中的"一"和"多"的依存关系，即一体性全球秩序的构建与多元文化如何互不干涉地共存这一核心趋势。只去强调一体性的极端控制和秩序构建，而忽视多极化的世界秩序以及多样化的文化存在的可能性和现实，或者反过来，只去强调世界多极化和多元文化的存在，而没有真正注意到人类的共同价值和一体整合理想的营造，最后都可能会导致人心离散、社会秩序混乱、冲突和战争频繁以及文化价值体系崩解。中国哲学家赵汀阳曾经试图在"重思中国"的道路上借助中国所固有的一种"天下体系"观念去"重构中国"，即在新的话语背景之下去主张一种中国人的世界观念，以补充西方近代文化中所缺失的容括他者、转化异己的世界秩序构建的能力，这种观念里的转化能力的独特性为赵汀阳所敏锐地捕捉到了。[1]

面对此种相互关联的世界格局，对人类学家而言，一种文化上的态度和认知是首先要予以保证的，那便是经济和政治属于分化、等级和争端容易发生的维度和场域，而文化维度才是潜在地具有观念上的整合力的。在此意义之上，文化可以使人群的分散化为统一，但要清楚的是，文化的作用亦有其两面性：一方面，文化有积极整合人群关系的作用；另一方面，文化有可能引发危机和秩序混乱，特别是在文化观念从合作、共赢走向对立和冲突之时，特别是对于一些持续去中心化、权威旁落及核心价值缺失的社会而言，情形更会如此。在亚洲、非洲、拉丁美洲的诸多后发展国家中出现的国家统治秩序的混乱，无一不跟其文化失衡以及多元价值冲突紧密地联系在一起。

---

[1]　赵汀阳写道："中国的基本精神在于'化'，并且关键是以己化他而达到化他为己。这当然意味着要接受多样化，但这个'多'却是由'一'所容纳的。多样性必须在某种总体框架的控制中才是多样性，否则，失控的多样性只不过是混乱。"（赵汀阳. 天下体系：世界制度哲学导论. 南京：江苏教育出版社，2005：13.）

社会秩序的分化能力，就其正功能而言，无疑具有体现个人自由价值的一面，尽管政治学家亨廷顿曾经对此嗤之以鼻，以为"首要的问题不是自由，而是建立一个合法的公共秩序。人当然可以有秩序而无自由，但不能有自由而无秩序"①。但很显然，对于真实生活中的几乎每一个人而言，拥有自由是极为重要的，个人缺失了自由，社会的发展动力也会逐渐丧失。一条确定的规则便是，自由的力量过强，个人我行我素，便会转化成一种破坏性的力量②；相反，自由的力量太弱，国家和社会变得过于强势，结果会是个人软弱无力、无所作为。由此，对一个社会、国家乃至整个世界而言，核心可能就是如何在这强与弱的社会和国家力量之间寻找到一个合适的平衡。因此，到最后这问题似乎又回到了部分与整体或者说"一"和"多"这一人类学的基本问题上来，在此意义上，民族关系已经不再是民族内部的关系，而是已经转化为民族间以及世界性的民族关系了。

从民族看世界和从世界看民族

就世界人口分布而言，长时间的地域历史文化的积淀，使得民族的文化成为一种多元的存在，每个民族的文化、社会与人群的历史性及地域性的差异，决定着民族自身的多样性。就地理空间而言，从农区到牧区，从耕地到草原，从河谷到高原，我们都会感受到一种时空转换一般的文化差异。这是由那里的人文地理环境所决定的，而非人为的意志所能决定。地球上的不同区域，都会存在或大或小的差异性。如果从民族看世界，也就是从"多"去看世界，即从多样性中去理解世界的存在。这是一种由下而上的透视路径，也就是从纷繁复杂的差异性中去理解以整体性而存在的作为"一"的世界。

这是我们视觉方式的一种大转型。从民族看世界是一种视觉方式，反过来，从世界看民族，则又是另外一种视觉方式，在这两者之间摆动所构成的相互性地

---

① 亨廷顿. 变化社会中的政治秩序. 王冠华，刘为，等译. 北京：三联书店，1989：7.

② 一个强调"我行我素"的俄国农民惯用的词语便是 volia，因此一位评论家写道："俄罗斯一旦解放，它不会走向议会制，而会走向酒铺，喝烈性酒，摔玻璃杯，把刮胡子并穿礼服大衣的贵族吊死……"见：派帕斯. 旧制度下的俄罗斯//雅赛. 重申自由主义. 陈茅，徐力源，刘春瑞，等译. 北京：中国社会科学出版社，1997：25.

看，则又成为第三种视觉方式。这些方式在今天都成为我们的世界性体验的方式。我们作为一体的国家向整个世界开放的 40 多年，也是我们从自身民族的立场去看世界的 40 多年，我们今天的每一个民族都开始有了一种明晰的世界观念，它不是纯粹想象的，而是扑面而来的现实观照。不论是身边的作为外来者的游客、友人以及由跨国婚姻所带来的伴侣、亲戚，还是日常生活中所使用的各类标有外国品牌的用品，又或者是自己走出国门在异国他乡的土地上游走观光，实际上所有这些，都在帮助我们形成一种看待世界的方式和体验。这反过来也是一样的，一个朴素的道理就是，大门的敞开从来不是单向度的，大门的敞开意味着有进必有出，而在进出之间则会形成一种相互性的关联。进来的人可能帮助本土的人形成一种从世界看民族的新视角，即从一种真切发生的世界立场去看中国，去看中华民族。以单一的民族自我中心意识去看世界，可能会形成一种偏差和误判，而反过来的从世界看民族则帮助人们形成一种并非那么扭曲地去看待自己与世界的关系的视觉纬度。这是费孝通所谓的"我看人看我"，或者是诗人卞之琳的诗《断章》中所描述的"你站在桥上看风景，看风景的人在楼上看你。明月装饰了你的窗子，你装饰了别人的梦"。这是一种诗性的相互性地看，是彼此之间的互视、欣赏和往来，这中间最为重要的便是对彼此真实存在的一种感知。

对中国与世界的关系而言，我们在这改革开放的 40 多年间着实经历了一种相互地看的密集发生，我们走出去，外部的人走进来，因此而创造了诸多相互地看的奇迹。我们切身体会到了多样性世界的存在，同时也见证了灌注于我们身心之中的世界一体的人类命运共同体的想象和追求。2008 年奥运会在中国北京召开，这无疑是一体性构建的最具特征性意味的事件，它让我们看到了世界的存在，同时也让世界看到了中国今非昔比的巨变。

这种相互地看的视觉体验在 21 世纪的第二个十年开始之后发生了一种重大的转变，那就是我们不仅敞开国门迎接世界，而且走出国门去建构世界。中国的声音不再是"遥远的东方有一条龙"那种呐喊，而是"在世界之中"并鼓舞世界寻求合作共赢的一种新的呐喊。我们开始把民族的多元一体转向一种世界的多元一体。换言之，在 2013 年以后，作为人类学基本问题的"一"和"多"在无意之中遇到了中国向世界提出的"一带一路"倡议，这实际上对中国人类学、民族学、社会学，乃至一般社会科学而言，都可谓一个新的发展机遇，借此走出国门的新实践可以将内部诸多理论之争化为一种虚无，转而从更为宏大的世界视角去看自己民族的问题之所在。如果说我们传统的对民族关系的讨论多少有些像牛顿力学范式在地球之上的适用性，那么掌握了爱因斯坦的相对论，则可能使我们看到在浩瀚宇宙一体下的星球之间的相互作用，而无论牛顿力学如何伟大，这都是它无法真正驾驭的。这就是视觉转换所带来的一种效力。因此，缺少一种世界眼光的世界观，只可能匍匐于地下，而不能翱翔于广袤无垠的宇宙之中。到了此时，或者说在这个已经从超出中国的世界意义上来看中国与世界的关系的时代里，如何换个角度去看待一体与多元之间的关系，对今天中国的研究者而言日趋紧迫，这根本在于，中国在经历了40多年的改革开放的经济积累之后，面临着如何能够真正跃出中国的民族国家的界限而走向世界的问题。在这其中，中国将以怎样一种样貌走向世界，如何超越民族的边界而看无边界的世界，相比其他研究问题，对这些问题的研究变得更为急迫和急切，甚至可以说有些危急了。有些问题显然没有自我独立那么简单，如何在融入世界的同时保有一种独立的姿态才是问题的关键。

正所谓没有无缘无故的爱，也没有无缘无故的恨。到了相互性交往的两方面，一方造成的可能是合作，而另一方造成的则可能是彼此之间的激烈冲突。换言之，你以怎样一种姿态屹立于世界之林，实际上也就是你将以怎样的"一"和"多"的人群关系的世界观去看待这个世界，积极的世界观带来的可能是积极的回报，消极的世界观带来的可能是消极的冲突。很显然，以民族主义为基础而建构起来的牢不可破的中华民族共同体意识，已经被证明在现代中国熔铸多元意识进而去建构现代国家方面无可替代。这是一个东方泱泱大国以新的姿态走向世界的一种新的风貌的完整体现。但这样一个有着家园共同体意识的现代民族国家，如何去真正面对世界多样性文化的存在，将会成为未来中国的世界形象建构的核心。这既不是靠纯粹的经济效应积累所能完全实现的，也不是靠政治上的对手博弈所能根本解决的，它必然是一种文化意义上的世界观念的重构。

经过半个多世纪的发展，中国在世界之中表现出来的显然已经不再是过去的那种"东亚病夫"的形象，而是真正处在世界之中并承担着世界性义务的大国形象。中国无疑在日益崛起，但如何使其真正和平地进入世界，且为既有的世界共同体所友善地接纳呢？明白"一"和"多"的辩证关系，并将之运用于国际交往，将是一种正途，特别是对一个日益复杂的社会而言，辩证关系从来都是一种最具策略性的行动指南。宽容在此时必然会成为辩证法的一块基石，中国不走一种西方化的会给世界带来麻烦和困扰的全球同质化发展之路。这是考验这一古老国家的文化和智慧的重要时刻和契机。一种处于不断生成过程之中的,而非僵化了的缺少活力的中国与世界的关系的养成,依赖于某种实践智慧,而非纯粹的理论预设,在这一点上,完备的理论追赶不上变化莫测的实践。

而且,这种实践智慧的产生只可能有两种来源。一种是我们传统之中所留存下来的有关共同体意识的知识思想储备,或说传统文化意义上的智慧积累。尽管这种积累会让人感觉远离今天这个时代,但其存在的超越时间性的意义却是极为明显的,至少对其重新回味可以让人产生一种启发性的联想。而另一个重要的来源便是直指当下的生活世界,即日常国际交往实践中的智慧创造与发现。

面对今日世界所渴求的一种近乎是稀缺品的、真正的而非虚假意义上的世界观,传统典籍《周易》中的观念,对今天的世界秩序的建构而言,依旧有着一种令人浮想联翩的启发性。其中一个观念即"群龙无首"[①],它的象征性隐喻的思想表达对理解今天世界的多极化存在而言是再恰当不过的了。如果将"群龙无首"匹配上一种包容寰宇的天下观念,就可以帮助我们去重新构想一种从中国看世界的宇宙观意象。所谓在普天之下,群龙不争,各显神通,此番"见群龙"的刚健之势,与一种"无首"的坤柔之意相观照,而不获天下有序治理的大吉大利,显然也是不可能的。

而不久前,研究中国儒家哲学的美国学者安乐哲就撰文指出中国儒家智慧的当下价值,并对当下走向世界的中国,从儒家本位给出了一种极为善意的提醒[②]。他注意到,中国传统儒家在处理世界问题时,在"一"和"多"这个问题上存在一种模糊性,这种模糊性有其独特的文化交流价值,即"一"和"多"之间难分彼此,由此观念可以形成一种能对当下世界秩序做出贡献的新智慧。他借

① "群龙无首"一语出自《周易·易经·乾卦第一》"用九"的爻辞,即"见群龙无首,吉"。实际上这里的"群"意味着多,即有多个之意。高亨曾经解释说:"爻辞云'见群龙无首,吉'因'用九'是《乾》卦六爻皆九,纯阳皆动,乃象'天德'。六爻象群龙并出,各秉刚健之德,其中不可能有龙王为之首领也。此乃比喻诸侯并立,各秉天德,德齐力均,不可能有帝王为之首领;但以其各秉天德,故吉(否则不吉)。"引自:高亨. 周易大传今注. 济南:齐鲁书社,1979:60. 又金景芳、吕绍刚注解:"'见群龙'是乾之刚健,'见群龙无首'是坤之柔顺。以刚健为体,柔顺为用,刚健而能柔顺,获吉是必然的。程颐释'无首'为无自为首。意谓资质刚健的英雄人物勿自为天下人之首,而让天下人拥我为首,也是有道理的。"引自:金景芳,吕绍刚. 周易全解. 长春:吉林大学出版社,1989:9.

② 安乐哲. 中国与转变中的世界秩序:儒家思想与杜威及实用主义的对话. 探索与争鸣,2018(2).

用新儒家唐君毅的宇宙论意义上的"一"和"多"的关系而强调"'部分'和'全体'之间是一种全息的、相互依存的、创造性的关系"①，并进而认为，中国宇宙论的一般特征便是所谓的"一与多的不可分、个体身份与情境间的连贯性、独特性与多义性的共存、连续性与多样性的相互联系、完全性与综合性的包容性，从关系紧张中产生的共享和谐动态，以及经由效果全体实现的具体细节表达等等。更为重要的是，'一多不分'以另外一种方式描述了内在的、本质的关系性原则——将所有'一'与必然作为其情境的'多'合为一物"②。基于此，从传统儒家的思想中，安乐哲似乎为我们找寻到了一种处理如何从中国看世界以及又如何从世界看中国的"一"和"多"的矛盾的智慧性途径，并且这种智慧恰巧出自上文所提到的传统中国典籍文献。

中国儒家典籍中的智慧之策的核心便是不要僵化地、过度理论化地去看待世界的一体性和多样性的存在，否则，一个国家将形成一种使其在世界中到处碰壁的国际交往形象，美国此前的一些作为，很显然已经使其陷入了此种困境。安乐哲因此借用了马王堆帛书本《道德经》里的话并做了改动，称"圣人恒无心，以百姓心为心"③，他随后又引《道德经》文"圣人在天下，歙歙焉为天下浑其心。百姓皆注其耳目，圣人皆孩之"④。这实际上在借用一种富有隐喻性的圣人与百姓之间的关系来寓意人群之间在"一"和"多"上所应有的一种相互性的关系，即"圣人与百姓的生活密切相关。在形成关系的过程中，百姓固然希望圣人能为其指明方向，但他们同时也保有'自然'：通过保留孩童般的不确定性，众人过着各自不同的生活，每个人都被赋予了一定空间以创造各自在世界中的独特叙事。没有特定的规则强加在他们身上。他们所处的世界仅仅是众多不同的秩序未加概括的全体。他们可以经由令人愉悦的浑朴之心，全心全意、志同道合地融入多样之中。在这颗浑朴之心中，他们之间的差异不仅为彼此也为圣人带去

---

① 安乐哲. 中国与转变中的世界秩序：儒家思想与杜威及实用主义的对话. 探索与争鸣，2018（2）.

② 同①.

③ 这里，安乐哲借用了帛书本《道德经》中的资料，而将原来一般"圣人无常心"（Sages are without constant thoughts and feelings）改为了"圣人恒无心"（Sages are ever without thoughts and feelings）。参见：刘笑敢. 老子古今：第一卷. 北京：中国社会科学出版社，2006：487. 安乐哲由此而强调，"此处的'无心'有无形的意味，表达出了一种不刻意介入的状态：直接的'思或感'或'随之自然流淌出的思与感'"。"无心"意指一种"相互尊重的关系性的优化模式，而非不作为"。前后文均引自：安乐哲. 中国与转变中的世界秩序：儒家思想与杜威及实用主义的对话. 探索与争鸣，2018（2）.

④ 同①.

了改变"①。

而安乐哲所发现的另一种处理中国与世界关系的智慧，则与我所说的当下生活世界里的人对世界或者国际关系格局的新思考或新实践有关，它就是来自纽约大学的宗教历史学家詹姆斯·卡斯（James P. Carse）所提出的有限游戏和无限游戏之分②。借由安乐哲的转述，我们可以清楚地了解卡斯这个现代人的独有的智慧。对卡斯所提出的有限游戏而言，其所强调的重点在于"依照固定规则参与其中的个人通过固定的规则保证了游戏将在固定的时间内产生一个结果——赢家和输家。有限游戏因此有始有终，参与的目的在于赢。普遍的个人主义与自由主义价值观，使有限游戏中的竞争成了我们在考虑个人之间、团体之间及主权国家之间相互关系的过程中所倾向的惯常模式"③。卡斯所提出的无限游戏则与有限游戏大异其趣，"其重点在于加强各实体之间的关系，而不是强调个体间的竞争。无限游戏的最终目的是实现游戏参与者的共同繁荣。此外，为了找到解决问题的办法，无限游戏所依循的规则可以依据游戏进行过程中的具体目的而改变。……无限游戏的结果只能是双赢或双输"④。

最后，安乐哲以一种"圣人"的意象去类比中国走向世界的努力："圣人就是那些在经济、政治以及文化层面上主张'一带一路'——亦即共赢与共享多样性价值观的人。他们所期望实现的是一个包容的世界新秩序。该秩序将把我们从有限游戏带入无限游戏，从当代世界的不平等带入人类的共享繁荣。"⑤ 这既是一种对中国走向世界的愿景，也是一种期盼其实现的理想。

"一多两赋"而生情

对于作为人类学基本问题的"一"和"多"，有一点基本共识是可以达成的，

---

① 安乐哲. 中国与转变中的世界秩序：儒家思想与杜威及实用主义的对话. 探索与争鸣，2018(2). 着重号为引者所后加.

② CARSE J P. Finite and infinite games. New York：The Free Press，1986. 此书亦有中文译本：卡斯. 有限与无限的游戏. 马小悟，余倩，译，北京：电子工业出版社，2013.

③ 安乐哲. 中国与转变中的世界秩序：儒家思想与杜威及实用主义的对话. 探索与争鸣，2018(2).

④ 同③.

⑤ 同③.

那就是对"一"和"多",或者一体和多元,显然是不能分开来看的,一旦分开来看,就必然会走向极端:一体因此只可能是一种像国家机器一般的强制力的施展,而多元也只可能是一种离心离德的离心之力。并且,"多"因此而成为使一体散乱不堪、无以整合的促动力。理想社会的存在应该是"一"和"多"之间的交互作用及相互激荡。一方可以借此来凝聚力量,而另一方则可以由此去生成一种力量。"一"和"多"只有互为彼此,交融互惠,才可能生发出一种人群社会关系井然有序的大气象。

更为重要的是,在这"一"和"多"的互动沟通之外,尚有一个"情"的领域在此过程中被制造出来,它虽然存乎于天地万物之间,为人人所拥有,但往往为现代理性所忽视。而在我看来,如何在"一"和"多"之上重视人类情感存在的共同性,可能才是理解作为人类学基本问题的"一"和"多"问题的根本,或者说,一种情感纽带的存在而使得"一"和"多"之间有了一种真正难分彼此的关联。否则,二者之间只可能是一种彼此分离、平行而无真正交流的关系。

或许,一个最为朴素的道理便是,人同人之间的交往所真正依靠的是一个"情"字,而非法理意义上的借由规则而体现出来的一个"理"字。道理上的明白确实可以使人类社会有一种秩序的生发,规则明白,道理清楚,人们可能就会按照这规则和道理去做,秩序也便可能由此而产生,但这仅仅是一种法理学意义上的秩序。中国文化里所真正看重的长幼、尊卑背后的一整套道理借由儒家的口说明白了,如果能够按照这圣人的道理去做,那么便是一整套社会伦理秩序的建构和实践,在这方面似乎毫无问题可言。

但即便如此,真要实现彼此之间有往来,并使得这种往来持久且有生命力,核心自然便落在了人情上面。这实际上不是一种长幼有序、尊卑有别的道理的问题,而是一种"老吾老以及人之老,幼吾幼以及人之幼"的推己及人的情感介入的问题,情与理在此一点上是二者互依而不可偏废任何一方的。因此,清代学人纪晓岚洞若观火,在《阅微草堂笔记》卷十六"姑妄听之二"中直说"天下事,情理而已"。实际上,社会之中即便有再多的法律规则存在,但若没有了情发乎其中,法律也就只可能变成一纸空文,被束之高阁。人及社会的存在,在此意义上便只可能是"一"和"多"的统一体,而能够维持这个统一体的支撑性的力量,必然源自人类共同性的情感,源自人的情感性的从彼此陌生到相互熟悉,这个过程显然不能依靠一种纯粹命令的指派来实现。规则命令只具有一种形式的意义，真正发挥作用的机制便是有赖于相互交往之中的情感互依与道德升华。

很显然，在我们的记忆之中，所能够记忆深刻的便是与某个人的一次兴致盎然的谈话、一次欢快的聚餐、一次别开生面的歌舞表演等，所有这些，都是因为打动了我们的内心情感才使得我们铭记在心、刻骨难忘的。这往往又是一种相互性的存在，它是由情绪、情感的"情"来做纽带的。一种单方面的记忆犹新，只可能是单相思一般的印象深刻，或心生崇拜而已，难说有真正意义上的相互性的情感投入与自我提升。而且，也只有彼此在近距离的交往之中才可能有对一种共同性的"一"的回忆、认可以及道德感的提升，也才能有对差异性的"各美其美"的"多"的体认和接纳。

在此意义上，人之情唤醒了人之思。但人之思往往会使人有一种"一"和"多"之间的分别之心，而人之情却反过来能够使人之"一"和"多"之间的分别之心瞬间融为当下的"在一起"的彼此交融①。这共存不走极端的"一"和"多"的两种禀赋，或称"一多两赋"②，对人而言，可谓一种常态，对社会而言，则是一种现实，对文化而言，那便是一种理想了。

细而论之，对人而言，基于情感的投入大多会纠结于"一"和"多"之间的平衡，形成"一"和"多"共在的自我想象；对社会而言，则是"一"和"多"具体存在的现场，由此而基于规则的变动生成了"一"和"多"的种种实践，相互往来穿梭，彼此互惠，关系可谓错综复杂，所渴求的乃是对彼此之间冲突和消极性关联的一种智慧性的化解；对文化而言，则是基于一种情感认同所构建出来的一种理想处境，由此而激发了人们在情感上的一种对未来美好生活的认同和想象。在此一点上，"一"和"多"在社会与认知层面上的分离转化成了一种费孝通所言的"美美与共"的复合体，再难有所谓抽象的"一"和具体的"多"之间的毫无关联和观照的分离感，相互都在，又似乎都不在，忘乎所以，却能其乐融融，不再有真实的分别之心。这可能便是一种人类生活的理想了，那时，超越"一"和"多"之别的问题意识的产生将成为一种可能。

---

① 赵旭东. 在一起：一种文化转型人类学的新视野. 云南民族大学学报（哲学社会科学版），2013（3）.

② 红学家周汝昌在《曹雪芹新传》中曾经描述过曹雪芹的人格特质为"正邪两赋而来之人"，如其所言"正不容邪，复邪正两不相下……既不能消，又不能让，必致搏击掀发后始尽"。引自：周汝昌. 曹雪芹新传. 北京：外文出版社. 1992：193-194. 故以此"一多两赋"而仿周先生之"正邪两赋"之说。

第十一章 "一""多"之争

在 20 世纪 30 年代前后，费孝通和顾颉刚曾经有过一场关于"中华民族"是"一"个还是"多"个的争论。这实际上触及了人类学对"一"和"多"这一基本问题的讨论。那时的费孝通在田野观察的感悟之中洞悉到了可能存在的过于强烈的主体本位意识的破绽，那就是现实族群关系中的多样性的存在。在这一点上，费孝通可谓守住了他者观照的人类学的这条底线，承认了基于文化的民族和民族关系的多样性以及多种可能性的存在，但在后来的持续性思考中，他又逐渐融入了对宏观中国意识的整体性的大一统历史的考察，由此而实现了对"一"和"多"这一人类学基本争论的超越和统合。在他看来，民族的构成必然是一个多元融合而转化成为一体的辩证发展的过程。费孝通晚年试图用"中华民族多元一体格局"的民族关系观念来弥合此既有争执，由此而发展出适用于中国语境的核心概念，并注意到一个有着其自身历史进程的国家在处理民族关系上的策略选择。而今天，如果我们能注意到国家的一统和民族的多样是同时共在的这一点，那么对人类学的"一"和"多"之间的辩证关系的把握可能是我们理解自身民族发展问题的关键。

佐藤一斋的中国观

在一次于北京召开的会议上，我与台湾师范大学赖贵三教授谋面，见到了由其所撰写的会议论文，内容述及一位日本的儒学家，这位儒学家生活于江户时代，名字叫佐藤一斋。翻阅赖教授所引述的这位大儒写在其随笔集《言志四录》中的一段话，我突然有一下子顿悟的感觉。一场在半个多世纪之前的有关中华民族问题的争论，如果之前有对这位日本儒学家的介绍似乎也许就可以避免了。我们不妨先在这里专门引述一下佐藤一斋随手写下的这段话：

> 茫茫宇宙，此道只是一贯。从人视之，有中国，有夷狄。从天视之，无中国，无夷狄。中国有秉夷之性，夷狄亦有秉彝之性；中国有恻隐、羞恶、辞让、是非之情，夷狄亦有恻隐、羞恶、辞让、是非之情。中国有父子、君臣、夫妇、长幼、朋友之伦，夷狄亦有父子、君臣、夫妇、长幼、朋友之伦，天宁有厚薄爱憎于其间？所以此道只是一贯。但汉土古圣人发挥此道者独先，又独精，故其言语文字足以兴起人心，而其实则道在于人心，非言语文字所能尽，若谓道独在于汉土文字，则试思之。六合内同文之域凡有几？而犹有治乱。其余横文之俗，亦能性其性，无所不足；伦其伦，无所不具，以养其生，以送其死，然则道岂独在于汉土文字已乎？天果有厚薄爱憎之殊云乎？①

上引这样一段话，尽管表面上与我们要论及的民族与族群关系没有什么直接的关联，但是如果把发生在中华民国成立之后的一场学术争论，跟上面这段话联系在一起进行一种跨越式的分析，我们就会发现，之前佐藤一斋争论的要点在后来我们本土的有关中华民族的争论中得到了某种程度的延续。

而之前，早在清朝乾隆年间，也曾经有过一些类似的争论。这些争论涉及作为异族而入主中原的清朝皇帝统治的正统性或合法性的问题。在杨念群的研究中我们清楚地注意到，乾隆御制文里有关乎"天"的名相的讨论，在这个意义上，非常类似于佐藤对"中国"的理解。在《御制西域同文志序》一文中，乾隆帝指出了"天"在不同族群中的不同称谓，以此来证明彼此的差异并不重要，而真正重要的是背后的一种共同性的可以统一在一起的对大同世界的追求：

> 今以汉语指天则曰天，以国语指天则曰阿卜喀，以蒙古语准语指天则曰格里，以西番语指天则曰那木喀，以回语指天则曰阿思满。……令回人指天以告汉人曰此阿思满，汉人必以为非，汉人指天以告回人曰此天则回人亦必

---

① 佐藤一斋有《言志四录》，分为《言志录》《言志后录》《言志晚录》《言志耋录》四种，均用汉语写作，收于相良亨、沟口雄三、福永光司校注的《佐藤一斋·大盐中斋》（东京：明德出版社，1980）、《日本思想大系 46》（东京：岩波书店，1982）中。转引自：赖贵三. 经也者，恒久之至道，不刊之鸿教也：佐藤一斋《言志四录》儒家思想与经学观点析论//经学：知识与价值学术研讨会论文集. 北京：中国人民大学国学院，2010：312—341，326—327.

以为非，此亦一非也，彼亦一非也。庸讵知谁之为是乎？……汉人以为天而敬之，回人以为阿思满而敬之，是即其大同也，实既同名亦无不同焉。①

正像杨念群借此所指出的，中国一统的表述在"异族"占据中心统治地位的朝代里，特别是清朝，《春秋》的大一统观念中的夷夏之别往往被忽视或者淡忘了，取而代之的是在更为宽阔和更具包容性的空间意义上去谈论一统，由此而借助一种空间想象来消解族群之间的差异②。这种想象对中国的存在和中国意识的持续延绵有着一种智慧型思考的贡献，在远古中华的时间性思考维度之外加入了诸多民族、差异性文化共同存在的这一思考维度。

"一" 与 "多" 之争

回到差不多 80 年前的中国学术界，让人记忆犹新的是一场大学者之间的重在学术立场而非政治立场的争论，这便是有关"中华民族"的"一"和"多"之争，而要获得这一争论的更多细节，必须把历史的镜头拉回到 1939 年 2 月 13 日那一天。长费孝通 19 岁的顾颉刚在《益世报·边疆周刊》上发表了一篇名为《中华民族是一个》的文章，这篇文章一经发表，便引来无数的读者，一时名声大噪，后来此文章陆续得到重庆的《中央日报》、南平的《东南日报》、西安的《西京平报》以及安徽、湖南、贵州、广东等地的地方报纸的转载，足见此文章的影响之重。那时，从英国归国不久的费孝通恰好读到此文章，便写了一篇回应性的文章，大体内容是不同意顾颉刚的基本看法，认为用一个中华民族来涵盖国内存在的多民族是有失公允的，后来此文章刊登在 1939 年 5 月 1 日的《益世报·边疆周刊》上，题目是《关于民族问题的讨论》。后来，顾颉刚接着又在 5 月 8 日和 29 日在《益世报·边疆周刊》上发表了专门的回应性文章，题目是《续论中华民族是一个，答费孝通先生》。这一学术争论在后来很长的时间里未见有传记作家给予更多的关注，还是费孝通自己在 1993 年顾颉刚百年诞辰的纪念会上专门写了《顾颉刚先生百年祭》的文章，才把这段学术争论的历史较为完整

---

① 清高宗（乾隆）御制诗文全集：第十册. 北京：中国人民大学出版社，1993：416//杨念群. 何处是江南？：清朝正统观的确立与世林精神世界的变异. 北京：三联书店，2010：262-263.

② 杨念群. 何处是江南？：清朝正统观的确立与世林精神世界的变异. 北京：三联书店，2010：263.

地呈现了出来。费孝通在这篇回忆性的文章中坦诚地交代了自己最初不肯参与这一讨论的缘由，那时的顾颉刚是出于一种不愿意让帝国主义找到分裂中华民族的依据的立场而提出上述主张的，在"抗日"的大背景下，费孝通因不愿意让此学术讨论被误解为一种政治立场之争而没有去做进一步的回应。而在顾颉刚百年诞辰的纪念会上，费孝通还是重续了这段争论，并希望从中找到某种解答，可惜顾颉刚斯人已逝，无法面对面进行争论，只能是费孝通自说自话了。不过，费孝通后来的"中华民族多元一体格局"理论的完整提出恰恰建立在这既有争论的基础之上，因此在这个意义上，我们确实有必要回到顾颉刚的表述，看看那时的他对"中华民族是一个"这一论点究竟有哪些实际的看法。①

我们从 1996 年由刘梦溪主编的《中国现代学术经典·顾颉刚卷》中可以读到顾颉刚的这篇文章②。文章开篇就是一个摘要性的断言，很是惹人注意，那就是"凡是中国人都是中华民族——在中华民族之内我们绝不该再析出什么民族——从今以后大家应当留神使用这'民族'二字"③。这样的提法不是一个没有历史背景的纯粹学术意义上的提法，而是面对那时日本人在海外华人中间宣称广西和云南为掸族的故地，鼓动要收复失地，以及有人在缅甸拉拢国内的土司等境况而发起的对自己民族存在的一种合法性的捍卫。顾颉刚的朋友在给顾颉刚的信中除了叙述了上述分裂企图的态势之外，还专门强调"'中华民族是一个'，这是信念，也是事实"。这位朋友写道：

> 我们务当于短期中使边方人民贯彻其中华民族的意识，斯为正图。夷汉是一家，大可以汉族历史为证。即如我辈，北方人谁敢保证其无胡人的血统，南方人谁敢保证其无百越、黎、苗的血统。今日之西南，实即千年前之江南、巴、粤耳。此非曲学也。④

顾颉刚显然是受到他的这位朋友的来信的鼓动而从病榻之上爬起，挂着拐杖到书桌前开始撰写《中华民族是一个》这篇文字的。有一点是很清楚的，顾颉刚是完全赞同这位朋友的信中所提到的"中华民族是一个"的论点的，他做的无非

---

① 费孝通. 费孝通文集：第十三卷. 北京：群言出版社，1999：26-32.

② 顾颉刚. 中华民族是一个//刘梦溪. 中国现代学术经典·顾颉刚卷. 石家庄：河北教育出版社，1996：773-785.

③ 同②773.

④ 同②774.

用他所擅长的历史学的史料考据功夫来证明这是绝对正确的一件事而已。在写这篇文章之前，顾颉刚曾经专门为《益世报·星期论评》写过一篇名为《中国本部一名亟应废弃》的文章，在顾颉刚看来，"五大民族"的问题跟"中国本部"的问题有着一样的严重性，他指出："'中国本部'这个名词是敌人用来分化我们的。'五大民族'这个名词却非敌人所造，而是中国人自己作茧自缚。自古以来的中国人本只有文化的观念而没有种族的观念。"①

换言之，顾颉刚认为中国原本没有种族分别的概念，而有的是可以使大家融通在一起的文化观念，即华夏文化一统的观念。民国成立之初，由孙中山所发起的"五族"的概念原本是因应着新的民族国家的体制而提出的，而在顾颉刚看来，"民族"概念本身实际上就是多此一举的。顾颉刚的这一断言不能说没有依据，这依据来自他对中国历史上的不同区域文化之间的分别的考证，分别就在于中原文化高度发达，周边文化低度发展。位于中心的统治者所实际采取的往往是一种同化的策略，即"修文德以来之，既来之，则安之"，或者"夷狄入中国，则中国之"。在强调中原文化的优越性时，孔子盛赞管仲"微管仲，吾其被发左衽矣"，而当论及周边九夷文化的发展时，孔子又强调"君子居之，何陋之有"②。

借着这一话题，顾颉刚用了很长的篇幅谈论一种位居中原的文化吸纳外部的文化而逐步发展起来的过程，从历史的文献中，从风俗的流变中，从姓名的起源以及演变中，都可以看到这种在同一区域的不同文化相互融合发展的过程。在这个过程之中，我们确实注意到了中华民族形成的独特性，它从来都不能分离出一个个纯粹的族群，它的文化是经由往来互动和文化融合而形成的一体性的文化。而在顾颉刚看来，我们之所以有所谓"五族"的概念，不过是后来的一种发明而已，在一段洋洋洒洒的考证文字中，我们看到了西来的"民主"与"种族"概念，其在中国历史和文化的解释上的匮乏无力，兹特别引述如下：

> 我们既有这样不可分裂的历史，那么为什么还有"五大民族"一个名词出现呢？这只能怪自己不小心，以至有此以讹传讹造成的恶果。本来"民族"是 nation 的译名，指有共同生活，有共同利害，具团结情绪的人们而

---

① 顾颉刚. 中华民族是一个//刘梦溪. 中国现代学术经典·顾颉刚卷. 石家庄：河北教育出版社，1996：773.

② 同①774.

言，是人力造成的；"种族"是 race 的译名，指具有相同血统和语言的人们而言，是自然造成的。不幸中国文字联合成为一个名词时，从字面上表现的意义和实际的意义往往有出入，而人们看了这个名词也往往容易望文生义，于是一般人对于民族一名就起了错觉，以为民是人民，族是种族，民族就是一国之内的许多不同样的人民，于是血统和语言自成一个单位的他们称之为一个民族，甚至宗教和文化自成一个单位的他们也称之为一个民族，而同国之中就有了许多的民族出现。一方面，又因"中国本部"这个恶性名词的宣传，使得中国人再起了一个错觉，以为本部中住的人民是主要的一部分，本部以外又有若干部分的人民，他们就联想及于满、蒙①、回、藏，以为这四个较大的民族占有了从东北到西南的边隅，此外再有若干小民族分布在几个大民族的境内，而五大民族之说以起。此外再有一个原因，就是清季的革命起于汉人从满人手中夺回政权，当时的志士鼓吹的是"种族革命"，信仰的是"民族主义"，无形之中就使得"种族"与"民族"两个名词相混而难别。恰巧满清政府②是从满洲兴起，他们所统治的郡县则为汉地，藩属则为蒙、藏（清末仅有这两个，中叶以前多得很），从藩属改作郡县的又有回部，从政治组织上看来却有这五部分的差别，于是五大民族之说持之更坚。所以当辛亥革命成功之后，政府中就揭出"五族共和"的口号，又定出红黄蓝白黑的五色旗来。这五色旗是再显明也没有了，全国的人民可以说没有一个不深深地印在脑里，而且把"红、黄、蓝、白、黑"和"汉、满、蒙、回、藏"相配，就使得每一个国民都知道自己是属于哪一种颜色的。这种国旗虽只用了十五年便给国民政府废止了，但经它栽种在人民脑筋里的印象在数十年中再也洗不净了，于是造成了今日边疆上的种种危机。③

我觉得这样一段话，即便在今天读起来还是值得玩味的。在民国初年，外来的民族和种族的概念支配着我们对不同族群的认知，而建立新国家的当务之急则是重新注意到在这个国家里的人民，尽管他们有族群、宗教以及阶级的分别，但既然他们是一个新的不同于帝制国家的共和制国家的公民，他们就应该享有平等

---

① 指蒙古族。此处保留原文。下同。
② 现在一般称"清朝政府"。此处保留原文。
③ 顾颉刚. 中华民族是一个//刘梦溪. 中国现代学术经典·顾颉刚卷. 石家庄：河北教育出版社，1996：777-778.

的权利，这在民国成立之初的《中华民国临时约法》第二章第五条中有非常明确的表述，即："中华民国人民一律平等，无种族、阶级、宗教之区别。"这一条在民国三年（1914 年）五月一日颁布的《中华民国约法》中进一步被修订为"中华民国人民，无种族、阶级、宗教之区别，法律上均为平等"①。即便如此，有一个问题实际上也是没有解决的，那就是在一个所谓"民族国家"内，如何可能有着不同的民族？而不同的民族究竟又是如何确定的？对此，孙中山在后来的思考中也意识到了"五族"问题的困境，认为"这五族的名词很不切当，我们国内何止五族呢"②。

民族与民族自决

实际上，在这本来不能有民族、宗教和阶级之别的共和国体制内部嵌入了一种不同的民族差异性的概念，本身就可能隐含的一种危机是借助"民族自决"的概念而出现的一种一体国家的分裂。在顾颉刚生活的那个年代里，已经出现了借助"民族自决"而搞出来的国中之国，即所谓的"满洲国"，这种结果跟民国初年对民族观念的全盘西化地接受有着一种密不可分的关联。顾颉刚甚至断言，这样来谈国内的民族是"中了帝国主义者的圈套"。这背后是一种"东方学"在作怪，也就是拿着西方现成的概念到西方以外的地方去寻找这个概念的类似存在，以求一种基于西方中心的解释或理性，结果造成了在这种解释之中的不伦不类的张冠李戴。因此，可以确证，顾颉刚显然在萨义德之前就已经意识到了这种东方学的存在，只是没有用"东方学"这个名词而已。

顾颉刚是到"民族自决"这个词语的源头上去寻找其本意的，他希望能借此梳理清楚这个转译到中国语境中来的词语的原初的含义。这个词语跟第一次世界大战之后的美国总统威尔逊（Wilson）有关。还是先来看看顾颉刚是如何陈述这一词语的本意及其在中国语境中的转义吧！

但第一次欧战以后，美国总统威尔逊喊出"民族自决"的口号，原来使弱小民族脱离帝国主义者的羁绊而得着她们的独立自由。那知这个口号传到

---

① 陈荷夫. 中国宪法类编. 北京：中国社会科学出版社，1980：366，381.

② 王钟翰. 中国民族史：修订本. 北京：中国社会科学出版社，1994：1019.

中国，反而成为引进帝国主义者的方便法门。满洲人十分之九都进了关了，现在住在东三省的几乎全为汉人，然而这个好听的口号竟给日本人盗窃了去作为侵略的粉饰之辞了。[①]

在顾颉刚试图痛斥因引入"民族"这个西方语境中的词语而带来的一种国家一统上的诸多恶果之时，他也注意到了在实际的社会之中，老百姓并不以民族来称谓自身，至少在顾颉刚考察的 20 世纪 30 年代如此。顾颉刚在西北的考察使他注意到，当地的人民不用"族"而用"教"来做区分。他由此认为，西北的人民以"教"来做区分，体现出来的是一种文化上的差异，这种差异的着眼点不在分别种族的血统上，而在各自文化的认同上，对于这一点费孝通也有同样的认识。但是，恰恰就是在这一点上，顾颉刚虽然不愿意把事情说明白，不愿意说出他所指的知识分子就是民族学家或者是动辄给一个人群标上某个族群称号的研究者，但是这之间的联系必然是非常紧密的。应该清醒的是，民族学归根结底是一种西来的学问，并伴随着中国近代以来的追随世界潮流的民族国家建设而获得了存在的合法性。尽管这些人并不一定像顾颉刚所说的那样"随口就把'汉民族、回民族、藏民族、摆夷民族'乱嚷出来"[②]，但是，将分别有着不同文化认同的人群界定或重新界定为某某民族，一定是近代以来，特别是 1912 年中华民国建立以来的产物。

实际上，我们应该清楚的是，尽管顾颉刚没有提及人类学，特别是社会人类学，但是民族学和人类学还是有着很大的分别的。人类学不以标定出一个族群的界限范围和历史渊源为能事，而更为强调族群在互动与相互影响之后彼此的改变。相对于民族学的那种动辄要为族群贴标签的静态做法，人类学更加强调族群动态的一面，因为人本身是有思想和认知能力的动物，他要在与其他族群的互动之中才能够使其自身生存下去，而在这种互动之中，原有族群的经济、政治、社会以及文化的构成都会发生改变，有些改变还是根本性的。而研究民族关系史的学者对此一点儿都不感到陌生，"你中有我，我中有你"，基本上是不同文化的一种常态。顾颉刚显然是清楚这些的，他所刻意强调的是这些不同族群之间的文化

---

① 顾颉刚. 中华民族是一个//刘梦溪. 中国现代学术经典·顾颉刚卷. 石家庄：河北教育出版社，1996：779.

② 同①780.

交融而不是文化隔离。他由此而断言：

> 我现在郑重对全国同胞说：中国之内决没有五大民族和许多小民族，中国人也没有分为若干种族的必要（因为种族以血统为主，而中国人的血统错综万状，已没有单纯的血统可言）；如果要用文化的方式来分，我们可以说，中国境内有三个文化集团。以中国本土发生的文化（即在中华民国国境内的各种各族的文化的总和）为生活的，勉强加上一个名字叫作"汉文化集团"。信仰伊斯兰教的，他们大部分的生活还是汉文化的，但因其有特殊的教仪，可以称作"回文化集团"。信仰喇嘛教的，他们的文化由西藏开展出来，可以称作"藏文化集团"。①

虽然顾颉刚从文化的形态上试图区分出三种类型的文化集团，但是他也清楚，这只是一种为了方便说明而不得已做的归类，三个文化集团的实际的情形并非那么泾渭分明，很多时候它们是相互牵连在一起的。回文化集团里有明显的汉文化的印记，藏文化集团里也有唐朝佛教和汉文化的影子，当然，在汉文化集团里，藏文化和回文化的影响也俯拾皆是。在甘肃永靖县的孔家人是纯粹的汉人，后来却改信了伊斯兰教，而在青海贵德县的孔家人改信了藏传佛教。这一点，人类学家是可以理解的，顾颉刚也给出了他的理解：

> 他们有适应环境的要求，有信仰自由的权利，他们加入了回文化和藏文化的集团，正表示一个人不该死板地隶属于哪一种文化集团，而应当随顺了内心的爱慕和外界的需要去选择一种最适当的文化生活；而且各种文化也自有其相同的质素，不是绝对抵触的。从这种种例子看来，中华民族浑然一体，既不能用种族来分，也不必用文化来分，都有极显著的事实足以证明。②

从上面的这一叙述之中我们可以看出顾颉刚的态度，他彻底地反对实质化的对于一个群体的族类划分以及文化区分，最为重要的是他强调在后来出现的"中华民族"这个概念下的各个族群之间的相互融通，以及由此而有的浑然一体的状态。分是一种人力所为，而不分可能才是一种自然的存在状态。融合和交流以及随之而来的形态转化是一种人群存在的日常，而刻意的分离、纯粹化的民族建构

---

① 顾颉刚. 中华民族是一个 // 刘梦溪. 中国现代学术经典·顾颉刚卷. 石家庄：河北教育出版社，1996：780.

② 同①783.

则是现代人的刻意所为。

中华民族的多元一体

但费孝通对顾颉刚的看法显然是持一种不同意见的，他在顾颉刚百年诞辰的纪念会上仍旧坚持自己的主张，并对顾颉刚于 1939 年所发表的那篇文章持一种极为批评的态度，不过也隐含着一种自省。费孝通坦率地说：

> 我看了这篇文章就有不同意见，认为事实上中国境内不仅有五大民族，而且有很多人数较少的民族。我在出国前调查过的广西大瑶山，就有瑶族，而瑶族里还分出各种瑶人。不称他们为民族，称他们什么呢？我并没有去推敲顾颉刚先生为什么要那样大声疾呼中华民族只有一个。①

当然，费孝通清楚在顾颉刚的这种主张的背后的一些实际政治考量，即针对当时的日本帝国主义者所主张的在内蒙古搞分裂，但是费孝通依旧不认为，将满、蒙古称为民族是一种作茧自缚的行为。不称它们为民族，就不至于给帝国主义搞分裂以借口吗？费孝通认为："借口不是原因，卸下把柄不会使人不能动刀。"② 这种名与实之间的分离，作为人类学家的费孝通是清楚这一点的。

因此从另一方面而言，费孝通也承认，顾颉刚真正触及了民族这个重要概念的根本，我们确实不能够"简单地抄袭西方现存的概念来讲中国的事实"，费孝通接下来说，"民族是属于历史范畴的概念。中国民族的实质取决于中国悠久的历史，如果硬套西方有关民族的概念，很多地方就不能自圆其说"③。但是，费孝通也进一步指出了顾颉刚所提观点自身的矛盾性：

> 顾先生其实在他的历史研究中已经接触到这个困难。他既要保留西方"民族国家"的概念，一旦承认了中华民族就不能同时承认在中华民族之内还可以同时存在组成这共同体的许多部分，也称之为民族了。④

费孝通终究是一位从社会实存去思考社会与文化的社会学家、人类学家和民

---

① 费孝通. 费孝通文集：第十三卷. 北京：群言出版社，1999：29.

② 同①30.

③ 同①30.

④ 同①30.

族学家，其提出问题的方式自然会与疑古学派大有不同，他要问的问题是：即便是一种历史的虚构，但是这种虚构本身却是真实发生过的，那么这种虚构的历史背景究竟又是什么呢？曾经，顾颉刚的疑古思维揭示出了中国历史上的"三皇五帝"都是虚构出来的，但是，后来的费孝通则试图从社会科学的角度去追问，当时的人为什么要去虚构"三皇五帝"这座"琉璃宝塔"来对世上的人"行骗"呢？费孝通为此也继续指出：

> 真如顾先生所谓拆穿了，"古史真相不过如此"，意思是它只是一片荒唐的虚妄传说。我们古代历史不是成了一回荒唐事迹了么？我们自然会说"民族光荣不在过去而在将来"了。这是我不同意他的地方，因为我认为这是出于他没有更进一步深究这座宝塔在中国古史里所起的积极作用。①

尽管后来的社会理论从社会建构论的角度已经对这个问题有了一种非常清晰的认识，但是费孝通还是希望在此基础之上更进一步，不仅想知道为什么，还想进一步了解这种虚构的社会功能。在这个问题上，费孝通将这种虚构看作一种真实的社会发生过程，非常有可能的是，一种对致力于求史料之真实的历史学家而言的虚构，对社会学家而言就是一个真实发生的社会过程。在这个意义上，社会学家不会拘泥于历史材料的辨伪，进而想着去做"去伪存真"的抽丝剥茧的工作，社会学家更为关心的是这份历史材料存在时的样子究竟如何，即便它是假的似乎也无所谓，重要的是通过一个怎样的过程，"伪"成为一种"真"。在这背后，社会科学家大都相信，一定会有一个真实的社会建构过程发生，虽然这个过程在社会学家、人类学家以外的人看来是一种虚构，但它却是一种真实的社会和文化发生过程。

费孝通将顾颉刚所揭示出来的这个古史虚构的社会过程，跟民族的融合与统一过程紧密地联系在了一起，也就是"这个虚构过程是密切联系着中华民族从多元形成一体的过程的"②。无疑，费孝通是现代中国民族学上"多元一体"学说的提出者和积极倡导者，他试图以此理论框架去进一步理解整个中华民族的一体化的事实以及多样性的存在状态。在这个理论框架中，费孝通会特别强调中华民族在形成过程中的独特性存在，这种独特性是跟其既往存在的独特的历史性紧密

---

① 费孝通. 费孝通文集：第十三卷. 北京：群言出版社，1999：31.
② 同①.

地联系在一起的。这种历史性就是从起源上来看，中华民族由多个孤立分散开来而存在的"民族单位"，中间"经过接触、混杂、联结和融合，同时也有分裂和消亡，形成一个你来我去、我来你去、我中有你、你中有我，而又各具个性的多元统一体"①。这个民族融合与发展的过程，是在差不多 3 000 年前的黄河中游开始的，在那里，一个整体被称为"华夏"的"由若干民族集团汇集和逐步融合的核心"，"像滚雪球一般地越滚越大，把周围的异族吸收进了这个核心"②。而所谓的汉族，便是这个核心在黄河以及长江下游东亚平原的延伸或者转变，这个汉族再进一步吸收其他的民族成分而不断地壮大，其也会对其他民族的聚居区进行一种文化上的渗透，由此而"构成起着凝聚和联系作用的网络，奠定以这个区域内许多民族联合成的不可分割的统一体的基础，成为一个自在的民族实体，经过民族自觉而成为中华民族"③。

"多"与"一"之间的辩证关系

因此，在最终称之为"中华民族"这一点上，费孝通与顾颉刚之间似乎并不存在着根本性的分歧。因为费孝通也认为，顾颉刚并没有排斥这样的一种多元一体的民族历史观，只是顾颉刚没有坚持住中华民族形成的"多"与"一"之间的辩证关系，结果走向了单一强调一统性和唯一性的那个极端。而这些才是费孝通所不同于顾颉刚的地方，费孝通这样说：

> 其实顾先生在厚厚的多卷本《古史辨》中有许多地方已经直接或间接提到或暗示，这个虚构过程是密切联系着中华民族从多元形成一体的过程。尧、舜、禹、汤原是东南西北各地民族信仰的神祇。当这些民族与中华民族这个核心相融合时，个别的神祇也就联上了家谱。这一点顾先生不仅不否认，而且提出了不少证据。使我不能了解的是为什么顾先生那样热忱我们这个中华民族的统一体，却不愿承认缔造这个民族统一体，使信奉个别神祇的许多集团归成一体的有功的群众呢？分别的神祇原本是小集团认同的象征。

---

① 费孝通. 中华民族多元一体格局. 北京：中央民族大学出版社，1989：1.
② 同①1-2.
③ 同①2.

各个小集团融合成了一个较大的集团，很自然需要一个认同的汇合，这时分别的神祇也就自然而然地联系在一起了。虚构三皇五帝的系统，不是哪一个人而是各族的群众。如果我们同意中华民族统一体的不断扩大正说明了我们民族的强盛和文化的发展，那么为什么不肯认可这种认同象征的联宗呢？[①]

这样的视角显然是顾颉刚多卷本的《古史辨》所真正缺乏的，顾颉刚试图从一种中华本位意识出发还历史一个本来的面目，但是到头来，如果历史从来就是一个在有与无、内与外、上与下以及左与右之间不断变化、转化而生成的过程，那么如此急切而固执地去追溯历史的本来面目，其根本的意义究竟又在哪里呢？这恐怕就是基于社会科学的社会学、人类学的思考超越于历史学的思考的最为根本之处。

上述文字不仅呈现出了一场没有结果的学术论争，同时我们也从中注意到了在费孝通晚期的思考中，由多元而生成一种统一的思想已经开始日益浮现出来。对于民族问题，费孝通也许是在有意地去弥合民族的"一"和"多"的论争，但是即便在今天，这个问题也没有从根本上得到解决，多样性的生活方式以及民族形态在单一性的现代性驱使下正在发生着一种新的相互融合和消解的过程。

"国"与"族"之间的辩证关系

可以确切地说，国家与民族的问题，根本上不仅是社会学、人类学以及民族学的"一"和"多"问题的一种延续，同时也是更高一层次的概念，即哲学意义上的整体与部分之间关系论争的延伸。民族多样性的问题，在西方一直是一个无法化解的问题，人们希望以"一"去代替"多"，因而有一种民族国家概念的生成，以此来实现民族多样性在国家观念中的表达。但是，如果民族是一种外部的认定，并且在通过一种社会建构论的知识社会学的途径而使其具有了一种合法性表达之后，它的固定化或者凝固化的倾向就已经远远大于其以族群为基础的那种变化不定的倾向，但是这又与族群天然地会随着时间和空间的转换而不断变化其形态、称谓以及认同的分化的倾向性之间一直存在着一种矛盾。曾经通过某种标准被确认的一个民族，它其中又会有不同的内部族群分支的自我认同，当这种分

---

① 费孝通. 费孝通文集：第十三卷. 北京：群言出版社，1999：31. 着重号为引者所后加。

支认同强烈到可以与整体性的民族的认同出现一种同质化断裂之时，族群分化以及民族的认同分化也就会不断地涌现出来。这样一种演变的形态可以说是比较具有普遍性的，埃文斯-普里查德（Evans-Pritchard）所研究的努尔人分分合合的裂变模式，从民族志的意义上已经预示了这种人群分化与整合的时间和空间上的依随性。①

分支与整体之间的紧张关系，尽管具有一定程度上的普遍性，但是这绝不意味着在不同的文化之下都有着同样的共同表达。实际上，不同文化在不同的时空坐落下所发展出来的文化观念上的差异性，也会使族群的整合性与分化性之间的紧张关系表现出某种差异。钱穆晚年在其上、下两卷的《晚学盲言》的开篇便提到了这种部分与整体之间的关系，尽管他是从一种传统的文化比较的视角去展开这种分析的，但是他的这种纯粹比较的视角确实可以启示我们有关中华本位文化里表达这种分与合的部分与整体之间关系的古人智慧，相比西方世界的那种一直在强调分和离的路径，我们似乎无意之中开辟出了另外的一条道路。②

尽管我们不能否认，在西方的思想观念里，部分与整体也是同时存在的，但是钱穆更为强调"西方人看重部分，中国人则看重整体"这一点③。接下来钱穆提到了西方知识在部分与整体关系上所突出体现的三个重要方面，一是西医，二是心理学，三是机器。总体而言，西医所看重的是身体的各个部分，比如西医看重血液，血液是具体的，相比中医所看重的整体的所谓的气，血液就属于部分了。并且，中医强调气血合一，血离开气则血不通，并且气不是具体的，而是抽象的，不能够将其看成身体的某一部分而将其抽离出来。

再看心理学也是如此。西方人关注具体感受器官，认为它们属于整体的心的一部分，他们还重视喜怒哀乐的具体表现，因而把全身活动的总机关定位在了脑中，并把人的活动中心定位在了心肺。如果心肺不活动了，就自然地将人界定为一种死亡状态，并不管超乎于这脑和心肺之上的更高层次的机能。但显然，中国人所极为关注的乃是"血气"和"心气"，以"气"字来代表人的身体超越于脑和心肺之上的那种总体性的技能和把控。至少汉语中的"心"字是整体抽象性的

---

① 埃文斯-普里查德. 努尔人：对一个尼罗特人群生活方式和政治制度的描述：修订译本. 褚建芳，译. 北京：商务印书馆，2014.
② 钱穆. 晚学盲言：上. 北京：三联书店，2010：1-26.
③ 同②1.

概念，不可将其具体化地理解。

最后，对于机器的制造也有类似的差别，或者不如说，西方人是如看待机器一般来看待人心的，甚至对社会的看待也如此。人心犹如一台机器，其由血肉构成，关注于这些组成部分的功能，整体性似乎也就自然地显现出来了，因此心理学才会延伸出来去研究一种行为上的刺激与反应之间的联结。中国人更为强调超越这台人体机器的气血运行下的生命体现，因此会更加重视整体的人格，这种人格对人而言是自发形成的，不受外部力量的支配。而机器是受到外力的驱使的，这种外力驱使特别为西方文化自身所看重。[①]

最为重要的是，这种差异也同样反映到了它自身族群构成的民族特征上，这明显是一个喜欢在部分及其分析上用力的民族。在此意义上，欧洲所认同的与之在文化上一脉相承的古希腊世界，从来就没有构成过一个大一统的整体，各自为政的雅典人和斯巴达人体现出作为一个整体民族实际更为强调其分化而成的"城邦"这一特征，而不是中国古代文化中的一种整体性的"国"的概念。随后的罗马帝国向外扩张了势力范围，它虽然曾经横跨欧、亚、非三大洲，但是仍旧是由各个部分合成的，实际上形成不了一个整体。[②]

但中国，在钱穆看来，自炎帝时便已经是一个有整体性意义的中国了。这个中国是一个有着自身完整生命体的中国，其各部分是通过自己不断向外"推"出去的逻辑而逐渐展开的。即所谓"推而大之为家，又推而大之为国"，同时，"身"和"体"构成了一个完整的生命体，生命体有大有小，"小生命寄于身，大生命则寄于家与国"，由此而构成的"一国大群之组织"[③]。钱穆进一步举中国古史来对此一点加以证明：

> 中国古代尧禅舜，舜禅禹，禹又以天子位禅于益。使益果登天子位，亦不传其子。这中国君位世袭之制当早已消失。但当时之中国人，乃尽朝禹子启而不朝益，于是乃成此下之夏商周三代。而更有秦汉以下两千年来之绵延。其中乃有当时全民族大群生命之情感成分寓其间。王道不外乎人情，故中国之建立，乃成为中国全人群生命一总体。[④]

---

① 钱穆. 晚学盲言：上. 北京：三联书店，2010：3-5.
② 同①.
③ 同①6.
④ 同①6.

　　从这个意义上再来看中国民族演变的历史，也许我们能够清楚地意识到后来所演变出来的"大一统"概念的最初文化观念基础。这必然是建立在预先既有的总体生命的联想之上的，缺少了这一点，大的族群的联合与融合是很难去构想的。

　　为了一种比较的目的，钱穆继续去看西方的政体观念的演变，特别是其现代国家观念成长的历程。西方的政体实际上是建立在君权和民众两分的社会形态之上的，处于上位的统治者通过向民众征税来豢养佣兵，并以佣兵来统治民众而使其无从反抗。这样，君权便和国家统合在了一起，而不属于民众，与民众分离了开来。而民众的所谓民权，是基于对纳税多少的一种主张，并且民众的选举权也往往局限在纳税人的那个层次上。后来西方虽然发展出每人一票的普选制度，但最后又演变为党派之间的一种竞争，以多数压倒少数来评判竞争的输赢。西方的政体根本上还是上下分离的，形成不了一种整体性的国家观念。此种政体也如一台机器一般，缺少真正的生命力，而到了马基雅维利发表《君主论》以后，这种缺少生命力的政治似乎更加突显，政治被界定为一种权力之争，凌驾于其上的是一套冷冰冰的法律规则。虽然这套法律规则被看成是一种政治上的最高理想，但真正要实现它却很困难。反观中国，情形似乎就大为不同了：

　　　　中国人称政治，政者正也，合四隅成一方为正。治指水流，众水滴依道流行。四隅之于一方，水滴之于一流，即部分，即总体。水其总体，水滴其部分，不失其自由平等独立之地位，而相互间无所争，乃能融成一整体。故中国人言"群而不党"。西方人言政必重权，有党有争。中国政治重职不重权，无党无争。①

　　这里依旧体现出来的是先有整体性的存在，并由这整体性来容纳部分的争执，因此在整体性的包裹之下也就无真正的党派争执可言了。争执也是为了实现整体性目标的道义之争，争的是道义的是非曲直，而非哪个部分胜出而成为领导者。因此，也就不存在跟百姓没有直接关系的政治场域可言，普通人可以借助考试加入这个场域，这样，政府便成了民众参与的政府。而政府亦由民众通过纳税和当兵两项来加以支持，但是开明的政府都以减税和减兵役为体现其自

---

　　① 钱穆. 晚学盲言：上. 北京：三联书店，2010：7. 着重号为引者所后加。

身开明性的首选目标，并以实现天下的"平治"为最终目标。同时，君不仅是高高在上的统治者，同时还是能够体恤民情的圣人。因此，"君"这个字通"群"这个字，即君主"必通于群道，通于人生总体之大道，乃得为一君子，一大人"①。

而这种先入为主的整体观实际上影响着其对部分的认知。存在于民族关系史中的一个长期争论就是，如何去处理"中国"与其周边的在历史上有着频繁互动的各民族的关系，或者说所谓的"关于历史上的中国及其疆域、民族问题"，也就是在历史上究竟有哪些民族是属于中国的，而又有哪些民族是不属于中国的问题。现在，在这个问题上达成的一致意见是："即凡是在今天中国疆域内活动过的历史上的各个民族及其所建政权的历史，都是中国历史的一部分，是中国史范围和中国史讲述的对象。"② 周伟洲对此有进一步的解释：

> 我们所谓的"历史上的中国"不是指地域的、文化的概念，不是指文化类型或政治地位的概念，也不完全是指历史上那些自称为"中国"或被其他政权称为"中国"的中国。"历史上的中国"是一个国家的概念，就是指今天中国在历史上作为一个国家的情况，即"历史上的祖国"的意思。因此，那种以今天中国的疆域来确定历史上中国的疆域、民族的观点，既否认了历史上的中国是一个国家，否定了历史上的中国是一个统一的多民族国家，又否定了历史上中国的发展过程和统一、分裂的事实。③

这样的解释不仅在历史的意义上有其根据，在由钱穆对中国宇宙观中整体与部分关系的推演中也可以体现出来。换言之，"中国"概念中"国"的含义具有包容性，"国"是由"家"一路推演出来的，由此由一"国"再推演到"天下"，结果整个世界都是一体的。因此，中国整体的观念中并没有一种敌我之分的观念，或者说没有在敌我观念基础上的"我们"与"他们"的那种观念。中国被包容在一个整体性的"天下一家"的观念之中，包容在"四海之内皆兄弟"的拟亲属观念之中。因此，历史上不同时代所修建的长城也许不应该被看成是秦汉以后故步自封实行专制统治的明证，而应换一个角度去重新加以审视，即以长城而分

---

① 钱穆. 晚学盲言：上. 北京：三联书店，2010：8.
② 周伟洲. 中国中世西北民族关系研究. 北京：三联书店，2007：3.
③ 同②3-4.

出内外，而不是以长城分出天下，"得天下"不是现代殖民地意义上的政府和控制天下的诸国，而是以此来做一种小的分别。难怪钱穆会就此慨叹说："但如中国之万里长城，固可谓其闭关自守，然终不得谓中国古人不知长城外之有异民族同居此天下。惟能于天下内闭关自守，则乃中国文化长处，而非中国文化之短处。"①

我们以前的有关国家与民族的关系的讨论，很多在这两个词的字面意思上兜圈子，没有办法真正脱身出来，从中国的整体性的宇宙观念中去思考国家与民族之间的关系。而比较早地触及这个问题的是中国早期的社会学家吴文藻，他在1926年专门对国家和民族这两个概念进行了一种区分，因为如果延续西方的 nation 概念，在中国的社会与文化中是解释不通的。nation 这个词在中文语境之中既有国家又有民族的含义，这个词在西方语境之中则专门指"一个民族国家"，但是面对中国的多民族的现实，它就行不通了。在这一点上，孙中山在《三民主义》一书中首先进行了一种区分，认为国家与民族不具有同等含义，而吴文藻在此基础之上进一步强调了民族的文化基础和国家的政治基础，并做了一种学科的划分：民族成为人类学和社会学的研究领域，国家则成为政治学和国际法学的研究对象，而种族属于一个更大的范畴，交给了人种学和生物学去处理。下面的一段话涉及种族、民族和国家三者之间的关系，但其内容几乎是晦暗不明的，无法让人抓到根本，或者头绪太多，难于梳理出一条清晰的线索：

> 以种族与民族较：一个种族可以加入无数民族，例如，诺迪克种族，加入盎格鲁撒逊及日耳曼等民族；阿尔卑斯种族，加入拉丁及斯拉夫等民族。一民族可以包含无数种族，例如，中华民族含有羌族；日本民族含有中华族及倭奴族。以种族与国家较：一种族可以加入无数国家，例如，黄种加入中国、日本、新罗等国，诺迪克种族加入英、美、德等国。一国家可包括无数种族，例如美国含有白种及黑种。而白种复析为地中海族诺迪克族，及阿尔卑族；瑞士含有地、诺、阿等族；中国含有汉蒙藏等族。以国家与民族较：一国家可以包含无数民族，例如，美国含有条顿、斯拉夫、拉丁、犹太等民族；英国含有犹太、印度等民族；中国含有中华、蒙、藏等民族。一民族可以造成无数国家，例如，盎格鲁撒逊民族造成英美等国；斯拉夫民族造成俄

---

① 钱穆. 晚学盲言：上. 北京：三联书店，2010：279.

巨 (Jugo-slavia) 等国；拉丁民族造成法意等国。①

这样繁杂的论述，让人无法辨清中国历史上的国家与民族之间的关系究竟是怎样的，或者至少是在借用西方概念试图去观照中国的历史长河时所发生的一种认知上的混淆。这是在强调"社会学中国化"的早期可能经常会遇到的一种认知上的困境，即无法直接脱离西方的概念而形成本土的分析性概念，包括种族、民族和国家的概念，而试图通过某种巧妙的论证来弥合西方概念在中国语境中的适用性困难。但是，对中国史材料的熟悉，使钱穆在晚年的时候已经能够从既有的这些国史材料中领悟出更加适合中国历史解释框架的结构关系，那就是作为整体的中国和作为部分的民族之间的相互性的依赖关系。

后来费孝通在述及"中华民族多元一体格局"时也是在此意义上展开的，而没有再次像他的老师辈学者一样陷入对民族概念的适用性与否的问题的争执中。甚至在这一点上，顾颉刚也是不能够被肯定的，因为他可能仅仅注意到了作为民族国家统一性的这一面，而没有真正注意到"一体"之中所必然隐含着的多元分化的常态性。因此，就文化意义而言，观念和认知上的一体并不意味着没有各自文化接受和塑造上的分化；反过来，有着各自文化分化自我认知的群体，不一定能够有着一种整体上的世界观念和认知。这种辩证，或许可以成为我们民族问题讨论和认知的出发点。

---

① 吴文藻. 民族与国家//潘蛟. 中国社会文化人类学/民族学百年文选：上卷. 北京：知识产权出版社，2008：263.

第十二章　多元一体与一体多元

　　费孝通在 20 世纪 80 年代曾经提出"中华民族多元一体格局"的理论构想，以此来作为理解中华民族内部族群关系的总体性引导。费孝通及相关主题的研究者用了很多证据和论述，来阐发多元一体格局中的"从多元到一体"的历史发展进程，但对在现代民族国家观念影响下既定的"一体"格局之下，社会内部多元分化发展的图景，特别是现实的分化与地方自治机制，并没有给予太多的关注，后来的研究者也并无意下大力气在此方向上做更为深入和细致的内容丰富与理论完善。本章在这个问题意识的基础上，对既有的从多元到一体的可能隐含的历史主义的偏颇提出了一些批评，并对未来如何进一步在既存的"一体"场景之下来理解内部的多元分化的过程提出了一些自己的看法。

问题的大背景

　　面对中国历史上的极为复杂的族群关系，中国的社会学家费孝通，曾经在 20 世纪 80 年代末，专门提出过"中华民族多元一体格局"的构想，并试图以此来统领当时及未来的中国民族关系问题的研究取向。该构想自 1988 年 8 月 22 日最初在香港中文大学做受邀的名誉演讲（即泰纳讲座）中发表出来，随之便引起了学术界极为广泛的注意和讨论，并一直持续到了现在。即便在今天，这个主题仍然是民族学界、人类学界乃至一般社会科学界讨论的一个热点，以及很多问题意识的出发点。[①] 而如果从学术自身发展的脉络上去做一种学术史的追溯，那么这实际上又可

---

　　① 费孝通. 中华民族的多元一体格局//费孝通. 费孝通全集：第十三卷. 呼和浩特：内蒙古人民出版社，2009：109-147. 有关此文的学术影响可参阅：徐杰舜，从多元走向一体：中华民族论. 桂林：广西师范大学出版社，2008：3-4.

以被看成是相对于费孝通早年就汉族社会调查所得出的有关乡土中国的"差序格局"的认识，而自然生发出来的又一高屋建瓴的理论构想。在这一构想的背后，也再一次体现出英国人类学功能论的整体论对费孝通整体学术思考的深度影响①，即该构想专门强调了社会现实的多元状况与族群关系的理想图景之间的那种互为一体的内部诸要素相互依赖的关系。这也成为费孝通述及"多元一体"观念时的最为重要的一项理论构成要件，而很多时候，人们对于这一理论的这一构成要件的多重含义会有所忽视，而可能会一味单向度地去看待从多元到一体的历史构成的可验证性，以及由东拼西凑的所谓历史文献资料中所缀连出来的一种社会建构论意义上的完整性。

在这一点上，尽管费先生因为此文章的题目而被大多数的学者直接误认为其只专注于"从多元到一体"的单一向度，但实际上，在这个大的框架中，费先生没有真正排斥在现实的社会场景下的"多元"被容纳于既有的"一体"之中的种种可能性。因为，就费孝通的早期训练而言，功能论的整体论的方法论显然是不会有意地把一个事物的各个方面割裂开来去进行分析的，只是在那个特别的时代里，也就是中国改革开放刚刚取得了一定的成绩之后，中国要去面对的可能不是来自国家内部的族群差异性分化的问题，而是作为一个整体的中华民族，在面对由新的门户开放政策而带来的西方世界及其文化的浸入时，其共同性的基础究竟是什么，以及这个基础体现在哪些方面。

这场大约兴盛于 20 世纪 80 年代的有关中国文化去留问题的大讨论，可谓空前绝后，有继五四新文化运动之遗风的气势。在这期间，各种思想和诸多观点发生了一种激烈的交锋，甚至冲突②。而这与后来到了 21 世纪之初的有关民族主义和全球化的讨论，又可以说有着一种前后一脉相承的问题意识。费孝通在其晚年，曾经用"文化自觉"的概念来应对这一论争，不过，显然他并没有太多的时间和精力去展开一系列细致的论证，由而在中国学界引起误解当然也是无法避免的，而这里更为重要的就是，对于如何实现真正意义上的一种文化自觉，以此来

---

① 一些研究者试图将之归类到结构功能论之下的新发展，实际上是有悖于费孝通提出此观点的原意的，显然，费先生受到的结构论的影响是微乎其微的，但结构功能论中偏功能论的角度可能是概括费孝通学术思想核心的最为值得重视的一个向度，而不是后来列维-斯特劳斯所说的那种结构主义的影响。下文还会进一步触及对这一问题的讨论。

② 关于 20 世纪 80 年代的文化讨论的各种主张，可参阅：李宗桂. 文化批判与文化重构：中国文化出路探讨. 西安：陕西人民出版社，1992：173—232.

摆脱一种变相的文化相对主义的形成，以及一种顽固的民族主义的自我强化，也是一个由此而自然衍生出来的可以做进一步学术探讨的真问题。①

显然，若把费孝通晚年的学术生涯再细分为早期和晚期这样两个阶段的话，从其早期的"中华民族多元一体格局"到晚期的"文化自觉"概念的提出，这中间虽经历了差不多十余年的时间，但在核心主题是相互关联的。可以说，费孝通意识到了，作为一个整体的中华民族的文化自觉与作为内部差异性的各个民族的文化自觉之间出现了一种碰撞，这一碰撞从广义而言，可以被看成是以孙中山和胡适为代表的民族主义与世界主义的争论的延伸②，而从狭义而言，又完全可以被看成是费孝通本人的早期学术经历中的一场相关争论的延续，即这可能又再一次触及了20世纪30年代末发生的作为历史学家的顾颉刚与作为社会学家的费孝通之间的就民族的"一"与"多"之间的辨析所展开的争论③，并借此又把前后相隔半个多世纪的问题意识相互紧密地联系在了一起。但显然，这个问题即便是在今天的人看来，也是没有真正得到解决的，且在此基础之上，又开始面临一些新的境况和问题，一些新的讨论也不断地开展起来。

如果回到20世纪80年代中后期，那时的中国学界，对作为整体的中国文化基本上采取了一种极为严肃的批评和自我批评的态度，批评者因有一种预先便持有的文化改造的心态，而一般都不太肯毫无疑虑地去承认中华民族自身的文化优越性，一种文化萎缩的自我意识更因当时经济发展的落后，而推波助澜地将自身的文化贬低到了最为低劣的层次，甚至更乐于将此低劣归咎到一种国民性的实质论的根源上去④。柏杨的《丑陋的中国人》在那个时代的畅销，足以说明了这样一种观念在公众认知上被接受的普遍程度。而带有文化自我反思性的电视节目《河殇》的热播，更在大众意识的层面上留下了一种深刻的对于自身文化不信任的集体记忆。而一些比较理性的作家，开始寻求中国文化走向世界的历史轨迹，希望借此可以明了未来中国在世界征程中可能的走向，但显然这是一种彻底接受

---

① 赵旭东. 在文化对立与文化自觉之间. 探索与争鸣，2007（3）.

② 罗志田. 乱世潜流：民族主义与民国政治. 上海：上海古籍出版社，2001：18-54.

③ 关于这一争论的背景可参阅：费孝通. 费孝通文集：第十三卷. 北京：群言出版社，1999：26-32. 顾颉刚. 中华民族是一个//刘梦溪. 中国现代学术经典·顾颉刚卷. 石家庄：河北教育出版社，1996：773-785. 赵旭东. 不为师而自成师：围绕费孝通教授的一些作品的阅读与联想//赵旭东. 费孝通与乡土社会研究. 北京：社会科学文献出版社，2010：162-174.

④ 关于这一点可参阅：赵旭东. 超越本土化：反思中国本土文化建构. 社会学研究，2010（6）.

西方的文化选择，钱锺书在给钟叔河的《走向世界：中国人考察西方的历史》一书写的序言中的一句"'走向世界？'那还用说！难道能够不'走向'它而走出它吗"就已经反映出在那个受到西方世界及其观念强烈影响的时代，中国文化自身所面临的窘迫之境。① 而再看与费先生的文章同时被列入《中华民族多元一体格局》这本文集中的其他作者的文章，实际上这些文章差不多都写于 20 世纪 80 年代中期，其中的一篇名为《"汉人"考据》的文章，还在《中国社会科学》这本权威杂志上发表过。② 因此，足见那个时期在学术的场域之中，有关"汉人"或者"汉族"的存在的历史，也是没有达致一种公认的判断的，而由汉族占大多数的中华民族，其未来的现代化的发展，以及在此过程中如何容纳其他的诸多少数民族，显而易见也就成了那个时期的民族学工作者所最为热烈讨论的一个核心问题。

中国人在那个时期的自我反省，投射到中国民族学和人类学的问题意识中就成了关于"中华民族凝聚力"问题的讨论，费孝通的那篇极为有学术影响力的文章也差不多是在这个主题的引导下，而逐渐发展出来的。而以费孝通自身的学术影响力去关注这样的问题，在某方面体现出的可能是那个时代极为重要的一个学术论题，同时，这个论题也因费孝通的关注而在整个中国社会科学界更加得到突显，成为当时以及后来民族学家和人类学家必然去共同关注和处理的一个核心理论问题。而且，这个问题在经过了 20 多年的延续之后，尽管新的现象的复杂性和多样性已经无法靠单单关注"从多元到一体"这一单方向的认识过程来得到解释，但是，费孝通早期的这篇文章的论旨，依旧是许多中国民族学、人类学研究者理论思考的一块基石。但令人不解的是，即便到了今天，也没有多少研究者真正能够从族群关系的现实紧迫性方面去进一步修正或发展费孝通在 20 多年前所提出来的那些关于民族之间"多元"与"一体"关系的看法或者假设。反倒是一些专注于中国历史的研究者对此表现出极大的兴趣，他们试图在费孝通的这一论断之下挖掘出受"大一统的中央史观"遮蔽的隐而不显的地方的多样性。在此意识的引导下，地方史和区域史研究成为一种风潮，并且很多研究是在西方意识的

---

① 钟叔河. 走向世界：中国人考察西方的历史. 北京：中华书局，1987：2.

② 贾敬颜. "汉人"考据//费孝通，等. 中华民族多元一体格局. 北京：中央民族大学出版社，1989：137-152.

引导下进行的，而没有真正关注地方性的社会多元特征①。而且，这样做的根本的思路，仍旧是去勉力考察由多元而融合为一体的历史过程②，但在我看来，这最终可能还是会落到只注意到国家一体论这一方面的历史学撰述学的陷阱之中去。

应该说，费孝通在其晚年所提出的"中华民族多元一体格局"这一构想，除了有英国功能论的整体论的影子之外，更为重要的可能是费孝通自己的问题意识的一种自然延展。这个问题意识，实际上是其早年刚刚从英国学成归来时受到所读到的一篇报刊文章——历史学家顾颉刚于 1939 年 2 月 13 日发表在《益世报·边疆周刊》上的《中华民族是一个》一文的刺激而产生的③。费孝通当时对此文做了一种纯粹学理上的回应，但这一回应，实际上可以说掀起了后来有关"中华民族"究竟是"一"还是"多"的学术大争论。显然，费孝通受到的人类学训练，使其更多地注意到了多样性的族群的存在，他认为这是一个本不用争论的社会事实，但是，这一点认识，似乎也并没有从根本上否定掉顾颉刚从历史、文化以及民族国家立场上对"中华民族"是"一个"的论证④。而到了后来，差不多经过了半个世纪之后，费孝通又稍稍改变了自己单方面去强调民族为"多"的立

---

① 在一项有关成都茶馆的社会生活的区域史研究中，王笛借助大量的历史文献资料重构了 20 世纪前半叶成都以茶馆为中心的地方性的生活。不过遗憾的是，他的研究终究还是陷入了由"小地方"而对话"大国家"的西方国家与社会关系的讨论框架，未能因此而真正提出地方性自足的社会特征。关于这一点可参阅：王笛. 茶馆：成都的公共生活和微观世界，1900—1950. 北京：社会科学文献出版社，2010：421–444. 另外，有关西方国家与社会关系的框架在中国的不适用性的讨论，亦可参阅赵旭东为另外一本汉学著作所作的书评：赵旭东. 为权力祈祷什么？：评卜正民著《为权力祈祷：佛教与晚明中国士绅社会的形成》. 中国农业大学学报（社会科学版），2007（1）.

② 汪荣祖. 史学九章. 北京：三联书店，2006：113–114.

③ 关于这个问题讨论的历史背景的详细考察可以参阅：周文玖，张锦鹏. 关于"中华民族是一个"学术论辩的考察. 民族研究，2007（3）.

④ 关于这场争论，具体的背景性文献可参阅：赵旭东. 不为师而自成师：围绕费孝通教授的一些作品的阅读与联想//赵旭东. 费孝通与乡土社会研究. 北京：社会科学文献出版社，2010：162–174. 另外，查阅最近出版的《顾颉刚日记》（卷四），1939 年 2 月 7 日，顾颉刚因受到傅斯年（孟真）来信所言《益世报·边疆周刊》"登载文字多分析中华民族为若干民族，足以启分裂之祸"的刺激，而开始写《中华民族是一个》一文，"因写此文以告国人，此为久蓄我心之问题，故写起来并不难也"。文章发表后，国内各大报纸纷纷转载，一时名声大噪，费孝通恰是在这个时候写评论来与顾先生论战的，在费孝通的文章发表后，顾先生于 4 月 23 日注意到并全文抄录达 5 000 余字，连续多日都在酝酿写回应费孝通文章的文字，如 4 月 24 日"草答孝通书三千言，未毕"，4 月 25 日"拟答孝通书，将胸中所欲言者随手写出"，5 月 1 日"写拟达孝通书材料竟日"，5 月 2 日"重作答孝通书，约五千字"，5 月 3 日"作答孝通书三千余字"，5 月 6 日"修改答孝通书毕"，5 月 13 日"孝通信"，5 月 23 日"整日续作答孝通书第二节讫，约七千字"，5 月 27 日"将答费孝通书修改一过。……到费孝通处"，6 月 30 日"暑假中应作文（1）答费孝通书（边疆周刊）……"。如上引述自：顾颉刚. 顾颉刚日记：卷四. 北京：中华书局，2010：197–246.

场，而是暗中将顾颉刚所主张的观念也部分地吸纳了进来，形成了一种更具包容性的"多元一体格局"的主张。无论如何，这都应该属于族群关系认知上的一种新的创造，是在包容性基础上的民族关系构想的一种理论创新。但是，这种主张也可能因过度强调由"多元"而实现"一体"的过程，而私下里为历史的循环论证留下一个可以侵入的缺口，并且，这种论述也无法真正去面对在现代民族国家既成事实的"一体"状况下[①]，作为整体的中国文化在不断地分化与自我差异化的情况[②]。这里，一个很有代表性的个案研究就是巫达对凉山彝族社会中尔苏人的族群认同的研究，从他的民族志描述中我们可以体味到，当地人对于自己的认同实际上存在多种表述，但又会不断地归结到一种根源上去，即他们会把自己的实际分散的认同追溯到与藏族有着密切族群互动的藏族认同上去[③]。与此形态近似的是，在对纳西族和藏族的族群历史关系的细致考察中，赵心愚特别指出了，在 7 世纪到 20 世纪之初的这段时间里，二者在存在诸多的类似"你中有我，我中有你"的相互依赖性关系的同时，又都无一例外地可以追溯到古羌人的共同族源上去[④]。而这种在当今现实社会中的分化和差异化，在西方社会科学的很多语境中，又是以"身份认同的困境"这样的语句得到表述的[⑤]。尽管研究者的表述有所不同，但是其表达的深层意义应该是一致的，那就是在我们现代世界的民族国家一体追溯之下的社会多样性如何真正能够得到正视和观照，即在"一"的整体意识之下，多样性如何存在以及表达自身。

实际上，这后一方面的问题，即在一体之下的多元存在状况，一直为学术界

---

① 葛兆光在其最近的研究中明确指出，中国自古乃是一个相当稳定的"文化共同体"，它作为"中国"这个国家的基础，尤其在汉族中国的中心区域是相对清晰和稳定的。参阅：葛兆光. 宅兹中国：重建有关"中国"的历史论述. 北京：中华书局，2011：32. 实际上冯友兰在其 1948 年以英文发表的《中国哲学简史》一书中已经提及了中国的一统乃是文化意义上的，而非政治意义上的，这是孟子所谓"定于一"的问题，而实现"定于一"在中国的社会里借助的一定不是"在政治上居于统治地位"，而恰恰是"在文化上居于统治地位"。参阅：冯友兰. 中国哲学简史. 赵复三，译. 北京：世界图书出版公司，2011：158.

② 这一点实际在 20 世纪 50 年代有关"统一的民族语"与"方言"的争论中已经存在，但是那时的语言学家依旧在强调整体的民族语的形成过程，没有真正注意到由方言导致的内部的分化和差异。有关语言学的讨论可参阅：王力、邵荣芬，等. 汉语的共同语和标准音. 北京：中华书局，1956. 特别是邵荣芬的论文。邵荣芬. 统一民族语的形成过程：兼谈方言拼音文字//王力、邵荣芬，等. 汉语的共同语和标准音. 北京：中华书局，1956：19-23.

③ 巫达. 族群性与族群认同建构：四川尔苏人的民族志研究. 北京：民族出版社，2010：5-6.

④ 赵心愚. 纳西族与藏族关系史. 成都：四川人民出版社，2004：346.

⑤ 格罗塞. 身份认同的困境. 王鲲，译. 北京：社会科学文献出版社，2010：3-12.

所忽视，而这一点，又恰恰是激发本章写作的一个最为重要的出发点。因为不解决这个问题，我们实际上也无法真正从民族关系的"多元一体格局"的构想中获得任何对于未来中国社会政治格局发展的有益见解。

现实多元而非历史多元

不过，如果今天再去思考族群关系的问题，那么一种现实的紧迫性催生着一种理论的紧迫性。从原来作为"一体"的中华民族，去直面整个西方世界及其文化的侵扰，转变到经过了 30 多年经济的快速发展而渐渐在所谓"中国道路"之上建构起一种"大国意识"[①]。在这种转变中，谁也不能否认，作为一种整体的国家的合法性，不仅具有历史形成上的正当性[②]，而且已经极为牢固地建立在自近代中国以来的既有的经济的快速发展和积累之上。但是，如何去应对由此而产生的多种地域差异所造就的包括汉民族在内的多个族群及其在发展步伐上的差异，这就使得"多元"本身不仅是费孝通及其他民族学家当初在提出这一问题时所特别注意到的在族群历史发展中的那个由历史所建构出来的"多元"融合的过程，同时还包括一种由现代经济和现代意识所造就的新的族群发展和生活形态转变上的差异性。在一定意义上，这甚至还体现出一种文化的差异性，而这种无法弥合的差异性，实际上造就了在族群关系上越来越大的政治情感"裂痕"，这种"裂痕"也在一定意义上不再是民族关系史意义上的族群在漫长的历史发展过程中相互融合的图景，而是从近代以来所尽力塑造起来的以民族国家为基础的"中华民族"意识中，不断地演变出来的一种现实多元而非历史多元的自我分化的趋势。

尽管中国古代乃至远古的民族关系，可以给我们提供无限的智慧来处理当下的民族关系，但是，如果我们不能真正对当下的"一体"与"多元"的相互关系有一个极为清晰的以现实为基础的认识，那么所有的从古代积淀下来的智慧，

---

① 英国人雷默（Joshua Cooper Ramo）博士在 2004 年发表了《北京共识》这本小册子，在其中，他盛赞了中国近 30 年来所取得的巨大成就，将之统称为"北京共识"（The Beijing Consensus），这代表了中国道路的一些核心特征。参阅：雷默. 北京共识//黄平，崔之元. 中国与全球化：华盛顿共识还是北京共识. 北京：社会科学文献出版社，2005：6.

② 黑格尔在其《历史哲学》一书中曾经有这样一个论断，即"只有黄河、长江流过的那个中华帝国是唯一持久的国家"。引自：黑格尔. 历史哲学. 王造时，译. 北京：三联书店，1956：160.

都只可能因误用或滥用，而导致一种不合时宜的社会后果，使得历史与现实之间无法实现一种真正的结构对接，即我们不仅会由此而曲解历史，同时也对当下的错综复杂的现实不知该如何去做一种积极的应对与安排。

面对上面的诸多疑虑，也许首先要提出的一个问题就是，费孝通的"多元一体格局"的概念框架究竟是在怎样的一种社会背景下提出来的。尽管费孝通本人并没有特别明确地指出这一点，后来的研究者也没有真正在这一点上做更进一步的思考，甚至可能认为，这本该是一个理所当然的既定事实，无须再多追问，但实际的状况却符合那种一般认识论上的思考法则，即特定的观念与特定的时代紧密相连。换言之，我们不能跨越时代去把既有的理论教条化和固定化。当然，在这一点上，费孝通的这一"中华民族多元一体格局"的主张大约也不会有什么例外。

在费孝通写作《中华民族的多元一体格局》一文的那个时代，乃至于当下，情况大略是一样的。大凡谈论到民族问题，很多人更乐于接受史学家们的那种书写范式，研究者们一般不加疑惑地认可一种民族从无到有的人口自然史的发展进程，这似乎成了民族关系研究中的一个无可争辩的事实和书写的前提假设，历史上的民族和民族的历史，几乎成为可以相互替代的一对概念。民族，特别是少数民族，因此不再被看成是跟现代而是更多地跟过去乃至远古的时代紧密地联系在一起的一个概念。这里的一个基本的思考和叙述模式就是，一群人是慢慢地通过战争或者相互融合而不断地发展起来的，这显然成了一种历史主义论者最为欣赏的叙事模式。但是，它也仅仅能够告诉我们过去是怎么样的，却无法真正告诉我们，当下的没有包含在历史过程中的那些异质性的存在，其发生和演变的状况究竟如何。比如，我们在"寻根"意识的引导下，一般注意到的可能是一个族群的形成过程，而很少注意到今天的人们，在如何逆历史地塑造着一种"根"的社会意识，并由此而形成一种自我差异性的认同。这一点最早体现于汉族社会的族谱研究中，又通过移民史的研究而得到进一步的自我强化和固化。① 而与此相反的趋势也同样明显，在对 20 世纪 80 年代以来的"新客家人"运动的研究中，彭兆荣注意到了在这背后作为一种社会新属性的"移动性"（mobility）的存在。作为一种现代性的折射的移动性在逐渐地变成日常生活的常态，旅行、移居、迁徙等不再是一种苦行僧般的朝圣或是伤感的背井离乡，而转变为一种平平常常的生活

---

① 葛剑雄，安介生. 四海同根：移民与中国传统文化. 太原：山西人民出版社，2004：316-321.

以及在移动中的故乡建构。在这个意义上，中心与边缘的固有的关系结构被打破了或得到了颠覆，而一种移动的正义也在此意识的引导下不断地浮现出来。①

不过，总体而言，在大量的历史学家为我们所勾勒出来的近乎完美和连续的有关民族形成的历史叙述中，实际上是存在着诸多瑕疵和断裂的，但这并不为民族关系历史学家所自知。这方面的研究，已经在早期的以顾颉刚为代表的疑古派的史学论述中有诸多的表述，大约成了现代史学理论中的一个不争的事实。但是，后起的历史学家们，却还像西方人对于永动机的迷信一样，不停地在修补和完善着这些本来已经无法弥合的断裂或残缺。在这里，最为重要的问题可能不是简单的民族如何在历史中形成的问题——它可能仅仅是更大的问题的一个小的方面。最为重要的是，在今天所说的民族还没有形成其自身固化的民族意识的时候，族群分隔已经因山水生态的阻隔而逐渐地形成并深入人心了。这些不同的族群，可能并不以现代意义上的"民族"来称谓自身，而会因为地域和认同上的差别，各自保留一个称谓，而其他的人又会从自己的视角来为眼中的"他者"再安插上一个名字或族称，即后来民族学家所喜欢使用的"他称"这一术语概念。

作为一种自然演进的过程，有许多看起来实际并不相关的遗迹，可以经由人的解释或诠释而相互有机地联系在一起，由此而成为或建构出一个无法让人反驳的貌似有着因果关系的历史事实，这是历史书写经常会采用的一种做法。但是，如何能够对当下发生的社会现实给出一种解释，往往又是历史学家们所乐于去规避的，因为他们大多不相信当下的社会现实有什么实际的存在价值可言。对历史学家而言，"当下"最多只能成为他们的历史谱系的撰写中最为末端的一环而已，甚至似乎是可有可无的一环。最为重要的是，曾经深受西方史学书写范式影响的中国现代史学，本身也在影响着诸多学科的历史书写样态，民族关系的历史书写当然也不例外。这种的书写的一个核心特征，恰如比较早地对中西方史学特点加以剖析的王韬在 1890 年《重订法国志略》中所指出的那样，相比传统中国史学重在"治乱沿革"与"天地变异"，"西史则兼及民间琐事，如发明一事，创造一器，必追原其始"②。从这里可以看出，西方史学在中国占据主流之后，直接转变为一种对谱系源流的根源的追溯，由此使得一些传统史料记载有语焉不详的断

---

① 彭兆荣. 移动正义：客家政治文化结构中的核心价值//族群迁徙与文化认同：第十届人类学高级论坛暨第二届客家文化高级论坛论文集. 2011：58—60.

② 转引自：李孝迁. 西方史学在中国的传播（1882—1949）. 上海：华东师范大学出版社，2007：1.

裂，从而成为可以借助一种历史的想象而任意加以建构的历史书写的空间。

这种有关民族的历史建构，可能恰恰忽略了一个极为重要的现代民族学的前提，那就是"民族"概念终究是后起的①。民族的含义更多的是跟西方的启蒙运动所衍生出来的自我与民族意识的觉知相联系的，而并非一定跟一个独特的族群的历史发展的史实紧密地联系在一起，尽管后来民族学试图在历史的脉络中信以为"真"地去追溯一个族群的发展过程，而不是真正地在所谓"民族志的当下"去理解现代的民族或族群意识的成长和发展的历程。

在费孝通 1990 年 3 月撰写的《中华民族研究的新探索》一文中，他曾经明确地指出，中国自 1949 年以后从民族研究到民族学的设立的独特发展过程，是在一种对之前的民族歧视和民族压迫观念加以否定，并高调地强调民族平等的大背景下发生的②，而恰恰在这样的大背景下，努力去了解各个少数民族的历史成为当时的民族研究的核心任务，中国民族学便在这个基础之上发展了起来③。在费孝通看来，这样做的优势即在于，可以在短时间内去了解民族地区历史发展的脉络，为少数民族政策提供一种科学调查的依据；而其不足即在于，对局部的民族关系过分强调，无法在一个中华民族的整体框架中对各民族之间的关系进行分析④。

一种历史溯源的方法，虽然无可否认地让我们注意到了族群形成过程的时间和事件维度，但无法真正去说明和解释与这种形成过程相悖逆的那个反过程。一句话，历史使我们有机会注意到族群"合"的倾向性，而与之相悖逆的另一方面，即一种"分"的趋势，却经常被我们淡忘。这两个原本相辅相成的方面，在民族关系历史学家那里，可能就变成仅仅注意到不同族群及其分支相互融合的过

---

① 林耀华曾经在 1963 年出版的《历史研究》第二期上发表《关于"民族"一词的使用和译名的问题》一文，文中提到斯大林有关民族的定义："在此定义后续的解说中，很显然，斯大林已经极为明确地提出了'民族'的概念乃是现代的产物。"关于这一点可参阅：林耀华. 民族学研究. 北京：中国社会科学出版社，1985：58-59.

② 这种观念的起始显然可以上溯到民国初创时期的孙中山的民族主义的思想，即要求中国各民族自求解放、中国各民族一律平等以及世界各民族一律平等，关于这一点的讨论可参阅：韦政通. 中国的智慧. 长春：吉林文史出版社，1988：48-51.

③ 1949 年以前的中国民族学也有一段长时间的发展，不过其更加根基于人类学的学科意识，强调对具体的个案的研究，因此那个时候民族学是在人类学的引导之下的，当然如果将民族学与人类学等同，那么也是说得过去的，不过 1949 年以后和 1949 年以前的中国民族学却有了费孝通所说的那种明显的分别。关于 1949 年以前中国民族学的发展历程可参阅：王建民. 中国民族学史：上卷. 昆明：云南教育出版社，1997：1-10.

④ 费孝通. 中华民族研究的新探索//费孝通. 费孝通全集：第十三卷. 呼和浩特：内蒙古人民出版社，2009：322-323.

程的这一单一向度，而忽视了另外的一个本来就存在的相互分离的向度。而且，更为重要的是，这种相互分离，并非一般学者所认为的那种在自我认同下的相互分离，而是一种由外在的生活处境造就的天然的差异。这种差异历经一种文化过程而不断地得到自我强化，进而形成了族群之间的表面的文化上的相互分离，以及后起的在族群互动过程中所形成和认知固化下来的自我认同。山脉、河流、平原、谷地、森林、草地等自然样貌的差异，都可以成为诱发族群相互分离的自然因素，但是，这些自然因素与族群之间确实又存在着一种极为漫长的历史性的联系。这种历史不是我们后来有目的性地去追溯的在一定观念引导下所型构起来的历史，而是将自然的因素与当地人的生活极为密切地联系在一起的对于过去的记忆与遗存。这显然是一种文化的形成过程，而不是后来人所称谓的那个不断被增添内容的虚构的规范书写的历史。

在这个意义上，不论是历史学家，还是民族学家，乃至一般的人类学家，似乎都没有真正注意到费孝通的《中华民族的多元一体格局》这篇文章的题目中的"格局"两个字的真正含义之所在。有人可能会极为简单化地将之理解为一种共时性的"结构"，这显然是错误的。其应该是一种整体里容括多元的文化模式，它本身既是共时性的又是历时性的，极为类似于吉尔兹在讨论印度法的观念时所指出的那种上下之间的连贯性，即所谓"分散在每一个地方都有一个小小法则的章程，本来都是不偏不倚地从经典文本、风俗、传说和法令中引申出来，而后便因地制宜了"[①]。在这里，值得特别指出的就是，费孝通在其早年所著的《乡土中国》一书中，为概括乡土社会特征所总结出来的"差序格局"一词，也包含"格局"这两个字[②]。关于这两个字的意义，如果对费孝通早期的英国人类学训练以及那个时期的英国人类学传统不那么熟悉，就会出现要么被忽视要么被误读的结果[③]。忽视的

---

① 吉尔兹. 地方性知识：从比较的观点看事实和法律//吉尔兹. 地方性知识：阐释人类学论文集. 王海龙，张家瑄，译. 北京：中央编译出版社，2004：256.

② 在《乡土中国》这本书中的"差序格局"一章中，费孝通强调的是所谓"整个社会的格局"，这实际指一种"社会组织"。参阅：费孝通. 乡土中国. 北京：三联书店，1985：21-28.

③ 尽管对于英国的人类学传统可有多种理解，但有一点是极为清晰的，那就是对结构与功能的连带性的认识。英国社会人类学的代表性人物之一拉德克利夫-布朗曾经在一篇对"功能"概念加以澄清的论文中专门指出了这种结构与功能相互依随存在的连续性，即所谓"通过并借助功能运行的连续性来使得结构的连续得以保持下来"（It is through and by the continuity of the functioning that the continuity of the structure is preserved）. RADCLIFFE-BROWN A R. Structure and function in primitive society. London：The Free Press，1965：179.

结果是不能从一个整体的角度去审视费孝通言及"多元"和"一体"时的显性的和隐性的意义；而误读的结果可能会更加糟糕，那就是把"多元一体"这个概念单方面地看成一个经由历史而形成的静态的结果，而不是一个既包含历史又包含现实的动态过程。这一点在费孝通的老师史禄国所撰写的《乌拉尔-阿尔泰假设的民族学与语言学的诸面相》（*Ethnological and Linguistical Aspects of the U-ral-Altaic Hypothesis*）一书中有非常明确的表示，费孝通曾经在硕士研究生阶段专门跟随史禄国学习人类学，显然费孝通是不可能不清楚这一点的。[①]

古语云"一叶障目"，显然，这种过于理想化的单向度的思维方式遮住了我们的视野，使我们在面对纷繁复杂的社会中正在发生着的各种族群分化的现实时，无法给出一种合理的解释。实际上，费孝通使用的"格局"这两个字，是非常本土化地将英国功能论传统的人类学的有关"系统"（system）和"组织"（organization）的观念恰到好处地翻译而成的。"格局"这个词语可能比"系统"和"组织"更加契合汉语自身的表达，它指在一种更大的由多元现实构成并超乎其上的包容全部的"一体"格局下谈论各种民族关系。这其中既隐含着观照现实社会的共时性关系结构，同时又包含着万变不离其宗的历时性变化的功能性连续的意义。对这一点，似乎并没有人真正进一步地去加以厘清，特别是对在费孝通所谈论的"格局"与他的老师弗思所讨论的"系统"和"组织"之间的学术传承。在学界，各种假借历史叙述的既得合法性而对之加以曲解的静态论观点不断蔓延，它们并不关注现实发生着的族群关系系统的实际动态演变过程，就更谈不上对其有更为深入的理解和把握了[②]。

---

① SHIROKOGOROFF S M. Ethnological and linguistical aspects of the Ural-Altaic Hypothesis. Peiping：The Commercial Press, Ltd., 1931：8.

② 在费孝通早年翻译的他的老师弗思的概论性著作《人文类型》一书中，弗思专门辨析了社会结构的含义，他认为有关社会结构这一概念，大多数人类学家会同意的看法是"一个社会中人们的行为所依据的主要原则"，但是在排斥了结构主义马克思主义者以及人类学的结构主义的社会结构的概念之后，他专门指出了"社会结构"与"社会组织"这两个概念之间的区分，认为如果前者是指"在社会中指导人们行为的原则或规范"，那么后者是指"对人们行为的安排，这些行为是个人为适应他人行为和外在环境而做出的选择和决定"。（引自：弗思. 人文类型. 费孝通, 译. 北京：三联书店, 1991：98-99.）如果是这样的界定，我们实际上就会注意到徐杰舜在总结费孝通"中华民族多元一体格局"的理论时将其归类到结构论，即他所下的论断"多元一体论内涵的本质是结构论"可能需要再加以斟酌，费孝通的"格局"概念显然更接近于弗思所说的"社会组织"的概念，而不是徐杰舜所说的"社会结构"的概念。（关于徐杰舜的论断可参阅：徐杰舜. 从多元走向一体：中华民族论. 桂林：广西师范大学出版社, 2008：39-46.）

一体与多元的系统性捭阖

面对上述的反思，我们确实有必要真正回归到"多元"与"一体"本身的系统性意义去加以理解，否则我们可能因汉语文字表述上的模糊性和汉语文字的多重解释，而无法真正理解费孝通所明确揭示出来的"多元一体"的一面，以及他隐而未述的"一体多元"的一面。在费孝通的叙述中，这两者显然是不可能真正地相互分离的。

除此之外，面对当下的语境，我们又必须为"一体"和"多元"这两个概念找寻到更加清晰的、可以进行操作化理解的分析性概念，而不能再像以往那样模糊地提出问题，由此而为后来者的理解设置重重迷雾，无法真正在理解上实现一种新的飞跃。

在进入这一分析之前，一对中层的概念是不能不去触碰的，那就是我曾经在概括中国乡土社会特征时所使用的"闭合性"与"开放性"这对概念，简要地说就是一种社会的"开"与"闭"的辩证关系，借此可以来理解中国乡土社会自身的发展历程[①]。与此同时，我又注意到了中国古典文献《鬼谷子》中更具中国哲学意味的一个词语，即所谓的"捭阖"。"捭"意味着开放性，而"阖"意味着闭合性，但最为重要的一点就是，"捭"与"阖"不是各自孤立地存在的，而是相互依赖形成一种所谓"捭阖"的关系。有了这样一对相对较为清晰的本土概念作为基础，我们再来看待"一体"与"多元"之间的关系就可能会更加清晰，并由此可以获得一种更具动态整体性的对于族群关系变动的深入理解。

一般而言，族群生活的闭合性成为"一体"能够实现的现实性基础，而族群生活的开放性又在一定的意义上使得族群生活的多样性成为可能。"多元"和"一体"之间存在着一种相互包含的依赖关系，而一些走极端的做法，往往是只注意到了其中的一面，而忽视了另外的一面。在一定的意义上，"多元"隐含着"一体"，反过来，"一体"必然容括"多元"。在这里，一种中国思想观念中的"你中有我，我中有你"的状态得到了一种相当恰当的表达。这种关系的实现，

---

① 赵旭东. 闭合性与开放性的循环发展：一种理解乡土中国及其转变的理论解释框架. 开放时代，2011（12）.

要求的是一种能够勾连起二者的"智慧",而不是既定的结构法则①。并且,更为重要的是,处理这两者之间的关系,根本的问题可能恰如韦伯早年在论及德国东部普鲁士省的日耳曼人和波兰人的民族性关系时所指出的那样,问题的根本不在于出现在社会底层的多元或者看起来混乱的社会局面,而在于如何在国家一体的层次上真正创造出一种可以具体操作和实践的智慧,由此而让底层的日常认识的混乱可以在特定的时间得到消解,并经由一种领导权的衔接而统一在一起。②

在这里应该特别指出的是,在传统的社会中,宗教与亲属关系,往往是比较有效且能发挥实际作用的一种社会黏合剂,它使得人们一方面在观念上,另一方面在人与人的关系上,相互保持着一种致密的结合。今天,这些要素虽然在特定的并没有真正接受现代启蒙观念的社会中依然发挥着作用,但显然已经日趋萎缩。建构法权社会的口号,实际已经为强调人与人之间相互依赖关系的社会敲响了丧钟。而在今天,从一种摩尔根所强调指出的纯粹以个人为基础,依据人与人之间的关系所建立起来的"社会"(societias),即以人群生存为基础的传统的氏族组织的社会,而转变到以财产和领土为基础,并通过清晰的界限划分来实现领土和财产关系的"国家"(state, civitas)的社会之后③,社会的基础在渐渐地发生着改变,这同时也在影响着人们表达多样性生活的方式。可以说,自我的权利和国家想象,成为这个时代最为重要的体现出社会的多元和国家的一体这两个极为重要的枢纽性观念的概念,人们诸多的观念表达,都是在这个意义上来重新审视自己在现实社会中的生活与上述两者的适配性。换言之,在传统社会中,位居社会生活第一位的强调人情世故的人与人之间的纽带关系,正在逐渐地从现代社会的舞台上消失,但这又绝不是瞬间消失,其即便退到台后,也依旧发挥着其自身的作用④。但是,无可否认的一个事实就是,新的财产和领土的观念,在逐渐

① 最近,一些研究者开始注意到在既定的知识探求之外的默会之知,这是建立在会意基础之上的非规则性的智慧,被统称为一种"生存性智慧"。"生存性智慧"显然是无法经由理性知识的逻辑推演所能够导出的,而是依赖于个人的不确定性和个体的特殊性所产生的"默会知识"或"实践性知识"。关于这一点的详细讨论可参阅:邓正来."生存性智慧"与中国发展研究论纲. 中国农业大学学报(社会科学版),2010(4):5-19.

② 韦伯. 民族国家与经济政策//韦伯. 民族国家与经济政策. 甘阳,等译. 北京:三联书店,1997:106.

③ 摩尔根. 古代社会:第1册. 杨东莼,张栗原,冯汉骥,译. 北京:商务印书馆,1971:7-8.

④ 关于中国人与人之间关系的实践形态,可参阅杨美惠的细致研究:杨美惠. 礼物、关系学与国家:中国人际关系与主体性建构. 赵旭东,孙珉,译. 南京:江苏人民出版社,2009.

侵入我们现代人生活的舞台，而与之相伴随的社会结构的转变中最为核心的一点就是，这些都已经成为我们建构一种新的社会关系的制度化基础。一种财产权的私人化和清晰化，使得多元性的社会生活趋向于跟一个个个体联系在了一起，个体也不再是相互联系在一起去应对社会风险，而是各自独立地承担着社会责任和抵御可能的风险或灾难。而领土观念成了国家能够延续和发展的最为重要的一项合法性基础，保卫领土以及领土上居住的全体公民的安全，成为这个充满极端多样性的社会能够再一次地统合在一起，并形成一种共同性想象的观念基础。英国现代早期的思想家霍布斯曾经创造出"利维坦"这一概念，以此来指称那种依靠强权来实现的现代国家一体的社会治理状态[①]。而今天，霍布斯的"利维坦"已不再是一个四处游荡的"幽灵"，而是成为一种在真正发挥着其作为庞大的国家机器作用的强制性的力量，既看得见，又能够真切地感受到。

与此同时，整体意义的国家认同的民族主义也是建立在这个基础之上的，这是一幅当下现实的图景，而非历史上的那种由个人到氏族再到民族的"原始"发展线路，即在这两者之间，出现了一个断裂，国家的观念使得社会的注意力从个人转变到领土和财产权之上，这是今天过于看重历史和民族融合过程的民族学家所没有真正自我觉知到的，结果，秉持一种历史连续性观念的研究者，因不知道这种历史的断裂，而无法去领悟当下的社会结构及其多元分散本身所可能具有的一种新的约束性力量。西方"自由多元主义"的新思潮可能是这种新的政治的极端表现，只是它更为强调在实践中的价值多元[②]，而没有注意到实际存在的现代国家一体格局在制度层面上的影响力。

从"多元一体"到"主体多元"

如果，多元是一种现实，那么，一体便成为一种理想。在传统的以人为核心并以人与人之间的关系为基础的社会中，人与人之间的联系会不断地扩大，由此而形成一个带有联合意味的整体性的民族，这是摩尔根意义上的民族构成的进

---

① 霍布斯. 利维坦. 黎思复，黎廷弼，译. 北京：商务印书馆，1985.

② 盖尔斯敦. 自由多元主义：政治理论与实践中的价值多元主义. 佟德志，庞金友，译. 南京：江苏人民出版社，2005.

程。一般而言，这种情形与今天的先被赋予一种民族国家的观念①，再去识别出或者归类出各个少数民族的做法显然是大不相同的。

而具有一种历史偏好的民族关系历史学家，恰恰可能会过度关注历史发展过程本身②，这个过程可能是一个仅仅局限于之前摩尔根所敏锐地指出的那个靠氏族联合而逐渐壮大起来的民族发展过程，而并未关注到在一种后来所创造出来的民族国家观念影响下对族群代表性的区分与确认的过程。研究者如果忽视了这一点，在实际的观察中就可能会犯下把过去当作现实来加以再次建构的错误。更有甚者，研究者可能会将一种现实的可分析性彻底地抛弃，而径直地以历史来证明当下，但殊不知，这二者之间，因启蒙意识成长之后的发展，而发生了某种社会学意义上的结构性的断裂，由此而使得二者之间已经难以再保持一种相互的依赖性，这可能才是从历史脉络的梳理中试图去解决今天的多元和一体复杂关系问题的关键所在。

传统的社会是以个人与个人之间的联系为基础而形成的一个广大的社会，这与现代民族国家构成了一种极为强烈的反差。现代的国家以民族和民族主义的建构为核心，恰如吉登斯所言，"民族和民族主义均是现代国家的特有属性"③。因此，今天的这种社会形态，因财产权、国家观念以及公民权意识的成长，而使得人们相互联系的旧的纽带在逐渐地脱解开来，每个个人都转变为没有相互实质性的依附关系的独立的个体，并以个体的独立的身份去应对整个世界及其所带来的风险和契机。正像梅尼克所指出的那样，现代的民族国家内部存在着的是"不同的个体和社会团体"，它们不仅有各自的思想，而且善于表达，他们的思想会"彼此竞争，永无休止"④。在这个意义上，在现代民族国家中消除对立、差异可能是一种空想，"而只能在一种确定的根本价值观、彼此容忍以及承认区别与多

---

① 在史密斯看来，民族国家是一个在第二次世界大战之后不断在全世界蔓延的观念，由此而形成一种现代意义上的"民族建构"的时代，并且史密斯强调"主要是非洲和亚洲的社会为完全是新的并且是按照欧洲的模式建立起来的国家所再造"。引自：史密斯. 民族主义：理论、意识形态、历史. 叶江，译. 上海：上海世纪出版集团，2005：127.

② 马戎在其编写的教科书《民族社会学》中已经率先指出了对于族群关系研究的现实维度而非历史维度的重要性。对此可参阅：马戎. 民族社会学：社会学的族群关系研究. 北京：北京大学出版社，2004：16.

③ 吉登斯. 民族-国家与暴力. 胡宗泽，赵力涛，译. 北京：三联书店，1998：141.

④ 梅尼克. 世界主义与民族国家. 孟钟捷，译. 上海：上海三联书店，2007：9.

样性的基础上达成统一"①。在这样的社会中，个人自我意识的成长受到了一种超乎寻常的鼓励，并得到了极大程度的社会赞许。在此意义上，今天的社会多元，实际上也与传统时代的多元有着一种本质意义上的差别。简单地说，今天的多元越来越多地建立在个人主体性的多元之上，这种多元甚至完全可以用"主体多元"这个词语来加以概括，也就是因为个体的独立主体性的彰显，个体主义的生活方式成了人们生活方式选择的主流，世界也因此呈现出社会多样性的姿态。这与传统社会因山、水等地理空间差异而形成的多元或多样性的社会与文化形态判若两样，后者实际上是建立在以社会的闭合性为基础的内部相对一体而外部相互构成多元的一种社会格局之上的。② 因此，在传统社会中，内部一体边界的扩展，意味着人群涵盖范围的扩大，但通过一种由中心向周边扩散的征服与教化的力量，实现从原来的一体到新的一体的民族认同边界的扩展。其中，武力或军事的征伐乃是最为重要的实现民族融合的途径，这种武力或军事的征伐，还带来了民族的迁徙和居所的变动③。但是，今天在所谓民族国家建立起来之后的国家领土基本确定以及公民资格基本得到认可的前提条件下，国家成长的模式可能就不再是领土扩张以及民族联合的发展模式了④，而是转变为在既有的领土框架之内，凭借代表性和利益分享原则，不断出现分化进而产生社会主体多元的社会治理格局，即新的发展进程不再是通过分散开来的多元的融合、联合、结盟等诸多合作形式而发展起认同上的一体，而是在一种先赋的国家一体观念下经由现代主体意识的不断自我强化而发生分化，并由此而形成社会的主体多元与差异区分的形态。而形成此种主体多元社会形态的最为重要的启动机制便是个人选择机会的增加。在现今的社会之中，选择成为每个个体不能不去面对的一种社会生存策略，因为被今天社会不断强化的自我的主体性所要求的，恰恰就是一种本属于你个人的生活态度的自我选择，离开了这一点，完整的个人意识也便不复存在，即便存在，也一定不再受到社会价值的正向鼓励。

---

① 梅尼克. 世界主义与民族国家. 孟钟捷，译. 上海：上海三联书店，2007：9.

② 赵旭东. 族群互动中的法律多元与纠纷解决. 社会科学，2011（4）.

③ 李一氓在《试释汉族》一文中曾指出这一点，他认为，"历史上的民族融合，基本上是通过军事手段，军事手段以后，就是大规模的迁徙。而这个融合，基本上是融合于汉族"。参阅：李一氓. 试释汉族//文史知识，1984（8）. 李一氓. 存在集续编. 北京：三联书店，1998：13.

④ 正像李一氓所指出的，"辛亥革命以后，这个以武装强制的民族融合的长过程就算完成了"。引自：李一氓. 存在集续编. 北京：三联书店，1998：15.

之前的民族关系史的分析，可能仅仅让我们注意到了传统社会族群关系从多元分散的局面而腾升为一体的那一向度，但让我们忽视了当下社会因现代观念的转变而带来的作为整体的"多元一体格局"中的另外一个向度，即从一体到多元的形态的转变这一向度，这从根本上属于现代社会的族群关系架构而非传统社会的族群关系架构，且无法直接从对传统社会的族群关系的历史梳理中自然地发展出一种对当下族群关系架构的理解。今天所呈现出来的文化与社会的多元主义趋势，因现代个体主义的提升，而变成可以任由个人来加以选择和学习的多种文化表征，而非实际的生活处境所自然形成的多元存在形态。换言之，"多元"成了一种可以借此来证明自身主体性的象征性符号，当下的许多激进的多元主义，就可能在这种符号意义的引导之下，而发挥着其对社会和族群关系的独特的影响力。

历史主义的谬误

我们如果单单注意到了从多元到一体的传统国家的历史成长过程，并以此为基础去分析当下的社会处境，实际上就会如盲人摸象，因为在经历了现代社会的大转变之后，社会构成的格局已经发生了一种带有根本性意义的转变。

在这个意义上，历史本身都可能成为在现代性观念所引导下的自我创造的一部分，福柯的讨论在许多方面是在这个意义上展开的[①]。与此同时，我们更为清楚地意识到的可能是历史如何经由历史编纂者、历史学家的书写而进入当下的社会实践，至少现代博物馆的存在，已经向我们暗示，历史在被不断地重新界定之后，成为我们现代人生活和想象中的一个不可分离出去的部分。而我们离不开历史，不是因为历史成就了我们的现在，而是恰恰相反，我们因对当下的远距离的逃遁，而无法真正地接触到当下的现实存在，一种吉登斯意义上的"经验的存封"在这里得到了最好的说明[②]。我们因此需要借助历史来找寻到被表征存封起来的当下。这实际上也是我们先入为主地接纳历史来解释我们的当下生活的唯一理由，似乎过去的"死魂灵"可以再一次复活一般，这一点也在潜意识层面深度

---

① 王治河. 福柯. 长沙：湖南教育出版社，1999：86-89.
② 吉登斯. 现代性与自我认同. 赵旭东，方文，译. 北京：三联书店，1998：192-197.

地影响着我们当下的认知和判断。

因此，在一种历史主义范式的影响之下，人们在解读"多元一体格局"这一并非清晰的框架体系时，大多数人可能仅仅注意到了"从多元走向一体"这一单一的历史形成过程①。这个"一体"实际从学理的层面上看可谓过去时意义上的"一体"，因为，中华民族历史过程中的"多元"和"一体"因国力盛衰而不断处在摆动之中且具有反复性，并且可能会因人群和政治联合范围的扩大与缩小而发生一种变动②。但今天，特别是在1911年以后，现代民族国家的观念开始在中国的领土上慢慢成长起来③，这种"一体"与"多元"之间的传统的周期性逆转的关系在发生了一种"天翻地覆"的相互转换之后，实际已经因国体政治架构的彻底转变而被切断了，极为明确的国家"一体"下的领土、人民以及主权的观念，让内外之间、上下之间以及中心与边缘之间的关系，都变得极为明确、固定和均质化，并时时受到强大国家机器的监视和护卫，而不能有丝毫的变动。因此，国家"一体"在原则上无真正区分的均质化的清晰图像及其塑造，使得作为"一体"的国家试图在无人群区分的前提下尽可能多地去容纳各种差异和分化。虽然这种实际存在的多元格局，可能会因不同的时期民族和国家意识的微小变动而有一种宽容度上的改变，但是确实已经不再有一个单独的"一体"或单独的"多元"的时代可以孤立地存在了。"一体"和"多元"被真正容纳到费孝通所概括出来的民族关系的"多元一体"的整体论框架中，并发挥着各自的独立作用。

在此意义上，我们实际上有必要转换定势思维，真正去注意到在经历了一种从中华帝国到民族国家的社会结构转变的前提之下，我们究竟该如何去看待新的当下既已存在的在"一体"不变的总格局之下族群和社会多元分化成长的滋生过程，而不是反方向地在旧有的框架之中去看待那个已不复存在，或者说已经不成问题的族群从分散多元走向一体的历史过程，简言之，我们要真正去透视在现有制度框架之中多元社会形态发展的过程。这种在既定的国家"一体"格局下的对

---

① 徐杰舜. 从多元走向一体：中华民族论. 桂林：广西师范大学出版社，2008：23-30.

② 顾颉刚和史念海合著的《中国疆域沿革史》一书对这一点有极为清晰的表述，可参阅：顾颉刚，史念海. 中国疆域沿革史. 北京：商务印书馆，1999：1-3.

③ 在历史学家葛兆光看来，这种中国的民族国家的意识，可能能追溯到宋代。一种在周边"异文明"的压迫之下所形成的"汉文明"的自我意识，酝酿出了一种真正具有现代意义的"自己独特的传统与清晰的历史"，这种"道统"的观念，即汉族文化的正统性和合理性，在葛兆光看来，"恰恰就成了近世中国民族主义思想的一个远源"。引述自：葛兆光. 宅兹中国：重建有关"中国"的历史论述. 北京：中华书局，2011：62-65.

多元社会过程的把握可能会受制于多重影响因素，并且需要有一种多学科视角的参与。当然，其中最为重要的一项因素便是人与人之间联系的方式，对这些不同地域和文化观念下的人与人之间联系的方式的考察，为我们理解在"一体"的结构之下缘何有分化和融合的趋势提供了极为重要的解释信息，特别是在现代意义的个体主义观念影响下的对人与人之间联系的方式的转变的考察，可以让我们真正去理解在今天的社会当中，人们可以联合起来或者分化出去的个人、社会与文化的基础究竟在哪里①。

如果我们能够极为清楚地意识到，作为一个整体的民族是由民族国家的观念而自然生成的一种族群观念，或者如安德森所指出的是一种"想象的共同体"②，那么我们实际上也就没有必要耗费如此巨大的精力，去费尽心力地证明某一个民族从"多元"到"一体"的发展过程。而且，这样的一种努力只可能落到一个由果导因的认识论的谬误中去。就如西方殖民者早期曾经借助自我的想象去构想西方以外的人群的发展历程那样，我们似乎也在某种意义上，在勉力建构一种这样的可能有悖于事实本身的自我与他者的形象，而这种建构，实际上带有某种在本来断裂的线索之上加以虚构的所谓的"传统的发明"之嫌③，这可以说是偏好于追溯一个民族的成长史的研究者所需要自我警醒并有意去加以克服的。可能，最为重要的一点提醒还在于，过度把原本具有包容性的"多元一体格局"的系统架构，单方面地通过对"多元到一体"的历史过程的梳理去加以肢解，可能会使我们无法真正从当下的带有多元意味的不同族群生活互动的处境中，去理解他们自身的适应与转化的过程。在这个意义上，我们实际上要做的工作是尽可能全面地理解多元一体的真正含义④，否则，我们便有可能在民族问题的研究上受到过多

---

① 在此意义上，阎云翔对东北夏家村的空间的私密化观念成长的研究可能堪称是这方面的典范研究，它透露给我们有关现代观念借助从土炕到单元房的空间的实践转换所产生的个人联系分化的文化表达。可惜，这类的细致研究目前依旧是极为缺乏的。参阅：阎云翔. 私人生活的变革：一个中国村庄里的爱情家庭与亲密关系（1949—1999）. 龚晓夏，译. 上海：上海书店出版社，2006.

② 安德森. 想象的共同体：民族主义的起源与散布. 吴叡人，译，上海：上海世纪出版集团，2005：153-176.

③ 霍布斯鲍姆，兰格. 传统的发明. 顾杭，庞冠群，译. 上海：译林出版社，2004.

④ 对于将"一体"等同于国家，进而将"多元"理解成"国家的分裂"的主张，张海洋撰文试图进行回应，他试图借此来厘清所谓的"中华民族"的真正含义是什么，对于国名"中华人民共和国"中的"共和"两个字，张海洋认为其"明显具有对国内的民族多样性承认"的含义，这种观点实际上是对把国家片面理解为"一体"的代表的做法的一种潜在的批评。参阅：张海洋. 汉语"民族"的语境中性与皮格马利翁效应：马戎教授"21世纪的中国是否存在国家分裂的风险"述评. 思想战线，2011（4）.

的事倍功半效应的阻碍而一无所获。从研究的经济学角度来说，这是一件极为不合算的事情。

可能，问题的最为关键之处在于，如果我们把"多元"仅仅看成一种既定的结果而不是一个在不断发展着的过程，并且把这种结果的出现，极为密切地跟后来晚出的"民族"观念扯在一起，那么最后我们会渐渐地发现，我们实际上连最为基本的"多元"的含义都无法理解，更不用说形成一种所谓"多元一体"的整体图像了。因为，就占整个中华民族人口绝大多数的汉族自身而言，其内部的分化和多样性程度，就已经让研究者不知所措了。说北方话的汉族人，与说潮州话的华南地区汉族人之间的差异和沟通困难，可能是绝非用"汉人"这两个字就能一笔带过的，其间的差异让我们很难在这样两个人群中间轻易地画上等号。语言学家的研究甚至向我们暗示，潮州话可能与位于太平洋岛屿上的密克罗尼西亚人和美拉尼西亚人的语言有更相近的亲属关系，据说那里的人的祖先古印度尼西亚人，大约是在六七千年以前从中国的南方迁徙过去的。[①] 单就民族语言学的证据似乎就可以认为，从"一体"到"多元"的过程，可能更加是理解当下乃至历史的一个重要的思考向度。

语言学家甚至比较明确地告诉我们，单就语言的分化传播这一点而言，目前为止在中华民族整体包含的 56 个民族中，除了每个民族都有自己的文化和语言传统之外，它们族群内部实际上又构成了不同的方言群，而这些方言群"最初都是以中原地区扩散开来的汉语为表层语言，各少数民族的语言为底层语言，这样相互作用相互影响而形成的"[②]。这不仅从语言研究的角度，呼应了考古学家张光直的中国文化是在多个文化圈的交互作用之下而形成的假说[③]，同时也指出了汉语自身的特点，使其可以将各地纷乱的方言统一在"中国"这一整体性的观念之下。"中国"这个大约最早出现于《诗经》中的概念，在上古的周代就已经深入人心了，而这"中国"之外的区域，却为名称并未完全确定，且并没有完全传递下来的各个少数族群的观念所围绕[④]。由此，显然可以推论说，围绕着中国而

---

① 王士元. 语言的探索：王士元语言学论文选译. 石锋，等译. 北京：北京语言文化大学出版社，2000：29.

② 同①128.

③ 张光直. 古代中国考古学. 印群，译. 沈阳：辽宁教育出版社，2002：233-308.

④ 同①128.

有的"一体"的社会想象，在中国文化里，不论是在古代还是在今天都是不缺乏的①，甚至可能和一般人所理解的中国的观念或者中华民族的观念是从"多元"走向"一体"的看法相背离。实际的情形恰恰可能有悖于我们一般的受到历史学家影响而生成的那种认识，而真实发生的情景是先入为主的中国中心的观念超乎经验的多元而预先凝固在受中国文化影响的中国人的心里。反过来在这一体的背景下，所有的多元会因各种特殊性原因，诸如地貌、生态、资源以及山水阻隔而表现出一些不同的形态，并因此而不断地变异分化成为族群，并且在与周边的文明圈互动的过程中不断地改变着自己的语言、方言、饮食习惯等。

值得进一步指出的是，大凡气势宏大的历史时代，比如秦汉及唐代，一种整体的民族认同便也可以容易地得到实现。这些朝代的名称，在今天依旧被用来指称作为一个整体的中国人，不论是外族还是中国人自己都会有这样的认同，由此而显示出了那些时代的文化的影响力之深。在这样的有着开放性的大一统气势的时代里，多样性也被体现得极为明显，比如在唐代，朝野上下，汉蕃杂处并非什么令人称奇的历史故事，而不过是平常司空见惯的生活场景。相比之下，宋、明、清诸朝，尽管不能说没有门户开放的实践，但整体而言是心态闭锁的，其采取的锁国海禁的政策，使得社会的多元性得到了消弭，但与此同时，国家的一体性也未能真正得到落实。

执此之故，"一体"显然并非由多元融合所能直接构成，它必先要求有大一统的姿态，且配以海纳百川的气度，舍此，不仅"一体"的情势难以保障，人们生活实际中所出现的自然差异与多元，也会因受到过度压制而窒息。有鉴于此，我们要理解费孝通晚年所提出的"多元一体格局"观念的真正含义所在，而不是简单化地只从历史的维度去证明由"多元"到"一体"的民族融合的过程，最为重要的是要去审视和宣扬一种在一体之下的多元存在的可能。稷下学宫的百花齐放、百家争鸣，尽管是一种老生常谈，但仍能为多元一体理念提出时的不完备之处提供一种补充和警示。

在我们重读费孝通的《中华民族的多元一体格局》这篇名文时，也不要忘记

---

① 如杨志强于2011年在对清代"苗疆"社会"非苗化"的研究中专门又重提了传统中华帝国"大一统"思想中文化共同体建构中的"文野之别"观念，并强调由此而衍生出来的"华夷之辨"观念所具有的包容性，以及由此而形成的"华夷"共生的政治"一体"与文化"多元"的局面。引自：杨志强. 前近代时期的族群边界与认同：对清代"苗疆"社会中"非苗化"现象的思考. 苗学研究，2011（3）.

他在文末的提醒，即"中华民族将是一个百花争艳的大园圃"。费孝通不愧是文章运思的高手和行家，在别人可能因单方面的历史论证而强调民族融合为一体的单一历史过程之时，他却清楚地提示我们，还有另外一个方面的可能性，即在"一体"的"大园圃"中，实际存在的是一种相互区分且有差异的"百花争艳"的"多元"局面。① 在这个意义上，费孝通的有关"中华民族多元一体格局"的论证似乎并没有完成，他为我们后来人留下了一个希望，这个希望应该就是提醒我们去更多地注意到，如何在一种现实的"一体"的格局之下去真正领悟和发展"多元"或多样性。在无法和费孝通直接去面对面对话的今天，在纷繁复杂的族群互动的当下，我们似乎也只能去做这样无奈的学术猜想和论证了。

---

① 费孝通. 中华民族的多元一体格局//费孝通. 费孝通全集：第十三卷. 呼和浩特：内蒙古人民出版社，2009：147.

第五部分

文化与自觉

第十三章　在文化对立与文化自觉之间

社会学在经历了一个思想上的自我循环之后，个人与社会之间关系的问题再次成为当今社会学家关注的焦点。无论是布迪厄的实践理论，还是吉登斯的结构与行动之间的辩证关系，乃至萨林斯以文化观念对结构主义的再诠释，凡此种种，都有意无意地为把个人重新拉回到社会学的领域中来，并使其成为一个极为重要的研究课题，提供了不可多得的契机。自我问题、认同问题、想象的共同体、社会的建构等诸多将社会结构与个人认知结合在一起的新的研究视角相继涌现，同时它们也为社会心理学的复兴提供了基本的论据。

1997 年的文化自觉

费孝通教授于 1997 年首次提出了"文化自觉"的概念，并试图以此概念来指涉当今世界国家与国家之间、民族与民族之间的相互关系。很显然，由文化自觉这一概念所彰显出来的这种关系目前来看既是最为合理的，也是最为人们所欢迎的，因为它真正注意到了本土人的文化权利，并能够通过文化自觉的过程而实现真正的赋权。这是在既有的文化相对主义的基础上的新发展，今天的世界不可能再信奉文化对立观念下的文化的冲突，而信奉文化自觉理念下的文化的融合。但是有一个学理的问题终究没有得到解决，那就是在从文化对立的立场转变到文化自觉的姿态的过程中，如何克服文化及民族的自我中心主义？

20 世纪之初，原本以崇尚和描记异文化形态为目的的文化相对主义，在经过了半个多世纪的发展之后，最终导致了文化研究范式上的文化对立的恶果。对于这一点的批评，最初发表于 20 世纪 70 年代后期的萨义德的《东方学》最为关键，这种批评带来了整体性的文化自觉模式的突显，并在费孝通晚年的学术思考中占据着极为核心的地位。

但应该清楚的是，如果既有的文化相对主义的模式影射出来的是一种文化对立的态势，也就是西方强势文化结构性地存在对其他文化在时间与空间上的对象化想象的话，那么，可以预期的是，如果文化自觉的模式走到极端，如果自我认同过度膨胀，其可能的后果就是对异文化存在的冷漠和忽视，这种冷漠和忽视不仅仅存在于强势文化面对弱势文化时，反过来，也同样是成立的。但这本身又恰恰有悖于费孝通最初提出文化自觉概念时的初衷。

显然，过去我们是依照西方想象出来的"他者"来建构我们对自身的印象的，今天，我们则可能是依照我们"发明"出来的"传统"来建构我们自身所处的社会、生活与文化的。而能够克服上述两种极端思维的唯一途径可能是采取游走于二者之间的有弹性的中间道路。总体而言，费孝通先于"文化自觉"概念而提出的"各美其美，美人之美，美美与共，天下大同"似乎更具包容性，既有进一步拓展意义的空间，也属于其一以贯之的整体论思考，这是对马林诺夫斯基开创的功能论人类学传统的自然的延续。而后来他发展出来的"文化自觉"概念显然不能够完全涵盖上述四点，甚至可能使后来不了解这个术语产生的背景又盲目带有民族主义情绪的学者随意使用，而造成不必要的误解。

文化相对主义

不言而喻，文化相对主义成为一种看待文化的姿态仅仅是 20 个世纪 30 年代以后的事情。如果说泰勒的《原始文化》可以作为西方人对异文化探索的开始，那么这种开始是以西方文化与西方以外的异文化之间的对立为基础的。这种对立是想象出来的对立，因为其是将西方的传教士以及旅行家在世界各地所搜集到的各种见闻按照进化论的模式加以分门别类地排列的结果。不过这是学者实际进入异文化，并对不同的文化加以比较研究的开始，没有"奇闻逸事"做"诱饵"，文化的差异是不会成为一个让学者感兴趣的话题的。

在人类学中，文化相对主义真正占据优势地位，出现在美国而不是欧洲，或者更具体地说没有出现在英国。因为英国的人类学强调社会学分析，强调社会的功能以及相应的约束机制，虽然在拉德克利夫-布朗那里，"比较"的概念经常会出现，但在他看来，真正能够比较的是不同的社会结构而非文化本身。因为在英国人类学的社会结构比较中，个人的观念形态是根本无法占据核心地位的，在这些社会结构论者的眼中，这些观念形态一定是后起的，是在一定的社会结构约束之下的副产品。强调社会功能分析的马林诺夫斯基同样不理会文化形态上的差异，在他看来，根本的是文化的功用，一旦功用是一致的，文化就是一致的，文化是用来满足一定的社会与个人的需要的。① 这样的一种看法，骨子里还是社会决定论的而非文化决定论的，因为，其强调社会设计好了一种机制，让文化来满足社会与个人的需要。比如互惠这种社会机制，它本身并不存在于文化中并支配着人们的互惠行为，是相互的需求使得互惠行为自然而然地发生。

无可否认，文化相对主义出现在美国是以 1934 年本尼迪克特的《文化模式》一书的出版为标志的，这本影响巨大的人类学著作将异文化之间的对立阐述得极为精准，使得阅读者无不折服。在他那里，我们至少看到了两种不同的文化，它们没有什么进化上的先后顺序，有的仅仅是形态与文化观念上的不一致。一种是进取的，一种是静止的；一种是个人主义的抗争，一种是集体主义的自律。这种文化形态上的差异被归咎于他们观念上的差异，"酒神型"（Dionysian）的文化塑造了今天的夸克特人的视金钱如粪土的"夸富宴"性格，而"日神型"（Apollonian）的文化塑造了祖尼人"谨小慎微"的性格。在这个意义上，文化不过是个人性格的一种放大，理解了文化也就意味着理解了一种性格。

文化由此成为理解人及其生活于其中的社会的核心概念，与本尼迪克特同时代及他之后的人类学家无不受到这种文化观念的影响，米德对于萨摩亚人的成年的分析如此，萨林斯对于库克船长在三明治岛的奇遇以及受害过程的解释也如此，格尔茨在《文化的解释》中，也认为人沉浸在文化的帷幕之下。在这个意义上，文化成了一种符码，一种可以将不同社会加以区分的符码。在人类学发展的相对主义线路上，文化是相对的，每个民族都应该有自己的文化，每个区域也都应该有其特色的文化，并且每个国家都应该有其别具一格的文化，这样的思维占据着文化相对主义者的头脑，同时也通过他们的头脑创造出一个又一个形态各异、有着良好表征的文化。文化在这个意义上跟货柜上的商品没有什么实质性的分别。人们销售自己的文化，同时也购买异文化；人们消费自己的文化，同时也

---

① MALINOWSKI B. A scientific theory of culture and other essays. Oxford：Oxford University Press，1944：36-42.

消费异文化。而所有这些都建立在不辞辛苦的来自异文化的访客、游人以及探险家们的细致入微的记录之上，这些记录成为这些不同的文化能够称得上不同的证据所在，也就是说，所有的记录都成为文化特异性的无可辩驳的证据。

对于这些记录，萨义德《东方学》的抨击是不遗余力的。他认为，西方的东方学者对东方社会的记录无不在施展一种知识与权力的关系，使得东方成为这些东方学者笔下的玩偶，他们任意地依照自己的想象来书写和描画。在这个意义上，文化的差异以及差异中的对立可能由这些熟悉东方的东方学者书写出来，并被当作一种文化产品转运到东方及西方以外的其他地方，成为文化帝国主义的传播管道。以文化相对主义为开端的文化对立成了一种极端势力的代表，东方与西方、野蛮与文明、东方专制与西方民主、个体主义与集体主义等，乃至晚近影响颇广的亨廷顿的文化冲突论，这些在美国乃至整个世界的不同时期有着主导学术话语支配权的文化对立性的思考，追根溯源，都可以从早期的文化相对主义那里找到依据。作为始作俑者，文化相对主义脱不了干系。

作为一种政治的西方文化再现

文化相对主义是一种再现或者表征的艺术，它以友善和宽容的初衷赢得了众多的观众，但它因骨子里是一种"西方文化再现的政治"（politics of cultural representation）而滑入错误再现的泥沼，不能自拔。恰如萨义德所一语道破的那样：

> 所有的再现都是某种错误再现……西方对于再现东方的兴趣涉及帝国的控制，而且涉及特权……所有搞东方研究的教授……都说这种研究是客观的或科学的，其实绝非如此，那是权力的运动，而且继续控制他们尝试统治的那些人口。[①]

在这种知识与权力的再现政治中，不仅仅是东方，整个西方以外的世界都因这种再现而变得生硬与僵化。由于有文化相对主义为口实，文化的自由交流以及互惠变得极为艰难，文化壁垒越来越高。在这艰难的交流中间充斥着刻板印象，

---

① 瓦纳珊. 权力、政治与文化：萨义德访谈录. 单德兴，译. 北京：三联书店，2006：319.

这种印象不是真实的，而是出于偏见所形成的一种歪曲，并通过各种形式得到了固化。而所有的这些歪曲都无可置疑地建立在人类学家最初所主张的以宽容之心看待异文化的论调上，但是等到他们明白这背后的权力支配，确实已经是很晚近的事了。

　　这种明白与觉醒是双向的。一方面，是西方人的明白与觉醒，他们反省了自己过去的偏见，反过来强调土著的权利与自我表达，越俎代庖的再现的政治逐渐让位于尽量让当地人表达的"赋权的政治"，根本是让当地人自我觉知地了解到自身的历史、文化与权利。另一方面，土著对于自身文化的建构与表达也变得异常外显与自觉，在西方人的新主张下，他们似乎一下子明白了自己文化的价值，但是他们选择把文化保护得死死的，不让其他文化"染指"，如此形成的一种"认同的政治"在操控着当地人对自我的理解。此种向内聚敛的认同的政治通过"想象的共同体"的各种技巧逐渐地使一个自我划定边界的群体孤立起来，个人的自我意志已经被压制到了最低点。虽然是茶余饭后的闲聊，但是萨义德对于这种扭曲的认同政治的批评依旧是值得在这里引述的：

> 　　眼前所有这些不同的族裔社群，他们现在开始觉得问题在于如何保有自己的认同，不受其他人的侵害。认同政治（identity politics）变成了分离主义的政治（separatist politics），然后人们就撤退到自己的小圈圈里。①

　　这确实是一种富有洞察力的见解，它让我们明了了在文化相对主义之后表达文化的新趋势，那便是一种自我表达，不能不说它也是一种类似于画地为牢的自我囚禁。因为，它有意将一种流动的、交互影响的以及变化着的文化过程重新加以再现或表征，使其成为一个特殊群体彰显其存在价值的代表性符码。在这样的政治氛围之下，一句常被引用的套话就是："如果我不这样去做，那么我还是×
×人吗？"这句子里的"××"既可以是巴厘、斐济、泰国、巴勒斯坦、伊朗乃至中国，也可以是更多为很多人所不熟知的地方，只要你愿意。

　　虽然在这里我不能完全肯定，文化自觉的概念是否是在这样的语境下生长出来的，但是我还清楚地记得，在1997年冬天由北京大学社会学人类学研究所主办的第二届社会文化人类学高级研讨班上，费孝通提出这一概念时的那个具体的

---

① 瓦纳珊. 权力、政治与文化：萨义德访谈录. 单德兴，译. 北京：三联书店，2006：322.

语境。在那个语境中，至少有两个人的发言打动了当时的费孝通，这一点费孝通自己在随后的文字总结中有很长篇幅的记述。^① 那种语境是关乎文化边界问题的，一位来自新疆的汉族学员针对费先生的"文化没有边界"提出了质疑，由于"边际人"的身份，她在生活中到处遇到文化的界限，这该如何解决？在费孝通看来，这文化的界限不是泾渭分明的，而是相互既有重叠、有交叉，也有相互的影响的，类似于力学的"场"，文化场由中心向四周辐射。在文化场中，只有受到文化冲击的程度上的差别，却没有无可逾越的界限存在。文化的"边际人"是存在的，但不是独立的一种人，而是受到不同文化场交互波及并处于文化场边缘的人。在这一点上，费孝通意识到了在文化对立之下的文化冲突解释模式的弊病，并尝试着把"场"的概念运用到更大范围的世界性的文化冲突与融合的解释之中，也就是以没有边界的"场"的概念去取代原有的"文化边界"的概念。恰如其所言：

> 我注意到现在西方的欧美国家里出现一种把文化和国家这个制度挂钩的倾向。把国家的领土概念引申到文化领域中来，把不同文化划清界限，来强调文化冲突论。我意识到这种看法是有很大危险的。如果边界的概念改变成"场"的概念，也许可能纠正这个倾向。"场"就是由中心向四周扩大一层层逐渐淡化的波浪，层层之间只有差别而没有界限，而且不同中心所扩散的文化场可在同一空间相互重叠。那就是在人的感受上有不同的生活方式，不同规范，可以自由地选择，把冲突变成嫁接、互补导向融合。^②

这样的思考不是文化相对主义研究范式所能够直接推演出来的，费孝通终究是功能论的嫡传，处处从整体上寻求对内部冲突的化解。在功能论者眼中，实质性的文化的边界并不存在，有的仅仅是在同一时空的交互作用的叠加和融合。

在这一点上，费孝通彻底回到了人本位而非文化本位，这在对第二位学员的提问的解答上得到了印证。他以为鄂伦春族遇到的问题同样是现代整个人类遇到的问题，那就是现代工业文明所导致的地球上资源的枯竭，于鄂伦春族而言，就是森林资源以及狩猎生活方式面临逐渐消失的危机。费孝通义无反顾地选择了

---

① 费孝通. 反思·对话·文化自觉//费孝通. 论人类学与文化自觉. 北京：华夏出版社，2004：176—189.

② 同①182.

"要保持的是人而不是文化"，一个民族的文化在面临这种境遇时只能选择通过文化转型求生路。① 对于社会人类学将走向何处这个问题，费孝通的回答依旧是人本位的，他借用了"文化"这个字眼，提倡大家要做一件事情，即"文化自觉"。他这样写道：

> 这四个字也许正表达了当前思想界对经济全球化的反应，是世界各地多种文化接触中引起人类心态的迫切要求，要求知道：我们为什么这样生活？这样生活有什么意义？这样生活会为我们带来什么结果？也就是人类发展到现在，已开始要知道：我们的文化是哪里来的？它是怎样形成的？它的实质是什么？它将把人类带到哪里去？这些冒出来的问题不就是要求文化自觉吗？②

这样的见解同样是文化相对主义所不能够企及的，它建立在全人类共同性的人类学基础之上，在这基础之上，文化自觉是人的自觉而不是一个一个被人为划定边界的文化的自觉，换言之，能够自觉者只可能是人本身，而不可能是文化本身。在这个意义上，费孝通的文化自觉概念的提出超越了文化相对主义，进而也超越了文化对立，开辟了一种寻求文化融合的新途径。

如果说文化自觉的理念已经超越了文化对立，那是确定无疑的事实，因为文化的边界得到了消解。但是文化对立的问题依旧存在，否则我们在国际新闻中较多关注的中东的战争、巴勒斯坦与以色列之间的冲突就可能不会发生了。尽管由于有先进的再现设备，我们对一种文化的了解已经很详尽和完备，但是战争和冲突并不会因为文化自觉而销声匿迹，似乎有知道得越多冲突越剧的趋势。显然单单靠文化自觉，既有的文化差异和相互的文化偏见依旧存在，冲突和战争也在所难免。

在我看来，这个问题不是简单地"遗忘"或者"掩盖"文化的边界就能够彻底解决的，我们今天有太多的再现或者表征的机器在不停地工作并且运转良好，我们经常有本事抹去一种边界，随后又迅速地建构起新的边界，传统与现代、城市与乡村、历史与未来、陈旧与创新，这些都曾经是制造出一种又一种文化边界的符号工具，借助这些，文化的相对性得到了维护，文化的对立得到了塑造。

①　费孝通. 反思·对话·文化自觉//费孝通. 论人类学与文化自觉. 北京：华夏出版社，2004：183.
②　同①184.

如果说文化自觉可以创造一种文化的场域，其包容并且弥合了上述的文化差异或者对立的话，那么我们不知道一种地方性的习俗或者理性该如何得到不受干涉的保护。一些学者对猎头习俗的厌恶几乎到了愤慨之极的程度，他们无法容忍这样一种只有在当地社会文化里面才会有意义的习俗，并且希望改造甚至消灭它。① 如果是这样，那么我们究竟应该如何在文化相对主义的文化对立与倡导人本位的文化自觉之间做出自己的选择？也许没有选择！因为这两者都只有在特定的情境下才会变得有意义，离开了特定的情境，抽象地谈论究竟选择哪一种是没有什么实际意义的。

文化对立与文化自觉之间

文化对立保有了一个群体的认同以及在这种认同之下应有的权利，而文化自觉消解了文化对立的边界，使人不再囿于文化的束缚，而成为有着自我反思性的人、理性的人、负载着沉重现代性的人。在这个意义上，文化自觉变成了个人的自觉和自我的自觉，文化在这里也就逐渐地消失了。费孝通终究没有完全抛弃文化，在《反思·对话·文化自觉》这篇文章的结尾部分，他郑重地警告西方人要"清理一下自己的过去，认清自己的真实面貌，明确生活的目的和意义"，在他看来，这就是他偶然提出来的文化自觉的实际意义了。最后，他再次重申了文化自觉的真实意涵：

> 文化自觉只是指生活在一定文化中的人对其文化有"自知之明"，明白它的来历，形成过程，所具的特色和它发展的趋势，不带任何"文化回归"的意思，不是要"复旧"，同时也不主张"全盘西化"或"全盘他化"。自知之明是为了加强对文化转型的自主能力，取得决定适应新环境、新时代时文化选择的自主地位。②

如果是这样，文化自觉又等同于回到文化的自觉，是各个文化的自知之明，

---

① 葛红兵. 民族主义、文化相对主义视野与当代中国的认同障碍//乐山. 对狭隘民族主义的批判与反思. 上海：华东师范大学出版社，2004：202—213.

② 费孝通. 反思·对话·文化自觉//费孝通. 论人类学与文化自觉. 北京：华夏出版社，2004：188.

而不是作为人类整体的自知之明，尽管费孝通最终还是强调要与其他文化"取长补短，共同建立一个有共同认可的基本秩序和一套各种文化能和平共处、各抒所长、联手发展的共处守则"①。因此，我们看到，文化自觉的概念实际上无法真正传达费孝通实际要表达的对于文化的见解，反倒是他先前所提出的"各美其美，美人之美，美美与共，天下大同"这十六个字更能够完整地概括他对于文化的真实理解，更具有包容的广泛性并为文化的自由交流留有空间。

如果是这样，我们的位置或者学术姿态一定位于以文化相对主义为基础的文化对立与以结构功能论为基础的文化自觉这样两种立场的中间。走极端的做法显然不是人类学家乐于冒险而为的，在这一点上，费孝通先前曾经总结的"和而不同"这四个字似乎是更具概括性的对个人、群体与文化之间关系的表达，也可以代表费孝通文化整体论思想的精髓。

---

① 费孝通. 反思·对话·文化自觉//费孝通. 论人类学与文化自觉. 北京：华夏出版社，2004：188.

第十四章　文化自觉之后的觉醒

费孝通逝世后的十年，也是当代中国文化转型最为剧烈的十年。经过这十年，文化在我们生活中的作用也在变得越来越重要，可能没有其他哪个时代有比当今这个时代更为高调和自觉地去重视、发掘以及研究文化了。以文化为前缀和后缀的学科术语，如文化创意、文化重建、非物质文化、网络文化等，都因应这个时代的需求而大量地涌现出来。以文化为主题的各种形式的论坛，也都以中国为中心而与世界各个区域构建起一种频繁而紧密的互动关系。可以这样说，2005—2015 年这十年，文化自觉逐渐向个体自觉过渡并形成一种潮流，这个时代非比寻常地在此基础之上表现出无与伦比的文化创造力。因此，这十年也可以说是费孝通在其晚年所提出来的文化自觉概念得到验证和升华的十年。在这十年当中，中国真正走向了世界，同时世界也在向中国走来。中国在敞开胸怀去拥抱这个世界，世界当然也在全方位地接触和理解中国。可以说，今日中国成为世界文化的一个新的交汇点。

文化自觉与文化自在

文化自觉这一概念的核心应该是指一个文化里的人，他们对自己文化的极其真实的内涵有一种清醒的觉知。但随着文化边界的模糊性增加，文化自觉成了难以真正去实现的一种文化目标。因为，文化自觉的前提条件是有一种未被人觉知的文化的存在。但很可惜，随着生活空间和时间碎片化、文化断裂化情形的加剧，这种文化实体性存在的可能性在变得越来越小。曾经被界定为某一种文化的构成要素的那些要素，由于时间和空间的信息传递机制，在文化界定上的确定性变得越来越差。一方面，文化如物的存在一样被归属到个人的身上，但另一方面，文化自身也成为一种形态散漫的存在，难于真正为人所把握，难于进行分割并分配给某一个特殊的人群。

当今，文化被界定为遗产，继而再被细分为物质的文化和非物质的文化。实际上，文化在被人为地恶性切割或者切分，很多地方的"非遗"申请闹剧恰恰说明了这种把文化当作实质性的存在的荒谬性所在。很显然，现实的文化存在总处在一种流动之中，谁也无法否认这种文化存在的流变性。或者更为确切地说，文化自身是处在一种"流动—固化—再流动"的动态转变的过程之中的。实际上，很难有所谓"应该属于谁"和"不应该属于谁"的这种实质性的文化分野才可能是文化存在的常态，即文化边界的模糊和不清晰可能是文化自觉的正常反应。

我最近跑去桂林，本想吃一碗地道的街头米粉，但一直没有机会，临走时只好跟友人说下次再来吃。但友人却急忙提醒我，等我下次来有可能就吃不到地道的桂林米粉了，因为柳州把其小吃"螺蛳粉"申报了"非遗"，同时还顺带把"桂林米粉"归类为"螺蛳粉"的一部分，一并放在"螺蛳粉"这个名目下申报了"非遗"。先且不说这二者之间是不是有归属关系的存在，二者所归属的城市相距实际也不过一百多公里，可能在饮食习惯上也不会有太大的差异，但百里不同俗，差异总归会有，而保持这种差异的自然存在才可能是多种文化存在的根本。显然，柳州的螺蛳粉的"非遗"申报者是不懂这种文化差异存在的价值所在的，他们盲目地化繁为简，因为别人家的孩子长得很像自己家的孩子就生拉硬拽地把他们统统当成自家的孩子，结果引发桂林人的不满也就在所难免了。显然，原本各自发展的无意识的文化，倒是因为这份自觉而失去了其自身文化的存在。奇怪之处也恰恰在这里，因为文化自觉并不是让文化自身得到一种突显，反而是使文化仍旧可以无意识地悄然存在。文化它是以一种自在的状态而存在着的。一种过度突显的文化意识反倒可能使文化的存在处于一种自身界定的不确定状态之中。说到底，文化恰是一种虽是人为却也是自然天成的存在，任何一种在主体意识上稍有矫揉造作的文化摆弄，都能使文化不再是其本身。

过度物质化的世界

除此之外，文化自觉也在面对一个过度物质化的世界。这个物质化的世界是在两个维度上得到进一步发展的。一个维度就是朝向真实的物质化的发展。人们越来越多地把文化界定为文化产品，一切物质的存在都被贴上了一层文化的薄膜，让人难以真正触摸到自在存在的文化。这样一种对文化的界定使得文化自觉有了一种过度化的意识突显，甚至会由此而形成一种神经质的文化观，即凡是不用文化来做标签和进行叫卖的，都是没有销路的积压货。本来是地地道道的当地土特产，也就是在街头巷尾便能够看得见、摸得着、买得起的物质存在，非要竭尽全力地用一种文化的过度包装而将其硬生生地说成是一种地方性的文化，这样做的目的倒不是让当地人有一种文化上的觉知，而是使土特产能够更好地、大批量地以及高利润地贩卖出去。这样的做法的结果是，可能不再有所谓传统意义上的土特产的概念存在了，因为当你因包装、储存以及运输方面的方便而可以在世界的任何一个角落吃到本来属于地方的荔浦芋头、黄姚豆豉以及桂林米粉的时候，那请问它们还是原来意义上的广西土特产吗？也许是，也许不是，总之有一种让人不能清楚自己身处何地的模糊的存在感。

另一个维度便是朝向虚拟的物质化的发展，这一点对于文化本身的摧残和破坏的力量也许更为强劲有力。将一切真实的物质化的存在加以虚拟化成为这个时代借助网络社会的兴起而出现的一种新趋势，这种趋势的核心在于试图使人的交往与互助关系虚拟化。现代社会并非一个完全的陌生人社会，而是在可能熟悉的人之上叠加一种陌生人之间对抽象社会存在的共同熟悉。人们借助网络智能化服务平台来进行着想象的共同体的构建，此时个人的私生活不再是一种纯粹意义上的私生活，而是被人看、关注、点赞、吐槽的公共事件。从微博到微信的一路发展，我们实际上再清楚不过地看到了一种真实的物质世界与虚拟的物质世界之间的相互转化的辩证关系，即真实的虚拟化与虚拟的真实化之间相互激荡而形成的一种合力，这种合力在日益影响到我们日常生活的文化表达形式。我们的购物在虚拟化，但我们却通过快递而真实地获得了想要购买的物品。我们的阅读和写作也在虚拟化，我们将真实的书写转化为真实的敲击键盘或者用手指在电子屏幕上点来点去的机械化的动作。由此所获得的是一种真实思想的真实表达和理解，但获得这种表达和理解的途径却又是可以任意操控的虚拟空间的虚拟表达，诸如数字化的传输、数字化的存储、数字化的提取等，我们实际上在借助数字化的图像成像技术和图像识别技术而对我们曾经创造出来的物质化存在的物品进行一种数字化转化，但在这样做之后，我们作为一个整体的人类将不再有一种实质性的差异存在，而真正存在的只有高低上下的类别之分，因为我们存储了不会损失掉丝毫的真实发生的历史，历史的时间维度也因此而丧失了。

我们借助数字存储的快速提取技术，可以在分秒之间将自己过去完整的生活记录呈现在世人的面前，我们因此无权否认，无权解释，无权遮掩，无权为自己写自传，当然也无权去做故事性的文饰，我们变成了一种新的奇怪的动物，我们没有了记忆，永远生活在不断展现出来的没有任何遗忘的过去之中。人们因此无法抗拒已经发生了的过去，至少从理论层面而言，过去是可以被逼真地记录下来的，不容人们有所辩解。它不再是作为二次呈现的表征（representation）存在，它就是真实本身，甚至比真实还真实，尽管它是以虚拟的样态而存在的。并且，数字化技术的传播，让活在这个世界里的每一个人在学会使用这门技术的同时，变得依赖于这门技术。并且，谁也不能否认这份记录的真实可靠性，它甚至要比个人的表述更为真实可靠，因为人性存在弱点，遗忘会使人撒谎，道德的虚荣会使人撒谎，周遭的处境也会使人撒谎。总之，有太多不确定因素的存在会使人不能够进行真实的表达，真实的表达也从来不是人这种有理智的动物所追求的唯一的和共同的目标，但在虚拟的物质化的过程之中，真实性成了人们全部表达和呈现的根本，并有了一种法律化乃至道德化的转化。

对每个人而言，要求有一种真实而不弄虚作假的行为成为数字化媒体时代不断去伸张的一种正义形式。借助数字化技术的真实性构建，人类凭借小聪明、任性乃至不道德所构建起来的大聪明、庄严以及恢宏的道德表述，都像剥玉米一般地被一层层地剥去表面的伪装，好吃却不安全，好看却不真实，好玩却有危险，好人却虚伪，凡此种种的"好"都为各种深度与轻而易举获得的知识上的质疑或怀疑所否定和抛弃掉了，并由此使得这些"好"变成了社会中的一文不值之物。这样的文化实践的一个必然的后果是催生了对自我的一种夸张性的表演，今天的人们逐渐学会了采取一种去掉任何价值关怀的行动策略去呈现自我，自我因此成为不加文饰的赤裸裸的自我。人们在一个有着各种各样的人的公共网络空间里晒自己的私人照片、私人生活、私人旅行记录，目的除了表达之外，也期盼着由此而博得赞许，因为人似乎并没有自信去判断这种表达是否足够真实且自然。但因为有这样一种自觉地去展现自己的意识和冲动，反倒使得原本在实际社会空间里的真实的表达和呈现变得越来越难对应到个人。在一个真实社会空间里的内向之人，可能会因此虚拟的空间而一下子改变自己的"面貌"，进而在这虚拟的空间里无拘无束，袒露心胸。这些都可谓由一种虚拟的无纸化网络交流所带来的持久的文化后效，人们开始越来越自觉地参与到虚拟生活的构建中来，并为此不辞辛劳地随时随地工作，且不拿一分钱报酬，白白地为虚拟网络做义工。

文化的新物质性

与这样一种物质性相伴而生的便是一种新物质性意识形态的不断涌现。它基于现代性的意识，并试图将这种现代性更加彻底地以讨好民众的方式实现，那便是一种改造的意识形态的出现和渐趋成熟。这种意识形态实际又包含两个层面的意识形态，即通过禁止而出现的"拆"的意识形态为其一，通过建设和帮助而实现生活改善的"建"的意识形态为其二。二者构成了具有一种合力属性的对社会与文化加以改造的总体意识形态。也许中文里的"改造"一词最能够完整地表达上述"拆"和"建"这两种意识形态。在西方世界的文化表达里，拆就是拆，建就是建，二者可谓泾渭分明，不能混淆。但在中文的语境中，改造是一个整体性的概念，内部包含两层相反的含义，它既意味着拆除、铲除与改变，同时也意味着建设、构建与重建。很显然，拆的意识形态的核心是与对建筑物的破坏的意象紧密地联系在一起的。在此意象之中，一种解放的政治成为极具合法性的政治主张，它倡导通过铲除、打破、敲碎、挣脱、破除、扫荡以及革命等去做一种彻底的了断，希望对现实世界不尽人意之处做一种改变与革除，在此基础之上重新构建一种新世界。当这样一种意识形态占据主流的支配地位之时，这个世界会为一种风起云涌的革命和解放政治的浪潮所鼓噪和推进，人们日常的生活很难有真正意义上的秩序可言。

人们试图在混乱之中寻找新的契机，实际上冲突和矛盾乃至直接的对抗成为这种"拆"的意识形态之下的日常生活常态，因此每一个人都不能置身其外。在为这样一种"拆"的意识形态所引导和指导的社会中，人们时时提防新秩序构建对生活可能有的种种限制和约束。人们日日抗争，希望新秩序不是在当时当地，而是在未来的某个时间或者某个空间里出现，因此"乌托邦"理想必然会成为这种意识形态中的核心价值和目标追求。新秩序实现的过程往往是非常漫长的，生活于这样的社会里的人们，实际上是在一种对未来的渴望之中度过每一天艰难的有如苦行僧一般的生活的，但这种生活因为有了一种对未来的希望而变得极为有意义，这种希望就是人们能够被拯救的一种俗世的乌托邦的来临。它的生活的箭头指向未来而非当下和过去。

而当人们从对未来的日益增多的怀疑中出展出一种自觉之时，他们便开始向另外一个极端的意识形态，即"建"的意识形态转变。这种意识形态极度看重当下俗世生活秩序的构建，更为在意近距离的生活体验，更为强调个人对可能实现的现实生活的直观把握。人们开始务实地去构建以自己为中心的从家庭到社会的广大空间里的运转良好的社会秩序。这种构建脱离不开对旧物的改变以及重建。所有的建设在指向未来的同时，也在强调去调动过去的一切未曾为"拆"的意识形态所瓦解掉的所谓的"遗产"，使之参与到当下的社会与文化的建设中来，以此而对"建"的意识形态产生直接的贡献。人们因此再也不能满足于现实生活本身，他们通过辛勤地构建去履行"建"的意识形态所能够给予他们的各种承诺，诸如宽敞明亮的房屋，经过创意设计的生活空间，以及一尘不染地似乎生活于真空之中的各种人和物。人因此而成为完美模特的现实版，房屋成为理想设计的现实版，婚姻、家庭、人生目标乃至一个民族的前途命运，都似乎被笼罩在此种虚幻的理想与真实的情境的魔幻般的交互作用之中。人们再不可能有在此之外的一种安逸、闲适与散漫的生活，人们开始步伐一致、齐头并进地向一个被设计出来的共同的目标迈进，结果每个人从出生到坟墓之路开始变得越来越平直，就像笔直的高速公路一样，其间越来越无须曲折和变化。人们似乎只要按照独具吸引力的"建"的意识形态所设计好的规划一步步向前，就能够到达光辉的顶点。这个过程中既有未来理想的指引，同时也有个体欲望被不断唤醒。

这是一种对人的生理性欲望加以发现、塑造、凝固并使之普遍化和公开化的过程，竞争特别是公平竞争的概念成为现代性发展的一个引领性的概念，这并非随随便便地被确定下来的，而是一种人为选择的结果。只有在承认人的欲望的前提之下，并且只有在承认这种欲望多种多样且各有其存在的合法性的前提之下，竞争才变得具有合法性的性质，而且通过竞争，新的欲望才能被重新发现，并被塑造为各种新的欲望的最初存在形式。因此，我们也就不可能在竞争的概念之外去理解欲望及其产生，对于单个人的生活而言，一切的欲望都可能是最低限度的，只有当个体偶然想到他者及社会的存在之时，初级欲望之上的那些过度的欲望才能被不断地激发出来，由此而诱发出各种并不为人所熟知，甚至并不为人所感受到，但似乎跟个人的生活密切相关的那些欲望，这确实成了今日"建"的意识形态发展的主基调。我们可能因此不再受制于某种传统的文化与社会，而不断地去发现与建构一种新的文化与社会，并且在这新的文化与社会之间充斥着的是一个个出现了个体自觉并被"浇筑"了无数欲望的行动者，他们在现实的生活和未来的理想之间不断地做着勾连性的工作，使社会从一种以速度和效益为评判标准的低层次的勾连向更高层次的勾连跃进，以此来实现自我的价值。

在"拆"的意识形态引导下的生活也许是一种混乱之中的日新月异，而在"建"的意识形态引导之下的生活则可能是一种在井然有序的安排之下的不断自我超越的日新月异。两种意识形态的文化实践虽然表现不同，但无疑异曲同工，殊途同归。在多样性的文化成为我们追求的目标的同时，我们也在悄然地把一种"建"的意识形态注入其中，使得日新月异的理想转变为日常生活中的一种不懈的追求。"建"不同于"拆"，"拆"是有选择地拆，而"建"则是不遗余力地改造乃至重建；"拆"是在区分前提下的自我标新立异，而"建"则是不仅创造且对旧的存在加以改变形态之后的重新规划。因此，对一个村落的旅游开发，其特征并非引导人们去看原本一直存在于此的村落，而是引导人们去看一个新规划出来的，以吸引游客为目的而重新修葺一新的"古村落"。可能一个本来生活着许多与游客同属于当下之人的原本并不古老的村落，只因其有无数的古代遗存而被旅游开发者以及游客命名为"古村落"，由此而成为现代人的一个怀旧的场所，一个品味乡愁的场所，以及一个逃离城市压抑生活的场所。凡此种种，都显然已不再是村落或者小镇生活的本真，当那些村民在旅游开发者的宣传鼓动之下学着在自家房子里开起古玩店、休闲旅店以及各种形式的酱菜铺子之时，那村落或小镇就已经不再是传统时代的那个强调农工互补的村落或小镇了。人们日常流动着的生活一下子被改写而转变为国家视角中凝固不变的文化遗产，这就像一大锅翻滚激荡而充满样态变化之美的豆浆突然被点了卤水而凝固形成僵硬的豆腐一般，使人失去对原来样态的审美情趣。我们现代人的生活也恰恰就是在这被点了卤水的生活空间里被一块块地切割开来，各自孤立地存在着，不能有机地结合而成为一个整体。

后物质性时代的文化自觉

我们称现在这个时代为后物质性时代是因为，它既不像传统时代那种人与物之间相互交融，也不像现代时代人与物之间相互对立进而相互隔离，今日世界人与物之间实际上进行着一种实与虚的相互转化。人在物化之中，物也在人化之中。人与物都在借助一种实与虚的镜像生成以及数字化网络的传输技术轻而易举地实现着转化。没有真实也没有虚拟，这便是这个后物质性时代的总特征。因为，在真实的生活之中，我们所看到的乃是虚幻镜像中的存在，反之，在本该虚幻的镜像之中，我们却能够看到真实的自己。人们因此必须到虚拟的空间中去寻找真实，但由此而获得的真实亦不过是一种各种符号交织融会的存在而已。反之，人们又必须返回到现实或生活的本身中来寻找虚幻。因为真实的生活中被认为充斥着各种虚幻的现象的本源，比如无处不在的为社会中的符号表征所构想出来的污染、不卫生、不安全以及阴森恐怖的各类风险，从这个意义上说，我们和原始人对生活世界的危险性存在的世界构想并没什么根本上的差别，因此我们并没有离开真实的世界太过遥远。

外表的先进并无法掩饰内心世界的落后，经过一系列理性的挣扎之后，最新一代人宁愿将自己打扮得很"萌"，因为他们实际上并不承认在现实之中年龄的增加、性格的养成、性别的区分以及严格的纪律及传统。人们用各种虚拟的装扮来应对现实，就像御宅族的各种形式的装扮一样，他们试图以此来替代现实、回避现实，进而逃避现实。这些人不是在演戏，而是在做着一种虚拟真实化的处理。人们去除了各种社会羁绊，用一种自我的真实去挑战和抵抗社会的真实，人们用全部的能力不是去破除什么，而是使自己能够回到物我两忘的缺少区分的时代中去。同时，人们在为社会的安排而做着自己的适应。在越来越知道自己并不可能逃离社会限制的前提下，人们也在学着如何巧妙地去做一种对自己生活世界的彻底而积极的融入与适应。人们从持有那种极端的解放与铲除的"拆"的意识形态思维，一跃成为对彻头彻尾私搭乱建生活的适应者。人们宁愿适应，也不做反抗；宁愿回避，也不去做直接的触碰；宁愿默不作声，也不愿振臂高呼。

后物质性时代里的文化自觉由此转向了一种自我的蒙昧化。人们尝试着用物质的全部要素去构建他们的生活本身，但他们最终会发现，并没有一种真正意义上的物质化的生活，因为物质化的生活的背后，实际是一些为虚拟的观念所引诱，由此而形成的不伦不类的超乎于物质存在之上的概念。换言之，人们在创造物质的同时，实际也在创造各种跟物质密不可分的概念，最终人不可避免地成了这些被创造出来的概念的真正奴仆，甚至可能成了不知这些概念究竟为何物的纯粹观念的奴仆。就像并不知自己的主人是谁的奴隶一样，人们似乎变得越来越有自觉，但似乎并不会因此而获得一种文化皈依的清晰指向。人们有自己的追求，但不知这追求本身又是何等的盲目和漫无目的，何等的在不知不觉中被诱导、被指使、被左右。人们肯定有自己的创造，但殊不知这种创造充其量亦不过是一种有着明确创造者的不断抛出山寨版的跟风而已。

第十五章　从文化自觉到文化自信

　　在 1997 年，费孝通在一次研讨会上特别提出了"文化自觉"的概念以应对一种世界性的文化转型的发生。他所希冀的是一个民族对自己文化的深度了解，转而形成一种实际行动的力量，并借此力量去获得一种美好生活的构建。费孝通的这一主张为今天的中国乃至世界所完全地接受，人们似乎越来越重视自己文化的新的转型，使得这种主张不再是一种空想，而是一种再具体不过的日常实践。今天没有人会否认越来越突显的中国文化自信的积极的引导力，但是作为其前身的文化自觉，恰恰是能够使人获得文化自信的前提条件，没有自觉的开始，自然不会有自信的结果。文化自信可谓文化自觉之树结下的硕果，我们今天的人们无疑也会珍惜这种果实，但又决不会忘记作为其存在的前提的文化自觉。如果把这种发展顺序颠倒过来，所谓的文化自信也就只可能是一种空中楼阁了。

文化自觉

　　费孝通晚年所提出的文化自觉这一概念，可以被看成是中国改革开放以来文化转型的 1.0 版，而 21 世纪之初的今天，从国家总体性文化建设层面提出的文化自信概念，则可以被看成是一种文化转型的 2.0 版，是一个新时代在文化自觉与文化选择上的自我重新定位。这一前一后的改变，根本上体现了文化内在的一致性关联，以及顺应文化发展的新时代中国文化自身创造性转化的特殊要求。但即便如此，可以肯定地说，费孝通在 1997 年基于其核心概念"文化自觉"而提出的文化观，对当下新时代的文化发展仍旧有着启示性的新意义。这种启示一方面来自对费孝通文化自觉思想的再解读、再认识以及再发现，而另一方面则来自对现实中国的文化发展的新观察、新理解以及新把握。

可以说，文化自觉是一个时代的反映，离开了此一时代，文化自觉也就没有了意义，文化自觉因此也是对这个时代的大变革的一种直接应对。费孝通在其晚年，即 87 岁高龄时提出这一概念，是他自身对那个时代所涌动的文化新现象的一种最为敏锐和直接的反应，是在一种对话的语境之中被激发出来的，同时也可以被看成是其一生学术思考的凝结、提炼和集中表达①。对于众多的文化实践者而言，他们所能真正感悟到的大多是新的文化现象的不断涌现和层出不穷，他们

①　费孝通的"文化自觉"概念实际上是在一种特殊的对话语境之中提出来的，这一对话语境就是1997 年在北京大学举办的第二届社会文化人类学高级研讨班。在此之前的 1996 年，同样是在北京大学举办的首届社会文化人类学高级研讨班，费孝通在会上反思了自己的江村研究，会后撰写了《重读〈江村经济〉序言》一文，发表在 1996 年的《北京大学学报》第 4 期上。在这篇文章中，费孝通试图重新去阅读他的老师马林诺夫斯基给他的博士论文《江村经济》写的序言，其中"我们的现代文明，目前可能正面临着最终的毁灭"一句无疑撬动了晚年费孝通文化关怀和理解的神经。费孝通认为，马林诺夫斯基"当时正面对第二次世界大战的严峻形势，心头十分沉重"。后来在给第二届研讨班写的讲稿《反思·对话·文化自觉》一文中，他首次提出了文化自觉的概念。显然，费孝通的文化自觉概念的提出跟他自己晚年对马林诺夫斯基的观点的阅读不无关系，但对提出文化自觉概念更为重要的是在 1997 年举办的第二届社会文化人类学高级研讨班，这是一次被费孝通称为有对话的研讨班，他说"鼓励对话，使这一届研讨班比上一届研讨班前进了一步"。这种对话的氛围无疑刺激了费孝通当时所正在思考的文化问题，他记录下了这个过程："在这届研讨班上有一位学员对我所说的'文化没有界限'这句话提出质疑。这位学员是出生在新疆多民族地区的汉族移民，现在北京工作，她说从她本人的生活体验中感觉到处都碰着文化的界限。我听了之后发觉她感到的'文化界限'很值得深入思考。"这文化界限的新问题显然是费孝通从这次研讨班与学员的对话中获得的。而在此次对话中，另外一位鄂伦春族的学员所提出的问题直接引发了费孝通文化自觉概念的提出。费孝通声称不喜欢念稿子，而是喜欢在写好的稿子的基础上继续补充，发表这些补充的旁白，因此他的旁白都带有即兴发言的性质，却也无意之中是对研讨班真实发生场景的一种记录。他这样写道："在扩大对话的范围中，这次研讨班从文化是否有界限这个问题，引起了一位鄂伦春族的学员提出的文化存亡问题。鄂伦春族是个长期在森林中生存的民族。世世代代传下了一套适合林区环境的文化，以从事狩猎和饲鹿为生。近百年来由于森林的日益衰败，威胁到这个现在只有几千人的小民族的生存。提出的问题是，从鄂伦春族的立场看，要生存下去应当怎么办？其实这不仅是鄂伦春人特有的问题，在我看来这是个现代人类或后现代人类的共同问题，是一个人类文化前途问题，值得我们研究文化的人重视和深思。"这种对话的语境真正刺激了费孝通的文化反思，逼迫着人类学家不再仅有纯粹的田野工作者的异域关怀，还要是一位有着社会责任感和使命感的文化实践者，对此费孝通写道："反思和对话是我们这届研讨班采用的行之有效的办法。但是目的是什么呢？我们当前的社会人类学走向何处？也就是我们从四面八方、五湖四海来到这里参加这个研讨班，所为何事？在这个班刚开始时，我自己也回答不了这个问题，但经过了实践，我开始觉得逐渐有点明白了。我们大家一起回顾了几代人对人类文化的研究经过，大家都亲自参加了'田野工作'，对我们切身参与的社会生活进行了观察和思考，总结了个人心得，又在这班上相互对话、讨论。到最后一刻，我想总结一下，问一句，我们大家是搞什么？心头冒出四个字'文化自觉'。这四个字也许正表达了当前思想界对经济全球化的反应，是世界各地多种文化接触中引起人类心态的迫切要求，要求知道：我们为什么这样生活？这样生活有什么意义？这样生活会为我们带来什么结果？也就是人类发展到现在已经开始要知道：我们的文化是哪里来的？是怎样形成的？它的实质是什么？它将把人类带到哪里去？这些冒出来的问题不就是要求文化自觉吗？我们这届研讨班上大家的发言和对话不是都围绕着这几个问题在动脑筋吗？"所有引文均引自：费孝通反思·对话·文化自觉//费孝通. 费孝通文集：第十四卷. 呼和浩特：内蒙古人民出版社，1999：151-167.

会报告及转述所发生的现象和实际存在的问题，而作为社会学家、人类学家的费孝通，因对话语境而与这些来自基层的报告及转述不期而遇，随之才有了体现出一种时代精神的文化自觉概念的提出。这无疑是一位文化的思考者和现实发生直接碰撞的必然结果，而绝非书斋式的学问家所能真正企及的。而此种因果，又必然和费孝通早年所受到的社会学和人类学训练密不可分，这些训练决定着其思考的方向。此类训练所强调的乃是费孝通自己后来所总结出来的"从实求知"的学理道路，即从真实的现实生活中去发现新的问题，提炼新的概念，形成有创新性的理论，而非那种在书斋中凭借书本、数据以及遐想的自我创造。

很显然，方法和道路在决定着实际出现的结果。费孝通做学问的方法从根本上来说是人类学的田野工作法，而其思考的方式则是社会学的，是从社会之中去思考社会。而文化则是社会构成中最为核心的要素之一，是一种带有统领意义的社会构成，而且很多时候文化甚至高于社会本身，它是通过人心并经由人的行为而得以表达的。在这一点上，费孝通从"从实求知"到"文化自觉"概念的提出可谓其思想的凝结，二者之间既有联系也有分别，前者重在知，后者强调觉，但它们都是能够把人类学上升到一个新高度的中国智慧的表达，是费孝通最初在20世纪80年代应对西方学术界所提出来的"迈向人民的人类学"观念的更为清晰和智慧的表达。而在文化自觉概念提出20多年后的今天，我们似乎看到了这种对于自己文化的自觉已经成为新时代不可阻挡的文化发展大潮，它会在更高的自觉维度上形成一种对自身文化的自信。

简而言之，持久的文化自觉所造就的可能是一种无形的文化自信，这种自信显然是以物质和技术的发展为前提的，也就是随着人们日常生活中物质资源的极大丰富，以及技术手段的日新月异，必然会出现一种对文化自觉的实际诉求。而由此所带来的社会秩序以及文化观念的调整，必然会倒逼人们去反省现实生活的种种新价值的构建，在这个过程之中，也必然会出现新旧价值之间的冲突和博弈，由此而逼迫人们重新发现文化在给人们提供生活价值上的种种正向引导方面的积极作用。因此，文化自觉是人们回到人的存在价值的一种努力，人们也试图借此对已经被现代化破坏了的周遭环境或已经被摧毁了的传统生活秩序进行重构，这无疑是文化自觉的一种努力，且这种自觉的积累可以转化成对自身文化存在的一种自信。

很显然，文化自觉并不意味着在文化理解上的一种终结，更不意味着止步不前。它是文化复兴的新时代来临的一种征兆或者前奏，借此而拉开一场文化发展大戏的序幕。在这一点上，费孝通的文化自觉概念的提出起到了在文化观念方向上的引领者的角色作用。它显然已经不再是一般意义上的文化发现，而是作为文化思想者应对时局而提出来的一种文化引领性的观念。文化自觉预示着在中国日益突显的文化转型的来临，这种转型会进一步将中国引导到一条创建美好社会的道路上去。人们在生活日益富裕起来之后，逐渐开始去思考如何让生活更为美好的问题。费孝通也曾经提出过"美好社会"的概念，这一概念是当现代化发展到极端时所必然有的一种反向追溯的心态投射，即在看到了现代化的弊端和陷阱，看到了世界冲突不断，"美人之美"难以实现后，从而试图从文化上进行纠偏的一种积极正向的努力。① 现代化也许可以使一个国家变得更为强大，但不见得可以使之变得更为美好，所有对现代性提出过怀疑及批判的社会学家——从马克思到韦伯，从福柯到吉登斯——都提示我们美好社会在高度现代化之后可能会缺失。而文化自觉概念的提出必然是朝着美好社会构建的方向做的一种努力。这种带有世界性意义的文化转型，也必然是朝向美好社会构建的一种转型，至少出发点如此。

这种转型也必然会激发人们不断提出对于文化的新主张。在当下的时代，新主张聚焦于文化自信的表达，它们基于一种有着强烈自我意识的对旧文化的新创造，以及这种新创造带来的自我获得感。文化在此意义上便是一种创新，故步自封的文化发展观只可能使文化自身无法适应新的语境而彻底丧失。而面对新时代能适时提出各种文化新主张，不仅是生活于某种文化中的人所必然的选择，同时也是某种文化应对外部环境的一种必然途径。在历史长河中，一成不变的文化从未有过，但伴随着时光转换而出现的种种文化转型从来不缺乏。

文化的新主张

文化实际上是一种可以引导我们去做出实际行动的潜在力量，它体现在我们对于自身以及周遭外部世界的感受和认知之上。这种感受和认知是可以不断积累以及在人群中传递的。此种文化上的积累和传递造就了某种集体无意识，人们长

---

① 费孝通. 对"美好生活"的思考//费孝通. 全球化与文化自觉：费孝通晚年文选. 北京：外语教学与研究出版社，2013：25-29.

此以往地行动，形成了一种惯习，即一种不假思索地知道如何行动的心理倾向，由此使人产生一种生活的安定感，进而使人产生一种对于生活充实的自信。毋庸置疑，我们对生活的信心实际上是建立在此种安定感之上的，而没有安定感的人，很难对生活有信心。为此，我们可以称对于文化的信心为一种文化自信，是对自己有文化进而有真实而丰富多彩的文化实践的一种自信，即有可以稳定性地引导我们去做出实际行动的那种支撑性的力量。文化自信既可以是有意识的，也可以是无意识的，但一定是真实存在着的。

从发生学意义上而言，文化自觉是文化自信的前奏，是人们突然间对自己有无文化的认识，以及对有无安定感的一种感知，它是人这一"言说且使用工具之动物"（the speaking and implement-using animal）所独有的一种认知能力①。文化自觉必然建立在对曾经拥有的稳定性生活的改变上，它是对周遭变化的一种深度觉知。对人类而言，最为重要的莫过于文化上的改变了。所有的人类生活世界都建立在一种文化修饰之上，在传统中国社会，这种修饰是"礼"，"礼"使人远离了人跟动物更为接近的自然存在的状态。但人终究属于自然的一部分，有着一种朝向自然而不断做回归运动的冲动。借助对人所创造的文化修饰造成破坏的种种力量，诸如冲突、战争、纠纷、争吵、变迁以及各种形式的社会转型等，既有的借助文化力量而塑造出来的生活秩序会崩溃，诸如现代社会所出现的各种风险以及随之而来的生活方式的改变。但人们在应对风险的同时，也重新创造出了各种形式的文化修饰的新样态，以适应外部环境和内心世界的新转变。而这些新样态的创造保证了人们的生活安定感和自我获得感的满足。

在此意义上，文化必然伴随着时空的转换而发生着某种改变，一成不变的文化只可能与一成不变的人的生活处境匹配，但这从人类社会的发展史来看是不可能出现的。很显然，万事万物都处在变化之中，文化自然也不例外。虽然2 000多年以前的文化存在对我们这些后来者有一种特殊的吸引力，从那里我们似乎找寻到了一种行动的力量，但完全复制那种文化形态几乎是不可能的，人们必然要在当下的生活处境的基础上尝试着去做一些调适。人们可以选择远古或过去时代的各种文化遗存的要素来进行新的拼接组合，形成一种新的文化结构及表达形

---

① MALINOWSKI B. Introduction//HOGBIN H I. Law and order in polynesia：a study of primitive legal institutions. Connecticut：The Shoe String Press，Inc.，1961：xxxii.

态，由此，文化与实际生活才能够真正地相互嵌入性地契合在一起，文化与生活的断裂、缝隙以及不合拍也才不会出现。

文化在新时代里必然会面临一种自我觉知或文化自觉的生存处境。文化会在一定程度上滞后于社会生活的物质性改变，这几乎已经成为文化学家的一种定论。人们会先经历社会环境中的物质、技术以及种种生活实践方式的改变，随后才会注意自己的文化适应性有无的问题。① 对文化新处境的适应者而言，在文化无意识地发生了重大转变的同时，这些人也顺利地接受并顺应了此种转变；而对文化新处境的不适应者而言，文化的无意识转化为一种文化的有意识，从对周遭文化修饰的诸多要素的不自觉转化为一种发自内心的文化自觉，这些人开始日益关注自身的文化处境以及身份认同问题，在此过程中，他们会努力地在日益凸显的文化自觉中寻找一种可以安身立命的新的文化修饰和认同，并寻求对自身形成新的文化认同有帮助的各种形式的自由的文化表达。而这些文化表达无形之中也提升了他们对生活处境真实存在的切实把握，并由此产生一种生活安定感和生活自信。

在这个意义上，文化就是对稳定性生活的一种特殊的安置，它可以体现在人们日常生活的各个方面。实际上，人们的一言一行、一举一动都隐含着诸多形式的文化表达要素。与此同时，文化还是人们获得自我存在感的前提条件，有文化的人和没有文化的人借此而相互区分开来，前者充实地生活着，后者的内心则焦躁不安。很显然，文化在使人们脱离自然以及不确定的生活状态的同时，也使人们获得了一种异常安定的、相对闲适的生活。在此意义上，文化自觉便是人们对文化产生一种觉悟或自知的前提条件，最终要实现的便是一种可以使日常生活变得井然有序的文化自信，这种文化自信也可以说是在一种承载着文化的使命感的驱动之下而产生的信心满满并表现在行动上的一种自我肯定。

从 1.0 版的文化自觉到 2.0 版的文化自信

毋庸置疑，从文化自觉到文化自信是一个以概念去涵盖现实的人们的自我文

---

① OGBURN W F. Social change. New York：Huebsch，1922.

化觉知的内在性发展的连续体，从文化自觉的此端跨越到文化自信的彼端，是一次时代性的飞跃，即从纯粹的文化自觉到完全的文化自信的文化转型①。换言之，尽管文化自觉与文化自信看起来只有一字之差，但从文化自觉到文化自信却隐含着转型的意味：对自身周遭处境自觉之后产生的自信，从自我的选择到自我的肯定。二者都属于一个有着内在相关性和连续性的文化论题，并彼此支撑。

如果可以把人的文化自信看成是人对文化理解和把握的 2.0 版，那么文化自觉便是其 1.0 版。1.0 版的文化自觉，显然是新时代在文化理解上的一种初创或者初觉，是自身文化敏感性的一种体现，而作为 2.0 版的文化自信，则可能是对先于其而提出的文化自觉概念在新时代语境下的进一步拓展和延伸，也可以说它们是文化研究的一个核心命题在不同时代的不同表述而已。而且，在后来的发展轨迹之中，文化自觉催生着文化自信，与此同时，文化自信也固化着文化自觉，二者的相互作用是不言而喻的。

文化自觉针对的可谓中国改革开放之后逐渐富裕起来的人们，他们如何真正开始重新去觉知自己的文化存在，并不断追求自己的文化存在感。费孝通恰是在这样的一种背景之下提出文化自觉这一带有一定抽象性的概念的，而这也无疑是面对中国改革开放几十年所爆发出来的，并基于一种国家认同的全面文化复兴而出现的一种对于文化的总体性认知或追溯，同时也是面对中国在世界之中发展的新时代来临的一种全新的对自身文化的确切把握和认知。

两个不同的版本也意味着两个不同的时代，在 1997 年和 2017 年之间恰好有20 年的间隔，在这 20 年的发展中，中国自身的文化形态也发生了一种根本性的改变。这种改变首先体现在技术变革的层面，而这种技术变革又最早体现在了互联网技术的普及上，这种日益朝向普通民众的技术普及无形之中也促成了各种形式的自媒体的快速发展。从 1987 年 9 月 14 日北京计算机应用技术研究所成功地发出了第一封电子邮件开始，选择改革开放之路的中国便走进了世界互联网全球化体系。而到了 2010 年以后，互联网技术的应用在中国已经变得极为普遍了，2014 年统计显示，中国的网民数量已超过了 6 亿，而且这个数字每年都在高速

---

① 赵旭东. 从社会转型到文化转型：当代中国社会的特征及其转化. 中山大学学报（社会科学版），2013（3）.

增长①。

这种互联网技术于民众之中的普及，最为重要的一个效应便是使得社会大众彼此之间交流的方式发生着改变。这首先表现在虚拟交往开始大幅度增加，与此同时，人们依赖网络的程度也在迅速加深，由此人们日常家庭生活与劳动工作之间的距离在被不断地拉开。同时，一种离开工作场所的半径在不断加大，随着方便易得的互联网通信技术的发达，以及智能手机的发展，远距离的工作和生活成为一种再寻常不过的日常现实，并且这种日常现实日益成为受到鼓励的潮流。而与之相应的另一个重要改变就是人们的移动变得频繁，大城市的周围会有越来越多的人清晨兴致勃勃地挤进城市，傍晚再拖着疲惫的身体返回自己安在距离城市中心数十公里的家中。因此，生活空间和工作空间之间的距离拉开成为在城市生活之人的一种共同的趋势。人们会借助各种公共交通和私人交通而把自己的生活空间和工作空间之间的距离尽可能地拉开，并且距离有一种不断扩大的趋势。改革开放之初，农民住在村里，大部分城市人住在单位里，大多数人的生活空间和工作空间是零距离的，而现在，农民离土又离乡，成为城市农民工，而城市人随着城市化的加快而借助高铁、地铁以及各种便捷交通形成半小时到一小时甚至更长时间的生活圈也成为越来越多城市人生活的现实。实际上，日复一日，年复一年，人们在这样的奔波移动之中度过每一天的生活。而所有这些突出表现在日常时间安排上的改变在日益影响着人们在文化观念上的认知。显然，越来越多的人变得不再可能有大块的时间去专心而又持续不断地做一件事情，而开始不停地转换自己的工作对象。而在这其中，手机刷屏则成为这种工作对象转换的连接点或媒介，一项旧的工作尚未完成，通过刷屏，转瞬之间另外一项需要去注意或关注的新工作又出现了，大部分人一天的时间就是在这样不断转换工作对象的状态中度过的，一时的中心事件瞬间就可能退出刷屏感知的范围而成为不再被关注的边缘事件，因此，时间的碎片化利用成为普通人生活的一种新常态。

而时空关系的改变，必然会带来人们对时空认知观念的改变，进而影响到人们感受与建构世界的文化观念的改变。这种时空改变的核心就是人们对

---

① 依据中国互联网络信息中心（CNNIC）2017 年 8 月份公布的第 40 次《中国互联网络发展状况统计报告》，截至 2017 年 6 月，中国网民规模已经达到了 7.51 亿。其中手机网民的规模就达到了 7.24 亿，手机网民的占比达到了 96.3％。这也就是说中国网民中的绝大多数是手机网民。

自己身边的事物，比如附近的商场、超市、同学、朋友变得陌生，而借助网络的虚拟化空间，越来越多的人开始对更为遥远的时空存在产生越来越浓厚的兴趣。通过各种形式的虚拟化的时空穿越，人们可以轻而易举地回到过去，通过快捷便利的交通，人们可以很容易地到达异国他乡，人们开始关心自己并不熟知的地方性的知识，或者对自己真正应该熟知的地方性知识表现出一种极端的冷漠，人们想得更多的是在彼时、在彼地存在着的地方性知识，由此人们越来越多地会像人类学家一样发现差异性的生活以及异文化的存在，这可谓一种新的文化自觉，是从他者的生活世界之中渐渐发现自己的文化存在。在移动、迁徙及旅行之中，在某个瞬间，人们突然发现了自己的文化的重要性，人们开始想尽办法去捍卫自己的文化存在和文化认同，此时的自觉无疑和高涨的民族主义情绪紧密地联系在一起，"厉害了，我的国"可以说是这种情绪的最为民间化的表达。人们开始关注自己的国家，以及这个国家里的种种文化存在，从衣食住行各个方面，人们似乎一下发现了自己生活中的有滋有味的文化存在。从而，这个在一段时间里几乎被忘记有文化存在的国度开始对文化有一种彻底的觉悟和自知。与此同时，在由上到下的文化呼吁的声浪之中，也一样不缺乏对文化的尊重以及对有文化、获得文化的渴求。这种变化是从改革开放之后十年便开始的一种极为炽热的文化诉求，尽管时代有所不同，但 20 世纪 80 年代的"文化热"预示着一个可能的新时代的来临，即未来中国文化可能再一次成为全球瞩目的焦点，这在今天已经成为一个不容争辩的事实。

与此同时，中国文化也伴随着中国资本走向世界，而影响着整个世界的新秩序的构建。在欧洲、美洲、大洋洲、非洲、中亚、南亚以及中东诸地都可以见到各种形式的中国企业以及数量庞大的中国游客，中国元素成为中国文化走出去的载体。这种文化的走出去不再是一种被动的走出去，不再是一种西方探险家、传教士以及旅行者对中国文化好奇、猎奇的作为附属品、猎获物的走出去，而是一种有着主体意识的走出去。中国制造、中国援助、中资企业、孔子学院以及中国味道等，所有这些带有中国文化的元素随着大量的人口离开中国本土而在无形之中传播着中国文化，同时它们也在转化着中国文化在异国他乡的新表达。一百年以前的中国人走向世界，也许在一种有意识但并非主动的情况下，他们去考察世界，以期从中求得富民强国的西方道理①。今日的中国走向世界，则在于表现中国的表达、中国的声音以及中国的主张，所有这些不再是凭空发声，而是实实在在的掷地有声，是作为东方大国在自我崛起以后对世界他者的新关怀、新作为以及新努力。这种在世界范围内游移所不断积累起来的中国文化实践，当被总结而成为一种文化自觉之后，也在增加着一个民族自我文化认同的自信心。这种文化上的自信心，实际上可谓文化自觉之后的一种必然效应，是真正意义上的文化自信，这种自信进而会影响对这一文化有强烈认同的人们的行动力量。

很显然，以自我认同为主体意识的作为文化转型 1.0 版的文化自觉升级为同时有着主体意识以及他者关怀的作为文化转型 2.0 版的文化自信，可能将会是 21 世纪中国文化走向世界的一种独特性的表达，是费孝通基于"美好社会"的构想所提出来的"各美其美，美人之美"的最为具体的文化实践，是费孝通 20 多年前对于中国文化转型基本走向预期的现实版的转化。

文化自觉与文化无意识的新辩证

很显然，对费孝通自身而言，他在 1997 年所提出的"文化自觉"这个概念，其所真正面对和指向的乃是中国人"富起来怎么办"这一现实问题，这也可以被看成是马林诺夫斯基晚年所提出的"自由与文明"论题在 20 世纪末的中国的一个新发展②，即处在文化之中的人，当其文化遭遇到外来力量的冲击乃至替代之时，其所必然会出现的一种文化选择上的冲突与焦虑。

可以想见，文化在不受其他外在因素影响之时，必然是以无意识状态而存在的，如鱼在水中，而觉察不到水的存在。而当文化遇到某种或多种外部力量的影响之时，虽更多地显现出来的可能是文化交流和融通，并且此种交流和融通也必

---

① 钟叔河在为其所主编的《走向世界》丛书写的"总序"中这样写道："历史的发展从来是不平衡的。当黄河、长江已经哺育出精美辉煌的古代文化时，泰晤士、莱茵和密西西比河上的居民，还在黑暗的原始森林里徘徊。而自从地理大发现和产业革命以来，中国却相对地落后了。在西方实现资本主义的现代化以后，中国还是一个基本上同外界隔绝的古老国家。是鸦片战争打开了中国的大门，也打开了中国人的眼睛。"引自：钟叔河. 走向世界丛书·总序（1—X）. 长沙：岳麓书社，2008：2.
② 马林诺夫斯基. 自由与文明. 张帆，译. 北京：世界图书出版公司，2009.

然会有益于文化自身的成长①，但无疑，它所真正扰动的乃是人的文化存在的无意识突破意识的监控而发展出来的一种有着自我觉知意识的文化自觉，是鱼游上岸而对水的觉察那样的一种自觉。文化自觉一定会使人向着自己原来相对稳定的生活不断去做回归和追溯，由此现代人产生种种乡愁或者怀旧情感是无可避免的，他们会共同面临文化有无问题以及文化如何传承的重大的路径选择问题。如果把人与文化的关系比作鱼与水的关系，那么在文化崩解之时，人的挣扎应该与水枯竭时鱼的挣扎是一样的，所不同之处即在于，鱼也许会去选择一处新的自然之水，人则可能会去选择人所主动创造出来的新文化，以此来适应环境以及时代的改变，文化因此而发生了真正意义上的改变或转型。

人们因此会不时地将历史，或者更为确切地说将自己的历史，当作一种可以使自己产生自觉意识的资源，来做一种对自己既往生活或传统的全方位回忆和回溯，这是一种文化的追忆，并由此演化出自觉意识状态下的对当下生活的不满足、深度反思以及行为上的抗拒。在此意义上，文化自觉又可谓弗洛伊德精神分析意义上的"文明及其不满"论题在中国文化现代发展特殊阶段的新体现②，即一方面是无可阻挡的现实生活不断向一种高等级生活的强力推进，而另一方面则是从各个方面所表现出的对日益高涨的文明发展或经济发达的不满，人们通过对各种文化传统的追忆而表达和传递着这种不满。

这里自然而然地显现出了文化自觉与文化无意识的一种新辩证，由此也预示着一场新的文化转型正在当下中国悄然地发生着。结果，曾经的文化无意识转变成了一种新的文化自觉，而在这种文化自觉的背后则可能潜藏着一种被创造性转化出来的在文化意识层面上的对自身文化缺失的无意识抵抗。

在旧有的文化无意识之中，文化意识与文化无意识之间的关系因为这种文化转型而出现全新的逆转，人们由此而开始越来越清醒并积极地投身到对自己曾经拥有却在一点一点不断丧失的文化的追索和追忆中。他们甚至会放下一切，不计成本、乐此不疲地投身其中，借助一种复古的实践创造各种新的文化表达，并从中获得一种自己拥有文化的认同感和满足感。各种传统礼仪的复兴、中国的唐装

---

① 赵旭东. 从文野之别到圆融共通：三种文明互动形式下中国人类学的使命. 西北民族研究，2015（2）.
② FREUD S. Civilization and its discontents. NY：W. W. Norton & Company，1989.

汉服的再次流行，以及各种形式的小众特殊偏好的发展，都说明了这种文化追索和追忆的真实存在和需求旺盛。这样一种文化自觉又使文化开始逐渐地脱离经济的约束而再一次从后台走向前台，成为生活中的主角。

追寻文化自觉的方向

实际上，应该清楚指出的是，单纯文化自觉概念本身并未标示出这种自觉究竟会向哪个方向迈进，换言之，自觉还需要一种引导，也就是需要有一张文化导引图，没有这种引导，文化将会失去方向，任何一个时代或社会都会创造出自己文化在那个时代或社会中的引导者。这种引导，虽然表面上更多的是向后看的，是对历史和过去的追溯，人们由此更多地看到的是文化的遗存、遗迹和传统，但是不能因此否认其向前看的诸多努力。文化自觉预示着文化复兴在未来的来临，这种判断来自对既往历史的回顾和总结。

文化自觉的过度向后看必然会透露出一种向传统回归以及传统再发明的可能，而过度向前看则可能会引发文化上的自我中心观，进而引发一种基于种族中心主义的民族主义意识的抬头和高涨，而如何能够在文化自觉之中把握一个向前及向后看的度，这对日益觉醒的民族文化而言是非常重要的，它将决定着文化自觉对人自身生活的有益程度的大小。

因此，费孝通做出了另一个类似于文化自觉的注释版本的表述"各美其美，美人之美，美美与共，天下大同"。这可谓对看不出方向的纯粹文化自觉的一种行动路线图上的微观修正，由此使人们可以真正追寻到文化自觉的方向，明确文化自觉的实际走向——基于文化共享的文化主体性价值的实现，真正有着世界关怀的文化自信。

文化自觉说到底既是对自身文化传统存在并发挥作用的一种自知，同时也是对文化权威感失落的一种洞察，即林毓生所谓的"中国人文的内在危机"①，引发了一种对自身文化存在的捍卫、保护与传承的努力。它需要一种在理想重建基础上的自我牺牲和付出，需要对新价值的独立重估与对旧价值的新认识与新发现。换言之，各种文化传统的存在和发挥作用才可能是文化自觉的初衷。文化趋

---

① 林毓生. 中国传统的创造性转化. 北京：三联书店，1988：6-8.

同显然是一种文化不自觉状态产生的原因。近代中国的历史是文化权威失落的历史，从"师夷长技以制夷"到"中学为体，西学为用"，再到极端的"全盘西化"，这一路都是中国主体文化旁落的历史痕迹，同时也是对自身文化变得不自信的一个情绪累积过程。但文化显然无法通过这样的一种方式而被完全替代或者毁灭，外部文化的强势影响也终究无法完全取代一种特殊性文化作用的发挥。但是在一个社会之中或者在历史的一定发展时期，文化如果被不小心安置错了位置，那么不仅无法真正发挥作用，而且会因此显得有些不伦不类。因此，文化上的"美美与共"首先必是建立在"各美其美"的前提之上的。

文化自信与文化共享

　　费孝通在 1997 年所提出来的"文化自觉"概念以及于此之前提出来的"各美其美，美人之美，美美与共，天下大同"的文化原则，合在一起可以被看成是文化转型的 1.0 版，即可以被看成是"文化自信"概念提出的一种理论概念的预先储备，可以被看成是能证明"文化自信"概念具有自身存在的合法性的思想根源。文化自信这一概念显然是因应着一个时代而产生的一种对于中国自身文化价值的总判断。它并非一种盲目的自信，当然也不是一种对既往历史的全盘接受，而是一种在发自内心地对自身文化有深切清晰的自觉之后而有的有方向性把握的、对于自觉加以肯定的自信，即对有着主体意识的中国文化可以真正自我拥有并走出去，从而在世界之中存在并进一步发展充满自信。这种自信，既不是纯粹个体意义上的，也不是对一种文化传统的强迫集体认同而衍生出来的。这种自信更为强调一种他者存在的相互之间"我们"的关系的构建，而非个体化地强调一种孤立无援或者孤芳自赏的"我"的唯一性的存在。

　　很显然，今天在中国特别提出的文化自信的概念，在一定意义上超越了原有的经济积累和增长的自信，真正是在一个人、一个民族以及一个国家富裕起来之后对文化本身的发自内心的一种需求和渴望。实际上，原本的经济发展并无法真正做到彼此利益上的共享，因而也无法构成彼此团结在一起的社会总体性的联合，而文化处处体现出一种共享，强调彼此的共在，如黏合剂一般把所有分散开来的人和社会资源都聚合在了一起，形成了一种合力，同时也形成了一种彼此之间的共享状态。

　　因此也可以说，凡是文化的都是共享的，谁也无法独占一种文化，布迪厄意义上的"文化资本"，也并非一种纯粹的可以独占的经济意义上的资本，它恰恰要表达的是有一种文化共享价值的文化支配的存在，它虽然可能借由一种惯习的获得而体现在某个人身上，但决不会为其所独占和独用①。文化是共享的，并且分享不会使文化自身的价值有所缺失，反而很多时候更可能会使之有所增加，并促成新文化的创造。互联网技术的应用可以说是此种新文化创造的典范，人们对于互联网的分享不仅没有使互联网日渐衰落，相反，数量极多的网民的参与，使得互联网分享给网民的不仅更多，而且更为经济，互联网自身也因此得到了蓬勃发展。"非遗"文化传承人则是一个文化自我创造性转化的例子。"非遗"文化传承人对于这个社会而言可谓文化或者符号资本的集大成者，但其并不能对文化保持一种完全独占的姿态，他们一定要像马林诺夫斯基在《西太平洋的航海者》一书中所描述的库拉圈贸易一样，不断地将文化进行传递，否则便会受到他人的鄙视②。"非遗"文化传承人需要通过师傅带徒弟的方式将自己所拥有的文化资本传递出去，而不会使之成为一种排他性存在的独占物和积累物。

从文化自觉到费孝通的文化观

费孝通基于其社会学、人类学的学科背景以及对中国现实的深度观察而在其晚年所提出的文化自觉概念，归结起来，是费孝通的文化观的完整表述。这种文化观实际重在一个"知"字，是一种真正的"从实求知"而非其他，因此这种文化观的根基是一种知性的理解，而非一种对事实、事件为何的初级描写和记录，它重在理解而非单一就事论事的事实呈现。费孝通的这种文化观因此是基于现实而非囿于现实的，它是对现实的一种文化理解上的升华，借此可以使我们看

---

① 布迪厄是在一种礼物关系及对礼物关系的挑战中提出他的文化观的，这种文化观强调隐藏着的文化资本的力量，即文化资本作为一种象征性权力而存在，或者直白地说这就是一种象征性的暴力（symbolic violence），它并非可以独占，而是可以为所有人所拥有的。换言之，如约翰·汤姆逊（John B. Thompson）所言："给予也是一种拥有的方式，它将一个人与另外一个以慷慨的姿态在遮掩这种捆绑关系的人绑缚在一起。这便是布迪厄所描述的'象征性暴力'，它与高利贷者或者残酷无情的主人的外露的暴力判若两样……"引自：THOMPSON J B. Editor's Introduction // BOURDIEU P. Language and symbolic power. Cambridge, Massachusetts: Harvard University Press, 1991: 24.

② 《西太平洋的航海者》一书的另一翻译本为《南海舡人》，书中写道："参加了库拉的人从不会把哪件宝物保留一两年以上。但即使如此，他还是会蒙受吝啬鬼的恶名；某些地区就有库拉起来'特别慢''不干脆'的名声。"引自：马林诺夫斯基. 南海舡人（I）. 于嘉云，译. 台北：远流出版公司，1991: 118.

到文化在未来的走向。与此同时，它还可以启示人们去感受并理解自身和他者文化的真实存在，面对新的现实转变而去开拓不同于以往的新发展。虽然文化处在不断的变动之中，但是对文化观的理解则是可以参透文化转变的一种途径。在此意义上，我们理解了文化，实际上也就理解了社会生活的诸多其他方面，包括政治、经济、法律以及宗教生活等，它们是相互联系在一起并形成一个文化网络的，而这也可谓今天研究、梳理和承继费孝通文化观的真正价值之所在。

虽然总结费孝通的文化观或许是未来一个长期的研究课题，但是如果要在这里做一个初步的总结的话，那么在下面这十点上，费孝通的文化观是表现得极为突出的。更为重要的是，费孝通在如下这些方面的文化洞见可以警醒我们未来文化发展的方向，以及人类命运共同体可能有的一种共同意识存在，并召唤当下之人一起努力去实现这些价值。简而言之，这种文化观更强调对未来美好生活的价值预设，强调多样性的人的存在，强调人的主体本位与世界关怀的彼此对接，强调世界不同民族多元一体的共存共生以及自我的创造性转化，强调带有文化自觉的和谐发展，强调生态发展不可偏离心态发展的新发展理念，强调对可以造福于民的人类共同价值和理想的追求，强调面对现实生活的价值重构和文明重建，强调与时俱进且重在人本追求的文化转型观，最后则是强调一种"迈向人民的人类学"的价值关怀。

第一点，可以肯定地说，费孝通的文化观强调对未来美好生活的价值预设。这可谓费孝通作为一位中国的社会科学研究者晚年的一种自觉，即开始努力去寻求对社会学、民族学以及人类学的价值关怀的一种努力，同时也是对社会科学的价值无涉观念的隐性批判，以及对人类而言的一种价值的正向引导。在此意义上，人类学家应该是有其自身的价值追求的，在费孝通看来，这种追求的核心期待着世界中的美好生活、美好社会的来临。这种价值追求不仅是属于个人自己的，更为重要的是，它还是属于研究者所研究的对象的，它可谓体现着人类共同性价值的一种追求。费孝通在其晚年也无形之中把握住了这种价值，并对此深信不疑。

第二点，费孝通的文化观特别强调多样性的人的存在。很显然，费孝通在这一点上所贯彻的乃是一种真正人类学意义上的文化观察，是可以包容多样性存在的人类命运共同体的建构，反过来，人类的命运共同体必然能够包容多样性的文化存在。从"中华民族多元一体格局"的表述，我们也真正看到了费孝通所倡导的文化自觉对差异性文化的真正包容。而且更难得可贵的是，费孝通所倡导的多样性包容之中也隐含着一体的共同性价值的表达，差异不是散漫而无所依靠地存在着的，而是如容器的隐喻一般被盛纳在一体之中的。在此意义上，费孝通的文化观便有了一种独创性，这种独创性是把西方认识论中的"多"和"一"的对立转变成一种相容和辩证关系。由此，我们既可以看到多元到一体的融合过程，同时也可以看到一体到多元的新转化。①

第三点，费孝通的文化观特别强调人的主体本位与世界关怀的彼此并接。在这一点上，费孝通的文化观无疑是主体本位的，但它又未曾缺失一种世界性的关怀。费孝通早年出版的《乡土中国》一书，可以说是有着明确文化主体本位意识的典范之作，与此同时，在 1947 年，费孝通在《美国人的性格》一书的后记中也专门提到了"世界性的大社会"的概念②，这又无疑体现了他自身所拥有的一种世界性的关怀，这是一位人类学家尝试着从一种人类整体的视角去看待未来世界的中国智慧的表达。而他在包括英国、美国乃至印度在内的世界诸地的行走、观察和比较，将世界性的图像自然而然地并接到了一种原生性的乡土中国的主体本位视角上来，形成了一种基于中国的本位意识同时又有着世界关怀的内与外、上与下、主体与他者等关系的相互关照和统一。

第四点，费孝通的文化观强调世界不同民族多元一体的共存共生以及自我的创造性转化。无可否认，"多元一体"这一概念是费孝通晚年的又一个重要的学术贡献，多元融汇到一体之中以及一体包容多元，有分有合，圆融共通，互惠互助，由此才可能真正实现多民族、差异性的多元发展，否则，一种利益集团的独占只可能使得多元发展不复存在，使得多元相互支撑变成一句空话，独自的一元自然也无法维持恒久。一个有着自我创造转化能力的民族，是有能力去包容差异

---

① 赵旭东. 一体多元的族群关系论要：基于费孝通"中华民族多元一体格局"构想的再思考. 社会科学，2012（4）.

② 在 1947 年 7 月 11 日为《美国人的性格》一书写的后记中，费孝通这样写道："以往，世界上各地的人民各自孤立地在个别的处境里发展他们的生活方式，交通不便，往来不易，各不相关。现在却因交通工具的发达，四海一体，天下一家，门户洞开，没有人能再闭关自守，经营孤立的生活了。在经济上我们全世界已经进入了一个分工合作的体系，利害相连，休戚相关，一个世界性的大社会业已开始形成。"引自：费孝通. 美国人的性格后记//费孝通. 费孝通文集：第五卷. 北京：群言出版社，1947：49. 着重号为引者所后加。并且，在费孝通看来，这种世界性的社会跟中国的关联是与影响中国现代历史进程的两次世界大战紧密地联系在一起的，因此他说"……我并不敢奢望因为我们在这次战争中拉进了世界的社会秩序中去"。引自：费孝通. 邦各有其道//费孝通. 费孝通文集：第三卷. 北京：群言出版社，1944：155. 着重号为引者所后加。

和多元，并从中吸收诸多营养而自我壮大起来的。在这里，多元是一个重要的前提，在一种文化里生长起来的人，当看到别的文化模式时，总是怀有几分不理解，这种思维在一个文化间少有往来的世界里无疑是行得通的，但是在一个交通、通信日益发达的世界里，这种孤芳自赏的文化心态就需要转变。这既是一种文化上的大转型，也是人类学思维越来越为社会科学所重视的原因所在，人类学家所关注的核心就在于对"多种多样文化中所发现的大量习俗的兴趣"。①因此，人们应从单一文化认知转型到多元并存的文化认知上来，从"邦亦有道"转换到"邦各有其道"的多元文化的理解上来②，由此而形成更为完整的对于人类命运共同体的一体性的认识。

第五点，费孝通的文化观强调带有文化自觉的和谐发展，文化自觉概念可谓费孝通晚年思想的精华，它使文化进入意识状态并将其提升为一种引导性概念，对世界人类学界具有独特的贡献。费孝通借文化自觉概念的提出为人类学研究开辟出了一片全新的天地，并将自己过去的研究成果恰如其分地包容在其中，避开了曾经由其总结的"从实求知"中过于"实"的或者过于"功能性"的一面，而渐渐走进思想智慧的"知"的或"理解"的层面。这样，人类学研究既接近于一种哲学普遍性的讨论，同时又能够扎根于中国社会现实，而不至于使研究者头脑中的知识过度抽象清冷。在这一点上，文化发挥着社会黏合剂和缓冲剂的作用，它在避免冲突上起到了和缓的作用，尽管文化之间并非没有战争可言，但文化的主旨不在于战争而在于和解。

第六点，费孝通的文化观强调生态发展不可偏离心态发展的新发展理念。费孝通基于对孔子的尊敬，以及在孔子家庙凭吊的顿悟，而开始从生态向心态的社会价值的转变，即能够推己及人地去理解他者的存在，从人心而不是物质的角度

---

①　BENEDICT R. Patterns of culture. London：Routledge & Kegan Paul Ltd.，1935：1.

②　费孝通在 1944 年 11 月 11 日写的短文《邦各有其道》中强调了接纳和容忍文化多样性的重要性，他说："在一种传统里长大的人，总是不容易承认世界上还有其他可能的活法。我们比较老成的中国人看见了那些连祖先都不准纪念的基督教的牧师们总觉得有一点可怜他们的狭小和迂阔。可是有时候我们也会无意中走上那种狭小和迂阔的态度中去了。"随后他又写道："我们这世风遇了美国那样的民情，结果自然会格格不入了。……至少得承认别国的民主，别国的人情，并不是都以我们为标准的。他们可以和我们有很大不相同的地方，千万不可因为自己只有官论，没有民论，而推测别国报纸上的言论也都是政府授意的，因之自相惊扰；千万不可因为自己不分批评和辱骂，而认为暴露事实一定心怀叵测。"这段话可以看成费孝通晚年所提出的"各美其美"观念的先声。以上两段均引自：费孝通. 邦各有其道//费孝通. 费孝通文集：第三卷. 北京：群言出版社，1999：150-156.

领会人自身的存在价值。1992 年费孝通在参观孔林之后所写的《孔林片思》一文乃是其对人的心态给予一种新理解的开始①，是反省学科既有作为的一种自觉，也是注意人的头脑中的想法，真正思考人的认知能力的一种开始，这归根结底就是要去领会人与人之间如何友好相处，如何共同地生存下去。在这一点上，费孝通的这一文化关怀又在无意之中与西方人类学界借认知人类学之名而开展的相关研究的主题相互映照，两者不谋而合，殊途同归。

第七点，费孝通的文化观强调对可以造福于民的人类共同价值和理想的追求。费孝通曾经强调其学术追求在于"志在富民"②，这可谓他作为一个中国人类学家所独有的一种对于人类共同价值和理想的追求，这种追求反过来又促成了一种更具统领性的文化自觉意识的突显。费孝通的文化观在无形之中将中国传统之中的文化价值嵌入一种世界性的更具普遍性意义的理想社会的追求中，这是在日益全球化的今天所特别需要的，人们追求着人类命运共同体的构建，并以此应对日益蛀蚀这个共同体价值的诸多世俗化倾向。

第八点，费孝通的文化观强调面对现实生活的价值重构和文明重建。费孝通的文化观很显然是基于对现实生活的考察而获得的一种深度理解，并借此去实现社会中的一种文化价值的重构。费孝通晚年所践行的"行行重行行"的理念，所真正体现出来的乃是一种跨越空间意义的文化观察，而一次又一次地重访江村则必然是在一种时间意义上对中国社会变迁最为深度的观察。而基于实地调查③，费孝通在其晚年的思考之中才得以直面世界性的文化转型，并由此提出以文化自觉为基础的"四美方针"。

第九点，费孝通的文化观强调与时俱进且重在人本追求的文化转型观。从此一点，我们可以清晰看出，费孝通的文化观的核心是一种对于动态文化的关注，是一种基于"精神世界"的"神游冥想"，同时也是一种以人为中心的文化观。

---

① 费孝通在 1992 年 6 月 21 日基于"北京大学社会学系 10 周年"纪念会上的讲话而写的《孔林片思》一文中明确地指出："我们中国人讲人与人相处讲了 3 000 年了，忽略了人和物的关系，经济落后了，但是从全世界看人与人相处的问题却越来越重要了。人类应当及早有所自觉，既要充分认识人与环境的关系，更要明白人与人之间怎样相处才能共同生存下去……"此段文字引自：费孝通. 邦各有其道 // 费孝通. 费孝通文集：第三卷. 北京：群言出版社，1999：294-299. 着重号为引者所后加。此文最初载于《读书》杂志，1992 年第 9 期，第 3~7 页。

② 费孝通. 志在富民 // 费孝通. 费孝通全集：第十三卷. 呼和浩特：内蒙古人民出版社，1991：483-491.

③ 赵旭东，罗士泂. 大瑶山与费孝通人类学思想的展开. 西北师大学报（社会科学版），2016（3）.

其重在一种人本关怀，并且是一种在人与文化之间，人及其意识能力变得更为重要的文化观①。费孝通称自己是一匹黑马，是难以受到所谓学科局限的黑马，因此他在思维上超越了学科既有规范的限制，并在此过程中能够跟随不断变化的现实而做出前瞻性思考，由此他看到了即将来临的一场大变革。这正是文化转型的开始，世界在变得超出三维的空间，并形成各种新的变化。虚拟现实在费孝通所在的时代还没有那么明显，但在今天则已成为众所周知的科技新应用。在未来，我们原本真实的生活会变得异常虚拟，反过来，原本虚拟的生活又似乎一下子回到了真实的生活实践中来，这就是由技术发展所带来的文化转型。②

第十点，费孝通的文化观强调一种"迈向人民的人类学"的价值关怀③。这是费孝通在方法论层面的一种自我超越，是试图从西方既有的人类学传统中寻找一种对于人类学的殖民背景和殖民心态的大扭转，从最初马林诺夫斯基所赞许的研究自己人民的人类学，到差不多半个世纪之后的面向自己的人民的人类学转向，费孝通最终实现了自我价值的二度超越④，前一次可谓无心插柳，后一次则是建立在一种自觉和体认的基础之上的超越。这种迈向人民的人类学并非一种被迫，而是一种自觉，同时它也为人类学在中国的发展设定了一个坚实的基础，这也可以被看作费孝通对中国人类学学科建设的一种引领性的贡献，这将带动中国人类学的独特性的成长。

以上这些对于文化属性的关注，都可谓费孝通文化观念中最具有核心性的价值理念，它们会影响并引导我们在一个新的时代直面当下文化的新现象，并对当下的文化存在给出一种极富智慧的新理解、新主张以及新领会。在这一点上，可以说，费孝通的文化观重在新而不在旧，重在人而不在物，重在未来而不在既往，重在发展而不在停滞。

---

① 费孝通在 2003 年 10 月撰写的《试谈扩展社会学的传统界限》一文中写道："人的精神世界，可以笼统地说成'人的一种意识能力'，但实际上，这是一个远远没有搞清楚的问题。"费孝通. 试探扩展社会学的传统界限//费孝通. 费孝通全集：第十七卷. 呼和浩特：内蒙古人民出版社，2009：443.
② 赵旭东. 人类学与文化转型：对分离技术的逃避与"在一起"哲学的回归. 广西民族大学学报（哲学社会科学版），2014，36（2）.
③ 这是 1980 年 3 月费孝通在美国丹佛接受应用人类学学会马林诺夫斯基奖时的讲话主题. 又参见：费孝通. 迈向人民的人类学//费孝通. 费孝通全集：第十七卷. 呼和浩特：内蒙古人民出版社，2009：360-372.
④ 赵旭东. 马林诺夫斯基与费孝通：从异域迈向本土//潘乃谷，马戎. 社区研究与社会发展. 天津：天津人民出版社，1996：104-145.

第六部分

纪念与回忆

第十六章　费孝通先生十年祭

年度性的纪念在任何的社会中都并不缺乏，这种纪念既可以针对一件事、一个地方以及一个日子，也可以针对一个人，而我们这里的纪念无疑针对一个人，针对一位对中国社会学、人类学以及民族学都做出过重要贡献的学人，他便是出生于1910年的费孝通先生。他深度参与了中国现代社会学的创建，并使之在特殊的年代得以恢复和壮大，最后又引领其发展数十年。这位睿智的学人在2005年的春夏之交永远地离开了我们。

乙未年的纪念

如果甲午年（2014年）这一年必然和热闹以及喧嚣紧密地联系在一起，那么来年的乙未年（2015年）也一定不会离这种热闹和喧嚣太遥远。这个时代也许真的处在了一种费孝通教授在其晚年所深切注意到的文化转型期，这个转型期的核心特征便是涌动着各种可能和机遇，同时也会因此而制造出许多麻烦和困境。它完全因现代世界而兴起，也会因后现代对现代性的反思而发生社会形态上的转化，更为重要的是，它从聚焦西方世界转向聚焦中国在世界之中的发展。

可以说，费孝通的一生无论如何都是充满着传奇性和复杂性的一生。他的传奇性让一个学科的知名度大为提升；而提起复杂性，他与现在这个时代有着千丝万缕的联系，历史不会忘记这位学人，更无法割舍对他的种种纪念，同时通过纪念他，我们对当下存在的特殊处境更为清醒。

与许多职业化的学者人去而销声匿迹相比，费孝通的离开，却反而使我们对他的既往研究的追溯变得更为紧迫，因为随着时间的延伸，可能有太多的浮尘落于其上，让我们逐渐看不清他学术思想的真实面貌。虽然这些浮尘可能让一个有良知的学者之心变得不那么容易为人所清晰地理解，但我们还是试图通过各种记忆与再发掘的方式去把握或者说去领会这颗隐藏起来的善良之心。通过阅读、猜想以及穿越式的隔空对话，也许我们能够抓住这个曾经给予我们太多启示的思想者的灵魂，及其在深处始终如一而不变易的精神内核。在这个意义上，我觉得我们这个时代需要重新阅读费孝通的意识和勇气。

我曾经给自己的读书生活制定过一个不小的目标，那就是真正抽出时间去读完费孝通所留下的每一个文字，然后通过这些文字去体会他在不同时期的真实的思想、情感和表达。但自费孝通逝世之时就发下的此一宏愿，却因为不断的俗务缠身，终究未能真正完成。后来，我不再自己读了，而是带着学生们一起读，这样反倒逼着自己读了很多费孝通的文字，还在费孝通百年诞辰之时专门编辑了厚厚一本的《费孝通与乡土社会研究》①，作为我和我的学生们的读书笔记的汇编。如今一晃到了费孝通逝世十周年，据说师兄弟们都在写不同主题的怀念文章，快到交稿之时，我一时没有新作，也就只能把平时的读书笔记拿来交上，这也是本章的来历。本章包含两篇读书笔记，一篇是在读了费孝通的《民主·宪法·人权》一书之后写的读后感，最初发表在 2013 年的《读书》杂志上②；另一篇仍旧属于读书的副产品，是在 2014 年的夏天有时间读了费孝通的散文集《逝者如斯》之后写下的一点感想性的文字。这样就把两篇文字硬凑在一起，但因为它们都以费孝通的作品为基础，所以读起来也还算是一个整体，我以此作为对费孝通离开这个世界十周年的一份小小纪念。

我总以为，费孝通从来都是一介书生，而不是政治家，他自己恐怕也是这样认为的。因此他的见解是一种书生之见，但这种书生之见确确实实地曾经影响过这个国家的一些政策的形成。它们是费孝通在经历了艰苦卓绝的磨难之后产生的书生之见，并让我们这些读他文字的人感觉到一种踏实和自信。他从来都不试图用各种概念来吓唬人，更不会去"拍板砖"，他只讲自己的道理，甚至他对很多话也不是非要一吐为快，传统文人讲求的文字之曲的风尚在费孝通的笔端尚有遗存，这种问题意识和书写风格给人留下了许多可玩味的空间，并且历久弥新。我因此而喜欢费先生的文字，更喜欢他的为人和为学。

---

① 赵旭东. 费孝通与乡土社会研究. 北京：社会科学文献出版社，2010.
② 赵旭东. 法律之下的权力. 读书，2013（11）.

他显然为我们的生活提供了一种理想的模式，在这种模式的背后，他所期待的就是对文化的一种自觉。而当这个时代真的有越来越多的人开始觉悟到文化的价值的时候，我们的社会和制度，乃至基于制度所成长起来的每一个人该做怎样的新适应呢？这恐怕并没有答案，但是如果去深度阅读费孝通的文字，我们也许就可以得到解答，我对此向来深信不疑。因此，阅读费孝通的宏愿还会继续存在于我的人生之路上，希望一切如愿。

法律之下的权力

1946 年的云南昆明肯定是一个白色恐怖的世界，否则不会有那么多的学者一下子拍案而起，向那个残酷的世界吼出不合作的声响，作为社会学家的费孝通便是其中之一。他在那一年里，一口气写下了八篇小短文。后来关注这些文字的人多了，费孝通干脆结集出版，并专门起了一个总题目叫《民主·宪法·人权》，又请他亦师亦友的同人潘光旦先生写了一个序言，书便出版了。当时出版的这本小册子在今日大概不大容易找得到了。最近去拜访费孝通的家人，获赠此书的最新一版，仍旧是由三联书店出版发行的。

薄薄的一册加上淡绿色的精装，着实让人生有一种轻松雅致之感，但书名又绝非那般轻松，更非打发闲余时间的那些应景文字所能相比。在此书发行的差不多 70 年光景之后，放眼中国乃至整个世界，人们似乎依旧在这个主题上打着笔墨官司，这个主题依然吸引着很多人的眼球。据说在现在的哈佛大学，最吸引人的一门课程，谈论的便是社会公正问题。看来这个与费孝通 70 年前所关心的问题近似的论题，属于关乎人的最终福祉的话题，不能不使每个人都伸出头来关注一下。但禁止的声音也是有的，不时的对这类讨论的禁令也时常会出现在学术界乃至日常生活中。而有耐心去听这些费孝通所称的"书呆子们"讲那些有时可能连他们自己都讲不清楚、糊里糊涂的民主、人权什么的"空洞"的道理，而不生出厌烦之心，那才是最为奇怪的。

去看看民国时期的公民教科书就能够清楚这一点，就像潘光旦在《民主·宪法·人权》一书的序言中所怒斥的那样，这实在无法让人生出某种欢喜之心。他却很欣赏费孝通的这八篇短文，说它们是可以真正作为大、中、小学生的公民读本来阅读的。相比那些类似清朝《圣谕广训》的公民教材，费孝通的活泼的文字中，没有一点教训人的口吻，反倒是正反双方都出现在了叙述之中，各说各的道理，而各位看官们只管择其善者而从之即可。这里既有大学教授，又有专业的法律从业者，甚至还有不大明白事但又极喜欢发问的小孩子，有费孝通的太太、哥哥、表妹以及过往的朋友，他们都代表了某一种社会见解，通过偶遇的场景以拉家常的方式去讨论那个时期最让人焦虑不安的问题，如果将那个问题翻译成当今人们更容易理解的问题，那就是所谓的安全感问题。

一个人可以不用敲门就进入另一家人的屋子吗？敲了门，主人不许可进入，此人能擅自进入吗？当然，70年前的人和今天的人都会异口同声地回答："不可以！"但那时的上海实行一种警察统治，即所谓的"警管制"，警察可以在任何时间、任何地点不受任何限制地进入某座私人住宅。尽管可以争辩说，这是在特殊时期的特殊管制政策，但它却让在德国留过学的费孝通的二哥大为不安，因为这让他不由得想起了德国的警察国家制度。

"警管制"所造成的一种社会结果就是，在那时，一个人可以无端地被警察拘捕，理由无非怀疑其为"反动分子"，法律的程序似乎也要走上一遭，但在那时律师职业商业化的现状下，又有谁敢为此类案件的当事人去做真正的法律辩护呢？除非你不想在这个行当里再混下去了。费孝通在其文章中还真举出了这样一位律师，他就是费孝通的朋友胡先生。这位胡先生在初入上海律师行之时，满怀着追求公平正义的现代法律精神，专门出庭为这类案件的当事人做辩护，而案件中控方花钱雇来的证人坚持说见到被告经常与另外两名被告一起开会，结果胡律师用自己所学，通过画出开会地点位置的方法，揭穿了证人的自相矛盾之处。这种对虚假的揭穿也只使得一名被告被释放，其他的两名被告仍旧无理由地被扣押（或许有理由，理由就是案件尚有疑点）。但当这官司还没有完时，胡先生的职业生涯却到了头，各种压力和恐吓，使得这位心高气傲的律师不得已只好卷铺盖走人，离开了上海的律师行。

费孝通是专门研究过英国《大宪章》的，他从中注意到了这样一个事实，即在《大宪章》的保护之下，是否收税，收多少税，以及收上来的税金用在哪里，都完全是由国会决定的，不能由某一个人一拍脑壳就决定。一旦权力得以无限度地扩张，就像一头老虎跑出了铁笼子，再想去遏制，不以暴抑暴，即费孝通所说的在权力之上施加一种更强力的权力，是不能真正解决问题的，权力这只老虎是回不到笼中去的。但很显然，这是一种最劳民伤财，且让普通人头破血流的解决方法，非到迫不得已之时是不会有人愿意去使用的。

除了暴力之外，使得权力这只猛虎回到笼子里去的途径还是有许多的，也许最为核心的莫过于把权力交还到人民手中。人们通过自愿投票选举而选出他们的代表，这些代表是人民利益的代言人，并保障人们的权益不会受到侵害。如果真的受到了侵害，这些选举出来的代言人就会在下次的选举中失去选票。

总之，可以这样说，是否有一种人造的制度可以使四处游荡的权力猛虎适时地回归到它应该待的笼子里去，这是推翻了皇权的现代国家最需要去考虑的。费孝通的表述为我们提供了一种解答，那就是每一个人都要有一种自觉，并形成一种全社会中的所有人都能同意但不一定完全赞同的共识，以此为基础去构建法律的基本原则，并由此来把一些散漫的、游离于社会控制之外的特殊权力关入笼中，使其在法律之下行使一定的由契约约定好的权力，使任意支配的主奴关系逐渐地转变为行使有限权力的契约关系。它的实现可能并非要有赖于政法学者的空谈，而要依赖真正人人自觉的社会行动或实践以及全身心的参与，即自己的事情由自己去把握。

这正像费孝通留学英国时曾驻足停留过的海德公园的那一角一样，人们可以自由地发表意见，无人喝彩者，自然得不到大多数的民意，隐身告退便是最后的结局。但也仅此而已，因为社会中还会有其他意见层出不穷，而一个好的政府，就是在有耐心地倾听这些不同的意见声中逐渐地成长起来的。

读完费孝通的这本小册子，我似乎有许多的话想写下来，但限于篇幅，只能停笔深思。

旧燕归来

2015 年的夏天热得出奇。很多书都被放在一边，看着书名，不肯去翻。倒是已经有些泛黄的《逝者如斯》这本书，虽然被摆在书架上最不显眼的地方，却为我所一眼看到，然后我的视线就不肯离开了。之前从旧书店里将费先生的这本杂文集买回来之后，本来是搁在案头想马上阅读的，但一耽搁，就忘记了，不知什么时候它就被收到书架上去了。

此时望着这本书，琢磨着这个书名，我心里就想，在这样一个无处可逃的伏天里，读读费先生的这些顺畅的文字，也许是件很愉快的事情。何不以文消夏？

有了这个念头，我便很是激动，马上从书架上抽出此书，一页页读去。费先生的文字对我而言，实际并不陌生，不仅在费先生生前我还是学生的时候就独自阅读过，后来不做学生做老师的时候也独自阅读过，未曾停止。且在费先生 2005 年春天以 95 岁高龄离世之后，当时我从北京大学换去另外一所学校做老师，那时我带着学生们一起去读费先生的《费孝通文集》里所收录的所有文章，逐字地去读，这一读就是五年。在费孝通百年诞辰之时，我和学生们一起把读费先生的文字所积累的几十万字的读书笔记编辑成书，并取名《费孝通与乡土社会研究》，书后来在社会科学文献出版社出版，在我看来这应该算是学生们向老师交的一份迟到的答卷。

即便有如上一些纪念文字出版，也有许多对费先生不同版本文字的阅读，但不知为何，我心里总还会惦记《逝者如斯》这本书。以前大约只在我曾经学习和工作过的北京大学社会学人类学研究所的有关费孝通著作的展示柜里见过此书，另外记得在某个图书馆里也翻阅过，只是在自己的藏书目录里并没有此书。后来某天，在一家旧书店翻来翻去时，偶遇此书，便毫不犹豫地买了下来，准备找机会细细阅读，这也许就是我和这本书的缘分吧。我曾经给读社会学专业的新生当过指导老师，可惜当时我没有想起去介绍这本书，如果再有新生找我，那么我一定会推荐这本书作为社会学、人类学乃至一般社会科学的首选参考书。

这本书对我来说确实并不陌生，里面收录的文章我多多少少也阅读过一些，但让我印象最深的是这本书的后记，在后记里费先生写道，可以将此书当作他的人生传记的一个"副本"。那"正本"是什么呢？借助重读《史记》，费先生告诉了我们答案，即"时隔半个多世纪再重读《史记》，才悟到它的'正本'就是这'生生不息，难言止境，永不落幕的人生'"①。如果是这样，我想，要理解费孝通的学术思想，在没有他自己专门撰写的首尾连贯的传记或那个"正本"存在的前提下，熟读这个"副本"倒是一个不错的选择。也许，从字里行间，能读出另一种味道和风格的费孝通。

人就是这样，一旦想法出现了，如果再加上条件允许，就总会有一种强迫性实现的愿望萦绕在心头，心理学称之为"强迫观念"，读书、做事情没有一点这样的强迫观念是不行的。这大热的三伏天，又赶上正是暑假，电话的铃声

---

① 费孝通. 逝者如斯：费孝通杂文选集. 苏州：苏州大学出版社，1993：348.

不再随时响起，填各种表格的恐惧也消失得一干二净，并且有事找你的人也似乎一下子都不知道去哪里度假避暑了，有这样绝好的清静，索性抱起书本啃读。坐着读，卧着读，白天读，晚上读，一两天时间，总算是把书从头到尾地读完了。但读完之后，却猛然有一种沉重的忧郁感浮现出来。再一寻思，这种忧郁感的来源可能是费先生的文字本身，同时，我感觉这些在二十几年前书写的文字却又那样直接地与今日世界的现实联系在了一起。我有时掩卷而瞑想：这么清晰的文字，正符合今天的世界现实，如何不说是一种预言家的预言呢？看来，逝者并非如斯，逝者也难于如斯，更多的深意需要后来的人慢慢地解读。

在《逝者如斯》这本书中，由费孝通亲自编在一起的这些文字，大部分是他四处行走时随手写下的回忆、游记，甚至是对各类书籍的出版过程的记录，其中既有他自己的亲身经历，也有别人的故事。我实在觉得，费先生说这本书是他人生传记的一个"副本"，说得一点都没有错。有什么样的传记会比这些文字更为绘声绘色呢？在他的字里行间，没有一处凝滞而不顺畅的笔触，但在这顺畅的表述之下，你仍能感受到那一代或两代人在人生起伏之中所遭遇到的理想和现实之间的巨大张力。费孝通乐于用许多笔墨去记录下来的这些人和事、山和水，以及相应的文字与书籍，无一不在表露着这样一种张力对其精神和肉体的撕扯，一直到他生命的最后一刻。

毫无疑问，这些文字都可以被看成是这种撕扯的一种知识分子式或学者式的表达。他文章里所写下的每一个人物，似乎都像他自己，他所记录下来的每一处风景，一山一水，一草一木，又都像是他为自己并不能完全平静下来的心灵找到的可以舒缓的放纵空间。只有在这不断的"行行重行行"的心与物的触碰之中，曾经受到创伤的心灵才能得到些许抚慰，而在这不断的回忆之中，似乎一些看起来不太合理的过去，都有了合理的解释，他因此而得到了一种无以名状的宽慰。他不断地提到清华大学这所学校以及那里的老师和同学，他曾经在那里跟随人类学家史禄国学习。对于这位严格的外国老师，他崇敬有加，一直到晚年，费孝通都一直在通过各种形式的回忆去理解这位真正有学问的老师的精深学问的真意。另外还有潘光旦、曾昭抡、汤佩松这些性格迥异的清华人，尤其是潘光旦，这位穷其一生倡导优生学的社会学家，是费孝通由衷敬佩的一位老师。潘先生在译述达尔文的《人类的由来》时的会意的神态，非要有长时间的接触和理解，否则，无论如何都是无法用笔描记下来的。潘先生的那份做事的热情，那份对待残酷逆境的豁达，那份对待学问少有的坚持和追求，若是没有费孝通这只可以生花的妙笔，那后来又有几个人可以知晓呢？至少中国社会学史会因此而缺少一份可信的素材。

此外，费孝通还提到了与清华大学只有一墙之隔的北京大学。那可不是一般意义上的北京大学，而是在费孝通最初读书的燕京大学旧址上建立起来的北京大学，或者说是 1952 年两校合并之后的那个北京大学。很奇怪的是，这么多年过去了，到北京大学校园参观的游人，必然要去的地方还是费孝通笔下常常提起的燕南园、未名湖、博雅塔之类，要知道这些可都属于燕京大学建校之初便有的校园景观。司徒雷登确实离开了，但这些旧的景观却实实在在地留了下来，人们并未因世事的沧桑变化而忘记它们。只要看看假期北京大学校园里游人如织的场面，这一点也就不证自明了。这倒使我有一种难以名状的感受，总觉得有些东西被强行改变了，人们却仍旧愿意记住其被改变之前的样子，而有些东西或许并没有什么改变，但人们却不一定能够或者愿意将其记忆起来。这就是人的社会记忆的复杂之处，不是我们想当然地认为怎样去书写和记忆就能够书写和记忆清楚。

费孝通在自己的文字里也不断地提到已经"逝去"了的燕京大学，并因此称自己是一只"旧燕"。他对北京大学可谓不离不弃，为此他回到了北京大学，做了很多有影响力的事情。他曾在 20 世纪 80 年代初来到北京大学做兼任教授，后来还带研究生，甚至干脆去掉了"兼任"两个字，虽然人事关系不在北京大学，却成了一名正式的北京大学教授。他成立了"社会学所"，后来更名为"社会学人类学研究所"，这是一个在北京大学里有着独立身份的研究所，从硕士到博士后，人才培养可谓高端和完备。但对于这些旁人所谓的功绩，费孝通似乎都不大去提，倒是津津乐道于自己恍如一只旧燕归来，落在了今天是北京大学而过去是燕京大学的校园里。我阅读至此，感觉费孝通的这一个"旧"字用得极为巧妙，一个"旧"字道出了其在再次归来时的那份激动与酸楚。因为所有的一切似乎都已经物是人非了，而这跟他在提笔写第四次访问英国，在他的母校伦敦政治经济学院看到那个他曾经吃过饭的小餐馆依旧存在时的那份喜悦之情形成了明显的对照，他甚至还饶有兴味地将自己的这篇游记定名为《英伦曲》，那份畅快，从他的文字中是完全可以感受到的："甚至我走进母校 LSE 的校门时，门右那个当我在学校时常去用餐的小店，门面如旧，令人惊喜。"① 不言而喻，这种轻松舒畅的笔触，跟他在写《旧燕归来》一文时判若两样，在《旧燕归来》一文的最后，费孝通谈道，他走在未名湖畔，由此所激荡起来的也只能是一种对现在的北京大学（过去的燕京大学）难以释怀的责任之心。那一段文字不妨也照抄在这里，算是一种佐证："北大既包括了早年的燕京，当年抚育我的就是它，我没离开它给我的教导，晚年还是回到了它的怀抱。人生最大的安慰还不是早年想做的事能亲身见到它的实现么？北大，我感谢你。"②

从这一新一旧之间，这一远一近之间，这一喜一忧之间，我们看出了费孝通人生追求的那份真挚的情感，文字虽曲，含义隽永。能真正读懂这些文字的人，有谁能不理解，一个有着完整的西方人类学学术训练的学者在面对现实世界起伏不定的羁绊时所产生的那份苦痛呢？如果没有了这样的人生经历的对比，文化存在的土壤又在哪里呢？我们留存那些旧物，何尝不是想让人们的记忆有一种面壁而思的唤醒或自觉呢？

这倒一下子猛然让我走神而想到了文化保护的问题。我们今天也有很多人喜欢谈文化保护，似乎谁不谈文化保护，谁就不是真正有社会责任感的人样。但这样做的结果却是落入了一种发展主义的圈套，即似乎不谈还好，一谈，本来或许还可以在新的文化转型的大潮里几经冲刷、脱胎换骨，从而焕发出生机的文化，却因而成为某种僵化的文化遗存，就像染了僵尸病毒一样，动弹不得，一旦社会存在的条件恶化或稍有变异，文化的消失就变成不言而喻且无可奈何的事情了。文化这东西看起来很不服管教，你专门拿出人力、物力去保护它，它偏不领情，当没人专门去理会它时，它倒是郁郁葱葱地发展起来了。

费孝通说自己的很多东西属于无心插柳而得，这可不是一句空话，更不是一句随便出口的客套话。我总以为，费孝通在人生的某个时候有了一种彻悟，领悟到了如果你对很多东西太在意，反倒一无所获，所以他的文章总是随手写来，不求最终的结果，倒是因此而给我们留下了真正可读的精神食粮。而这也许就是生活世界里的一种在意与不在意的辩证法吧。

到了晚年时，费孝通用他那支到老都不曾停滞的笔书写下了那些已经逝去的

---

① 费孝通. 逝者如斯：费孝通杂文选集. 苏州：苏州大学出版社，1993：263.

② 同①66.

过去，这逝去的过去包含着他全部的记忆，既有欢乐也有痛苦。有关记忆的心理学和社会学早就告诉我们，回忆总含有不尽的自我重构的成分，这种重构可能不大经得起考据家的辨伪识真，但即便是这样，历史也仍旧代替不了活着的人对于过去的谜一般的想象和憧憬。西洋镜和《镜花缘》大概都是费孝通幼年时最喜欢看的东西，前者写实，后者虚构，但它们都不妨碍儿童的成长，各有各的独特趣味和真意。老来想起这些，依旧为费先生所乐道，足见它们的魅力所在。曾经写过费孝通传记的那位美国历史学家，在费孝通看来，大约是不太懂中国文化里的这份虚实变化的妙趣的，他曾经在美国追着费孝通订正一件件史实，却被费孝通雾里看花一般的"人看人看我"这一句妙语巧妙地拨弄开了，谁的境界更高，已经不言自明了。费孝通对着费正清门下的美国学人声称，写他传记的那个人是一位够资格的历史学家，而对于其他的，他就不再多说了。

我们如果熟悉并阅读过美国的那些中国史研究著述，也会有跟费孝通同样的感受。大约这样的历史学在处理资料的能力和资格上是足够的，但其背后根本上还是一种科学主义的考据精神在做支撑，但是更深一层的灵性，一种深切地对一个时代和那个时代的人的灵魂的体悟却是不充足的。对于这样的历史学，陈寅恪先生所说的可以带给我们"神游冥想"的东西又在哪里呢？这种东西肯定不是经过几年甚至几十年的训练就能够深入浅出地说出来的。这恐怕就是文化存在的魅力所在，你在其中，虽然感受不到文化的存在，但它已融入你的心灵。而有些人不在其中，虽有清晰的观察，但亦不能从一种文化意境的维度对发生的事情真正了悟。似乎想写的话有很多，但暑假里清静读书的日子宝贵，姑且也只能先停在这里了。顺手狗尾续貂地写下一首感怀之诗，也一并附在这里，韵脚虽有不和，却是自己心境的直白：

> 逝者如斯谁思过，报国之心两代人。
>
> 穷途末路泪如雨，生离死别老不移。
>
> 插柳无心四处行，浮云过后两相宜。
>
> 莫问此生多壮志，路行脚下待后人。

作为文本存在的费孝通

2015 年的春天注定是一个重要的春天，在 10 年前的 4 月 24 日，中国著名社会学家、人类学家和民族学家费孝通离开了这个世界，离开了他为之魂牵梦绕的中国社会学、人类学以及民族学的学术事业。在早年，他曾因博士论文《江村经济》而蜚声海内外；及至中年，他又以《乡土中国》叩响了新中国的大门；再至盛年，在政治与学术的杂糅交织中，他没有放弃一种可能的学术发展之途；终至暮年，他又从各种困厄之中脱身出来，不仅恢复了社会学，还恢复了人类学。他借助学科恢复，为学科指引了一条"从实求知"的光明之路，引领其在一片荒芜的土地上不断向前拓展并把握住时代发展的大趋势。最终，他为这个时代留下了《费孝通全集》这样的数百万字的印刷体文本，而所有这些，终将作为启迪后人、滋养学科发展的不朽财富而留存于世。

很显然，这些财富的核心便是其晚年提出的"文化自觉"观念，这个观念让一个民族不论强弱、贫富、大小，都能够找到自己在精神与物质文化上努力的方向，并因此而树立起一种不懈追求的信心。在这一点上，费孝通作为一个思想家是以一种文本的形式存在并活在所有熟悉他的人的心中的，在社会学家中如此，在民族学家中如此，在人类学家中则更不例外。

在人们越来越依赖于数字化技术的年代里，在电子屏幕上跳跃、闪动的图像信息越来越多地占据着人们文化表达的空间。文本，特别是纸质文本的阅读和传播，开始越来越远离人们的视野。但很显然，曾经影响我们生活的那些重要的思想家，特别是近一个世纪以来的思想家，他们的绝大多数的作品是用印刷媒体的形式，即借助有形的物质化的文本形式把思想与观念呈现给读者的。而今天，我们如何去面对和理解这些即将成为遗产的文本，又如何对这些文本有所超越，将可能成为在未来十年、二十年，乃至更长的时间里人们真正要去思考的东西。

在这一点上，费孝通同那个时代的所有人一样，通过各种形式的书写而创造出大量有形的书写文本，并通过近代印刷工业的繁荣以及编辑群体的辅助推广，把这些作为思想和知识载体的文本散布到更为广泛的人群之中去。如果我们能够把这些不同形式的文本搜集在一起，那么自然会形成一个作为文本存在的费孝通。我们因此需要有更多的精力去对这些文本的存在形式及传播作用进行更为深入的研究、更为广泛的整理以及更为系谱化的展示，由此可以从文本自身的文化生命之中去把握已经逝去的费孝通及其精神对我们的影响力、吸引力和启发性。

作为文本存在的费孝通，其核心的特征是其文本存在的多样性。很显然，印刷出来的文字不过是其思想表达的一个部分，我们可以从他的题字书法中，从他日常的笔记、题写以及文章手稿中，深切地感受到作为文本存在的、真实的、活灵活现的费孝通。跟很多文人学士在了解到自身书写的文化价值后而刻意去收藏或保存自己的书写文本不同，费孝通是没有这种文字留存的意识的，他更习惯于把已经印刷出来的文字的手写旧稿随手丢弃，这是他的文本留存的习惯。但很显然，在很多的思想史研究中，我们确实是可以通过手写旧稿看出偶然显露于笔端涂改中的灵光一现的启示的。

在中国文化里，文人有题诗作画、补壁题词的传统，在这随手拈来的书写当中，他们的思想得到了一种聚合性的表达。作为这种文化传统的传承者之一的费孝通当然也不例外。费孝通早年的题赠诗词让我们看到了他的情怀所寄，到其晚年，出于身份的缘故，这种文字应酬可谓不胜枚举，他的墨宝在街头巷尾也并不难寻。但有很多人只将这类书写看作名人名家的书法作品，而没有真正看到这种瞬间的书写所透露出来的一些思想观念上的表达和转变。在这种近乎仪式性的书写之中，一个人的思想观念恰是可以在一瞬间得到凝聚、升华与转化的。比如在费孝通晚年提出"文化自觉"概念之前的1990年12月，在一次日本的学术会议上，当以"人的研究在中国——个人的经历"为题做主题演讲之后，他受邀为日本同人题词留念，其所题写的内容便是现在大家都极为熟悉的"各美其美，美人之美，美美与共，天下大同"这十六个字，也有人称之为十六字箴言。虽然这十六字箴言产生于一次在公开场合的非正式的文字应酬，但它较为完整地概括出了费孝通晚年思想的精髓，甚至从中可以看出，从更早的在1988年提出的"多元一体"概念，到1997年前后提出来的"文化自觉"概念，这中间近乎十年的历程是可以被看成一个完整流畅的思想演进谱系的，其间的用语表述虽有所改变，但其含义层层递进，并得到了不断丰富。并且可以看出，费孝通的内心世界里对文化自觉这个核心主旨不仅早已有所酝酿，而且早已借助各种形式的日常文本化的表达而在前后之间相互贯穿地联系在一起了。

另外，就印刷文本而言，我们也会看到一个多样性费孝通文本的存在。在我们今天的书店里以及图书馆的书架上，很容易找到费孝通的《江村经济》《乡土中国》以及《生育制度》等学术著作，然而很难找到《花篮瑶社会组织》《乡土重建》以及油印本的《禄村农田》。很显然，我们的印刷媒体在有选择地去复制或者重现一个文本意义上的费孝通，而今天更加方便易得的数字新媒体，使这种选择性变得更加突出，这是人人可以去选择和发表的自媒体的选择性，由此我们获得费孝通笔迹、隐藏文本以及未曾发表的文字的方便程度会大大增强。在这个过程之中，有些东西被我们有意地选择并记忆下来，有些东西就可能成为历史而被人们永久地封存起来，难于去再行回忆或记忆了。

但很显然，费孝通的存在意义在于他作为一个思想者的多维文本的生产，他用一支笔，写了著作，写了书信，写了游记，写了散文，写了便条，写了诗歌，也写了各种回忆录与四处行走之中的种种见闻。他不是那种被僵硬的学术规范束缚至死的学者，他以自己自由选择的各种各样的书写形式去展现自己的大脑从未停止过思考，可以这样说，他写书信在谈学问，写游记、散文在谈思想，写便条在进行一种鞭策，写诗歌在寄托抱负，写回忆录在缅怀对身边逝去故友的哀思。而所有的这些，不都可谓一个活着的作为文本存在的费孝通吗？

我曾经看到过已故师兄沈关宝教授寄来的当年费孝通在指导他写博士论文时的往来通信，费孝通的那种流露于笔端的细致的论文指导，对一个那时已经七十几岁的老人而言，又是何等难能可贵。我也曾见过在北京大学社会学人类学研究所的陈列室中摆放的费孝通在当年台湾盗版的《乡土重建》上留下的各种批改，在那本著者位置只写着"费通"两个字的书上，他做出了大段大段的删减。那这些删减究竟又意味着什么呢？难道是他认为自己很多年前的论述错了吗？显然不是，如果细心去重读那些被删减的段落，似乎比删减之前更有启发性。某些文本被费先生用红色的线条画了一个个大大的"×"，那意味着，这些看起来有启发性的段落被他无情地删掉了。

很显然，我们在费孝通逝世十五周年这个节点，重新去阅读和解释费孝通这样的代表一个时代的思想家所留给我们的诸多文本是有着极为重大的意义的。与此同时，我们也显然有必要真正回到费孝通全部文本本身的样貌上去，回到那些在文本字里行间曾经表露出来的以及未曾表露出来的文字之内和之外的意义，即我们要去悉心倾听那些文字直接敲击我们心灵的声音，同时也要倾听那些弦外之音。如此，我们才能够真正理解一个通过文本生产而把自己的灵魂注入其中的中国社会学、人类学以及民族学思想者的心路历程。而如果没有这样的审视，我们留下的有关费孝通的传记和生平记述都不过是一堆由活人写下的僵死的文本，不过是跟活着的费孝通可能毫无关联的自以为是的新文本制作。

最后，从费孝通当年在面对那位美国历史学家对他生平的研究时平淡地抛出的"人看人看我"这样一句巧妙和略带讽刺的回答来看，我们似乎可以知道，一个人要真正理解另外一个人实际上究竟有多难。并且，所有自鸣得意的对他者的理解，到头来也都不过是自己所偶然瞥见的一处有似镜框之中的景致罢了。在这一点上，我们所能做的就是在费孝通逝去之后的日子里脚踏实地地去对他所遗留下来的所有文本做一种搜肠刮肚般的搜集、整理和领会，并从这些文本中去理解一位伟大的思想家的生命的全部。确实，对一个真正的思想者而言，他除了作为文本的存在价值之外，所剩下来的其他东西和其他人又有什么两样呢？

费孝通学术思想的关键词

对于费孝通晚年的思想，也就是伴随着 1978 年中国改革开放而有的费孝通"第二次学术生命"的不断展开而出现、形成和发表出来的概念、论述以及理论，下面这样几个关键词是无法真正避开的，它们就是行、访、实、知、觉。其中，行和访是贯彻于费孝通学术生命的始终的，也是能够出现后来的实、知、觉状态的重要前提，而最终体现费孝通学术思想特征的实、知、觉这三者，则是其思想智慧的三个不断向上攀升的自我学术境界的真实体现。

作为一个人类学家，行才是根本，没有四处行走，便没有真正的田野考察，没有真正的田野考察，自然也便没有所谓的实、知、觉了。在费孝通的晚年，有两本书可以说是费孝通行走的记录，这两本书分别记录了他在 1978 年以后的许多足迹，这两本书便是《行行重行行》以及《行行重行行：续集》①。由此可以看出，行作为一种主基调如何影响着费孝通晚年的生活。如果算上他早年在大瑶山、江村、欧美以及云贵川诸地的行走，行这个字可以说是贯穿于费孝通一生的学术生命历程之中的。很显然，这种行走绝不是一种漫无目的的空洞行走，不是游山玩水一般的纯粹旅行式的行走，而是一种有着学术研究目的的行走。他行中有访，访中有行，行访之间相互渗透，并且由行与访这样的认识途径去直接面对现实社会中的真实——看得见、摸得着的社会发生或社会事实。

人类学家的访有多种存在形式。既可以访人，也可以访物；既可以访新，也

---

① 费孝通. 行行重行行：乡镇发展论述. 银川：宁夏人民出版社，1992. 费孝通. 行行重行行：续集. 北京：群言出版社，1997.

可以访旧；既可以访南，也可以访北；既可以访东，也可以访西。总之，访不仅是西方人类学田野研究方法中的参与其中的观察，更为重要的还是尝试着在自我与他者之间建立起一种相互关联，这是在中国语境之下所独有的一种理解。访这个字的偏旁"言"实际上指一种面对面的交谈，而访字的另一半"方"则意味着诸多的城邦国家，故《说文解字》解释访字为"泛谋也"，即与他者之方国建立起一种面对面的联系之意。访这个字因此在汉语语境之中便不再仅仅是英文"participate observation"（参与观察）意义上的那种主客之间、研究者与被研究者之间的所可能隐含的对立，而是一种相互性的往来，是一种面对面的相互之间的联络。而在费孝通的行行重行行的不断行走之中，他自己作为访客来到异地或者异国他乡，由此而做一种心智上的探访，借此获得别样的新知和理解。

这种新知和理解所依托的那个具体而微的世界，正是费孝通的行与访所必然要去面对的一种实，即一种实在、实存，或者实有。在费孝通看来（自然也是从一位人类学家的视角看来），从这行走和访问的实当中，是可以有或者可以去求得一种知识上的获得的。这个实，因此便是真实的社会发生，尽管它是变化的，甚至是碎片化存在的，但从这种实当中所求得的知则是彼此联系在一起的相互启发出来的一种知，是由小见大地有似于他所提出的"小城镇，大问题"那样的有重大意义的知，是人的认识内涵和范围不断扩大的一种积累。

尽管人的觉悟和理解并非完全建立在一种知的基础之上，但知无疑是觉的一个重要因素。而费孝通晚年的思想之觉，便是建立在知的基础之上的。如果王国维《人间词话》中对古今大学问家做学问的三大境界的类比可以在此有一专门的借用①，那么由此而转用到对费孝通晚年思想成熟历程的理解上可谓最恰当不过了。这是一个中国的人类学家、社会学家以及民族学家借助从实求知而达致自觉的一种思想自我成长，它体现在实、知和觉这样的三个不同境界上。

首先，费孝通所谓的实，乃是"昨夜西风凋碧树，独上高楼，望尽天涯路"那样的一种境界。宋代文豪欧阳修所写的《蝶恋花》中的这一句很适恰地道出了费孝通贯彻一生的求学之路，即"从实求知"之"实"。早年的费孝通自从北京

---

① 有关这三个境界，原文如下："古今之成大事业、大学问者，罔不经过三种之境界：'昨夜西风凋碧树，独上高楼，望尽天涯路。'此第一境界也。'衣带渐宽终不悔，为伊消得人憔悴。'此第二境界也。'众里寻他千百度，蓦然回首，那人却在灯火阑珊处。'此第三境界也。此等语皆非大词人不能道。然遽以此意解释诸词。恐为晏欧诸公所不许也。"引自：王国维. 人间词话新注. 济南：齐鲁书社，1981：5.

协和医学院放弃医学专业而转到燕京大学改学社会学始便不可谓不独；再后来，入清华大学而到史禄国门下去学习正统的人类学更不可谓不独；大瑶山田野调查中不幸痛失前妻王同惠女士，随后他另辟蹊径，走向英国功能论人类学的殿堂，师从大师级的人类学家马林诺夫斯基，则又不可谓不独；而后来的"但开风气不为师"，进而提出"中华民族多元一体格局"，更不可谓不独；而最终在其生命后期所提出的"各美其美，美人之美，美美与共，天下大同"十六字方针的文化观，在中国乃至世界的学术道路上独树一帜，堪称真正的"独上高楼"。因此，一个"独"字可谓费孝通一生求学之路所留下的一道深刻的车辙，无法抹去。而他在晚年所自称的自己为社会学中的一匹"黑马"的表述，亦可谓此番"独"特性质的一种最为形象直白的表达。

而王国维所总结的"衣带渐宽终不悔，为伊消得人憔悴"这一做学问的第二大境界，对于费孝通的求知之路也是适用的，这种境界可谓对费孝通求知道路的一种最佳描述。这是一种"天将降大任于斯人也"的勇敢担当，是在苦痛之中寻求一种求知之乐的独特感受和经历磨炼。基于此，他曾经的在云南呈贡"魁阁"上的艰苦，以及在恢复社会学过程之中的种种困苦，都似乎一下子变得无足轻重了，那些可谓人生境界提升所必然要经历的磨难。在试图一股脑地忘记这些的同时，费孝通生命之中的全部乐趣转移到在求得知识上的自我满足上。求知以及如何求知，成为那时的费孝通时刻都在思考的一个问题，不论是在书桌前，还是在田野之中，抑或是在行走的路上，这种思考都没有真正停止过。

而一种基于此种"知"的"觉"，便是费孝通全部学问追求的最高峰，这是一种真正基于求知而有的觉悟，是真觉而非空觉。这体现在了辛弃疾《青玉案》这首词中的那句"众里寻他千百度，蓦然回首，那人却在灯火阑珊处"的所谓做学问的第三重境界之中。而在其晚年的"文化自觉"概念的提出，则可谓这种境界的真正体现，这种在理解上的境界提升，跟"在灯火阑珊处"的意境何其相似！也可以说，这是一种文化意义上的众望所归，而能够指出这一文化觉知方向的人，又非一直在做着从实求知努力的费孝通莫属。在无意之间，经由实、知、觉的三重境界的渐渐来临和圆满实现，成就了一个一代中国书生的楷模或典范。

显然，在行、访、实、知、觉这五个关键词中，行与访这两者所构成的显然是一种方法论，是后面的实、知、觉三者可以出现的基础或先导。人类学、社会学以及民族学，因此都可以说是一门行走的学问，是去真正与他者造访晤谈的学问。知识和学问只有建基于行之上，才可能有所谓真实可见的活着的现实世界，也才可能有在此世界之中用以涵盖此一世界的诸多新概念、新理论，以及一般意义上的新知识的获取。很多研究者，会长时间乃至终其一生把自己的学问紧紧停留或闭锁在一种纯粹知识的积累上。而费孝通所勉力去追求的恰是对一种大智慧或大境界的觉悟，而非人为地，或先入为主地将自己锁在难见一丝黎明曙光的纯粹的知的层面上。

正如上文所说的，如果行和访对费孝通的思想形成是一种方法论，那么实和知便属于对费孝通一生学术追求而言的认识论。而最后的觉，便是一种本体论，是一种回归到人本身的自觉之上的本体论。基于此，一个追随费孝通学术思想的研究者或许应该清楚，凡人必要有一种自觉存在，由此而知道自己由何而来，也会知道自己在世界之中所占据的位置，更会知道自己未来将会走向哪里。而这些恐怕才是费孝通学术思想中本体论意义上的人所应该有的一种状态，非此，便无以成就人在其中的一种存在。因此可以肯定地说，行、访、实、知、觉这五个关键词，完整概括了费孝通学术生命史中最为重要的学术特质和思想品质。很显然，对基于"实"的"知"而言，没有什么是可以不朽的，但对基于"知"的"觉"而言，一切似乎又都是可以不朽的。

第十七章 何以仍旧要纪念费孝通先生

　　在费先生离开我们十周年的日子里，在江村调查过去近 80 年的今天，我们齐聚在这里，举行一场盛会，以此来纪念费先生。思前想后，或许有下面这几点理由可以证明我们仍旧是无法超越或者忘记费先生的，因此我们仍旧要保持一种学者般诚恳的纪念乃至怀念的姿态。这种姿态在标示一种我们发自内心的谦卑和景仰的同时，也标示着我们有同费先生一样的一种对于未来的自我超越的雄心，如果这一点缺乏了，那么我们只可能是一个口耳相传的知识接受者，而不可能是一个善于适应当下处境而思考一些实际改变的探索者、发现者以及创造者。在这方面，费先生从来都是我们的楷模，是一位先行者，也因此我们才会以各种形式去纪念费先生，从他不死的文字之中找寻到某种再出发的理由。作为中国社会科学的代表性人物之一，在今天我们仍旧需要去纪念费先生。这里至少有五点理由使我们不能忘怀费先生，它们分别是执弟子之礼、逝者难如斯、迈向人民的人类学、一个时代的纪念，以及直面全球化文化转型的来临。借这样的一种纪念，我们可以有一种在社会科学研究方法上的自信以及面对当下重大社会与文化转型的应对和适应的能力。

执弟子之礼

　　首先，无论在何种意义上，我们都属于费先生的弟子，是在品读着费先生的著作、与其进行多次面对面交谈以及体味其人生的历程中而成长起来的一代人，或者即便是这一代人所培育起来的下一代人，也都属于追溯费先生的"从实求知"而自我成长起来的一代学人，他们所构成的群体就是一种学术意义上的共同体和连续体，一种学术研究的文化就是这样建构起来并传承下去的，离开了这种建构和传统，学术将成为无源之水、无本之木，终究有一天会归于枯竭。

除此之外，执弟子之礼，是中国文化里一种根深蒂固的传统，它与儒家所倡导的齐家、治国、平天下的体系并行不悖，相互依靠。师生关系是一种有似父母对其子女的看护，期待其成长，鼓励其独立，盼望其有为于天下，而在这层关系里，弟子们所要做的就是在其有所成就之时能够真正"反哺"其先师，绵延其学统。这种模式被费孝通称为不同于西方家庭关系"接力模式"的一种"反馈模式"①，尽管他专门谈论的是中国家庭的赡养问题，但实际上，在师生关系上的类似此种反馈模式也一样可以去做一种平行相关理解。因为在中国文化语境之中，学术的传统离不开具体的对某一个人的学术思想和理路的传承，而这种传承的基础就在于家庭式知识的传授，这自然离不开家庭伦理的范围，因此，民间所谓"一日为师，终身为父"的观念，即便在现代性高度发达的今天依旧没有真正消失，称老师为"师父"，即便在今天的中国社会之中也并不罕见，这既是我们的传承文化，也是我们的文化可以传承的独特方式。这可以说是一种真正传承了数千年的文化传统，它曾经被称为一种"私"或者"私学"而局限在家庭以及私塾的范围之内，但其在真实的社会中的影响以及在人们观念之中的文化遗痕，很显然已经远远地超越了这种"私"或者"私学"的界限。

尽管自现代社会的公共教育强势发展以来，一种以有似家庭伦理关系为基础的私学传统一直在受到诸多外部和内部因素的影响而渐行式微，但其在自古代以来的每一个人的手中似乎都没有出现过真正的断裂，这种未曾断裂的有似血脉传统的学统被直接平移到了一种家学、私学的中国学术传承和实践中来。兴起于春秋战国，经秦汉以至隋唐，再经宋元而至明清，这种私学的传统得到了一种坚守②。而自晚清开始的大兴公学运动，一直延续到中华人民共和国时期，可以

---

①　1983 年在香港中文大学主办的"中国文化与现代化研讨会"上，费孝通曾指出："在西方是甲代抚育乙代，乙代抚育丙代，那是一代一代接力的模式，简称'接力模式'。在中国是甲代抚育乙代，乙代赡养甲代，乙代抚育丙代，丙代又赡养乙代，下一代对上一代都要反馈的模式，简称'反馈模式'。这两种模式的差别就在前者不存在子女对父母赡养这一种义务。"引自：费孝通. 家庭结构变动中的老年赡养问题：再论中国家庭结构的变动//费孝通. 费孝通文集：第九卷. 北京：群言出版社，1999：40.

②　私学在春秋战国时期得到了勃兴，基础在于"天子失官，学在四夷"。周平王在公元前 770 年东迁至洛邑，由此而招致诸侯争霸，官学衰微，私学大兴。章太炎在《国故论衡》中就曾断言："老聃仲尼而上，学皆在官，老聃仲尼而下，学皆在家人。"由此一种私人讲学授徒之风自春秋以后大盛，并以儒墨两家为主导。此外尚有在柳下讲学的柳下惠、名家的创始人邓析，还有少正卯、常拟、詹和、王骀、壶丘子林等，他们都曾倾力创办私学。参阅：童岳敏. 唐代的私学与文学. 上海：上海古籍出版社，2014：5-7.

说，近代中国的教育史也可以被看成是公学逐渐取代私学的教育史。此一后起的公学传统伴随着现代教育的成长而在中国这块土地上得到真正确立并发扬光大，而费孝通这一代人应该属于这种传统的首批参与者，即所谓洋学堂而非私塾里的学生，他们从对传统的《四书》《五经》的诵读转向了对西来科学知识的掌握和探求。而曾经遍及城乡的私学近乎不见了踪影，它们被淹没于各种形式和提供各种福利的公学教育制度之中。今天，有谁还可以随意地去招生纳徒？又有哪种师生关系没有被置入一种既定的标准化的管理轨道中？由此，传统的"师徒关系"一转而成为现代的"师生关系"，并进而转变为一种制度化了的师生之间的带有契约性的教与学之间的分离，而极端的相互对立乃至相互攻击的案例，亦不在少数。

但费孝通及其之前的一代人，虽遭遇世代更替，遭遇国体巨变，但都终其一生维系着一种彼此可以真正寄托师生情感关系的家学传统。即便是大家纷纷执教于各种名目的公立学校之中，这种私下里的关系也从来不曾有过真正的割断，在一定意义上，他们甚至会去突出这种关系，以形成一种学派上的关联。可想而知，吴文藻与费孝通以及潘光旦与费孝通之间的关系，恐怕都如此。从费孝通生前所留存下来的诸多回忆性的文字之中，我们看到了一大串响当当的海内外学人的名字，如吴文藻、潘光旦、史禄国、汤佩松、顾颉刚、弗思以及马林诺夫斯基等。孔子谓"三人行，必有我师焉"，在特定意义上，他们都是费先生的老师，费先生对他们则都投以了某种意义上的执弟子之礼的敬佩、眷恋以及感恩之情。"滴水之恩，当涌泉相报"，在这一点上，我们的费先生实际上做到了。1967 年 6 月 10 日晚上的那一幕，即著名的社会学家潘光旦先生在费孝通的怀中慢慢地闭上了眼睛①，这既是一个历史事实，同时也是一种传统的执弟子之礼关系在一个特殊的时代所折射出来的悲凉的象征，这种对自己老师的情深意切，绝非今日之人所能完全理解。不仅在那特殊的岁月中，而且在后来的日子里，费先生对执弟子之礼的坚持变得更加坚定，不论是读书还是写文章，费先生都坚守着从老师那里汲取的做学问的姿态，并贯穿于其生命的始终，越到其晚年，这种坚守便愈发坚定。他通过文字的书写不断地回忆吴文藻、帕克、史禄国，怀念潘光旦，重读马林诺夫斯基，一再地号召大家要进行补课，并且自己率先实践，从读帕克的学

---

① 据称费孝通曾为此哀叹："日夕旁伺，无力拯援，凄风惨雨，徒呼奈何。"

术传记开始补起，成效斐然①。

这些实实在在的努力和作为，难道还不足以见证费先生对中国式传统师生关系的一种坚守和实践吗？在这方面，费先生为我们树立起了一种真正意义上的基于私人情感关系的师生关系，一本《逝者如斯》便是其"执弟子之礼"的见证，同时体现了中国人传承学术传统的独特方式。因此，在这个意义上，我们仍旧需要去纪念费先生，他既是我们诸位的授业老师，也是我们生命和精神成长的引路人，更是一个坚持并传承学术传统的师生的关系的典范。

逝者难如斯

我们仍旧要纪念费先生的第二点原因在于他的文字仍没有作古，仍在不失时机地精灵般地影响和激励着我们学术前行的步伐。由此，我们的神经末梢受到触动，而实时感受到现实的存在，发展在现实当中去发现问题的意识，并形成对当下中国乃至世界格局的一种新的理解。他所留下来的诸多文字，在很多方面成为越来越多的有着各种学科背景的人去寻找中国问题、形成中国意识的思想源泉。换言之，当我们发问时，总会受到一种魔力的牵引，而自然而然地回到这个以费孝通学术思想为代表的原点上去。

尽管有许多人或许在自己某个思想转弯之处已经忘记了或者从意识上有意忽视了这个源泉的存在，但无疑，"逝者难如斯"，费先生借助"从实求知"所贡献给我们后人的学术概念，不仅众多，而且值得我们更为持久和深入地思索，由此而做一种对中国乃至世界社会与文化模式及其转型研究的再探索的努力。费孝通学术思想中所凝结的差序格局、乡土中国、多元一体、藏彝走廊以及文化自觉等一系列概念，在一瞬间便为我们看问题的视界开启一种极为富有启示性的新方向，犹如风自南来，徐徐入怀。很显然，概念虽不是现实本身，但一定会反映现实，不论反映的形式和内容如何。如果不能真正反映现实，那么这些概念绝不会有很长久的生命力。因此，人类活在概念之中，并不断去构想和发明新的概念以反映变化了的现实。人类作为一种富有理智的动物，基于一种概念的思考、归纳和推理的过程，可能是人类自身的一个很基本的共同性特征，费孝通在这方面的

---

① 费孝通. 师承·补课·治学. 北京：三联书店，2001.

积极探索无疑为我们开辟了一种理解中国的独特方式。

尽管一种后现代社会生活的理想努力在打破这种镜中影像般的概念与现实之间的一一对应，但我们无法否认有一种真实发生着的世界的存在及对这种存在的真实表征。毋庸置疑，当下这个世界在为越来越多的漂浮不定的指号所替代，但它的秩序依旧因这种概念与现实之间的对应而保持一种独特性的存在，并且，这种存在处在一种动态的自我重构之中。尽管结构语言学家索绪尔在一个多世纪之前所指出的能指与所指之间的对应性关系，因新数字化生存的新物质性和新媒介物的出现而被一一打破，但我们的生活仍旧离不开某种概念建构，更为重要的是借此而去思考人、社会以及文化，所有这些也都离不开对诸多社会与文化概念的联想，以及思考这些联想之间的关系。①

而费孝通对中国现实的概念化提升不是演绎性或推论式的，而是一种彻彻底底地基于一种本土学术意识的自觉性的把握。他作为学者的人生历程不仅使他自己产生了一种社会理解上的觉悟，同时也使他人产生了一种思想上的共鸣，而共享使他的思想成为理解中国文化的一个无法真正绕开的思想基石。若将其投诸思想上死水微澜的池水之中，定会引起轩然大波。这种可能的情形无疑在中国面对21世纪世界性的变局之时得以出现，而人们需要对费孝通的学术思想进行深度理解和揭示，以此而对世界变局有所应对，寻出一条真正可以既与人为善又独立前行的独特道路来。作为关注人类文明成长走势的人类学家们需要真正严肃地去面对此一世界格局的新转变，这种严肃面对在某种意义上不再是自20世纪80年代以来的那种过于简单化的对于某个地方的地方性知识的日复一日、人复一人、村复一村的简单化和机械化的积累，尽管这作为人类学的一种训练方法或许极为重要，但对整体性文化格局的把握却可以让一种社会学的想象力在解释空间范围内不断扩展，并且借对地方性世界的直观把握，进而可以对中国在世界之中的整体性位置有一种恰如其分的真实把握，而人类文明的自我转向，很多时候又跟这种对世界以及人类整体性的把握密切地联系在一起。

在此意义上，一个人用其一生所撰写下来的学术传记也将不单单是对其丰功伟绩的记载、记录、传授以及宣扬，而是要借此去真正启迪当下正活着的，且在未来需要真正与世界进行交流、交往乃至交锋的那一代人的心灵。这恐怕也就是

---

① 赵旭东. 后文化自觉时代的物质观. 思想战线，2012 (3).

今天我们仍旧要去纪念费孝通的最为根本性的缘由所在。或许年长一辈的研究者无一例外地有责任在社会与文化的新老交替之时，坦率地说出自己的种种忧虑和困惑，否则我们将失去一次最为良好和及时的文化传承教育的机会，尽管这种传承教育因遇到种种障碍而变得困难重重。

迈向人民的人类学

我们仍旧要纪念费先生的第三点原因在于他的那种在经历苦难之后的最为自觉的要"迈向人民的人类学"的本土性回归的觉悟，而这种觉悟又确确实实地来自他对西方人类学传统的最为直接的反思性批判[①]。他深刻地理解了，作为他博士毕业论文指导老师的伦敦政治经济学院人类学系的马林诺夫斯基教授，在给他的博士论文《江村经济》英文版所写的序言中极度赞赏的语句背后，隐含着一个世界级的杰出西方人类学家无意识之中对以一个东方本土人身份去研究自己的人民的那种方法和情怀的渴望。无疑，在马林诺夫斯基的眼中，真正的人类学研究终将是一种对于人类文明的研究，这种文明是建立在人的自由选择的基础之上的，而不是在学理的意义上先入为主地在文明和野蛮之间安插上一道高高的难以真正跨越的门槛，从而产生一种在西方文明与西方之外的文明之间的过度人为化的结构性分野。

很多以研究他者为志业的西方人类学家，或许都有像马林诺夫斯基在后来为其第二任妻子所公开出版的田野日记中表现出来的那种对于其所研究的土著人的种种抱怨和不满。这些情绪在一个人面对被西方人称为"蛮荒之地的野蛮人"时，实际上并无法通过一种所谓强调客观观察的科学民族志的理性而得到排解，他也只能够将此情感隐藏于自己的私人日记之中，借此而得到一种真正的情绪、情感上的宣泄。无疑，西方既有的，并且恰恰是由马林诺夫斯基在《西太平洋的航海者》一书中所清晰界定的所谓科学民族志的传统，在时时刻刻地束缚着这种近乎真实情感的民族志的呈现和表达[②]，它同时也为人类学家所墨守的一种社会

---

① 赵旭东. 马林诺夫斯基与费孝通：从异域迈向本土//谢立中. 从马林诺夫斯基到费孝通：另类的功能主义. 北京：社会科学文献出版社，2010：303-343.

② 马林诺夫斯基. 西太平洋的航海者：美拉尼西亚新几内亚群岛土著人之事业及冒险活动的报告. 弓秀英，译. 北京：商务印书馆，2016：13-14.

科学的客观性标准所格式化，而将所有不满和歪曲，都隐藏和压抑到人的内心深处。①

显而易见，马林诺夫斯基一方面反对弗洛伊德精神分析学中俄狄浦斯情结的超文化性的存在，但另一方面，他自己却也无法真正摆脱内心世界潜意识里的对土著人的种种不满和牢骚，而田野工作恰恰又是在精神分析意义上的一种情绪性的压抑和与当地人观念的不断冲突之中展开的。尽管严肃的西方人类学家大多在西方以外赢得了某种忠实记录社会与文化生活的高高在上的学术声誉，但是纯粹以自己的人民及其生活的空间为研究对象的费孝通，却收到了他的研究指导老师马林诺夫斯基的专门的赞许，乃至于其笔触之间透漏出一种无比羡慕之情。而这其中的原因恐怕就是，在费孝通所撰写的那些文字里，似乎到处都有一种作为中国那时最为年轻一代的社会学研究者，以自己家乡的人民为研究对象所具有的那种浑然天成的亲和力。他所偶然获得的江村之行，外加上他对以吴文藻为代表的燕京大学社会学中国化传统的最为直接的领会和传承，使其能够像与他同辈的有成就的社会学家、人类学家以及民族学家那样，最为细致地去描述他所观察到的乡亲们的最为平常不过的社会生活，对于此类生活，他不仅熟悉而且乐于参与其中。

除此之外，与其他研究者有所不同的是，他自身的生活经历和处境的特殊性——这其中包括他的姐姐费达生和姐夫郑辟疆在吴江开弦弓村（即江村）投身于乡村工业发展的热情——使他早年的思想追求无意中受到一种感染，由此他才能切实地体悟到中国农民问题的真实所在。基于此，在他的笔下，中国农民的生活便有了另外一番样貌，很显然，这是在一个以江南村落的乡村工业发展为背景的详细田野调查的基础上的对中国乡村整体性文化样貌的呈现。

在这宛若乡村版《清明上河图》的画面之中，农民或者说中国农民不仅种田，而且——更为重要的是——经营种种副业，正如费孝通所指出的那样，工农相辅从来都是中国乡村的一幅独具魅力的风景画。在这样的一幅风景画之中，我们注意到了费先生所着力描述的开弦弓村的土地、缫丝业，以及一条条往来于村落与外部世界，把自己生产的货物送出去，又把外面的货物带进来的在村里河道上往来航行的小船。由此，我们似乎又一次看到了马林诺夫斯基所乐于观察并沉

① 赵旭东. 马林诺夫斯基与费孝通：从异域迈向本土//谢立中. 从马林诺夫斯基到费孝通：另类的功能主义. 北京：社会科学文献出版社，2010：303-343.

浸于其中的在特罗布里恩群岛所发现的"库拉圈"互惠理论的中国版。一个可谓偶遇江村的"无心插柳"的直观描述，另一个则是深思熟虑地选定了在西太平洋上的特罗布里恩群岛从事实地的田野研究，并期待在一种与西方世界不一样的生活空间之中可能出现的社会生活对其理论的印证。这二者恰巧在 80 年前的伦敦政治经济学院有了一场难能可贵的巧遇，或者说一场必然的巧遇：一位积极地向西方学术叩问柴扉，另一位则兴高采烈地应声而答，此间应和，近乎一种千古绝唱。

毫无疑问，费孝通 80 年前的这次英伦初访，成就了一位在中国未来社会学、人类学以及民族学的学术史中不可多得的对中国有着极为深邃理解的研究者、思想影响到他所在时代和之后时代的大学教授，以及参与到新中国国家治理中的学者。所有这些成就都可以从他的博士论文指导老师马林诺夫斯基的殷殷期待以及《江村经济》平实的行文中看出一些端倪，为此我们在江村调查已经过去 80 年的今天仍旧需要去纪念费孝通。持续地重访江村或者费孝通所走过的地方，也许是一条观察社会变迁的途径，而重温费孝通所留下的诸多文字，也是一条不错的理解中国的途径，二者一起构成了今天我们仍旧需要去纪念费孝通的一个不可抗拒的理由。除此之外，我们也可以借此来接续一种对中国社会和文化加以深度理解的学术传统，这种学术传统富有极为强烈的主体性，它可以自主发声、表达以及实践，这当然也是中国研究者浸润于自己的文化之中所具有的一种文化自觉。

而且，这种传统很显然也不会因费孝通离开这个世界而出现任何中断，而只可能因有无数的后继者而生发出一种学术上的接力，这种代与代之间的持之以恒的接力包容了对中国社会发展和文化转型怀有浓郁兴趣的各类人士。即便在文化传承的意义上，纯粹的学者、脚踏实地的研究者以及受到费孝通文字影响的后学之人，也都应该承担起这份学术上、思想上薪火相传的责任。否则，我们的所有纪念活动都只可能会流于形式，都会形同走走过场，都会成为无足轻重的纪念而遭人忘却。今天，对费孝通的纪念显然是一种真正不该被忘却的纪念。因为所谓的纪念就是一种继往开来、迈步向前的自我超越，而真正具有学术意义的纪念更应如此。

一个时代的纪念

在 21 世纪的今天，在无处不在的互联网已经使得我们正常书写遭遇到一种书写规范和书写秩序混乱的大尺度场景之下，我们仍旧要纪念已故的费先生的第四点原因就是，费先生这一特殊人物的存在，几乎跨越了整个现代中国发展历程的一百年，他的生命历程在一定意义上成为中国现代性成长和社会秩序构建的一个缩影，我们由此从对一个学术人物的生命历程的追溯中可以窥见中国宏大历史进程在个人身上具体而微的投射，这便是我们在时间跨度上借助纪念费先生而纪念这个时代的真正意义所在。

费先生于中华民国成立前夕（1910 年）出生，在风华正茂的 40 岁前夕经历了中华人民共和国的成立（1949 年），而在这个他所期盼的或者从未失去过信心的理想国度中，他有长达近乎 56 年的奋斗历程，直到生命的终点（2005 年），其间的风风雨雨、世间冷暖、苦辣酸甜、蹉跎岁月，都非一般人所能真正经历。费先生的眼中所见、笔下所写、心中所想、身体所感以及脚步所及，却又无不跟中国现代性成长的追求同步，由此而反映一种个人生活史意义上的中国政治、经济、社会以及文化上的种种转变或转型。费先生留存下来的这些文字、足迹、图片、影像，以及留存于与其交往者记忆中的种种印象，都将成为我们后学之人追逐和发现新知的重要线索，成为人类学学科本土化传承的一项重要的文化资源。而对这些资源的探寻、积累以及整理研究，不仅可以成为很多问题意识的来源，还可以借此使我们清晰地意识到，许多后来者的所谓思想，其源头仍是费先生的学术思想，而且更为重要的是，很多对中国未来发展的宏观理解，也一定会从费先生的这些字里行间寻找到诸多带有启示性的洞见。

实际上，费孝通一生之中在学术上对于自我超越的努力从来就没有真正停止过，他一直在尝试着对既有的自我进行持续的否定，从而实现对中国理解的推进。他在 1938 年自英伦回国之初就尝试着去启动对云南三村的研究[①]，借此试图去超越之前自己所完成的《江村经济》那种局限于一点一村的孤立研究，而试图通过跨越单一村落的区域研究去实现一种可以在更大范围内进一步推论中国社会与文化总体特征的可能。他称自己的《江村经济》一书是在无意之中发

---

① 云南三村调查是在 20 世纪 30 年代末 40 年代初，费孝通和他的助手张之毅在当时云南内地农村所做的调查，其调查报告《云南三村》包括《禄村农田》《易村手工业》《玉村农业和商业》诸篇。其中所提到的"禄村""易村""玉村"，分别是云南禄丰县、易门县以及玉溪县（现为玉溪市）的一个村庄。此处用的是化名而非真名。可进一步参阅：费孝通，张之毅. 云南三村. 天津：天津人民出版社，1990.

展出来的一部作品①，在此书中文版出版之后，他曾题诗写道"愧赧对旧作，无心论短长"②；后来他进一步用"行行重行行"的观念试图去超越人类学中国研究领域中业已僵化的场所民族志研究的自我藩篱③；而在晚年，他又顺应世界性意义的文化转型的大背景而提出"文化自觉"这一概念④，进而提出中国的社会学研究者应该尽其可能地去拓展社会既有的学科界限⑤，并借此观念试图最终去超越一般人盲目追求的一种文化上的自我中心主义以及缺乏真正思考和比较的文化相对主义的种种极端和僵化的做法⑥。

可以说，上述所列的这些对费孝通而言的大的思想转折点，都可谓他在一生之中努力的结果。他可谓一位真正的学术道路上的先行者，中国人文学科的探路者。在对"思想之光"的追求上，他绝不拘泥于一些过于学究气的对细碎问题的敝帚自珍式的研究和探索，更不划定某个固定化的学术圈子来吸引某些观点相同之人、排斥某些观点不同之人，他与晏阳初、梁漱溟、顾颉刚等其他领域的乡村改革者、文化学人以及思考者展开了一种真正学理上的讨论，他们彼此之间既有争论又有欣赏。费孝通在晚年更试图与远在剑桥，但不过那时已经故去的英国同学利奇进行隔空对话，借此来寻求中国乡村研究在方法论上的基于村落个案积累但又必须超出村落个案积累的根本出路和可能⑦。他在晚年花费极大力气去重读美国芝加哥大学社会学创始人之一的社会学家帕克和英国人类学家马林诺夫斯基

---

① 1985 年 4 月 15 日费孝通为《江村经济》中文版所写的"著者前言"中特别提道："这本书的写成可说是并非出于著者有意栽培的结果，而是由一连串的客观的偶然因素促成的。"费孝通. 江村经济：中国农民的生活. 北京：商务印书馆，1997：1.

② 费孝通. 老来羡夕阳//费孝通. 费孝通诗存. 北京：群言出版社，1999：54.

③ 赵旭东. 线索民族志：民族志叙事的新范式. 民族研究，2012 (1).

④ 关于费孝通晚年所提出来的文化自觉的概念的论述集中包含在这些书中：费孝通. 论人类学与文化自觉. 北京：华夏出版社，2004. 费孝通. 论文化与文化自觉. 北京：群言出版社，2005. 费孝通. 全球化与文化自觉：费孝通晚年文选. 北京：外语教学与研究出版社，2013. 关于这些论述的核心部分都包含在最后一册书中，同时被翻译成为英文出版发行，参见：XIAOTONG F. Globalization and cultural self-awareness. Heidelberg：Springer，2015.

⑤ 费孝通. 试探扩展社会学的传统界限. 北京大学学报（哲学社会科学版），2003 (3).

⑥ 赵旭东. 在文化对立与文化自觉之间. 探索与争鸣，2007 (3).

⑦ 费孝通在 1990 年 7 月 25 日所写的《人的研究在中国》一文中曾经写下这样一段话："我也同意，解剖一个农村本身是有意义的，所以也是有趣的。但我必须老实说，我的兴趣并不仅限于了解这个农村。我确有了解中国全部农民生活，甚至整个中国人民生活的雄心。调查江村这个小村子只是我整个旅程的开端。因此如果 Edmund 的看法是正确的，即从个别不能概括众多，那么我是走入一条死胡同了。所以我必须正视 Edmund 所指出的问题，并在实践中证明他的看法是似是而非的。从个别出发是可以接近整体的。"引自：费孝通. 论人类学与文化自觉. 北京：华夏出版社，2004：25-26.

的作品以及他在清华大学读硕士研究生时的导师史禄国的著作，这在他看来不仅在于补课，还在于一种学术意义上的自我提升和超越。显然，曾经在一种特殊语境下缺失了的对话，真真切切体现出了一种本该时时交流的思想之间的距离和疏远，但是经过长时间的相互隔离之后的思想上的交流，却又有可能激发出一种极具创造性的思想力量。这种创造性同样也来自费孝通所身处其中的自 20 世纪 70 年代末开始的中国社会与文化的重大转变，这成为费孝通晚年思考的大背景，我们无法离开这一背景去纯粹地思考他的学术理路。反过来说也一样，费孝通晚年的思考是借助这样一种对其所身处的时代的观察和觉悟而获得的。

毫无疑问，费孝通晚年的这种努力可以说是在学术思考的轨道上运行的，他在没有真正可以对话的他者存在的孤独处境中，努力地去寻求这种可能的他者。他还试图去做一种自我他者化的姿态转变，由此而去寻求对自己业已十分熟悉的事物获得一种有可能真正出现的基于文化自觉的超越性理解，以及问题意识敏感性提升的陌生感。在这一点上，他既是一位有着深度的人类学方法训练背景的学者，同时也是一位有着社会学社会情怀的思想者和实践家。但尽管如此，他并不会驻足于自己既有的成绩，他最后所发出的号召却是强调"扩展社会学的传统界限"①。那扩展界限究竟指代什么呢？对此问题，回答可谓见仁见智，但在费孝通的眼中，那实际就是在已经僵化了的文化意义上的对内外的崇拜，以及缺乏思考的画地为牢的学科之间的疆界隔离的超越，说到底，是对看起来恢复时间不长，却在自身内部已经形成的一种社会学既有传统界限的超越②。在这一点上，费孝通的一种自我冲破式或称自我反省式的思维习惯，仍旧值得我们在今天去纪念和学习，以此来体现我们在学术上的一种试图要去超越自我的"再出发"旅行真正开始的气魄和决心。

直面全球化文化转型的来临

最后，特别是在当下的世界格局之中，我们仍旧要纪念费孝通的第五点理由

---

① 费孝通. 试探扩展社会学的传统界限. 北京大学学报（哲学社会科学版），2003（3）.

② 赵旭东. 超越社会学既有传统：对费孝通晚年社会学方法论思考的再思考. 中国社会科学，2010（6）.

就是，我们所有人都开始越来越清晰地感受到全球化脚步的来临，这种基于互联网技术的带有世界性意义的文化大变局，使得我们处在一种紧迫性的"数字化生存"的生活世界中①，我们似乎对此既无法抗拒，也无法阻挡，更无法躲避。它带来了一种世界范围内的深度的文化表达、自我呈现以及生活方式再创造上的转型，它同时也使得世界之中的各种形式的社会形态在经过解体和碎片化的激荡之后重新组合，并渐渐趋向于结构性的复杂化和网络化。另外，它也使得人员、财富以及物品在世界范围内快速和大量地流动，基于此种流动性，文化被撕扯成了各种碎片，形成了各种文化要素，它们都在深度影响并感染着我们的文化认知与认同。②

由此，一方面是带有世界性意义的文化的高调出场、亮相和展演，另一方面则是对这种文化的出场、亮相和展演的在承诺性或者接受性上的日益疏离，人们借助此种无意识抵抗的疏离去创造自己所深切认同的文化形态。换言之，人们在借助各种已经碎片化了的文化存在而重构自己的文化认同，一个文化上个体自觉的时代，毋庸置疑地来到了所有人的身边，深刻地影响着他们的日常生活。③ 与此同时，文化不再通过一种复制的技术，而通过一种文化选择的机制来传递文化，文化在被选择出来之后便从一代人传递到另一代人手中。经由此种选择性传递机制而出现的文化，与原文化之间并不存在文化模板复制意义上的雷同，这样一种具有全新意义的文化传承，绝非意味着一种不损失任何信息的文化上的完完全全的复制，其中充满创造性的变异和改变。换言之，创造性在支配着知识生产领域的同时，也在支配着文化生产领域，在我们的生活之中，"文化创意"的观念已经从陌生逐渐日常化。

因此，今天我们所面对的文化，其特征不再可能是一种不变的传统，而是处处体现出经由变化、创造乃至扭曲而演化出来的某种形式的碎片化、断裂式以及拼插式的排列组合。这可谓文化转型时代的一种文化上的新属性，这种属性可以

---

① 尼葛洛庞帝这位美国麻省理工学院媒体实验室主任曾经出版过一本自 20 世纪 90 年代以来流行于世的畅销书《数字化生存》（Being Digital），书中他不仅强调了计算机互联网对我们人类生活的决定性影响，而且强调了"信息将成为举世共享的资源"。参阅：尼葛洛庞帝. 数字化生存. 胡泳，范海燕，译. 海口：海南出版社，1997：12.

② 赵旭东. 朝向一种有自信的中国人类学. 中国社会科学报・2016 年终特刊・社会学. 2016-12-26 (5).

③ 赵旭东. 个体自觉、问题意识与本土人类学构建. 青海民族研究，2014，25 (4).

用一个自 21 世纪以来才逐渐红火起来的新名词"文化创意"来代表。在此意义上，文化实际上不过就是一种人参与其中的意义和观念的丰富与创造而已，它的内部不再是一种均质性的无差异性的存在，而是充满了各种纷争、不满与差别性表述，而这恰恰是文化进入一个追求创意的时代的一种极为正常的状态。文化的特征在此意义上也不再可能是一种固守的传统，而是转换成一种相互之间的彼此竞争，由此文化的市场化既是一种社会期待，也是一种存在于当下社会的现实。如此实践的后果是，社会中的任何一个人都可以浸润在一种文化创意的氛围之中，由此而发挥自己的创造性能力特长，去实现种种自认为满意和舒适的文化创意和意义追寻。于是，在一种日常生活的空间之中，文化代替了娱乐、闲暇以及消费，文化真正融入每一个人的生活之中，并成为每一个人期待和努力获得的一种资源或者认同。

在跨入 21 世纪的前后，那时依旧健在的费孝通无疑意识到了这种世界格局的新改变。他以一个中国人类学家用其一生所凝练出来的"文化自觉"这个概念去涵盖当下世界格局的新改变，这个概念的提出一下子激起了众多人的同感，这种文化上的自觉实际也是一种个体化的自觉，此时的每一个人都已经清楚地意识到了自己应该有的作为文化载体或者文化媒介的一种文化内涵的缺失。他们曾经义无反顾地离开了乡村，孤单地来到了城市之中生活，他们用新房代替了旧房，用楼房代替了平房，但他们原来居住空间里的文化没有办法随着新房、楼房的落成而一同过来，甚至在盖起新房之前便早已不见了踪迹。总之，一种今天人们习以为常的移动之人的移动生活，反倒使得人们有了一种清醒的文化缺失的文化自觉，或者说失去了作为总体的文化的人，似乎到头来却醒悟了作为社会之人本应该有的文化的存在方式以及已经丧失或者碎片化的文化命运，他们试图重拾文化，并使这种丧失或者碎片化的文化有重生为一个文化整体的可能。

而所有这些，无疑又都是文化自觉的产物。显然，人从来都不会是纯粹单向度的人，或者说人从来都应该是多维度的人。当他们意识到了一种自我存在的缺失之时，他们会在心理动力上抛弃使他们获得荣华的餍足，而选择一条可以弥补自己生活中所缺失维度的奋斗之旅，这种动力的根本基础就在于一种作为整体的文化的吸引力，它基于人格的完整而展开。人很显然并不是纯粹经济学意义上的理性人，人更为重要的还是社会之人、文化之人，或者社群之人。人们在移动和孤立之中寻求一种社会存在感的联通和在一起的感受，只有如此，人们才可以真正彼此分享经验和感受，从而获得一种真正文化存在的意义感和作为人的完整性。在这个意义上，文化自觉乃是一种对人的存在的整体性的感召，而个体自觉则是一种基于实际存在的现实的自我反应，而文化自觉与个体自觉上下勾连，乃是这个社会可以真正参与到一种世界性的文化转型发展中去的最为基本的能力和准备。很显然，今天日益普遍的自媒体技术帮助每个使用这种新媒介物的人去获得可以使自己实现文化意义的新信息和新刺激，它同时也是一个孤立无援之人能够成长为有着社会与文化自觉的群中之人的先决条件。

显而易见的是，今天我们再难去界定究竟谁才是一个地道的"文盲"，但我们很容易界定的是，谁在刻意地抗拒自媒体的存在。他们可能会找出许多理由来对新事物熟视无睹，进而令这种文化表达的新资源从自己的手中或者身边迅速地溜走。对于一种以文化动态观为基础的文化论而言，这种抗拒实际上是无所谓有什么真正的意义可言的，它只可能意味着对在思想和行动上进行变革的一种懒惰之心。这样的作为所带给我们的除了眼界狭窄之外，便别无其他了。这样一种对于现实文化境遇的拒斥，本质上并无法给人们带来心灵上的宁静感，其所带来的也只可能是因身在当下社会与文化之外而产生的种种焦虑和烦躁。

而上述所有这些认识，恐怕不仅是费孝通的基于文化自觉观念的文化论所真正给予我们的启示，同时也是我们大踏步进入世界交往的一个不能不去迈过的门槛，在这方面我们必须抓住种种纪念费孝通的良机，展开我们在学术追求上的新的探索和追求。借助反思，我们或许会获得一种学术自主性；借助文化自觉，我们更可能获得一种作为社会之人应该有的尊严和价值[1]。

从一定意义上而言，费孝通代表了一个时代的中国社会科学。那个时代无疑是有着存在多种可能性的复杂社会变革的时代，它的影响可能一直延续至今。而作为费孝通学术思想的研究者、传承者，我们需要在这样一个充满变化的世界之中去重新思考对一位思想者的纪念的深刻意义何在，以及对后来者而言这种纪念文化的价值所在。确实可以说，纪念是一种文化，它可以勾连起过去、现在和未

---

[1]　行笔至此，我想起 2016 年 11 月初去江苏吴江松林镇费先生的墓地祭拜先生的场景。那是一个很平常的清晨，但它又并不平常，这一天将有一个纪念费孝通江村调查 80 周年的会议在吴江宾馆召开。我趁着开会之前的空隙，带着几个研究生一同来到离费先生出生地不远的松林公园的墓地前祭拜先生，一篇早起匆匆写成的祭文也焚化在了费先生的墓前。为了记录这次祭拜，特将祭文忝列于后，希望费先生在天之灵可以看到："金秋十月，物华天宝。松林镇旁，费老墓前。洒泪祭拜，以传薪火。乡土中国，差序格局。多元一体，文化自觉。费老英名，一介书生。吾等后辈，砥砺前行。学术星火，绵延至永。"

来，通过纪念，作为人存在的时间谱系的断裂也得到了弥合。由此，一种传统可以得以确立，一种自主性的声响可以得到阐发，而与此同时，一个人的思想也可以得到延续，成为一种观念或思想意义上的不死或者不朽的社会性存在。因此，对于过去的纪念绝非对过去存在的一种重复，而是一种重新出发的积极准备。思想是从一个人的头脑之中迸发出来的，并且会持续不断地涌现出来，通过各种媒介的形式而被记录下来，并在不同人以及不同人群之间传递交流和分享。

或许，体现费孝通思想的文字犹如电脑备份一般留存在了他 20 卷之多的全集之中①。我想，未来随着更加专门的费孝通学术思想研究的日益深入，也一定还会有曾经遗失而未被这部全集记录下来的文字重新涌现出来，甚至还可能出现让人惊讶的我们并不太熟悉的一直隐藏着的费孝通学术思想，但所有这些，都将是我们在未来可以用来纪念并阐发费孝通学术思想的文本宝库。在重新阅读这些文本的过程中，我们一定会因应新的时代的新的意义而得到一种文化上的再解释，中国文化中"执弟子之礼"的最核心之处或许便是这种对旧文本的新阐释。而费孝通经历了中国发展的特殊阶段，并留下了诸多文字，这些文字是从不同的角度对那个时代的一种印刻或回声。"逝者难如斯"，只有借助这些文字，我们才可能真正去理解那个已经过去了的时代以及它真实存在的意义。

对费孝通的纪念亦是对一个让人无法忘却的时代的纪念。21 世纪，我们无疑在面临一场席卷全球的信息技术革命，当分散在世界各处的文化多元形态可以借助互联网的"数字化生存"而共同在场且彼此分享之时，既有的多元一体就不再是一种历史性的存在，而是转换成为一种虚拟的现实。而现实之中一体多元的分化趋势，因大范围的个体自觉而得到自我强化，我们因此需要通过纪念费孝通而去重新思考这个时代所提供给我们的种种新契机。

费孝通在其学术研究历程中所觉悟到的"迈向人民的人类学"，对今天的现实世界而言，成为一种必要的而非无关紧要的人类学者的姿态。当一个时代的价值观念因应新技术而有了一种革命性的改变之时，文化转型也便会悄然发生，这是费孝通在其晚年晚期，即 1995—2005 年这十年的时间里，所日益明显地感受到并清晰地记录下来的②。而自 2005 年以来十余年的时间里，世界文化转型的浪

---

① 费孝通. 费孝通全集：第一～二十卷. 呼和浩特：内蒙古人民出版社，2009.

② 赵旭东. 超越社会学既有传统：对费孝通晚年社会学方法论思考的再思考. 中国社会科学，2010 (6).

潮变得更为汹涌，人的思维已经面临着基于海量信息加工的人工智能的挑战，人类的文化生产要再一次经受一种基于机器的文化生产的拷问，法国启蒙思想家拉美特里（Julien Offroy De La Mettrie）的"人是机器"的论断似乎又重新在我们的耳边萦绕①。因此我们需要借助既有的思想资源去重新思考真正触及我们灵魂深处的那根体现时代精神最强音的琴弦，借此观察它会以何种方式拨动我们的心弦。在今日世界文化交融激荡的时代里，我们不再能单单面对中国，面对某一个偏狭的中国区域，面对一个具体而微的中国村落，那些作为研究单元的学究般的游戏规则在世界大的变动格局面前似乎都变得不足为道了，这就跟每一个人的生命在整个人类的生命史的意义上会变得不足为道一样。

---

①　在1747年出版的《人是机器》这本小册子中，拉美特里明确地写道："人是机器，但是他感觉、思考、辨别善恶，就像辨别蓝颜色和黄颜色一样，总之，他生而具有智慧和一种敏锐的道德本能，而又是一个动物……思想和有机物质绝不是不可调和的，而且看来和电、活动的能力、不可入性、广袤等等一样，是有机物质的一种特性。"引自：拉美特里. 人是机器. 顾寿观，译. 北京：商务印书馆，1996：67.

第十八章　重读便是补课

对一个学者的研究，实际上也必然是对一个学科历史发展脉络的一种把握。并且，最为重要的是，费孝通的一生跨越了现代中国学术发展的不同阶段，他的学术生命史会映射出那些不同时代的精神样貌。对于社会学、人类学以及民族学学科史本身而言，研究费孝通有价值，即便在深入且切近本土地理解近现代的中国方面，研究费孝通在今天这样的世界环境之中也似乎变得更为有价值。

重读便是补课

记得在费孝通一百周年诞辰的时候，我曾经写下过这样的话："我们纪念先生，目的不仅仅是对一位可敬的长者、学者、智者以及恩师的怀念，在这之上更加需要做的是继续延续费孝通以及那个时代的一批中国社会学家、人类学家以及民族学家为我们所开辟出来的这条研究道路。这条研究道路的进一步开拓应该是去吸引更多的人参与其中，使其不断地延展，而不是画地为牢地独占山头，孤芳自赏。"

这实际上需要一种重读，需要引领喜欢中国研究以及社会学和人类学研究的年轻之人重新去阅读构成费孝通学术思想的那些经典——这与费孝通晚年所提倡的"补课"有异曲同工之妙——由此而使大家既不会对历史妄自尊大，也不会对自己妄自菲薄。在这个意义上，重读便是一种补课，不仅非常必要，也非常及时。

在一个信息传递更加便捷、人们相互往来更加虚拟化的时代里，我们社会学、人类学需要对自身进行超越，而这种超越一定又是构筑在像费孝通这样的前辈的研究基础之上的，否则，所有的研究都可能是无源之水、无本之木了，只能顺着时代的潮流上下起伏，无法真正地在土里扎根，并茁壮成长。

　　大约十年前，在我试图对自己在不同的时间里对费孝通学术思想研究的写作进行一些总体性的概括之时，我发现这样做可能为时尚早，因为对费孝通以及那个时代的社会学传统，我会一直持续地关注下去。之前有关 20 世纪 30 年代燕京大学社会学学科发展历史的研究课题①，即"20 世纪 30 年代社会学的'中国学派'研究"，可以被看作这种研究的开始。之后对于《费孝通全集》的研读以及正在进行之中的《费孝通年谱长编》的编纂，都使我清醒地意识到，对费孝通学术思想的研究还需要更长的时间、更加深入地思考。因此，我们会用重读费孝通的方式来唤醒研究者的新的问题意识，用重读费孝通的方式找寻到我们的文化究竟是从哪里来的，用重读费孝通的方式来延续一种纪念，固化一种学术追求的传统，同时也试图展望新的中国乃至世界文化的未来。

　　对费孝通学术思想研究而言，有两本书是不可以越过的，这两本同时也是具有划时代意义的书。其中一本便是由英国人类学家马林诺夫斯基所亲自指导的博士论文，被其在序言中称为一部里程碑式著作的《江村经济》，它最初用英文写成并于 1939 年在伦敦最有名的出版社出版，影响了后来的中国研究②；而另一本书则是费孝通在从英国返回中国之后，基于对中国西南边陲的实地田野观察，用中文随笔写下来的短文章的结集《乡土中国》，它在 1948 年出版，影响了后来中外学术界对中国的认识③。我们在不断地重读这两本书，还通过一种重访江村的追溯式方法去重新认识江村，在这方面，王莎莎的博士论文《江村八十年》在对江村的重访中让我们看到了处于急剧变化之中的新江村。而最近有一家出版社分别重新再版了这两本研究费孝通学术思想所无法避开的著作，我受邀为这两本著作各写了一篇导读文章④，我把这些先后写下来的文字翻拣出来，呈现在这里，权当作在费孝通学术思想研究方面的努力的证明，下面的几篇文字都是这种重读的记录，缀录在这里，并求教于那些对费孝通学术思想有深入研究的同人和同好。

---

　　①　此一课题通过了 2010 年度国家社科基金一般项目的评审（批准编号：10BSH001），并在 2013 年结题。

　　②　HSIAO-TUNG F. Peasant life in China：a field study of country life in the Yangtze Valley. London：Routledge & Kegan Paul，1939.

　　③　费孝通. 乡土中国. 上海：观察社，1948.

　　④　赵旭东. 阅读《江村经济》的价值//费孝通. 江村经济. 北京：北京时代华文书局，2018：1-6. 赵旭东. 阅读《乡土中国》的价值//费孝通. 乡土中国. 北京：北京时代华文书局，2018：1-6.

重读《江村经济》

《江村经济》一书是费孝通 20 世纪 30 年代在英国伦敦政治经济学院读书求学之时，跟随当时世界最为知名的波兰裔英国人类学家马林诺夫斯基，在其指导下所完成的博士论文，并于 1939 年以英文在伦敦出版，马林诺夫斯基为其写了一篇热情洋溢的序言。如果借用马林诺夫斯基在给这本书所写的序言中所做的评价，那就是：这是一个中国人对自己人民的研究，这种方法对于西方的人类学而言，实际上是难能可贵的。要知道，最初的西方人类学建立在一种跟殖民主义密切相连的关系之上，是一种对于西方殖民主义所触碰到的异文化的研究，由此在研究者和被研究者之间似乎总是隔着一层隔膜，研究者总是需要借助一种"田野工作"的做法而去对这样的隔膜性的芥蒂进行千方百计的打破，通过长时间接触观察，通过彻底掌握当地人的语言，通过设身处地地去了解当地人的生活、思想和价值观念，由此而形成一种总体性的对某种异文化的认识。这显然是了解异文化时的一种不得已的做法，也是西方文化为猎奇或者探险而开展的一种探索性研究，是对西方人眼中没有文字乃至文明的蛮荒社会的研究。

但对于像中国这样的有文字、社会高度发展的文明国家而言，曾经的那种完全不承认异文化历史和文明存在的做法必然会遭遇一种方法论上的挑战，马林诺夫斯基在《江村经济》一书的序言中对此一点表达得似乎既委婉又非常精准。在这个意义上，年轻的费孝通无意之中所写出的《江村经济》一书在深谙西方人类学既有传统的马林诺夫斯基眼中就变成了一部带有里程碑式意义的著作。在我看来，《江村经济》一书实际上真正突破了西方早期人类学在方法论上的两个难于跨越的自我困境。这种突破表现在两个方面：其一，突破了无文字社会或者说原始社会的一种蛮荒性；其二，突破了自己身不在其中或者说成长不在其中的一种异文化性。前者无疑将文明的观念或者说一个文明国度的理念带入了人类学研究，而后者则使得人类学家要去真正面对一种文化上的熟悉性。而要理解这样两点，实际上首先就要对中国的乡村有所了解，甚至在一定意义上，理解了中国乡村，也便理解了中国，同时，理解了中国农民的生活，也便理解了中国人的生活。

不同于世界其他地方的乡村，中国的乡村是有其独有的特征的。费孝通的

《江村经济》对此事亦有所交代。他利用自己早年在燕京大学读书求学之时从美国社会学家芝加哥学派的创始人之一帕克那里学到的一种社区研究的方法来研究家乡的一种新型手工业的发展，那便是基于传统的采桑养蚕而发展起来的一种新式机械缫丝业或纺织业。对当地人而言，费孝通显然并不是一个站在大门外的陌生人，他的姐姐费达生已经先他一步来到太湖边上的开弦弓村以及其他的村子，大力推广从日本学成带回来的新的缫丝技术和生产工艺。要知道，农民对费达生带来的新技术，从怀疑、不信任到信任，乃至到最后的向往和追求，是经历了一个过程的，这些曾经的陌生感在费孝通去村里做调查之时已经不见任何痕迹了，隔膜被消除了，彼此的关系融洽了，异文化的疏离感也就随之不存在了。因此在1936年，费孝通从瑶山回到自己的家乡时，可以在很短的时间里对当地农民的生活进行一种详尽的人类学实地调查。很显然，这样的方便不是任何一个田野研究者都可以随时获得的，在这一方面，费孝通算是一个幸运者，他在自己"无心插柳"的江村研究中无意之中突破了自己的老师马林诺夫斯基所开辟出来的长时间田野研究的那种困扰：与当地人之间并没有什么隔膜，并且那里能明显地映射出作为整体的中国文化的核心要素，诸如家庭观念、农工相补的观念，以及与外部世界相互联系的观念。通过对江村这样一个江南小村的研究，一下子具体而微地为真实存在的中国文化打开了一扇小窗，由此我们看到了窗子里面的鲜活的文明和文化的存在。

当然，学术意义上的争论并不会因马林诺夫斯基的权威性论断而终结，关于村落能否代表中国，以及一个村落能否代表千千万万个中国村落的所谓费孝通与利奇之间的争论，也许在未来还会继续下去，但这其中有一点实际上是不可改变的，那就是中国乡村研究作为一种中国人类学研究的方法论实践是毋庸置疑的，很多对中国问题怀有浓郁兴趣的研究者会或多或少地以中国乡村研究为自己学术生涯的开始，费孝通如此，很多后来的一辈又一辈的研究者也如此。因此乡村，尤其是中国的乡村，宛若一块强力的磁石，它在日益吸引着一批又一批研究者走进其中，了解其中的人的生活，并理解这种生活背后更为深刻的意义及其转变。而这恐怕就是中国乡村作为一种方法而存在的价值。

可以说，费孝通的《江村经济》是人类学、社会学以及一般社会科学的中国研究的典范，它向我们深度呈现了江南乡村生活的真实画面，这一画面的呈现显然不是一种情绪性、表面化的呈现，而是一种基于研究者本人的深入调查研究的结构化的呈现。从这细密流畅的文字书写之中，我们能够看出中国乡村的存在，体会到其在整个中国社会结构中的重要价值。这里，也就是中国的乡村，可能是我们一切生活的根本，是所有人未来发展的一个出发点，也是很多人生命最后的可能归宿。它的存在为人们不确定性的生活提供了一种最为基本的保障，人们在经历种种风险、不确定以及无处安身之后，便可能从乡村之中找寻到安定感。而今天的乡村振兴，如果不能从这一点去重新认识中国乡村存在的意义，所有的乡村规划和建设最后也就只能归诸某一种形式或形式主义。

细细地去阅读《江村经济》这本书，并结合当下中国的转型发展，它所能真正告诉我们的便是，基于乡村经济的乡村振兴，应该是一种农工相辅、互助互利的完美结合，而不应该是一种去掉乡村之根的无人可以真正回得去的空洞、真空和荒芜的乡村。显然，农民并不是城里人的对立面，过去不是，现在也不是，农民可谓我们后来所有"变了形"的人的最初原型，如果这样去理解费孝通笔下的江村以及那里真实生活的人，那么不论是过去还是现在，一条跟中国文化密切关联的清晰线索就能很容易被我们找寻到了。对此进行深入挖掘和追溯，并经过翻来覆去地解释，它可以提供给我们更多的有关中国文化乃至世界文化发展的智慧和洞见。

在此意义上，阅读《江村经济》，实际上在阅读中国的乡村，而理解了中国的乡村，也便理解了一大半的中国文化，因为中国文化的根和底色都从那里逐渐地酝酿成型。这一点认识，使得乡村研究直到今天仍旧没有失去其存在的价值，甚至吸引了越来越多的人的关注，并且会在未来有一个突飞猛进的发展。在这其中，最为重要的是我们需要有一种自觉。乡村既是全部问题的起点，也是解决这些问题无法绕开的瓶颈，为此我们需要更为广泛地阅读和专注地思考。

八十年后的江村重访

对人类学而言，重访是一种方法，它是指对人类学家曾经做过详尽田野调查的地方社会再一次深入调查，它的核心在于时间轴意义上的对社会与文化变迁的觉察、体验和了悟。换言之，凭借这种调查，可以深度地透露出一种时间意义上的在一个固定地点上所产生的种种变化，由此而为人类学的定点研究提供一种时间脉络上的可以去持续追溯的线索，从而注意到社会的变化如何在一个小地方有所体现。^① 在这方面，重访是最为容易去开展的一种体现人类学历史关怀的方法。这个历史很显然不是宏大话语下的一个补充性案例，更不是超越了事件发生顺序的那种具有抽象意义的结构性的大历史时间，而是一种能够真正感受到时间存在的事件发生序列。而在这种序列之中则隐含着一种变与不变的辩证法。这种辩证法为人类学的独特性的知识生产提供了一种可行性的框架，从中可以窥视到人自身所处社会的改变乃至巨变。

江村便是这样一个地方。在距离吴江十几公里的七都镇开弦弓村，一个由中国著名的人类学家、社会学家以及民族学家费孝通所最早从事人类学田野调查的地方，人类学重访的方法得到了真正贯彻和体现。费孝通作为人类学家的最初的最为完整的训练就始于开弦弓村，后来这个村子因费孝通而被广泛地称为"江村"——借用了费孝通在其英文版博士论文中确定下来的便于称谓的"江村"这个名称。很显然，后来"虚假的"名称盖过了其真实的名称，开弦弓村由此而变成费孝通意义上的江村。

费孝通几乎用其一生中的差不多三分之二的时间行走在中国以及世界的各个地方的土地上，仅仅是重访江村就有 28 次之多^②。可以说，他自己完成了一个受英国功能论人类学训练的中国人类学家，对自己研究的空间的断崖式、切面化、单向度的社会与文化解释意义上的一种自我超越。他用"行行重行行"的步伐和节奏，使得人类学家田野工作所一般缺失的拉长时间线索的历史追溯变成了一种现实，他的每一次江村之行缀连在一起就是一幅江村地方社会与文化生活变迁的风景画。只可惜很多人并没有真正从这个角度去理解江村重访，他们只把江村重访当作一种资料搜集意义上的重访，然后用以填补他们论题上的空白，而非真正能够从具体的、有故事的村落变迁意义上去体悟一种历史的改变或者转型。

实际上，进行这种有着清晰意识的重访工作的并非仅有费孝通一人，在 20 世纪 80 年代以后，他的学生们也开始了这种有益的探索。在那个时代，重访倒不一定是学术研究本身所需。那时，伴随着中国改革步伐的加快，急迫需要社会研究者能够真正面对中国的现实存在和转变提出问题、发现问题并解决问题。而且更为重要的是，那个时代的种种变化也催生出一批善于注意到这些变化的关心

---

① 庄孔韶. 行旅悟道：人类学的思路与表现实践. 北京：北京大学出版社，2009.

② 此数据基于王莎莎的博士论文中所提出的 27 次之说，后经过实际统计与修改得出。参阅：王莎莎. 江村八十年：费孝通与一个江南村落的民族志追溯. 北京：学苑出版社，2017：38.

中国问题的研究者。当然，就重访研究而言，最为重要的便是澳大利亚人类学家格迪斯在 20 世纪 50 年代中期所做的那次影响西方学术界的重访，那是对新中国成立之后一个西方人眼中的江村新变化的忠实记录①。而费孝通自己的江村重访差不多也是从那个时间开始并一发而不可收拾的，中间虽有两个很长时间的空档，但是自 1981 年开始直到他生命的晚期，这种对于江村这个小村落的重访实际上没有真正停止过②。

大约在"江村调查五十年"的时候，也就是 1986 年，费先生把这份重访江村的任务交给了他在恢复社会学之后指导的第一个博士研究生沈关宝教授，沈关宝教授后来将其重访的成果写成了一本书③；在"江村调查六十年"的时候，北京大学社会学人类学研究所牵头召开了一系列以江村调查为主题的学术会议④；而到了"江村调查七十年"的时候，费孝通已经离开了这个世界，这项重访的任务就被费孝通的家人委托交到了费孝通另外一名已经毕业多年的博士生周拥平的手中，他在江村住了很长时间，带着一份崇敬之心试图把江村这七十年的变化用笔记录下来，他完成了这项工作并将其出版⑤。这中间当然还有在英国读书的中国研究者常向群基于江村的田野调查所完成的博士论文⑥。

再接下来就是 2016 年的"江村调查八十年"。我到现在依然记得，费先生的女儿费宗惠和女婿张荣华把我叫到他们位于北京冰窖口胡同的家里，他们在高度评价了我之前在费孝通一百周年诞辰时带领学生所进行的对《费孝通文集》的全面阅读所产生的成果《费孝通与乡土社会研究》⑦ 一书之后，很恳切地希望我借助这种阅读去编订一份详尽的《费孝通年谱长编》。这当然是我乐于去做的，因此没有太多犹豫我就接受了这个请求。另外，他们还希望我指派一个博士研究生在"江村调查八十年"将要来临之际去重访江村，由此而真正地延续费孝通的江

---

① 格迪斯（W. R. Geddes）为澳大利亚悉尼大学人类学教授。他在江村调查的具体时间是 1956 年 5 月 12—15 日。调查结果后来用英文发表：GEDDES W R. Peasant life in communist China. Society for applied anthropology, 1963.

② 费孝通自 1936 年在江村进行田野调查之后，在 1957 年的 4 月 26 日—5 月 16 日重访了江村，1981 年 10 月 1—4 日做了第二次重访，接下来他比较密集地重访江村，直到 2003 年，前后有 28 次之多。

③ 沈关宝. 一场静悄悄的革命. 上海：上海大学出版社，2007.

④ 潘乃谷，马戎. 社区研究与社会发展：上中下. 天津：天津人民出版社，1996.

⑤ 周拥平. 江村经济七十年. 上海：上海大学出版社，2006.

⑥ 常向群. 关系抑或礼尚往来？：江村互惠、社会支持网和社会创造的研究. 毛明华，译. 沈阳：辽宁人民出版社，2009.

⑦ 赵旭东. 费孝通与乡土社会研究. 北京：社会科学文献出版社，2010.

村重访研究的学术传统。作为费先生的弟子，被委派这份任务，我感觉到既光荣
又负有一种重大的压力。我后来指派由我指导的于 2012 年秋季入学的博士研究
生王莎莎从事这项对江村的重访研究，她从社会学本科、硕士一直到人类学博士
一直是由我指导的，她在接到这份"命题作文"之后，便马不停蹄地准备相关的
文献，并在 2013 年的秋天进入江村从事实地的重访研究，至 2014 年的四月底离
开，前后半年有余。

王莎莎对江村的重访研究至少有两点特别引起了我的注意：一是她注意到了
在电子商务进入后，江村的新变化；二是她观察到了"两头婚"的新家庭模式。
就第一点而言，这是在费孝通生前未曾在那里出现过的新事物，电子商务在当下
的江村人的生活中实际已经有着不可小视的新作为，"80 后"乃至"90 后"的年
轻人已经开始在家里独立地经营起自己的网店，虚拟世界里的"淘宝""天猫"
的存在已经成为这些年轻人天天要去注视和浏览的虚拟空间里的真实对象。这些
注视和浏览在悄悄改变着他们生活的方式和价值观念。而后者，是一种婚姻模式
的改变，这种改变很明显地是由 20 世纪 80 年代中期所推行的计划生育政策在经
历了 20 多年的问题积淀和发酵后所引发的，这种新模式体现了当地人的一种适
应性很强的生活与行动策略。这种新模式的细节都在王莎莎的书中有所交代，其
核心便是男女双方同时在各自家里准备新房，由此而体现出一种"新郎讨新娘"
以及"新娘讨新郎"的"讨来讨去"的对等模式，这里所要求的是男女双方要同
时举办婚礼，而住在新郎、新娘两家的时间也会做一种按天换算的平均分配，这
在当地叫"两头走动"。虽然生育出来的孩子大部分还姓男方的姓氏，但也存在
因特殊原因而第一个孩子姓女方的姓氏，第二个孩子才会姓男方的姓氏的案例，
这在当地叫"顶门头"。"顶门头"是原来完全由男性来承担的事情，现在则男女
同时都可以承担，这恐怕是自 20 世纪 80 年代中后期以来生育子女少带来的当地
人的一种自我应对。换言之，这里不再是传统严格意义上的单方面倚重男方的父
子轴的婚姻形式，而是男女双方都开始进入继嗣的社会再生产的过程中，从而形
成双系抚育和继承的一种新的家庭结构模式。这是针对计划生育政策后效的一种
策略性的反应，以适应新的人口环境下的新的生活形态。

王莎莎在江村完成的博士论文既可以被看作费孝通江村调查的延续，也可以
被看作江村重访研究的第三代传承。无论怎样，这种学术传统的核心魅力就在
于，一个研究者脚踏实地地到田野之中，用自己的身体和心灵去切实感受在当地

所发生的种种变化，了解那里的人的自我适应的新选择、新机制以及新途径。所有这些必然都要从实地的调查中来，并从这些切身的感受中得到一种认识上的提升。王莎莎的博士论文的写作及修改实际上都是在坚持这样一种思路的前提下展开的。我想她所描记下来的田野报告的很多内容终将在江村历史文献的遗存中留下一笔，她的不懈努力也必然将使其成为这个江村重访研究队伍中的一分子，她的细致的重访研究所梳理出来的学术史脉络及其田野调查资料和分析也会为后来的研究者所实际借鉴。很显然，在中国人民大学人类学研究所攻读博士学位的这三年里，王莎莎为此一事业付出了艰辛的努力，并对此项事业投以了极大的学术热情，因此今天有这样的丰硕成果出版也就不足为奇了。

就中国的乡村研究，或者说民族志意义的乡村研究而言，费孝通1939年用英文出版的《江村经济》无疑是具有划时代意义的里程碑式的著作①，得到了现代人类学的奠基人之一的马林诺夫斯基的首肯②。它不是他人为了猎奇而去阅读的旅行日记、游记以及传教见闻之类的作品，而是基于一项严肃的对长江下游太湖边上的一个中国村落的实地考察所撰写出来的一份经典的民族志报告，它让西方人了解了一个真实发生着的而非在他们的想象中的中国。至少对于这个村子而言，它的信息既是完整的，也是富有启发性的，甚至书中对于中国乡村土地的理解直到今天仍旧引人深思。

费孝通基于这样一个研究，在经过将近半个世纪之后所提出来的"小城镇，大问题"的主张，不论是在过去还是在现在仍旧都是一个值得关注的研究主题③。城镇化绝不是完全的大城市化，城镇化也不是要完全地消灭掉乡村！在中国自己的土地上，有太多的人依赖土地而生存，从土地获得深厚的回报，他们割舍不下的是一种后来会被不断勾起的乡愁。在这个意义上，土地成为他们家园的一部分，成为他们在情感上可以依赖和逃往的目的地。④ 费孝通为此曾经留下名著《乡土中国》，而"乡土中国"这个概念的真实含义就是一个受到土地的束缚

---

① HSIAO-TUNG F. Peasant life in China: a field study of country life in the Yangtze Valley. London: Routledge & Kegan Paul, 1939.

② 赵旭东. 历史·回应·反思: 由"重读〈江村经济·序言〉"所想到的//潘乃谷，王铭铭. 田野工作与文化自觉: 上. 北京: 群言出版社，1998: 558-583.

③ 费孝通的这篇文章写成于1983年9月20日。参阅: 费孝通. 小城镇 大问题//费孝通. 费孝通文集: 第九卷. 北京: 群言出版社，1999: 192-234.

④ 赵旭东. 礼物与商品: 以中国乡村土地集体占有为例. 安徽师范大学学报（人文社会科学版），2007，35 (5).

的中国，但这种束缚绝不是一种压迫，更不是一种让人不舒服的感受，而是生活在那里的人与土地之间的一种相互依赖的关系以及难舍难分的情感状态。此时可以想象一下马林诺夫斯基对西太平洋特罗布里恩群岛岛民社会与文化的种种研究所透露出来的那种对互惠关系的人类学理解，在费孝通有关乡土中国的表达中似乎可以找到与之神似的理解，但它们又各自保持各自文化所塑造出来的一种对一般人性的理解和感悟，在马林诺夫斯基那里是割不断的互惠，在费孝通那里则是坚韧不拔的乡土情结，这恐怕就是人类学家在差异性之中的共同性与在共同性之中的差异性的辩证法。

在指导王莎莎的博士论文写作中，我尽可能地使其在一种自由探索的氛围中去做一种田野研究和理论思考。我曾经在她做田野期间因会议的缘故去过一次江村，同她一起参加了一场由当地村民举办的婚礼，一起调查了几户农民今天实际的生活状况，这一切都是在共同讨论、彼此分享田野的基础上去催促她从今天所呈现给读者的文字的方向上去做的一种尝试，也许这种尝试在博士论文写作和修改完成之后会因各种原因而暂时停止，但是对于王莎莎而言，这种尝试本身可能会成为一种持久的追求，成为其生命的一个重要的组成部分。无论别人如何看待，她自己无疑实现了一种对于自我性情的超越，这可能便是一个学者在其人生价值中最值得去书写和记忆的一笔了。

毫无疑问，不论是在早期还是在当下，中国的社会研究都更多地跟中国的乡村研究紧密地联系在一起，这里无可否认的一点就是，一种文明观念的对立曾经使得西方的中国研究者把他们关注的视角更多地放置在了中国的乡村，那时，中国的乡村似乎成为西方学者眼中最为值得去描摹的他者，或者说田园牧歌般生活的早期形态在西方的世界中早已不复存在，因而得到了一种大尺度、重口味的渲染，即：一端是高度工业化的西方文明，这种文明中充斥着各种难以解决的社会问题，但它同时又是一种现代发达文明发展到极致的代表，对此似乎谁都无法去加以抗拒和超越；而另一端则是"落后的"东方文明，人们生活的图景似乎恰好是西方发达文明所映射出来的图景的反面，图景之中充满了阴郁的色彩，满是贫困、愚昧、疾病和痛苦的行为。他们自以为善意的描写却无法摆脱整体性地站在西方优胜者立场上的对西方以外世界的一种民族志的想象。就《江村经济》这本书而言，它的笔调是明快且简洁的，但其中也隐含着一个中国本土的研究者来到中国的最底层进行观察之后所表露出来的不满，这种不满使得费孝通清晰地意识到了农民的这种生活处境的制造者究竟是谁，因为费孝通所觉悟到的便是好端端的良田沃土就这样一点点被光环无限的现代文明的大刀阔斧的步伐吞噬掉了。①这种乡土社会资源的"水土流失"所带来的一个直接的后果便是乡村生活的一种完整性丧失，"村将不村"的局面实际在费孝通研究中国长江以南的江村之始就已经在悄然发生了，并且一直持续到了现在，并将在未来有一种更加难于摆脱的延续。

乡村在这个意义上成为一个各种力量都汇聚于此的实验场，在那里，一种先入为主的发展理念在影响着外来者对于中国乡村的理解。在外来者眼中，不论是深藏于内心之中的深层心理结构，还是外露于言语之间的话语表述，都无一例外地共同地指向了中国农民生活的本身。他们认为那里一定是存在问题的，是需要他们这些"乡村建设者"去加以改造的，为此他们才可以毫无阻碍地走进乡村，并凭借一己之见指手画脚地摆布乡村，而"乡村成为问题"几乎成为他们先入为主的用以说明自己的存在价值如何高尚的一个紧箍咒②。虽然乡村在他们下了一番力气规划和建设之后可能真的发展或者进步了，但此时的乡村也就不再是原来意义上的乡村了，乡村成了发展者眼中理想他者的一种模型或猎物，在那里出现了高楼大厦，出现了车水马龙。我 2014 年深秋去江村时，闻知村里的孩子大都被送到了镇上的中心小学或者更远的地方去读书，每天早上父母开车把孩子送到学校，下午放学之后再把孩子从那里接回来，并且乡村的早晚都出现了令人烦心的堵车局面，为此我惊讶于一种只有在现代性驱力之下才会出现的现代化进程的魔咒般的改造能力。人们会因此在生活上变得方便很多，人们也会因此增加很多闲暇时间，但人们忧愁的事情似乎一点也没有减少，他们忧愁于孩子的读书、孩子的发展，更忧愁于何时可以过上和城里人一样的日子。这种工业化的道路确实使得他们的生活发生了一种巨变，但在这种巨变的背后实际深藏着的则是一种对于维持这种高品质生活的确定性的莫名的担忧。由于地利，今天江村的人显然不需要辛苦地外出打工就能过上比较优越的生活，但他们却要不得已地使自己一下子转换成来村里打工者的雇主、房东和中间人。这恐怕是他们在之前的生活中未曾想过的一种生活样式，但在今天却实际地存在着，并且这种转变似乎每天都在

---

① HSIAO-TUNG F. Peasant life in China：a field study of country life in the Yangtze Valley. London：Routledge & Kegan Paul，1939：286.

② 赵旭东. 乡村成为问题与成为问题的中国乡村研究. 中国社会科学，2008（3）.

翻新。

　　在此意义上，江村无疑成了观测中国近半个世纪乃至更长时间发展变化的一个晴雨表，但是江村的发展绝不可能完完全全地代表中国，因为"中国"的含义究其本质而言就绝非单一性的存在而是多样性的包容的存在。中国有着千千万万个乡村，这些乡村因居住着的人的差异而体现出千姿百态的样式，晚年的费孝通曾经提出了"多元一体"的概念去应对"江村能否代表中国的论争"，这个"多元"无疑是实实在在、毋庸置疑的，而"一体"则是一种文化认同意义上的建构，它具有一定的抽象性和容括性，但正因为这种抽象性而使之可以把多样性的差异统合在一起，形成一个完整的一体的存在。在此意义上，我们就需要去深度领会费孝通这一概念的另一面，那就是抽象的一体观念的构建一旦完成并被认可，实际上也就很难再被撼动，因为它是建立在所有人对这一抽象存在的象征物、制度设置以及机构运行的认同的基础之上的，这也就成为一体可以持久稳固存在的合法性基础。但多元的运行逻辑从来都做着一种与一体的抽象性和唯一性反向的运动，即它是在具体之中得以表现的，是持续地处在一种分化的过程之中的，难于用某种固定模式以及类型划分的方式去理解一个所谓作为整体的乡村，乡村一定是一种个体化的存在。每个乡村在一定意义上都是带有独立特色的，由此我们才能真正看到不一样的乡村的真实存在，才不会对那么多具体存在的乡村的差异性及不可归类性表现出某种莫名的惊讶。这就是我们需要去深入理解的费孝通"多元一体"逻辑的另一面，即真实世界之中的"一体多元"[①]。江村发展的故事告诉我们，江村必然是一个独立的存在，虽然它不可能涵盖中国所有的各具差异性的乡村，但它成为理解中国近 80 年来乡村发展的一条重要线索，它是一条富有启发性的线索，凭借于此，我们可以找寻到打开其他乡村发展模式差异性、困顿性和瓶颈性的钥匙。

　　显而易见，依赖于土地而生存的乡村是具有一种共同性的，而面对现代性而生发出来的一种离土的转型也是具有一种共同性的，但在这种共同性之下所真正浮现出来的生活现实却是富有差异性的。虽然乡村一定不是人类生活的终极形式，但是乡村也不会那么快地在这个世界之中消失得无影无踪，乡村自有其生命

---

　　① 赵旭东. 一体多元的族群关系论要：基于费孝通"中华民族多元一体格局"构想的再思考. 社会科学，2012（4）.

力的存在，它也有能力去做一种属于自己的创造性的转化。[①] 在过去，也许有太多的"城市教训乡村"的故事、传闻以及笑话的产生，但在未来，在人类因过度城市化的发展道路而遭遇到一个又一个困境和打击之后，"乡村教训城市"的日子大概不会太过遥远，而且很多先知先觉者已经开始了这种受教育的努力，他们迈步来到了乡村，希望和农民共同去营造出一种真正属于他们自己的生活。修缮那里的房屋，整理那里的环境，帮助那里的贫困者，所有这些努力如果不带着一种城里人教育乡下人的自以为是的高傲姿态，那么似乎都是应该得到接受和鼓励的。如果这些行为被看作用乡村新鲜的空气、绿色的食品、有机的生态以及满眼的绿色去"教育"那些曾经不可一世的城里人，那么或许是一种不错的属于中国自己的乡村发展之路。

曾几何时，西方是以彻底地抛弃乡村为代价完成了其城市化的现代发展之路的，但无疑他们为整个人类造成了太多的遗憾。在他们的忏悔声中，我们需要一种文化自觉，那便是我们并不需要那么快地走上单一化的拥挤的现代之路。我们为此保留下了一份乡村自我发展的氛围宽松的文化遗产，即我们没有完全抛弃乡村，更没有把乡村看作一种问题，我们尝试着让乡村里面的人去发展出一条自己改造自己以适应现代发展的道路。这恐怕就是费孝通当年在江村的调查、在云南禄村的调查，甚至最早在金秀瑶族那里的调查试图要去加以说明和倡导的。在很早的时候，费孝通的田野实践就在尝试着走一条用乡村去教育城市的发展之路，这条路的不断拓展也许就会在今天太湖之滨的江村结出硕果，并通过一代又一代人前赴后继的重访研究为我们所切实地感受到。

最后，希望王莎莎的研究可以在这条道路上去做一种理解中国意义上的发展和延伸，也希望有更多关注中国乃至世界乡村发展研究的学者能够真正关注中国乡村在未来的命运及其种种转变，并关注费孝通及其后来者笔下的江村在未来的茁壮成长。在一定意义上，学术就是一代又一代人的薪火相传，如果没有这种传递，学术就成为一种僵死的学问，束之高阁，烂于书柜。中国乃至世界的乡村研究也有着同样的道理。我相信"事在人为"的大道理，却不太相信一种天才逻辑的存在；我相信"心想事成"的小情调，却不太赞同"坐以待毙"的决定论。天才可能会因自己的小聪明而对外部世界表现出不屑一顾，由此而与外部世界隔

---

① 赵旭东. 乡村的创造性转化. 中国农业大学学报（社会科学版），2008（2）.

绝，最后一事无成；而愚笨者则可能会因日复一日的"心向往之"的追求和行动而实现自己的梦想。

重读《乡土中国》

费孝通在 1948 年由上海观察社刊印出版的《乡土中国》一书，距今已有 70 多年的时间了，如果从费孝通第一次从事乡村调查即江村调查的 1936 年算起，那么距今已 80 多年了。而在这 70 多年或 80 多年的时间里，中国社会无疑发生了一种巨大的转变，如果说它是天翻地覆的，也未尝不可。由此，今日之中国是否仍旧是 70 多年前费孝通所概括出来的乡土中国确实是一个问题，即便是费孝通自己，在其晚年也承认此一巨变发生的事实，而研究当下农村的研究者更是怕追赶不上中国乡村变化的脚步而急迫地提出"新乡土中国"的概念，以为这样便可万事大吉，这多少有似在破旧的布口袋外面套上一个崭新的口袋，原来装不下或从破洞之中漏出来的东西都被通通装进了这新口袋之中。

但即便如此，我们也不能够否认这样一个事实，即作为一位人类学家的费孝通，他在 70 多年前基于对中国社会的观察而写下的文字并没有随着世界的风云际会、沧桑变化而失去在阅读上的吸引力。可以说，一方面，我们还无法明了今日乡村社会该何去何从；另一方面，后来的研究者又似乎有着一种极为强烈的欲望，想从已经故去的费孝通的散文体的简捷畅快的文字中看出一些可能会启示今日中国乡村发展的理念。这种思想界的状况恰恰说明《乡土中国》这本小册子还没有真正过时，或者说用费孝通所提出的那一套乡土中国的研究框架去研究中国并没有过时，仍具有极为浓厚的启发性。

1936 年的费孝通调查途中负伤从瑶山回到了他姐姐作为实业家而开办工厂从事缫丝技术传播的吴江县开弦弓村，即后来学术界知名的江村。费孝通基于在这个村中的实地调查的资料而在英国伦敦政治经济学院著名的人类学家马林诺夫斯基亲自指导下撰写了后来在 1939 年出版的博士论文《江村经济》，同一年他从英国回到了中国。以江村研究为基础，在那个特殊的年代里，他来到了抗战大后方的昆明，任教于云南大学社会学系，就像战争使得马林诺夫斯基别无选择地待在西太平洋的诸岛上一样，战争也使得学成归国的费孝通长时间地待在了云南。在昆明呈贡乡下的一座旧文庙——又称魁阁——中他展开实地调查和研究。如果江村经济是费孝通在一个点上的研究和经验，那么费孝通在云南的调查无疑使之前在不经意之间完成的一个研究点扩展为多个点了。中国中东部的江村与西南的乡村开始变得可以进行比较，彼此也因此种比较而构成了中国乡村样貌的不同形态。对于费孝通而言，一种文化与社会比较的人类学家的姿态由此而得以展现和表达。

而《乡土中国》恰是在这样一种思想背景下酝酿写就的。可以说它是在中国政治命运大转变的前夕对整体中国文化特质基于实地调查的总结和判断，它试图从社会结构上把中国的事情说清楚、讲明白，而非一些人的那种就事论事、就现象而论现象的过于情绪化的简单议论。

在学术上，《乡土中国》一书最为重要的一个概念上的贡献便是"差序格局"。如同江村的知名度一样，"差序格局"业已成为中国学界一个广为人知的概念，此一概念事关乡土中国及其文化的核心理解，但一些望文生义者通过一种表面化了的现象去理解这一概念甚至对这一概念加以滥用，致使这一概念庸俗化，而不能够明白此一个概念背后深层次的微言大义。

差序格局这一概念毋庸多言是专门用来处理基于乡村文化的社会关系的。人和人之间有着一种亲疏远近的关系，就像水波纹一圈圈地向外由强及弱地扩展出去，这在一个以乡村为基础的农业社会中表现得最为突出。这倒不是说这一点在现代社会之中不甚重要，而是它不仅不会起决定性的作用，还会受到各种排斥。在城市自认为洁白无瑕的公共空间之中，人们想尽办法避开种种私人情感上的亲疏远近的纠葛，使这种在乡土社会之中很基本的构建人伦关系的文化特质，被人为地挤压到很狭窄、很有限的所谓私人领域的空间中去。但乡土社会把这种人与人之间自然生长出来的有差等的亲疏远近的关系通过某种制度化的方式固定下来，并使其成为生活中的一种习惯、惯例或礼仪，谁都不能任意违反或破坏。这种关系尽管是制度化的，但不是由制度赋予的，它是由血缘和地缘自然衍生出来的，因而对此更为准确的叫法应该是一种风俗而非一种制度。虽然从制度的维度去分析这些关系也未尝不可，但它更多地指一种相沿成俗的习惯做法，而制度往往是通过某种契约而达成并赋予当事人的某种关系。在英国法学家梅因的《古代法》的分类系统中，制度的空间属于一种契约关系而非传统乡土社会中盛行的那种身份关系。身份关系是与生俱来的，或者说生来就带有的；而后来发展出来的契约关系则是后天所赋予的，是文化上依赖某种共同信奉的权威的制度化而获得的。

但中国在 70 多年前或更早的晚清到民国之初，直至当今社会，一种从身份向契约的制度转换以及文化观念上的转型都一直在持续地进行之中，并且 70 多年前费孝通所发现的那些现象似乎在今天依旧都存在，所以很难说有什么"新乡土中国"。即使有，那也只是作为传统的习俗和作为现代的制度相互叠加和较量，由此而使得相互之间的关系变得更为复杂化。在《乡土中国》一书中，费孝通真正要说明的恰恰是，在基于差序的关系网络的作为一个整体的中国社会中，何以能够有一个并不专门讲求亲疏远近的私人道德公共空间生长出来。费孝通由此而想到的是处于国家与民间社会之间的，真正能够发挥作用的，且可以在这之间承担一种有特别意义的沟通和协调职责的地方精英群体，甚至也可以说只有他们才可以去创造出某一个超越乡土社会亲疏远近差序性的私人关系的公益性的空间，并实现乡村的自治，而一旦乡村失去了这种自治，它为任何一种外在的力量所控制都不大可能会持久。对一个基于层层亲属关系和拟亲属关系而构建起来的世代相传的乡土社会而言，这种精英群体的成长和自觉显然是乡土社会治理的自我创新与自我维系的根本。费孝通在差不多同时期出版的另外一本书《乡土重建》中对此一点有很多表述，而在与历史学家吴晗合编的也是在那个时期出版的《皇权与绅权》一书中，费孝通的几篇文章更直指问题的要害，点出了这个作为中间层的精英群体在乡村治理中的重要作用。换言之，这个精英群体对中国乡村社会而言就是指那些在野的乡绅或者士绅。而所有乡村问题又都可能是由这个中间层群体的消失引发的。那些来自乡村的精英群体再也无法回到乡土社会之中去，乡村自身因此而失去了自我管理、自我创造的能动性。来自乡村的精英群体不仅在制度的设计上回不到乡村社会中去，而且在现代城市生活的便利性和资本高度集中的吸引之下，那些在城市之中受过教育的来自乡村的精英人物不太可能重回乡村社会，乡土社会的内外循环因此很难运转起来。

也许今天转型中的中国，最应该问的一个问题就是，没有了乡村作为基础的乡土社会究竟会是怎样一种状况？一个很直接的回答就是，在这转型期间，乡土成为一种人们心灵之中的乡土，成为一种不断涌现的乡愁。乡村不论好坏、贫富以及强弱，都不再可能是曾经的乡村精英的家园故土，他们在积极地融入大城市的同时，也在不时窥探乡村之中完成了对故园乐土的想象与沉迷。一切"返乡体"的书写与描述也都不再可能是一种真实，因为他们从来未曾真正地生活在那里。他们因此而成为乡土中国失忆症患者，认为自己从未在那里生活过，更没有参与其中，他们只存在一种对于乡土的想象而已。这可以说是《乡土中国》一书在今天仍具有启发性意义的关键所在，它可以使得我们去重新构建乡土的问题，回味逝去的家园以及种种人情世故。

再读《乡土中国》

1948 年前后，也就是在中国的家国命运将面临一场新选择时，中国的许多知识分子以各种形式参与到了这场决定一个国家未来前途和命运的生死攸关的大抉择之中去。当年的费孝通，一个 30 多岁的年轻人，作为一位有着完整英国人类学训练背景的社会学家，也全身心地投入了这场讨论。他在云南呈贡的魁阁，作为一位教授，领导着一个对中国社会和文化，以及那里真实存在的人怀有极大兴趣的研究小组。他通过实地调查为学生们讲授"乡村社会学"这门课程，课余所留存下来的文字得到发表，成为《乡土中国》这本书的原型。这些文字是在报刊编辑的不断催促之下而一篇篇地发表出来的，引起了超越学生群体的范围更为广大的公共读者的共鸣。

它可谓田野调查研究的附属品，是一个实地研究者借文字去描摹中国的基层社会的可能的结构或者不变的东西是怎样的；同时，它也是在那样困苦的年代里，不得已"为稻粱谋"来换取稿费去维持生计的附属品；它还是在一种内忧外患的痛苦挣扎之中所自然流淌出来的思想情感的附属品。费孝通后来对它的评价就是，这些文字根本在探讨"作为中国基层社会的乡土社会究竟是个什么样的社会"的大问题，同时也在抒发着费孝通自己对理想中的中国应该选择怎样的道路，以及它未来究竟会有怎样的变迁和转型的关切。而这样一种中国叙事的构建，又必然是以现实之中的中国究竟是怎样的一副面貌为基本前提的。

那个我们可以真正去把握的现实的中国，便是费孝通所说的"乡土中国"，是在基层的基本社会结构上体现出一种"乡土本色"的乡土中国。这种"乡土本色"不仅指物理空间意义上的土地，还指人与土地之间的一种最为紧密的连接。由此，人的生老病死似乎都跟某一块土地极为密切地联系在了一起，彼此之间不能够有些许的分离。人生于斯、长于斯，最后又终老于斯，这就是乡土中国的一种生命循环，而由此种循环所构建起来的便是可以持续运转的循环社会。很显然，这种循环的基础在于由人与土地之间的关系而生长出来的一种人与人之间的关系，它根本上是一种差序性的关系，即一种被费孝通称为"差序格局"的关系。做个形象的比喻，差序格局就像将一块石头扔进水中所激荡出来的一圈圈的涟漪一样，越靠近水波纹中心的地方，越会表现得力量强劲或关系紧密，而越远离水波纹中心的地方，越表现得力量薄弱或关系疏远。

换言之，在这样的一个社会之中，人与人之间的关系往往是以自我为中心而不断地向外延伸而形成的。这是一种以自我为中心的差序格局，并与西方那种由一群人结合而成为一个团体的有似一捆柴的"团体格局"大为不同。差序格局的社会关系会更为强调彼此关系的距离，跟关系距离均等的团体格局大为不同。因此，在差序格局的社会之中，凡事都要去攀一个交情，去拉一下关系，以此明了彼此之间的距离。总之，这种关系距离的明晰背后实际上离不开一个"私"字，彼此的关系也便是一种私人的关系。因此，人们在行为上、道德上以及情感上都会将这种关系的亲疏远近作为一种评判标准。如果关系近，那么凡事好商量；而如果关系远，那么彼此冷漠相对。

这种基于私观念的差序格局的构建，核心或者关键也恰恰在这一个"私"字上，社会之中充斥着种种私人道德、私人行动逻辑以及私人之间的亲疏关系的构建，如果不属于私下里的"自己人"，那么什么事情都很难有真正意义上的展开。这无疑是一种基于土地的农业生产所特有的关系模式，并且突出表现出一种家族主义以及地方性关系主义建构的文化模式。它更为强调彼此之间的基于"私"的友爱和亲密，相互之间需要预先有一种关系的确认，之后才有交往规则或原则的启动。如果对方是亲人，那么所呈现出来的可能是这一套规则；而如果对方不是亲人，特别是如果对方是"见面生"的陌生人，那么呈现出来的则是另外的一套规则了。所谓不分语境和彼此关系的一种普遍性适用的法则在这种文化之中是无法真正有用武之地的。这一点在我看来可能便是费孝通《乡土中国》一书最为重要的一个发现，因为它无意之中点破了一个未来新型国家构建的基础。

推算一下，《乡土中国》一书初版到现在已经有 70 多年了，但是阅读它的人却不分年代和学科地与日俱增，年轻的人从此种阅读之中可以了解到中国基层社会的结构究竟是怎样的，由此而抓住事物的本质，不为变动不居的社会现象所左右；而年长的人在此种阅读之中会感同身受地领会到中国社会自身的变与不变的辩证关系。在一种前后、上下以及左右的社会与文化的比较之中，人们可以切实感受到乡土中国的真正的存在价值。而不同学科的人，只要他们一触碰中国研究，只要他们想去探寻中国存在何以可能，他们就会很快地远离自己学科的那些教条和定律，并惊讶地在《乡土中国》这本书中找寻到理解线索。在一种看似模糊实际精确，看似随意实际微言大义，看似简略实际充满着无限复杂性和可解释性的空间张力之中，中国意识得到了一种突显，而这恰是《乡土中国》这本书所能带给我们的永恒魅力。

应该清楚的是，时代在不断变化之中，但问题依旧；中国在不断地被书写，但超越性的认识却越来越难有所得。虽然我们或许进行了许多研究，但是我们缺乏洞见。一个人又一个人所写之书在一本本地积累，厚度也在不断地增加，但是去仔细比较一下，对于中国的理解，在我们华丽的书桌上最后能够铺展开来的，除了《乡土中国》这本书，似乎真的不太容易找到另外一本了。可读的书虽然有很多，但是可以让人静下心来细细品味的，费孝通的《乡土中国》毋庸置疑是其中最为重要的一本。只要你谈论中国，这本书就是你无法绕开的。显然，它的价值不仅仅在于文字上的通俗易懂和内涵丰富，更为重要的还是它所揭示出来的中国问题。这个问题的提出可以搁置许多空洞的讨论，成为打开这个世界的一把钥匙。有谁可以否认，数千年的农业文明所构筑的中国意识能够真正离开"乡土"这两个字去获得一种额外的理解呢？当然，乡土并不是中国的全部，但是围绕核心价值的讨论却无法避开对乡土问题本身的追溯，这恰是《乡土中国》这本书的又一价值所在，也是我们今天还要不断去重读它的理由所在。

后　记

从 2010 年的费孝通百年诞辰，到 2020 年的费孝通 110 周年诞辰，我们对费孝通的重读似乎一直都没有停止过，本书各章节的文字都可算作这种重读的留痕。我在 2009 年 11 月 6 日曾经写下一首不成诗的诗来对我们所敬仰的"不为师而自成师"的费孝通的学术经历给出一个暂时性的概要总结，借此希望有更多的人去关注对这个主题的讨论，也希望有更多的人参与到基于田野调查的中国社会学、人类学以及民族学的发展中去，那首诗的题目是"背影流芳"。现在又过去了近十年，费孝通这一介书生的背影依然那样清晰，依然散发着学者睿智的芬芳，我把这首旧作抄录在这里，算作对费孝通的思想所曾经给予我的无限力量的一种答谢：

> 东吴求学一少年，辗转燕园入门来。
> 瑶山寻梦梦未圆，阿姊引领居开弦。
> 江村经济社会梦，马氏欣然写序言。
> 战火纷飞下云南，硝烟常绕笔耕眠。
> 三村调查成蔚然，飞越太平洋上面。
> 初访美国得比较，无鬼世界心胆寒。
> 原本江南一书生，仗义执言写丹青。
> 归来民主救中国，红旗飘飘花争艳。
> 寒冬腊月履薄冰，二月春风似剪刀。
> 春暖乍寒裹衣闲，相濡以沫守家园。
> 醒来恍惚七十三，秣马厉兵整旗鼓。
> 重访江村村颜改，小城镇里大文章。
> 乡土中国有差序，离土总也不离乡。

国家一统成中华，民族认同美如画。

多元一体奏华章，民族和睦慨而慷。

较小民族得关怀，生存发展方兴艾。

行行走走四处望，苏南模式最壮观。

无心插柳柳成荫，和和美美奔大同。

文化自觉安天下，隔阂闭锁成冤家。

文明冲突需谨慎，民族切莫结仇冤。

各美其美是前提，美美与共最从容。

九天之上抬望眼，群星璀璨不夜天。

百年和好百年祭，地下长眠可宽衣。

最后，应该补充上一句，这本书中的内容，有很多是曾经在正式报纸、期刊上发表过的，重新编在这里都做了适合本书体例的安排，文字也做了一定程度的调整。尽管如此，仍旧要由衷地感谢那些曾经厚爱于我的编辑们，在这里就不一一提及诸位的姓名，感谢都在心里了。

在我的记忆之中，这些报刊单位以及那里的编辑们为我提供了发表费孝通学术思想研究成果的平台，他们的仔细认真，让我受益良多。在此由衷地向如下报刊单位表示感谢：《中国社会科学》《社会学研究》《社会科学》《民族研究》《探索与争鸣》《思想战线》《读书》《中国农业大学学报》《西北师大学报》《西北民族研究》《民族学刊》《原生态民族文化学刊》《西南民族大学学报》《中国社会科学报》《人民日报》等。由于大家的帮助和负责，这些粗陋的文字才可能经过修改而见诸纸面，得以传播。最后也要感谢本书的编辑盛杰女士，她不厌其烦地帮我处理体例和文字上的工作，才使本书能够如期交稿出版。

赵旭东

二○二○年十月五日补记于京北亦乐斋

图书在版编目（CIP）数据

费孝通学术思想研究/赵旭东著. --北京：中国
人民大学出版社，2021.1
（社会学文库/郑杭生主编）
ISBN 978-7-300-28949-6

Ⅰ．①费… Ⅱ．①赵… Ⅲ．①费孝通（1910—2005）
-思想评论 Ⅳ．①K825.4

中国版本图书馆 CIP 数据核字（2021）第 007437 号

"十二五"国家重点图书出版规划项目
社会学文库
主编　郑杭生
费孝通学术思想研究
赵旭东　著
Fei Xiaotong Xueshu Sixiang Yanjiu

出版发行	中国人民大学出版社		
社　　址	北京中关村大街 31 号	邮政编码	100080
电　　话	010－62511242（总编室）	010－62511770（质管部）	
	010－82501766（邮购部）	010－62514148（门市部）	
	010－62515195（发行公司）	010－62515275（盗版举报）	
网　　址	http://www.crup.com.cn		
经　　销	新华书店		
印　　刷	唐山玺诚印务有限公司		
规　　格	170 mm×240 mm　16 开本	版　次	2021 年 1 月第 1 版
印　　张	23.5 插页 2	印　次	2022 年 4 月第 2 次印刷
字　　数	377 000	定　价	79.00 元